全国普通高等学校人文社会科学重点研究基地
北京师范大学史学理论与史学史研究中心　主办

中文社会科学引文索引（CSSCI）来源集刊

史学理论与史学史学刊

JOURNAL OF HISTORICAL THEORY AND HISTORIOGRAPHY

2017年下卷(总第17卷)

杨共乐　主编

社会科学文献出版社
SOCIAL SCIENCES ACADEMIC PRESS (CHINA)

《史学理论与史学史学刊》编委会

卷首语

杨共乐

《史学理论与史学史学刊》2017年下卷又与读者见面了。自2016年改为一年两卷以来，本刊对史学理论与史学史研究的最新成果，有了更加快捷的反映，因而本刊更加受到学界同行的厚爱和关注。不仅国内学者热心投稿和订阅本刊，而且港台和外国学者也经常来函，问询本刊所发文章如何在网上检索到。一位美国中国史教授来函说，读着本刊的文章，甚觉过瘾。同行们对本刊的热情和鼓励，将是我们进一步提高办刊水平的强劲动力。此外，本刊还荣获了社会科学文献出版社2017年优秀集刊奖，这是出版方对我们工作的肯定。我们将再接再厉，不负学界同行之殷切期望。

本卷设立“笔谈”“治学经验谈”“影像、图像史学研究”“比较研究”“中国古代史学研究”“中国近现代史学研究”“当代学人研究”“外国史学研究”“历史文献学”“书评”等栏目，刊登27篇文稿。所涉范围广，文字风格多样。有雅俗共赏的通论、著名专家的治学心得，也有精深探研的专题专论，还有反映北京师范大学史学理论与史学史研究中心一年的大事记，以及近一年史学理论与史学史论著要目。

瞿林东的《会通古今　有用于世》，结合中国史学史知识，畅谈了自己对习近平总书记《在哲学社会科学座谈会上的讲话》的学习体会，认为这篇讲话，提出了“要推动中华文明创造性转化、创新性发展，激活其生命力”的重要任务，为当代中国哲学社会科学工作者研究中华优秀传统文化指明了方向，具有理论和方法论的指导意义。杨共乐的《潜心育英才　热血铸师魂》重温了习近平总书记2014年9月9日视察北京师范大学的讲话，论述教育、教师对中华民族伟大复兴的重大责任和庄严使命，认为做“有理想信念，有道德情操，有扎实知识，有仁爱之心”的好老师应是全国教师努力追求的目标。

晁福林的《浅谈研究生论文写作的十个重要问题》是作者多年治史体验的一次系统总结，对青年学子特别有益。该文总结了论文写作需要注意的十个问题：博览群书，丰富知识素养；开动脑筋，慎重选题；恭敬认真地总结相关的学术史；放飞思想，抓住自己思想的闪光点；腹稿粗具与谋篇布局；围绕主题，深入开掘；疏通逻辑，通言畅辞；画龙点睛，确定题目；论文当以学术创新为主线；论文必须多次认真修改，方可定稿。这些问题不仅适合于先秦史论文写作，对史学理论与史学史论文写作也同样适用。

影像史学、图像史学作为史学的一个新门类近年来受到瞩目。吴琼、危文瀚的《影像史学视野下的城市形象》，透过北京1949年至1966年的纪实影像，运用影像史学理论，描绘和阐释北京的城市形象，是运用影像还原历史的一次具体实践。贾登红的《以图读史：图像史研究中“碎与通”问题的探讨》认为，图像史研究目前尚处于起步阶段，“碎片化”尚难以避免，研究者应包容、辩证地看待这种现象，在“求通求意”的目标下，推动“碎与通”的转换及融合，拓展与深化图像史学的研究。

青年学者陈安民致力于比较研究，他有意识地对王夫之、维柯的文武关系论进行比较。本卷刊其上篇，即《维柯的文教武功论》。在维柯看来，暴力与战争对推动社会的发展既有不可忽视的积极作用，但也有其局限性。武功之后，社会还需要文教疗伤和润泽。在维柯的心目中，中国是文教与武功均衡发展的典范，中国文明具有文武互济的特点。

“中国古代史学研究”栏目安排了五篇论文。贾鸿源的《北宋元丰官制著作局的职事官转型》探讨了北宋元丰机构调整对修史制度的影响，认为改制直接将史馆与著作局对接，著作局不仅从此掌握修纂日历的权力，还标志着其官员开始由寄禄官转为职事官。与前代相比，这是中国修史制度史上的一个重大变化。范宇焜的《宋代笔记中的“汉书学”》论述了两宋学人研究《汉书》的情景和成就。宋代笔记发达，两宋学人在笔记中对《汉书》做了进一步的注解、考订，并对《汉书》进行评价，反映了宋代“汉书学”的继续发展。李放的《“引古筹今”与社会治理》研究的是明末清初著名的历史学家顾炎武的史学思想。社会治理思想是顾炎武学术经世的突出表现。他提出的“寓封建之意于郡县之中”，意在从政治体制上进行改革，使社会治理更加有效；他认为经济是社会治理的基础，人才是社会治理的保障，教化、礼治、法治等在社会治理方面均有各自的作用。顾炎武是清代学术的开山之祖，但在当时更是经世致用学术思潮的旗手。刘国宣的《昭梿的史学实践与理学宗尚》对嘉、道时期的清宗室成员昭梿的《啸亭杂录》进行了论析，认为该著体现了昭梿的史学实践，有功于乾嘉考据学风行之时日趋衰落的著史传统的复兴。昭梿的经世思想与理学宗尚在一定程度上也可视作此后学术整体转向的序曲。

“中国近现代史学研究”栏目，周励恒的《章太炎的国学观与其国学教育实践》论述了国学大师章太炎的国学观，以及在他的国学观指导下的国学教育实践活动。认为国学在章氏心目中不仅是高深的学术，而且承载着民族的记忆与血脉，能够起到塑造国民精神的巨大作用，是必须予以保存并发扬光大的民族瑰宝。章氏一生多次开办国学讲习会，为培养国学人才殚精竭虑，做出了重大贡献。周文玖的《朱希祖和他的〈中国史学通论〉》论述了民国史学大家朱希祖的行谊及其《中国史学通论》的成就，认为朱希祖是中国史学史学科的开拓者之一，《中国史学通论》则是其作为开拓者的重要体现。王红霞的《顾颉刚的史学批评理论及其借鉴意义》对顾颉刚的史学批评进行了总结，认为他的史学批评显示了广阔的视野，其旨趣在于理性反思。他强调历史哲学的重要性，在批评中贯彻知人论世的人物评价原则。史学批评是顾颉刚进行史学研究的内在动力。张泓林的《邵循正与近代中外关系史研究》以邵氏代表作《中法越南关系始末》为研究对象，从史料运用、研究方法、研究视角等方面考察邵循正对近代中外关系史研究的贡献。王兴的《夏鼐、曾昭燏交谊论(1935～1949)》以近年新出版的《夏鼐日记》《曾昭燏文集·日记书信卷》为主要材料，细致地梳理了二人的学术交谊，对研究中国近代留学史及学人交往，具有启发意义。

“当代学人研究”栏目刊发的是汪高鑫的《从探究会通思想到成就会通撰述》，论述的是吴怀祺先生的史学研究之路，指出吴怀祺先生的史学研究，是从最初的郑樵史学研究，到宋代史学思想史的梳理，再到贯通中国史学思想史的研究，最终完成了中国史学思想的会通撰述。

“外国史学研究”栏目刊发了3篇文章，分别是余春江的《西西里狄奥多鲁斯史学思想述评》、孙文栋的《试论19世纪以来〈希腊罗马名人传〉的“史学”与“传记”研究传统》、张小忠的《语境中的观念：迈克尔本特利的历史叙事初探》。这几篇文章，立论扎实，用功甚深。有的文章经过了反复修改，反映了作者对学术精益求精的态度。

在“历史文献学”栏目，刊发的是朱乐川的《朱希祖致朱遂翔信函考释》和聂文华的《邓广铭先生书信选释》。朱乐川是朱希祖的曾孙，聂文华是邓广铭女儿邓小南教授的弟子，他们为考释书信内容均作了非常细致的工作。他们的文章为研究两位北京大学史学系的著名史学家提供了可贵的史料。

10 卷本《瞿林东文集》由北京师范大学出版社出版，汇集了瞿林东先生的主要学术成果。这是中国史学史学科的一件大事。书评栏目中刊发的曲柄睿的《兼高明而尚沉潜》、李珍的《唯物史观指导下的理论创新》、胡楚清的《探索通向中国史学的理论遗产的路径》分别从总体和某个侧面，对《瞿林东文集》进行了评述，对阐释瞿林东先生的学术思想和学术特色颇具意义。

《史学理论与史学史学刊》既是史学理论与史学史学科建设的平台，又是注目整个历史学科发展、关注“双一流”建设的窗口。为同行们提供良好的学术园地、把握好学术前沿及时代脉搏是我们的庄严使命。希望国内外的同行继续关注和支持本刊，把这块学术园地建设得更好！

目录

·中国古代史学研究·

·中国近现代史学研究·

·当代学人研究·

·外国史学研究·

CONTENTS

Ancient Chinese Historiography

Modern Chinese Historiography

Studies of Contemporary Scholars

Foreign Historiography

Historical Philology

Review

笔谈：学术研究与为人师表

会通古今　有用于世

瞿林东
（北京师范大学历史学院、史学理论与史学史
研究中心，北京　100875）

习近平总书记的《在哲学社会科学工作座谈会上的讲话》指出：“要加强对中华优秀传统文化的挖掘和阐发，使中华民族最基本的文化基因与当代文化相适应、与现代社会相协调，把跨越时空、超越国界、富有永恒魅力、具有当代价值的文化精神弘扬起来。要推动中华文明创造性转化、创新性发展，激活其生命力，让中华文明同各国人民创造的多彩文明一道，为人类提供正确的精神指引。”（《人民日报》2016年5月19日，第2版）这段精辟的论述，为当代中国哲学社会科学工作者研究中华优秀传统文化指明了方向，具有理论和方法论的指导意义。

首先，这一论述把中华优秀传统文化中崇尚以学术经世致用的优良传统提高到当今时代的高度，赋予其新的历史使命，承担着构建中国特色哲学社会科学的崇高任务。其次，这一论述凸显了中华优秀传统文化与当代文化的内在联系，深刻地阐明了文化建设中“既向前看”“又向后看”的辩证关系，而关键在于正确看待“中华民族最基本的文化基因”。再次，这一论述以宏大的气势和世界的眼光，把传统的经世致用之“世”的观念，从中国扩大到世界，倡导处在改革开放伟大事业中的中国人“既向内看”“又向外看”，既关注国内国计民生，又探索人类前途命运；既彰显中国特色，又尊重世界多彩文明。总之，这一论述对于哲学社会科学工作者提高自己的认识、明确所承担的社会责任，具有深刻的启示。

同时，我们也应当看到，这一论述既是对哲学社会科学工作者的期待，也是对哲学社会科学工作者的考验。比如说，怎样“推动中华文明创造性转化、创新性发展”，就是现时代的一个大课题，而只有大家共同来

完成好这个大课题，才能体现出当代中国学术经世致用的新的生命力和远大前景。按我的肤浅认识，“创造性转化”和“创新性发展”，是两个联系密切的不同层次的课题和不同深度的实践任务。只有深刻地理解了它们的内涵，才能自信地和有效地致力于这两个紧密联系的课题与实践任务。

为了深入理解上述问题的丰富内涵和精神实质，我们有必要对相关的学术史作一简略回顾，使之与当代学术相衔接，从中揭示文化演进中的辩证关系及其主要问题所在。第一，是如何认识古今关系。这里说的古今关系，不仅要认识到古今有所联系，还要认识到“古”中有哪些优良的东西适合于“今”即为今所用。第二，正因为如此，所以人们对于“今”的认识就成了认识古今关系中极重要的部分。这是因为，只有全面地、深刻地认识了“今”，才可能判断、抉择“古”中那些适用于“今”、有用于“今”的优秀成果。在这里，人们的时代感和历史感是紧密地联系在一起的。第三，对于“古”和“今”以及古今关系的认识，关键在于落实到“用”，即挖掘存在于“古”而有用于“今”的优秀成果，使其在当代文化建设和现代社会生活中焕发出新的生命力。

在这方面，前人给我们留下了丰富的思想遗产，值得我们思考和借鉴。早在西汉时期，太史公司马迁这样说过：“居今之世，志古之道，所以自镜也，未必尽同。”（《史记·高祖功臣侯者年表》序）这几句话中，说到了“古”，说到了“今”，也说到了“用”即“自镜”。这是史学家关于认识古今关系及其意义的较早论述。中唐史学家杜佑自谓：“所纂《通典》，实采群言，征诸人事，将施有政。”（《通典》自序）这是中国古代学人明确申言以学术成果经世致用的代表性言论。汉唐以下，讨论古今关系、学术与经世致用关系者，代有其人，成为中华优秀传统文化中的一个优良传统。清代史学家章学诚进而从哲学的高度，辨析了“好古”与“随时”的本质，指出：“夫三王不袭礼，五帝不沿乐。不知礼时为大，而动言好古，必非真知古制者也。”又指出：“若夫殷因夏礼，百世可知。损益虽曰随时，未有薄尧、舜，而诋斥禹、汤、文、武、周公而可以为治者。”换言之，真正的“好古”，自应懂得“时为大”，而“随时”亦并非薄古。基于此，章学诚批评“学者昧于知时，动矜博古”的片面倾向。前人的这些论述，对于我们认识历史上的古今关系和文化传承中的规律性现象，多有启发和借鉴作用。

有了这样一些思考，我们对“推动中华文明的创造性转化、创新性发展”的历史任务的认识更加深刻、更加自觉，使自己的研究工作在一个新的起点上开辟新的前景。举例来说，中国自古是多民族国家，秦汉以来更是不断发展的统一的多民族国家，而在不同的发展阶段上，各民族间始终存在着历史文化认同的基因。但是这些基因长期分散着“沉睡”于浩繁的历史文献之中，成了“无声的存在”。当代学术工作者以唯物史观为指导，坚持实事求是原则，从浩繁的历史文献中梳理出这许许多多的无声的存在，以科学的理念“激活”它们，使其成为“有声的存在”，诉说中华文明、中华民族之久远的历史和深厚的思想基础，申言中国统一多民族国家是一个客观存在，是一个历史发展过程。是否可以认为，上述研究和论证即是实现“创造性转化”的一个实例。在此基础上，对“创造性转化”过程中所得成果，进一步作理论的和有体系的研究，使之成为历史哲学类型的产品，并用以指导中国历史研究。这种类型的产品，也就是“创新性发展”的一个标志。

综上，我认为，在马克思主义理论指导下，推动中华文明创造性转化、创新性发展，必须抓住两个着力点：一是要在会通古今上下功夫，二是在有用于世上多思考，一步一个脚印、踏踏实实地向前迈进。

推动中华文明创造性转化、创新性发展是艰难而崇高的事业，是中华民族迈向伟大复兴征途中的一个光荣的历史使命，有习近平总书记的讲话在理论、方法论上指明方向，有前人在创造中华文明的历史长河中积累的经验和智慧，有当代中国哲学社会科学工作者的共同努力，这一“创造性转化、创新性发展”的伟大工程，必将不断结出硕果。

潜心育英才　热血铸师魂

杨共乐
（北京师范大学历史学院、史学理论与史学史
研究中心，北京　100875）

2014 年 9 月 9 日，习近平总书记视察北京师范大学，作了意义深远的讲话。重温习总书记的讲话，对于重新认识教育的价值、重新思考教师的责任帮助极大。

习近平总书记说："教育是提高人民综合素质、促进人的全面发展的重要途径，是民族振兴、社会进步的重要基石，是对中华民族伟大复兴具有决定性意义的事业。教师是人类历史上最古老的职业之一，也是最伟大、最神圣的职业之一。"教师肩负着"塑造灵魂、塑造生命、塑造人"的使命。"一个人遇到好老师是人生的幸运，一个学校拥有好老师是学校的光荣。一个民族源源不断涌现出一批又一批好老师，则是民族的希望。""在中华民族 5000 多年文明发展史上，英雄辈出，大师荟萃，都与一代又一代教师的辛勤耕耘是分不开的。"

百年大计，教育为本：教育大计，教师为本。习总书记从民族复兴决定性意义的高度来论述教育的重要性；说明教育的最基本任务是促进人的全面发展；阐述教育是民族复兴、社会进步的重要基石。同时总书记又以"教师是太阳底下最崇高的职业"来阐明教师职业之伟大。因为教师承担着最庄严、最神圣的使命。"国家繁荣、民族振兴、教育发展，需要我们大力培养造就一支师德高尚、业务精湛、结构合理、充满活力的高素质专业化教师队伍，需要涌现一大批好老师。"习总书记号召广大教师做"有理想信念，有道德情操，有扎实知识，有仁爱之心"的好老师。"四有好老师"也就成了全国教师奋斗的目标。

"师垂典则，范示群伦。"教师承担着办好人民满意教育的重任。理想

信念是成为好老师的核心内涵。正确的理想信念是好老师最深层的精神实质，是好老师教书育人、播种未来的指路明灯。唐代韩愈说："师者，所以传道授业解惑也。""传道"显然是第一位的。一位只会"授业""解惑"而没有理想信念的老师，只能称作误人之师；一位只会"授业""解惑"而脱离"传道"的老师，充其量只能算作"经师"或"句读之师"。好老师，应该是"经师"和"人师"的统一。"修道"与"传道"是好老师的立身之本；"精业""去蔽"与"授业""解惑"是好老师的立业之基。新时代的好老师应该以学马克思主义之道、学中国化的马克思主义之道为职责，应该以传马克思主义之道、传中国化的马克思主义之道为使命。

"德高为师，身正为范。"教师承担着培养下一代的重要责任。道德情操是好老师践行教育使命的核心品质。"教书者必先强己，育人者必先律己。""师也者，教之以事而喻诸德者也。"教师的道德情操是成功教育的重要前提。教师不能做只会教授课本知识的教书匠，而应言传身教，成为道德的楷模，以人格的魅力影响学生的心灵，以人格的魅力赢得学生的尊重。好老师是"神圣""崇高"的化身，应该师德高尚，在是非、曲直、善恶、义利、得失等方面体现核心价值，以德修身、以德立学、以德施教，以自己的行为引导并帮助学生扣好人生的第一粒扣子。

教师是立教、兴教之主体。教师承担着传播知识、传播思想、传播真理的使命。扎实学识是成为好老师的立业之本。《吕氏春秋》一书中曾有这样的论述："为师之务，在于胜理，在于行义。理胜义立则位尊矣。"好老师既要成为"学问之师"，也应成为"教学名师"。"学问之师"需要有深厚的基础与积累，所谓"水之积也不厚，则其负大舟也无力"。"学问之师"需要有广阔的视野与理论的高度，有"独上高楼""望尽天涯路"的勇气；有"衣带渐宽终不悔"的精神；有"众里寻他千百度"的经历。如果基础不实、知识储备不足、知行不一，就无法胜任好老师的职责。"教学名师"则需要熟悉教育学原理，懂得教学规律，了解学生的认知接受能力，掌握先进的教学技术手段，循循善诱，诲人不倦，融知识于传授之中。只有"学问之师"与"教学名师"的有机统一，才能把先进之学术成功地传授给学生，既授人以鱼，又授人以渔，达到教与学之良性结合，真正做到以学术造诣开启学生的智慧之门。

"学为人师，行为世范。"教师是学生健康成长的指导者和引路人，承担着打造"中华民族'梦之队'的梦想。"仁爱之心是成为好老师的必备条件。教育从严格意义上说是一门“仁”与“爱人”的学问，“爱是教育的灵魂，没有爱就没有教育”。卢梭认为：“凡是教师缺乏爱的地方，无论品格还是智慧都不能充分地或自由地发展。”爱是帮助学生打开认知之门、启迪学生心智的一把钥匙。好老师应该是仁师，具有热爱学生、尊重学生、关心学生、宽容学生的品格；好老师应该是播种爱心的使者，善于把自己的情感分洒到每一位学生身上，使学生从中获取温暖，汲取力量，让学生在老师的关爱下茁壮成长；好老师应该宽严相济，以严导其行，以爱动其心，在学业上严格要求，使学生日有所得、月有所进。人们常常把教师比作春蚕，比作园丁，比作燃烧自己照亮学生的蜡烛，这一个个美好的比喻，既颂扬了教师的无私奉献，又是对教师“仁爱之心”的肯定与赞赏。

其实，理想信念、道德情操、扎实学识、仁爱之心是一个整体，理想信念是最深层、最重要的核心发动源，关系到教师的信仰与立场，决定着道德情操、扎实学识与仁爱之心的如何落实，起着统领全局的作用；而道德情操、扎实学识与仁爱之心又反过来从各个具体的层面使好老师的理想信念变成学生的信仰理念与自觉行动。它们相辅相成，辩证统一。

《荀子·大略》曰：“国将兴，必贵师而重傅；贵师而重傅，则法度存。”教育是一个民族立国强民的根本。我国目前有近 3 亿学生，他们都是实现两个一百年奋斗目标的生力军。把未来的生力军教育好、培养好既是我国的重要国策，也是我国由人力大国走向人力强国的根本保证。教师兴，则国兴；教师强，则国强。在“四有好老师”的感召下，我国的教师正以满腔的热忱书写着用灵魂塑造灵魂的壮丽诗篇；我国的教师正以“孺子牛”的精神，勤奋耕耘，创造着属于自己、属于社会、属于中华民族的辉煌。

治学经验谈

浅谈研究生论文写作的十个重要问题

晁福林
（北京师范大学历史学院，北京 100875）

论文写作对于提高个人科学研究水平至关重要。必须持之以恒，砣砣努力，方可有所前进。在论文写作过程中，有些问题必须注意，大略有如下十项。所以选择"十项"，也是为了符合吾国习以"十"为全之俗，如某地十景、十全大补之类。这样选择之后，发现"全"可能是全了，但重点却没有突出，对于每个人的论文写作而言，重要的、切己所需的也就是一两个问题，哪里能有十个？我来谈这些问题，并非我的经验介绍，其中许多只能说是我走过弯路之后的教训。这些问题也不是文豪们所深恶的"文章作法"。到了文豪的级别，是可以不讲"文章作法"的，而对于我们而言，则有一定的必要研讨"文章作法"，其实也就是提出写学术论文时应当注意到的几个要点。孔子云"学而不思则罔，思而不学则殆"（《论语·为政》），若说"要点"，学、思，就是两个最核心的要点。这两点所涵盖的范围非常广泛，我们所说的"十个问题"，无出学、思其外者。

一 博览群书，丰富知识素养

知识的积累，是认识能力和水平得以提高的保证。此道理犹登高望远，只有博览群书才能使自己的学术视野扩展，才能使自己学识的深度与广度有所加强。可以以学术大师钱锺书先生的读书情况为例来进行说明。

钱先生的《外文笔记》有三万五千多页，印成为四十九册。他所读的中文著作应当更多。钱先生所写《谈艺录》《管锥编》等名著，就是建立

在钱锺书《外文笔记》前，我们可以真正体会一下“读书”二字。

钱锺书手稿集内文

《钱锺书手稿集·外文笔记》全四十九册 商务印书馆出版

在博览群书基础之上的成果。杜甫《奉赠韦左丞丈二十二韵》：“读书破万卷，下笔如有神。”须臾间之所得，乃是日积月累之偶发。摆在我们面前的书是永远读不完的，就论文写作而言，就要先读那些与此篇论文相关的书，这些书当然要以传统的学术经典为主，而不应当是漫无边际的浏览。

二　开动脑筋，慎重选题

心中要有一个目标，那就是明确应当选什么样的题目来写文章。大概说来有如下的特点。首先，要有创新点可以开掘；其次，相关的材料自己能够驾驭；最后，题目的容量比较合适。总之，初步选中的题目要再思索其可操作性，不适合者，尽快调整。论文选题可以用勘探队找矿来比喻，题目不可仓促决定，而应当多方寻找，要有踏遍青山的刻苦精神。走遍山山水水，才能找到所要的宝藏。这要付出辛勤努力之后才能找到的目标，不是拍拍脑袋，灵光一闪就能找得到的。有的同学疑问，为什么别人能找到，我却不行呢？这原因大多是因为没有踏遍青山的缘故。

论文选题，首先考虑自己感兴趣的题目。有了兴趣，才会有较大的研究动力。还应当多选几个题目，经过详细的调研，来比较这些题目的可操作性、学术价值等方面的情况，再做决定。有人说一个好的选题就是论文成功的一半，现在看来，是有一定道理的。

三 恭敬认真地总结相关的学术史

总结学术史，是对于历史与学术的尊重。这实际上是史源之学的锻炼。严格说来，每一项选题都有其学术研究的源与流，新出的甲骨、金文、简帛等材料的研究也不例外。对于前辈和时贤专家的研究我们应当满怀敬意向他们学习，对于他们的研究，既不要迷住，也不要误解或曲解（误解是水平问题；曲解则近乎诬蔑）。陈垣先生很重视"史源学"。他批评《康熙字典》"左"字条误引《史记》的"右贤左戚"及相关的注，说道："此以意妄改古书之显著者也，学者应垂为厉戒（按：这七字下原有着重号）。"①

"垂为厉戒"之事，莫过于杜绝抄袭。抄袭有"显"与"不显"之别，但性质是一样的，皆为偷盗和窃取。文章写得不够好，那是个人水平问题，但抄袭则是品德问题。《礼记·大学》载："曾子曰：'十目所视，十手所指，其严乎！'"抄袭行为是要受天下之人批判的，稍有道德良心的人都会谴责抄袭行为。总结相关的学术史，不是列出若干篇目的论文或著作就算完事，而是要仔细分析前人相关研究所达到的水平，以及尚存的问题。这就要有所选择，选取提出某一论断最早者、论述某一问题最为权威者，来进行讨论。

只有恭敬认真地总结相关研究的学术史，才可以为自己文章的学术创新打下坚实的基础。

四 放飞思想，抓住自己思想的闪光点

钱锺书先生说："零星琐屑的东西易被忽视和遗忘；自发的孤单见解是自觉的周密理论的根苗……眼里只长篇大论，瞧不起片言只语，甚至陶醉于数量，重视废话一吨，轻视微言一克，那是浅薄庸俗的看法。"② 所谓"微言"，即精深微妙之言，是流星划过思想的天穹。这个光辉必须书之于纸，琢磨于心。千锤之，百炼之，然后方可谓"偶得之"。古人很理解这

① 《陈垣史源学杂文》，人民出版社，1980，第46页。

② 田媛：《读书为何，为何读书——〈钱锺书手稿集·外文笔记〉编辑随想》，《文汇读书周报》2016年6月13日第1~3版。

个思想飞跃的过程，说道：“文之思也，其神远矣。故寂然凝虑，思接千载；悄焉动容，视通万里；吟咏之间，吐纳珠玉之声；眉睫之前，卷舒风云之色；其思理之致乎。”又说：“独照之匠，窥意象而运斤；此盖驭文之首术，谋篇之大端。”① 所言“独照”，当即突破难题、视而通之（“视通”），亦即思维之光照亮幽暗之处。古今学者，夤夜披衣而起所伏案疾书者，往往就是其思想的闪光点。

五　腹稿粗具与谋篇布局

思想的闪光点往往是文章的中心与主题所在，所以作文之前要多琢磨如何把这一主题讲清楚。自己理不清楚的问题，文章里也是不大可能讲清楚的，以己之昏昏绝无可能使人昭昭。古人云“胸有成竹”，是讲绘画的，其实用在文章写作上也很合适。

《庄子·徐无鬼》载：“郢人垩慢其鼻端若蝇翼，使匠石斫之。匠石运斤成风，听而斫之，尽垩而鼻不伤，郢人立不失容。”只有反复练习，方能有匠石之得心应手。所谓“得心”，就是对于自己所写的内容要在正式写作前有一个大概的设计，要用一些时间多考虑一下如何开头，如何进入主题。这犹如高楼建筑前一定要有一个设计图，方才能够开工建设。这个考虑的过程，有时是很困惑、很难受的，可能达到寝食难安的地步。问题想透了，谋篇布局就是顺理成章的事情。写作论文的畅快之感常在困惑之后。

六　围绕主题，深入开掘

顾颉刚先生曾用“竭泽而渔”，来形容汇集史料的齐全。汇集了丰富资料之后的工作，就应当把这些材料架构起来。架构工作的要点，就是要在开掘主题上下功夫。试以王国维名作《殷卜辞所见先公先王考》为例说明此问题。此篇讲殷先公“夋”，先汇集了其所见到的卜辞中的全部字例，概括出其基本字形为“”，又汇集了彝器铭文中的这个字“”，指出其在金文中一定要读为“羞”（证明了这个字的古音），再引《说文》戈部

① 刘勰：《文心雕龙·神思》，范文澜注《文心雕龙注》卷六，人民文学出版社，1962，第493页。

的“”，这才由古音韵学的夒、羞、柔三字古音同幽部而字通的道理，说明甲骨中所载这位高祖，即高祖夒。然而问题并没有到此为止，因为卜辞里称高祖者仅有王亥、大乙，而又是殷先祖之最为显赫者，所以王国维又推断这个人一定是殷人高祖（《屯南》4526片有“高祖夒”的记载，证明了其推断），而文献记载殷人始祖是帝喾。随后又汇集了文献关于帝喾的记载，并且特别指出《太平御览》引喾名作逡，《史记》正义引作“夋”，《山海经》作“帝俊”。再指出，《礼记·祭法》谓“殷人帝喾”，禘为祭始出之祖之祭，所以喾为殷人之始祖，《史记》已有明文。我们可以看到王国维的论证是围绕主题步步深入的方法，其主题就是甲骨文记载的这个人是为殷人的始祖。而他论证的要旨是“《世本》《史记》之为实录，且得于今日证之”①。这正是他所提出的二重证据法之精髓。

七　疏通逻辑，通言畅辞

文章应当有逻辑性，简言之，就是把话说得明白。一篇文章，道理讲得清楚，其逻辑一定是清楚明白的。文章的见解（亦即创新之处）明确以后，就应当把它证明，这个证明的过程就要有理有据、层层深入，一环扣一环地把创新之处证实。如果讲道理的时候说不通，那就是逻辑方面出了问题，遇到这种情况，就要考虑创新之处可否成立，若还坚信能够成立，那就再找证据来说明。疏通逻辑的关键在于理由充分，把路开拓得宽宽的，纵然是曲径通幽，也一定是顺畅的，如果有不可逾越的障碍，那么不管是大路抑或是曲径，都是走不通的。文章的底气在于理由充分，如果理不直，那是不可能气壮的。

逻辑的通畅还在于要把道理完全讲清楚，不应当是不完备的。曹娜《论“文胜质则史”之“史”》②，此文先分析了历代注疏家的解释，再说明史官、史书说及巫史说的不合孔子观念，最后归结为这个“史”字可以理解为“使”，道理说到这里，逻辑上都还是顺畅的，可以说逻辑上都是可以成立的，但路还没有走完，尚未到达证明创新的终点。因为孔子的原话是将文、质对应来说的，“野”与“史”也当是对应而言的。曹娜文章

① 王国维：《殷卜辞所见先公先王考》，《观堂集林》卷九，中华书局，1959，第409页。

② 见《商周文明研究论文集》第二辑，北京师范大学历史学院商周文明研究中心，2015，第38～44页。

没有证明与“野”对应的“史”必当读若“使”。因为这篇文章的逻辑之路未到终点就停止了，路没有走完，所以说这篇文章算是功亏一篑。

从打腹稿开始，直到写完，应当不断地审视逻辑是否通畅的问题。在荆棘中修出一条路就是疏通逻辑的过程。可以说，有创新意义的文章大都是在荆棘中修路，如果摆在你面前的是一条通途大道，那就很可能是前人走过的路。当然，前人走过的路还可以再走，但要这样的话，你的创新之处的难度就必然加大，需要更多地学习、思考与锤炼。

八　画龙点睛，确定题目

文章的标题犹如人的脸面，弄得不好便会面目可憎，让人厌恶。但又不可一味追求“轰动”“亮丽”的效果，而不顾论文的实际需要。有的专家用“标题党”来批评只追求题目光鲜而不顾文章需要的现象，是很正确的。具体来说，应当是该亮丽时就亮丽，该平实时就平实。

文章的题目必须与内容相符合，不能画一条龙点了个狗眼睛。有的同学这方面的功夫还是不错的。例如李婵娟写的《“与晋执乱，与楚为好”——春秋中期秦国邦交历程考论》[①]，秦国邦交策略的转变对春秋列国政治局势影响很大，这个转变的历程过去研究得不多，这篇文章以清华简《系年》的这两句话为题，恰到好处，此篇论文的结尾仍以“为”作结，有了首尾呼应的效果。

九　论文当以学术创新为主线

现在写文章大家都注意到学术创新的问题，都知道一篇好文章必须有学术创新。但大多苦恼于不知道该如何创新，我也长期为此一问题所困惑，历经长期困顿，走了许多弯路，才渐渐悟出一些道理。学术创新必须在认真学习前人研究成果的基础上进行，对于某一问题的研究，必须知道前人已经达到了什么高度，有何卓识，在此基础上方可提出自己的不同认识。如若没有这个基础，就来空发议论，那只能是沙滩上起高楼，只能是无根之谈。再一点就是要使自己的新观点、新思维，能够站得住脚，有史

① 见《商周文明研究论文集》第四集，北京师范大学历史学院商周文明研究中心，2016，第107～114页。

料和逻辑论证的支撑，唯有如此才可让人信服，才能算有了创新。再一点就是创新必须有实质性的学术研究进展，如果自己的新看法和前人的研究结论相比较，只是片言只语的区别，那就不能算创新。例如，在过去的研究中，“整合”“视阈”一类词语尚未出现，若你现在使用了，这只是用了新词语，算不上你有了学术创新。以前曾有一位同学跟我辩论，说自己用了“规律”这个词，而古人没有用过，所以这一定是个创新，我告诉他，古人历来用“道”来表示，已经有了“规律”这一观念，你采用了现代的名词来说明问题是可以的，但算不上真正的学术创新。创新一定是具相当学术意义的新发现、新认识，甚至是推动了某一问题学术研究的成果，才可称为学术创新。

十 论文必须多次认真修改，方可定稿

论文初稿完成后，要有一个修改的过程，不要急于拿出去发表。我念研究生的时候，赵光贤师曾经谆谆嘱咐我，一篇文章写完了，不要拿出去，要先放在抽屉里，过上三五个月拿出来认真读读，找出错讹之处而改之。这样改了之后还不要拿出去，还是要放在抽屉里再过上三五个月再修改一遍。如是再三，文章方可呈现于世。我自己悟到，赵先生的语重心长的话，是委婉地对我急功近利的论文写作态度的批评和告诫，是在对我急躁粗疏毛病的针砭。庄子讲庖丁解牛臻至玄妙之境，解牛完成时，“謋然已解，如土委地。提刀而立，为之四顾，为之踌躇满志，善刀而藏之”，好一副悠然自得的神态。我写完一篇文章，往往是再顾文稿，犹见荒野秃草，为之汗颜泚泚，不忍卒读，从无踌躇满志过。好在我没有“善刀而藏”，还是遵从赵先生的教诲，将文稿藏于抽屉（现在是藏在电脑的某个文件夹），过上一段时间，再拿出修改。多次修改后，方才稍微免去一些忐忑不安的心情，但还远没有达到踌躇满志的境界。

论文如何修改呢？

我想大概有以下三个方面，其一是删除枝蔓，突出主线，删掉可有可无的段落和语句。其二是查改“硬伤”。所谓论文的硬伤不光是常识性的错误，而且还应当包括引征材料的讹误和论证逻辑的不通之处。其三是要润色增彩，使论文行而能远。我们读顾颉刚先生的文章，不仅折服于其精见卓识，还常常为其美妙的语言所吸引，堪为学术论文的典范作品。

拉杂说了这许多，许多问题是我的教训之谈。由于我写作论文时不注

意，所以吃了不少苦头。现在写出来，是要让大家引以为戒。我们的《商周文明研究论文集》在大家的努力下现在已经出了六辑，第七辑也在筹备中。翻看同学们的这些论文，感到其间多有初生牛犊的勇气在，希望大家继续努力，写出更多的好文章。

作者附记：北京师范大学历史学院先秦史专业方向的研究生教学，多年来开设有“论文写作课”。先秦史方向的诸位同仁，轮流讲课并指导学生撰写论文，还将研究生的论文，选其优者编选出版了《商周文明研究》论文集。此篇小文就是我在论文写作课上的讲稿。谬误之处，敬请大家多多批评。

（2017年10月31修改稿）

晁福林先生在历史学院资料室查阅资料

影像、图像史学研究

影像史学视野下的城市形象

——以北京（1949～1966）纪实影像为中心的考察

吴　琼　危文瀚

（北京师范大学历史学院、史学理论与史学史研究中心，北京　100875）

摘　要：影像史学的理论包含了丰富的实践内涵。发现、记录、整理、研究区域历史影像是值得历史学关注的领域。以北京为代表的城市影像有其自身的语词构成和表现方式；作为史料的北京影像承载了丰富的历史信息和人文内涵；北京的城市影像具有鲜明的区域历史特征和广泛的文化影响力，是形成今天北京城市形象的重要历史元素。从影像史学的视角审视北京影像遗产可以帮助我们重新认识纪实影像的历史学研究价值。

关键词：影像史学　纪录片　城市影像　北京形象

一　影像史学与城市形象

1. "影像史学"——从理论研究到价值应用

1988年，美国历史学家海登·怀特在其著作《书写史学和影像史学》中，提出了"影视史学"的概念，即"以视觉影像和影片的论述，来传达历史以及我们对历史的见解"。这可以视作以影像手段认识和研究历史的发端。此后，在中国历史研究中多数学者都停留在对此理论在方法上的探讨，而以此种方法解决具体历史问题的学术研究还并不多见。本文试图从影像史学理论与城市史研究结合的角度探索影像史学的社会功能。

影像技术的不断发展推动影像承载历史功能的不断完善。随着数字影视技术的深入和推广，影像记录和传播历史的功能日益受到重视，“除了动画电影，一切电影都是纪录电影”①。由于大量使用了文献资料，使得文献纪录片本身也具有文献价值，能够起到“阐明抉择、解释历史和增进人类的了解”② 的作用。通过影像，尤其是开展以“记录”为主要手段，以纪录片、纪录电影为主要形态的纪实影像研究，对于从视觉材料的视野认识人类活动的时代变迁有重要的学术价值。

自从同期录音技术进入电影电视创作后，现代影像尤其是动态影像已经涵盖了声音的元素，影像的内涵从“无声”到“有声”，其概念更加成熟，其技术的元素更加丰富，跨学科的特点更加突出。影视技术的发展和深度普及，尤其是近年来以历史文化纪录片、纪录电影等为代表的越来越多的优秀历史影像作品的创作和传播，为影像表达历史提供了参考样本和条件。以传统历史学思想和研究成果为基础、以镜头语言为认识手段、以日益丰富的影像资料为研究对象、以影像表达为传播载体的“影像史学”，对构建区域变迁的影像历史提供了理论和方向。③

2. 城市影像——记录城市文化的史料

1839 年，法兰西学院宣布了达盖尔（Louis J. M. Daguerre）发明的摄影技术。与此同时，欧洲正经历 19 世纪的一个重要时期——城市化。随着工业革命的发展，大规模的城市化进程开始在世界各地出现。城市如同一只巨兽，极速吞没着乡村的空间和人群，城市的生活对人们的生存和思考开始产生着深刻而持久的影响。“十九世纪的人，他们之所以使用照相机完全是为了：要用这个前所未有的工具，来捕捉改变中的自然和社会。”④ 1895 年电影技术出现后，越来越多的摄影师开始把镜头移向城市，通过这个社会空间的剧场与舞台，发现和聚焦在城市中各类问题或矛盾，记录城市的发展与变迁。人们也逐渐认识到，将摄影摄像视作科学的证据的传统是纪录片意识形态力量的根本来源。⑤ 这些影像记录中的城市，其形象成

---

① 王志敏：《现代电影美学体系》，北京大学出版社，2006，第 6 页。

② 〔美〕阿兰·罗森沙尔：《纪录片的良心》，加州大学出版社，1995，序言，转引自任远、彭国利编著《世界纪录片史略》，中国广播电视出版社，1999，第 9、10 页。

③ 见拙作《从历史影像实验到影像史学研究——兼论“影像史学”的学术内涵与研究路径》，载杨共乐主编《史学理论与史学史学刊》2017 年上卷，社会科学文献出版社，2017，第 34 页。

④ 阮义忠：《摄影美学七问》，中国摄影出版社，1999，第 114 页。

⑤ Brian Winston, *Claiming the Real II – Documentary: Grierson and Beyond*, BFI, 2008, p. 14.

了永恒定格的瞬间。

兴起于欧洲的影像城市史，用影像的手段把城市作为对象来表达。早期有关城市的纪录片以摄影机的力量，捕捉到城市生活的韵律，以及万花筒般的生活原型，在机械化及都市化的表面下挖掘出人性的主题。电影工作者把他们的镜头对准城市，通过对城市的记录保留记忆、表达看法。

早期的城市影像包含了丰富的历史进程。1926 年，尚在美国留学的著名纪录片导演约翰·格里尔逊（John Grierson）[①] 在法文单词 ducumentaire 的基础上，率先使用 documentary 一词。不管是法文词源 dooimentaries，还是英文单词 documentary，其词根都是“document”，即“文献资料”的意思，documentary 一词直译过来就是“文献”“档案”。同年，苏联女导演艾斯菲尔·苏勃（EsfirShub）制作完成了影片《罗曼诺夫王朝的灭亡》（The Fall of the Romanov Dynasty），讲述了俄罗斯历史上最强盛的也是最后一个王朝罗曼诺夫王朝的覆灭史。[②] 这部影片以俄国革命期间拍摄并保存下来的新闻影片资料为基础编辑而成，也是电影史上首次采用新闻影片编辑的方式制作的纪录电影，被称为“世界文献纪录片的开端”[③]。在国外，随着纪录片的诞生就已经有了关于这类的影像记录，但与我国不同的是，国外此种影视类型的创作者考虑到这类作品最突出的创作特征将这种类型的纪录作品称为“汇编类影片”，“文献纪录片”把既定文本和影像释读相结合，强化了文献的作用，有别于常规纪录片的理念，但因其影像的纪实件，在我国，通常仍将其中影像史料典型的作品列入纪录影像的范畴。这是我国独有的。

晚清民国以来照相和电影技术传入中国后，城市上层生活是主要记录对象，其中包括北京早期影像。不少域外媒体记者深入边远乡村，留下散

① 约翰·格里尔逊（John Grierson，1898－1972），英国电影导演。他是被称为“纪录片之父”费拉哈迪（Robert Flaherty）的学生，费拉哈迪是美国纪录电影学派的创始人。1926 年 2 月 8 日，他在《太阳报》的评论文章中首次提出了“纪录片”一词；他领导的“英国纪录电影运动”对英国乃至世界电影史都有深远的影响；他是一位视电影为讲坛的大师，他的信条是：“我们首先是宣传员，其次是影片摄制者。”史学家称他为“对纪录片影响最深的一位人物”。引自石屹《纪录片解读》，复旦大学出版社，2012，第 45～46 页。

② 这种纪录片在西方称为 compilation film（“汇编影片”），最早由苏联电影工作者艾斯菲尔·苏勃在 20 世纪 20 年代确立了其风格。1926 年她完成了影片《罗曼诺夫王朝的覆灭》，这是对俄罗斯电影导演从前拍摄的资料影片重新剪辑完成的，也开启了世界电影史上文献纪录片的先河。

③ 〔美〕埃里克·巴尔诺：《世界纪录电影史》，张德魁、冷铁铮译，中国电影出版社，1992，第 40 页。

乱珍贵的影像。

以纪录片为代表的影像作品是城市影像文化的主要载体。新中国建国初期的纪录片、纪录电影兼有电影和历史的双重思维，是构成北京城市影像的重要组成部分。国外研究中，埃利克·巴尔诺在《世界纪录电影史》中提到的《延安和八路军》(1939)，是抗战期间中国共产党的第一部完整的影片。电影作为一种反映时代形象的重要见证，早期电影无论导演思想还是设备技术应用，抑或演员表现方法还是后期制作都难摆脱纪录片摄制的影子。因此，将其归为纪录影像的类别。

3. 北京影像——体现北京的形象和气质

本文所指“北京影像”，是指创作于1949年至1966年间，以城市空间特征与文化地理为主要标志，着眼于描摹地域化的北京风土、人情、历史与现实，关心北京社会发展、表达北京文化身份的纪实影像资料，包括纪录片、纪录电影、新闻片等。

自19世纪末电影传入中国起，到1905年在北京诞生了中国人自己摄制的第一部电影《定军山》，再到1958年中国第一个电视机构——北京电视台播出了第一部作为新闻播出的纪录片《到农村去》，北京这座城市，便与中国的影像发展形成了密不可分的关系。新中国成立后，作为新中国首都的北京，其形象更是频繁出现在照片、新闻简报、纪录片、电影等影像媒介之中，以超乎想象的发展势头，渗透到社会生活的各个领域，影响着这座城市中人们的生活，也影响着人们对这座城市的认识。

新中国1949年至1978年的历史，也具有鲜明的政治性特点，体现在各重大会议、文件的召开、颁布，留下了大量影像记录和文献存档。这些资料既是重要史料，同时又为北京注入了独特的形象和气质。

二　北京影像与北京形象

（一）北京影像史料分布

1. 新闻纪录中的北京

中国中央新影集团纪录片库中，有着大量新中国成立后的原始影像资料。它们是记录了主要发生在北京城市环境下的影像历史资源，有丰富的史料价值。涉及不同时期的众多方面，例如《新中国诞生》(5本，1949年)、《劳动人民文化宫》(1本，1950年)、《一九五四年国庆节》(1本，

1954年)、《班禅在北京》(1本,1959年)、《全国文教群英大会》(2本,1960年)、《北京紫禁城》(2本,1962年)、《李宗仁先生在北京》(2本,1965年)、《军民团结心连心》(2本,1967年)、《首都在欢腾》(2本,1977年)等。

新闻片是新闻纪录电影的重要组成部分。在新中国的新闻纪录电影史上,新闻片的两个主要制作机构是新影和八一,而且主要是以新闻杂志片(或称新闻期刊片)的形式制作和发行的。八一自1952年建厂之初就开始制作新闻杂志片《解放军新闻》(后来曾经改称《部队生活简报》《解放军生活》),每年摄制10期到24期。新影的新闻杂志片以《新闻简报》为代表,其他新闻杂志片分为四类:报道国内新闻的《新农村》《农村简报》《少先队》《体育简报》《科学珍闻》《解放军简报》《西藏简报》,报道国际新闻的《人民世界》《今日苏联》《国际新闻》《世界见闻》,对外宣传中国的《今日中国》,为党和国家高层领导人制作的《内部参考》。①

主流媒体制作的播出作品包含了北京影像。中央电视台《见证》栏目《影像志》《甲子》系列的纪录片也囊括了大量原始影像资料。《甲子》整个系列的大的时间轴为60年(一甲子),以农历纪年为时间线索,上溯前五个年度(以《卯年记忆》为例,记录了辛卯1951、癸卯1963、乙卯1975、丁卯1987、己卯1999,五个卯年发生的事件),拍摄时间为生肖年(每年一部),于每年春节播出,计划用12年时间,历史盘点1944至2003年中国历史的风云沧桑,整合出近60年的中国民生画卷。目前推出了《申年记忆》《酉年记忆》《戌年记忆》《亥年记忆》《子年记忆》《丑年记忆》《寅年记忆》《卯年记忆》(8部,共计40年的历史记忆)。影片的叙事聚焦于小人物的命运,以大事小情、甲子图集、旧日的影像遗存代替大事件成为历史舞台的前景,通过同时期大量人物故事折射出历史的风云变迁。《新影放映厅》《亲历》《人物志》《往事钩沉》等纪录片中所包含的北京影像资料也是值得关注的。

2. 画报照片中的北京

摄影刊物和照片等静态影像也记录了北京的形象。由冯克力主编、山

① 参见钱筱璋、高维进《中央新闻纪录电影制片厂的历史回顾》,载郝玉生、关明国主编《我们的足迹》(续集),中央新闻纪录电影制片厂,1998;张建珍《〈西藏简报〉追记》,王伟《我与〈新闻简报〉》,吴均《从银幕上看世界——回顾〈世界见闻〉》,沙丹《难忘的日日夜夜——追忆新闻杂志片的一段历程》,陈光忠《“两分半”赞》,载张建珍主编《我们的足迹》(上卷),中央文献出版社,2003。

东画报出版社出版的一百余辑《老照片》，通过刊发有意思的老照片并辅以生动活泼的文字，以独特的视角回望百多年来人类的生存与发展，是可看、可读的历史读本。其中收录了大量新中国成立后有文献价值的重大事件历史照片和私人照片，并配以图片读解。

中国摄影出版社2012年出版的《合家欢：20世纪50～80年代的民间相片》探索了20世纪50～80年代民间相片自身的语言、语法与逻辑，有关这类相片生成或消亡的内在理路，以及对这一特定时期内民间相片的个人化认知，试图考察这一时期民间相片变迁的政治、行政、商业、物质、习俗、社会心理因素。涉及相片类型包括家庭照、亲友照、集体照、个人照、标准照、异型照、戏剧照、电影照、年画照、挂历照、着色照、化妆照、婚纱照、美术照、演员照、仕女照、歌片照、花色照、风景照，还有进入千家万户的领袖照片，等等。

山西人民出版社2015年出版的《中国记忆，1966》是法国姑娘索朗日·布朗在1965年到1968年所拍摄的照片影集。她穿行于北京城内，抓取了一系列特殊年代里的瞬间，其中抓拍的动作、表情、服装、房屋、环境等，少有政治表述，却清晰地传达了中国特殊的历史环境。

3. 档案文献中的北京

北京市档案馆收藏并编辑的《北京档案史料》，包含了丰富的影像资料和传播数据线索，如：北京市文化事业统计资料、汇报，对电影的创作拍摄和放映，组织群众节日游行活动的计划和宣传工作的开展，等等。

（二）北京城市影像分类

1. 新中国成立初期的北京影像

在以光影洗印技术为基础的影像诞生前，北京主要是以“政治象征”“文化象征”“情感象征”的形象出现在人们视野之中的。对于北京形象，老舍称之为“古都景象”，北京大学教授赵园谓之“永远的城”。“城市在中国文化观念中呈现着迥然不同的形象。”[①] 可以说，北京在最初的社会记忆当中是中国传统文明和政治权力的指称，是一种“文学想象”“家国记忆”。影像记录技术介入后，这种情况发生了改变。法国电影理论家安德烈·巴赞曾说，影像与绘画不同，“它的独特性在于其本质上的客观

---

① 〔美〕张英进：《中国电影中的城市形象》，《电影的世纪末怀旧——好莱坞·老上海·新台北》，湖南美术出版社，2006，第156页。

性……在原物体与它的再现物之间只有另一个实物发生作用。这真是破天荒第一次。外部世界的影像第一次按照严格的决定论自动生成，无须人加以干预，参与创造”①。在影像手段被用于记录北京历史之后，北京就从一种“文学想象”变为“视觉再现”，通过影像的记录其形象得以本真的再现于观看者的眼中。

纪录片就像书写历史类作品那样，通过筛选过去的轨迹并围绕它们进行叙述来“组建”一系列事实。像书写历史那样，纪录片也会忽略那种完全虚构的历史，这种过去完全可能用一个故事来讲述，有开头、中间、结尾的故事。

利用纪实影像的力量，反映社会变迁和进行宣传工作，是中国共产党在抗日战争时期就已开始的工作。1938 年，延安电影团成立，中国共产党便开始了利用纪实影像记录“中国共产党老一辈无产阶级革命家的形象以及党领导的人民军队的形象”②，纪实影像也成了重要的宣传工具。1947 年，由东北电影制片厂制作的系列专题新闻片《民主东北》③，让当时以解放军为主要视角的解放战争首次通过电影为世界人民所知。

在新中国成立前夕，电影就有了明确的发展方向。“新中国电影事业要做的工作很多，首先要建立电影制片、电影洗印、电影发行、电影放映系统，接着要建立电影胶片生产、电影机械制造、电影器材供应、电影机械修配系统，还要建立电影创作、电影理论研究、电影科技、电影教育、电影出版系统等。先建立哪些单位，后建立哪些单位，要根据电影事业发展的轻重缓急来决定。”④ 1949 年 8 月第一次中国文学艺术工作者代表大会召开后，中共中央宣传部在《加强电影工作的决定》中指出，“电影艺术具有最广大的群众性与最普遍的宣传效果，必须加强这一事业，以利在全国范围内及在国际上更有力地进行我党及新民主主义革命和建设事业的宣传工作”⑤，明确地提出了电影的宣传作用问题。而此时已经成为首都的北京，无疑成为展示新中国新形象的最佳窗口。

---

① 〔法〕安德烈·巴赞：《电影是什么?》，崔君衍译，文化艺术出版社，2008，第 9 页。

② 高维进：《中国新闻纪录电影史》，中央文献出版社，2003，第 69 页。

③ 《民主东北》（1946～1949），中央新闻纪录电影制片厂。

④ 杨海洲：《新中国电影事业领导机关的建立和电影事业的初期发展》，《当代电影》1999 年第 3 期。

⑤ 参见高维进《中国新闻纪录电影史》，中央文献出版社，2003，第 100 页。

1949年成立的北京电影制片厂，以及日后成立的新影厂[①]，成了纪实影像生产的平台和载体。在1949年6月，中宣部曾做出指示："北影成立后，以摄制新闻纪录电影为重点。"[②] 在同年11月电影局召开的首届行政会议上，时任中共中央宣传部副部长的周扬曾说："新中国的电影是在毛主席文艺方针下，在老解放区的新闻纪录片的基础上，接受进步电影的优良传统而发展起来的。必须坚定地继续贯彻工农兵方向，多方面地反映中国人民解放战争和人民革命斗争以及新中国建设的主题，要提高故事片的思想性和艺术性，使之从纪录片提高到艺术片的水平。"[③] 因此，北影此后把主要精力放在了新闻纪录片的拍摄上。1953年7月7日，中央新闻纪录电影制片厂成立，它替代了北影成为生产新闻纪录电影的专业厂。其所摄制的新闻片成为日后纪录片中重要的影像材料。从开国大典的纪实影像之中，还可以大致看到建国初期大规模改建前天安门广场的形象，甚至可以看到长安街两端左右两门的原貌。

在新中国成立后，首都北京不仅是政治、经济、文化中心，更成为一种符号，一个象征，一套话语系统。影像中对北京城市形象的建构，是作为"首都"存在的国家记忆和以"怀旧"为主的个人回忆两种方式的结合体，是有关国家记忆和个人回忆交错的想象式的重构。北京城市中带有政治化的空间符号，如故宫、天安门、长城、天坛、圆明园、卢沟桥等皇家式宏大建筑群，显示着北京所承载的政治历史之重。"在现代中国，古城的代表无疑是北京，而大都会的代表则是上海……北京往往具有乡村的传统性，而上海则反映了都市的现代性"，同时，"作为一座被城墙围筑起来的

---

① 新影厂，又称中央新影集团。它是由中央新闻纪录电影制片厂和北京科学教育电影制片厂作为骨干企业，经国家广播电影电视总局批准，于2010年共同组建的国家性质的电影集团。现存影片资料共42000本，合7000多小时，少量素材仍属于机密档案，未被公开。其中，中央新闻纪录电影制片厂是我国唯一生产新闻纪录影片的专业机构，是国家珍贵的历史档案库。北京科学教育电影制片厂是我国目前最大的科教影视节目制作基地。新影影视资料部成立于1953年，主要负责收集、整理、保存、利用各个时期的影片资料。目前，作为独家拥有大量历史影片资料的企业，为国内外电视台、电影制作单位提供了许多的资料。同时，新影纪录片库还提供影视资料的计算机快捷咨询、胶片放映、磁带选片、各种录像带的转录、光盘刻录、胶转磁、电视高清资料等线下服务。参见其网站http：//www.cndfilm.com/。

② 杨远婴编《北影纪事》，中国电影出版社，2011，第10页。

③ 新华社：《文化部电影局首届行政会议 决定今年影片生产计划 坚定地继续贯彻工农兵方向》，《人民日报》1950年1月17日，第3版。

古老城市，北京曾经是帝王权力和社会主义事业的神圣象征之地”。[①]作为政治表征的北京，是红墙黄瓦的北京，长期以来是皇权、统治者的象征。经历着宏大的政治演进，历史的积淀、文化的渗透使得北京成为国家进行影像表达时不容替代的政治象征。

透过1950年的两部影片可以看到新中国之初北京的城市形象。1950年上映了格拉西莫夫导演的纪录电影《解放了的中国》。中国文艺界的周立波、摄影家徐肖冰等人也全程参与了拍摄。1949年秋，苏联派出以著名导演格拉西莫夫和瓦尔拉莫夫为首的两个摄制组来华，在拍摄了开国大典之后，他们与中方合拍纪录片《解放了的中国》和《中国人民的胜利》。《解放了的中国》一开始就出现了3个城市，分别是北京、天津和上海。北京以俯瞰的形式出现，只有几个颐和园的镜头是中景和近景。天津的画面一带而过，解说词称天津为“帝国主义侵略华北的跳板”。上海城市画面的时间最长，其中突出了上海的外滩，影片用了全景、中景和特写。外滩同样被描述成西方列强对华侵略的典型，外滩一座座外国银行的大楼是压榨中国人民的表现。旧社会中国人生活与工作的疾苦与上海豪华的商店、穿着体面的洋人的画面，在剪接上交叉呈现。

这些城市解放的前奏是土地改革、农业恢复生产、推进工业化等社会变革。影片中出现了上海南京路上欢庆解放的腰鼓和秧歌，显然这样的庆祝方式并不属于上海原来的城市文化，而是一种向延安致敬的姿态，片中大篇幅呈现上海戏院里演出的话剧“白毛女”的内容也印证了这一点。[②]另外，影片介绍了城市里的新式医院和新式婚礼，以此说明包括移风易俗在内的社会进步。这部获得1950年斯大林文艺金奖的纪录片，全面地表现了新中国建立伊始国家的状况和国民的状况，其面貌就只能被各种“新人”的面貌所代表，因而影片用很大比例的内容呈现了工人、农民、军人、学生和他们在各自岗位的日常状态。城市的形象是模糊的、需要被解放的，甚至是作为批判素材的（这在《中国人民的胜利》一片中甚至直接以解说词的形式说明了）。在《解放了的中国》中，在中苏导演合作的方式下，以简明的镜头回顾了中国人民革命和解放的历程后，重点表现了新中国成立这一历史事件的过程。影片记录了开国大典最真实的历史，“反

① 〔美〕张英进：《重绘北京地图：多地性、全球化与中国电影》，《建筑与文化》2011年第1期。

② 因为录音技术所限，这个片子只有在话剧“白毛女”的演出和毛泽东周恩来参加国务会议两段有长时间的同期声，这也显示出片中“白毛女”的分量。

映了中国共产党和中央人民政府领导全国人民恢复经济和土地改革的情况"[①]。这部影片中同样记录了《中苏友好同盟互助条约》的签订过程，以及苏联在条约签订后对新中国建设发展的帮助。

这些镜头所记录下的重大历史事件的目击者有限，这使得影像成为还原历史的珍贵线索。美国历史学家莱克说："传统的书写史学充分表现人类生活的复杂、多维的世界是多么的单调、贫乏，只有电影通过音像合成和镜头切换、快慢镜头等其他一些技术才能够比较接近真实的生活。"[②] 英国历史学家休·特雷弗·罗珀曾认为图像是"琐碎和无益"的观点就遭到众多学者的质疑。[③] 在 1987 年 9 月召开的第一届中国电影学术讨论会上，法国电影专家贝热提出中国电影给予西方最深刻的印象是"它的现实性和时代感。正是有了这一点，西方人才可以通过中国电影来认识中国（包括过去和现在）"[④]。因此，从这个角度看，从政治学和历史学的角度看，这些影像仍能构建起一个 1949 至 1966 十七年间的北京形象。

2. 建国初期的纪实影像

北京的纪实影像和近代中国的革命进程密切相联。新中国成立前中国纪实影像主要记录军事斗争，作品主题多是民主革命、抗日战争、解放战争等决定中国命运的重大历史事件。作为中国文献纪录片的开山之作，黎民伟于 1927 年拍摄的第一部文献纪录片《国民革命军海陆空大战记》，记录了孙中山在中国民主革命时期的历史功勋。其后，又有反映北伐战争的《蒋介石北伐记》、反映抗日战争的《中国战役》，以及表现人民解放军解放东北艰苦历程的《东北三年解放战争》等。到了新中国成立后，早期的影像工作者们对 1949 ~ 1966 年的首都北京各方面做了详尽的影像记录。

① 单万里：《中国纪录电影史》，中国电影出版社，2005，第 141 页。

② R. C. Raack, "Historiography as Cinematography: A Prolegomenon to Film Work for Historians," *Journal of Contemporary History*, Vol. 18, No. 3 (July 1983).

③ Hugh Trevor - Roper, "Barbarians Were Often at the Gate," *The New York Times Book Review* (October 6, 1963). Walter Kaufmann wrote that "he found some of the many charts dispensable", *Good Reading*, XV, No. 11 (January, 1964). Ernst B. Hass was even more vitriolic: The book might have dispensed with a large number of comic - strip - like charts that purport to illustrate relationships between religious belief, social structure, and specific events. I found to the extent that they illustrate anything, they do more to distort the picture than toclarify it, apart from being an unnecessary cheapening of a serious and well - written text," *The Asian Student* (January 25, 1964). David Thomson wrote that "the drawings and diagramstoo often fall between the stools of the obvious and the over - simple," *The Listener* (January 2, 1964).

④ 郦苏元、胡克、杨远婴主编《新中国电影五十年》，北京广播学院出版社，2000，第 239 页。

1949～1966 年全国纪实影像与有关北京纪实影像数量统计

单位：部

	1949	1950	1951	1952	1953	1954	1955	1956	1957
全国	29	56	39	32	53	61	86	102	110
北京	12	22	9	15	32	39	46	57	39
	1958	1959	1960	1961	1962	1963	1964	1965	1966
全国	116	87	94	61	38	47	47	83	48
北京	41	48	40	28	20	18	14	33	10

这一时期新闻纪录电影中的北京形象，不论是对国内政治矛盾的处理，国家军队的建设，还是领导人在国际外交活动中所展示的魄力，其实都已经超越了北京城市形象构建的本身，成为整个新中国符号象征的缩影。

政治活动影像

影像作为一种富有表现力的语言模式自诞生之日起就被赋予了政治生命力，在解释新生政权的政治合法性方面担当了重要角色。从纳粹德国的“元首”到红色苏维埃政权的最高领导，都十分重视电影语言对大众的宣教作用。通过影像作品蕴含的艺术感染、技术力量和强大的叙事能力，可以建筑起强大的话语体系。

在影像记录中，1949～1966 年的政治仪式情况如下。

与政府、政党和政治利益团体等政治组织相关的政治仪式，占了这 17 年间政治仪式内容的主要部分，总计 48 部，内容主要为“五一”劳动节庆祝活动、国庆阅兵和各种集会游行：

1949～1966 年“政治仪式”记录影像分类情况

内容	“五一”劳动节	国庆与阅兵	政治集会游行
数量	15	25	8
备注	除 1949 年、1950 年、1962 年、1963 年外，其余年份均有记录“五一”劳动节的专题影片。1958 年为两部，其余年份为一部。1957 年影片为《检阅我们的力量》	除 1966 年外，每年均有记录国庆节的专题影片。1952 年、1953 年、1954 年、1955 年和 1964 年专题影片均为 2 部，1959 年为 4 部，其余年份除 1966 年外，均为 1 部	《保卫世界和平》（1950），《社会主义改造胜利大联欢》（1955），《社会主义改造胜利大联欢》（1956），《纪念“五四”》（1959），《纪念列宁诞辰九十周年》（1959），《庆祝建队十年》（1959），《征服世界最高峰》（1960），《欢迎征服希夏邦马峰的英雄》（1964）

体现政治活动的相关政治仪式中，有四部纪录片具有代表性。一部是《中华人民共和国主席授衔授勋典礼》（1955），另外三部是党和国家领导人与著名人物的葬礼，分别为《悼念任弼时同志》（1950）、《陈嘉庚先生千古》（1961）和《罗荣桓同志永垂不朽》（1964）。

体现国家认同、民族认同和政治价值认同在内的各种政治认同相关的政治仪式，共有九部，分别为：《“七一”在北平》（1949），《中国民族大团结》（1950），《斯大林永远活在我们的心里》（1953），《悼念斯大林同志逝世特辑第二号——首都六十万人举行大会悼念伟大革命导师斯大林同志》（1953），《六亿人民的意志》（1954），《祖国颂》（1957），《把心交给党》（1958），《纪念列宁诞辰九十周年》（1959），《庆祝中国共产党成立四十周年大会》（1961）。这一部分内容数量不多却较为庞杂，但都是纪念性和认同性的活动。

社会冲突或政治斗争中的仪式应用与变革。这一部分带有北京形象的纪实影像共有六部，分别为：《民主东北第十辑：北平入城式》（1949），《民主东北第十一辑：毛主席朱总司令莅平阅兵》（1949），《中国人民的胜利》（1951），《欢迎亲人凯旋》（1958），《志愿军凯旋》（1959），《简报特号：欢呼我国发射导弹核武器成功》（1966），内容主要与战争和国防有关。

通过对带有北京形象的纪实影像中有关政治仪式的影片进行统计，从数量和内容上看，大型庆典是很重要的构成部分，尤以每年的国庆节和阅兵式最为典型。作为新中国首都的北京，也成为国庆、“五一”时所举行的国家政治仪式最理想的舞台。《新中国诞生》（1949）记录了从政治协商会议到开国大典的完整内容，也是第一次完整意义上共和国阅兵式的影像记录。影片中北京城市形象主要集中于天安门及其周边区域。在文化环境方面，建国伊始缺乏较为稳定和统摄力的文化系统，毛泽东指出需要三年时间才能建立必要的政治控制和组织力量，以进行社会主义建设和改造。因此，塑造具有高度冲击力和象征意义的政治符号成为一项急迫的工作，轰轰烈烈的国庆阅兵仪式正是这些符号的制造厂和展览馆。《欢庆十年》（1959）中，新中国建国十周年前夕，天安门广场按照毛泽东建“百万人广场”的批示，最终建成一个面积40万平方米、比建国5周年时大2.5倍的天安门广场。这体现出新中国成立以来的经济建设的成绩，也反映出20世纪50年代后期人民公社和“大跃进”等经济建设模式留下了具有显著历史时代特征的建筑影像。

改造旧社会影像

新中国成立后，对新生政权进行巩固成为国家建设发展的优先考虑，并提出在社会管理方面，采取的方针可以概括为“改造旧社会、建立新中国”。为了实现改造旧社会的目标，在新中国成立初国家把权力向基层社会延伸，加强基层组织建设。这一段历史，在纪实影像中也有充分的体现。在1949年到1966年间，反映北京改造旧社会的纪实影像共有六部，分别为《踏上生路》（1949），《烟花女儿翻身记》（1950），《解放了的中国》（1950），《取缔一贯道》（1951），《佛教在中国》（1956），《盲人生活》（1958）。

在旧社会，吸毒、赌博、卖淫这些社会畸形现象屡禁不止，成为中国长期积贫积弱的一个原因。为了稳定政权，改造旧社会和建设新中国，新中国在成立后，消灭了烟、赌、娼现象，取缔了黑社会、反动会道门等组织，净化执政的社会环境成了当时社会改造的目标。《踏上生路》（1949），《烟花女儿翻身记》（1950）和《取缔一贯道》（1951）三部影片便是对北京旧社会存在的“污泥浊水”进行改造的全景记录和展示。

这些影片通过对旧社会改造的宣传，树立起共产党和新政权的崇高威望。人民政府通过强有力的政治手段，并依靠广大人民群众的积极参与，稳固了政权，为新中国的发展与稳定奠定了良好的基础。

城市建设影像

体现北京“城市新貌”的纪实影像是最能直观反映北京城市形象的部分。该类影像主要由三部分构成：介绍北京传统建筑、传统文化的影片；展现北京新的城市建设成果的纪实影像；批判北京社会问题的影片。

据统计，1949～1966年的纪实影像中，有关北京城市建设的共有33部。其中，介绍北京传统建筑、传统文化的影片共有7部，分别为：《劳动人民文化宫》（1950），《颐和园》（1956），《北京的佛教文化》（1961），《古建筑精华》（1962），《中国桥》（1962），《人间彩虹》（1962）和《北京紫禁城》（1962）。这8部影片集中于北京古建的介绍，尤其是明清时期的皇家建筑和皇家园林。在展现古迹原貌的同时，影片也强调了其功能性的改变，例如在《劳动人民文化宫》（1950）中，影片所展现的主题为“劳动人民文化宫成了人民自己的乐园”①。

展现北京新的城市建设成果的纪实影像共有24部。这一部分的影片主

① 《劳动人民文化宫》，编导：易君，摄影：陈一帆，1950。

要涵盖两个主题：第一，北京城市新建筑的建设；第二，北京水利建设。表现新建筑的影片集中于1959年前后，尤其以展现建国十周年“十大建筑”为重点。“十大建筑”是中央政府为庆祝中华人民共和国成立10周年，在首都北京兴建的国庆工程。与此同时，天安门广场的改建工程也全面展开。这十座建筑分别为人民大会堂、中国革命和中国历史博物馆、中国人民革命军事博物馆、北京火车站、北京工人体育场、全国农业展览馆、迎宾馆、民族文化宫、民族饭店、华侨大厦。1959年9月25日，《人民日报》发表《大跃进的产儿》社论，盛赞这些建筑“是我国建筑史上的创举”，也是“政治意志、民族自豪、群众力量、举国共建的巨大胜利”。[①]

水利建设是反映城市建设成果纪实影像的另一重要方面。在1949年北平和平解放后，河湖水系的治理就成为政府的建设工程。1950年1月，为了解决城市用水不足的问题，北京市政府提出修建密云水库与十三陵水库的计划。密云水库是华北地区最大的水库，位于北京市东北部。1951年国家水利和地质部门进行勘探选择坝址，1956年水利部北京勘测设计院提出规划方案，1958年6月国务院做出兴建密云水库的决定，1958年9月1日正式开工。[②] 1954年春，周恩来总理提出在十三陵附近修建水库以美化风景、防洪减灾的设想，这项工程被列1957年编制的《海河流域规划（草案）》[③]，1958年1月21日十三陵水库开工。

为了起到社会动员与宣传的作用，这两座水库的建设被用影像全面记录了下来。《移山造海过春节》（1958）《领袖和我们同劳动》（1958）《十三陵水库落成典礼》（1958）三部影片。

最后，是批判社会问题的影片，共有两部：分别为《华而不实》（1955）和《工地上的浪费》（1956）。《华而不实》对北京西郊一座宾馆的建设中存在的不切实际和浪费奢华现象进行了揭露和批评。

国际交往影像

记录中国与世界各国之间的友好往来，宣传我国的和平外交政策，是新中国成立后新闻纪录电影的重要任务。作为国家出访的形象代表，国家领导人无疑是最受国际社会关注的焦点。这一时期纪录领导人出访的新闻纪录影片，真实、生动地展示出毛泽东、周恩来、刘少奇等国家领导人在

① 《大跃进的产儿》，《人民日报》1959年9月25日；邹德侬等：《中国建筑60年（1949～2009）历史纵览》，中国建筑工业出版社，2009，第47页。

② 曹子西主编《北京史志文化备要》，中国文史出版社，2008，第37页。

③ 吴文涛：《北京水利史》，人民出版社，2013，第228页。

参加国际会议、国际谈判、国家间友好合作等过程中独特的个人魅力和外交能力。通过对国家领导人形象的塑造，不仅让世界人民感受到中国领导人的领袖风范，更向世界展示出一个独具魅力的新中国形象，有利于“国外和长远利益，而且塑造好的国家品牌有利于公共外交”①。

据统计，1949~1966年纪实影像中，反映北京形象的外交影片共有244部，占了整个十七年间纪实影片的很大比例。尤其是，此段纪实影像可以反映中苏外交的全过程。纵观建国初期中苏关系发展历程，从20世纪50年代中苏同盟建立起始，可谓是峰回路转，一波三折。从50年代初的“兄弟加同志”的“蜜月期”，到60年代党际关系和国家关系的破裂，最后在珍宝岛兵戎相见，这些过程几乎一直伴随着影像记录。首先，是中苏结盟的过程。在影片《庆祝中苏友好互助同盟条约签订》及苏联专家帮助拍摄的纪录片《解放了的中国》中都有记录这段历史的镜头。在此后拍摄的纪录片《周恩来外交风云》中，对当时苏联的评价仍是积极肯定的。而在当年的新闻简报《中华人民共和国政府代表团到达莫斯科周恩来总理等回到北京》中，为服务外交宣传，这一时期的镜头语言无论画内和画外都充满导演政治意味浓厚的主观表达。

到50年代中期，影像作为外交语言的特征更为明显。此时的旅大地区有苏军驻扎，很多宣传所用的故事经常重点关注苏联专家，以及他们所起的作用。② 一些故事详细描述了苏联士兵帮助当地中国人的英雄事迹，其例子经常是苏联士兵帮助干农活，或者用他们高超的医疗技术挽救了孩子或老人的生命。③ 苏军在该地区出版的主要汉语刊物《实话报》刊载的一篇报告中，叙述了乐于助人的苏联医生看到中国病人急需输血时，就自愿献血的故事。在因输血恢复身体健康后，据说得到救治的讲述人说道：“任何语言都无法描述我们的苏联兄弟所表现出来的伟大的国际主义友谊。这里的苏联医生和护士完全没有民族隔阂地照顾了我。”④ 在另一个关于苏

① Jan Melissen, *Wielding Soft Power: The New Public Diplomacy* (The Hague: Netherlands Institute of International Relations Clingendael, 2005). Nancy Snow and Phillip M. Taylor, ed., *Routledge Handbook of Public Diplomacy* (New York: Routledge, 2009).

② 参见辽宁人民出版社辑《中苏友谊的故事》，辽宁人民出版社，1955；另参见张琳《旅顺口的友谊》，新文艺出版社，1957。

③ 见《救命恩人》，《旅大人民日报》1955年6月6日；另见王湘兰《亲身的经历告诉我什么》，《旅大人民日报》1955年5月28日。

④《苏联医师输血救华人》，《实话报》1948年5月19日，转引自大连市史志办公室编《大连实话报史料集》，大连出版社，2003，第396页。

联医生给中国病人输血的例子中，受伤的王宋氏被输入来自苏联医生的血液后，对记者说："苏联人待我比他自己的家人还亲。"①

关注家庭是故事的另一个重要主题。母亲和家庭主题是宣传在旅大的苏联人保护和帮助中国人形象特别有效的方法。一个曾在苏联家庭生活的中国人阎守明成了当时影像所记录的典型形象，后来，他在文章《做苏联妈妈最喜欢的人》中写道："（苏联妈妈）像我的亲生母亲一样爱我。我觉得苏联母亲都爱中国孩子。"他还写了与家人分离时的痛苦，"我最亲的妈妈、兄弟姐妹离开了我，我怎么能不悲伤呢？"②

在整个50年代，中苏两国间的经济和文化关系发展到了顶点。总的来看，在50年代中苏友好合作期间，苏联给予中国以很大的经济技术援助。陈云曾经说过："苏联是社会主义国家，那里他们对我们的援助是真心诚意的。比方说，苏联造了两台机器，他们一台，我们一台。"③ 当时反映两国关系的影像，也都用充满着遐想与热情的话语，赞颂着中苏两国人民"伟大的友谊""兄弟般的情谊"。例如在1957年毛泽东访苏参加十月革命节的纪录片《祝贺》中：

> [解说词] 苏联社会主义建设的辉煌成就，鼓舞了各国人民建设社会主义的信心。中国人民深切地感谢苏联政府和苏联人民，在各方面对我们的支持和援助。
>
> [画面] 中苏两国人民在北京和莫斯科进行游行、庆典、烟花镜头
>
> [解说词] 马克思列宁主义万岁！社会主义阵营的团结万岁！世界和平万岁！中苏友谊万岁！④

北京师范大学中文系三年级女同学们在日常生活中建立了以苏联女英雄古丽雅命名的锻炼队，"这些热情的同学以学习古丽雅的锻炼精神来培养他们自己的意志和性格"⑤。在此后的纪录片《中苏外交档案解密》中，

---

① 《输血抢救王宋氏》，《实话报》1949年4月17日，转引自大连市史志办公室编《大连实话报史料集》，大连出版社，2003，第405页。

② 阎守明：《做苏联妈妈最喜欢的人》，《旅大人民日报》1955年5月28日。

③ 薄一波：《若干重大决策与事件的回顾》（修订本）上卷，中共中央党校出版社，1997，第309页。

④ 《祝贺》，编导：苏河清，摄影：张沼滨，1957。

⑤ 《成立以苏联女英雄古丽雅命名的锻炼队》（1955年第11号），编导：陈光忠、白国柱，参见中央新闻纪录电影制片厂影视资料部编《新闻简报　中国体育1950—1977》，上海科学技术文献出版社，2009，第39页。

对这一时期有如下的概括：

> [解说词] 从20世纪50年代初开始，在中国社会上，刮起了一阵“苏联风”。无论电影、文学、服饰、生活用品等，都刻上了鲜明的苏联色彩。中国人民对“老大哥”怀着一种敬重的情感。这一时期热播的苏联电影是《乡村女教师》和《雁南飞》，每个人都相信，苏联的今天就是我们的明天。①

除了展示中国的外交变迁外，还有一些影片聚焦于重大的国际性会议、外交访问等活动，体现我国的和平外交政策。最具代表性的纪录影片如《和平万岁》，该片记录了1952年10月于北京召开的亚洲及太平洋区域和平会议的盛大概况。来自37个国家的364位和平使者云集北京，他们用不同的民族语言却表达着同样的和平呼声。通过这次国际会议的友好协商，印度与巴基斯坦代表发表了关于和平解决克什米尔问题的联合声明。影片还记录下了五万北京民众集聚紫禁城庆祝这次会议成功的珍贵影像，表达了中国人民对世界和平代表们的热情欢迎，以及对世界友好和平的无限向往。该片后来在许多国家放映时，都受到了热烈欢迎和广泛认可。

北京生活影像

北京在新中国成立、再次成为全国政治文化中心后，在城市中市民阶层的生活也发生了巨大的变化。民国时期，北京政局纷繁多变，社会也处在一个急速转型期，市民生活在中西文化、传统与现代的冲击中不断变化着，突出体现出“传统”与“现代”新旧杂陈并行的特点。新中国成立后，首都市民也像各地人民一样，投身到如火如荼的新中国建设之中。在此段，反映北京市民生活的纪实影像共有41部。

这一时期有两部批判社会问题的影片。《顾客的烦恼》揭露了北京一次“日用工业品质量展览会”中商家以次充好，欺骗消费者的恶劣行径。《游园惊梦》对当时不遵守社会公德的丑陋现象进行了批判，影片由相声大师侯宝林参演，受到观众的喜爱。在歌颂主旋律、弘扬国威的主流意识下，这些针砭时弊、讽刺不良社会现象的影片真实反映社会生活，表达了人民群众的生活心声。此后随着“左”的思想逐渐扩大化，不少影片受到

---

① 《亲密同志》（下），《中苏外交档案解密》第8集，编导：谢小红、周婧、夏菁、金莹、陈璐，2011。

无端批判，这样的纪录影片便越来越少了。

经济发展影像

对经济发展的报道一向都是纪实影像重点关注的领域。1953 年 12 月 24 日，政务院做出《关于加强电影制片工作的决定》，《决定》指出："新闻纪录片应更及时地报道我国人民在国家社会主义工业化和社会主义改造事业中的成就和保卫世界和平事业的贡献。"《决定》还根据党确立的"党在社会主义过渡时期的总路线"精神，对新闻纪录电影提出报道任务和内容要求。该《决定》作为新闻纪录电影工作和报道的指导思想，在相当长一个时期内为新影所遵循。

因此，此时展现北京城市经济建设的纪实影像也有相当数量。在 1949～1966 年，共有 36 部影片反映北京的经济建设成就。作为"活"的影像纪录，它不仅展示出建国初期国家经济、社会建设的新动态，同时也点燃了新中国人民为社会主义事业而奋斗的热情，展现出整个首都建设的新风貌，更向世界展示出一个快速发展、不断崛起的北京形象。

科教文卫影像

新中国成立后，北京的科技、教育、文化、卫生、体育事业迅速发展。为向民众普及科学、文化和教育，以北京科教电影制片厂为主摄制了一系列科普和扫盲类的纪录片。

作为一个贯彻党和政府方针、路线的"任务型"栏目，这一时期的纪实影像担负着引领舆论、凝聚人心的政治作用。

三 纪实影像中"北京形象"的特点

1. "北京形象"是新中国形象的缩影

政治性表达是 1949～1966 年纪实影像的主题。追溯这十七年间的纪实影像和新闻报道我们可以发现，在内容上，纪实影像中的"北京形象"成了新中国形象的缩影。

新闻纪录电影使得 1949～1966 年间北京形象的影像塑造更具时效性，其形象的塑造也更全面立体，能更生动形象地塑造出首都形象的总体概貌。文化部在 1952 年关于电影工作的计划文件中，提出"题材的选择必须密切配合国家政治、经济、文化建设的需要，迅速地反映国家建设事业和革命斗争的伟大胜利；塑造工人阶级及其他劳动人民的英雄典型形象，宣传爱国主义与国际主义思想；介绍生产中的先进经验和急需的科学技术知识"[1]。在强调时效性的前提下，新闻纪录电影工作者秉持着"用办党报的精神办新闻纪录电影"，"《一九五五年五一节》第二天就在北京、天津上映，而昆明、乌鲁木齐、南宁等也在一周内上映。"[2] 还有一些需要长时间关注和报道的重要建设工程和重大事件，则以短片的形式进行连续报道、阶段性的拍摄制作，在成片后迅速与观众见面。

为了整合社会各界力量，党和政府一向要求新闻大众传媒紧密配合国家战略，以各种形式进行广泛的宣传，纪实影像是这一宣传任务的重要承担者。在这一任务和目标的要求下，许多"新闻"都是主题先行，在制作计划中就已经确定。

这一时期政论纪实影像，其内容主要是理论政策的解读，如《伟大的土地改革》、《万象更新》全面介绍了1954～1955年资本主义工商业进行社会主义改造的情况。《亚非会议》纪录了亚非会议的情况和周恩来发表和平共处五项原则的著名演说。《中国人民的胜利》系统地阐述了中国共产党领导人民进行武装革命，进而解放全中国的光辉历程；《解放了的中国》则介绍了新中国成立后政治经济、社会生活等各方面翻天覆地的变化。其中涉及的北京形象，都成为表现新中国"旧貌换新颜"的缩影。新闻纪录电影作为党的宣传喉舌，在有力地宣传党的建设方针与社会舆论动员中起到了至关重要的作用。

总之，在国家政治大局的影响下，新闻纪录电影工作者对其新闻特性和应用性高度重视，使得十七年间新闻纪录电影的报道范围广泛，数量众多。既记录了新中国的重大事件，也塑造出更真实生动的新中国北京形象。

2. 北京影像是典型的"影像化政论"

真实是纪录片的生命。为此，纪录片的创作通常尽量避免或减少使用规划外解说词。"北京影像"把纪实影像和画外解说紧密结合，增强作品的指向性，形成了独具中国特色的"影像化政论片"。新闻片和纪录影片因为其纪实性，成为"国际政治斗争的一个有效工具""以此作为打开资本主义国家对中国新闻封锁的突破口"[3]。可以说，在当时的社会背景下，新闻片和纪录影片等纪实影像是为政治和宣传服务的"影像

---

① 高维进：《中国新闻纪录电影史》，中央文献出版社，2003，第134页。
② 高维进：《中国新闻纪录电影史》，中央文献出版社，2003，第140页。
③ 何苏六：《中国电视纪录片史论》，中国传媒大学出版社，2005，第9页。

化政论”的成功实践。“政治性”与“国家性”就成为此时“北京形象”最重要的特性。这种特性的时代表述，便是列宁所称的“形象化政论”：

> 广泛报道消息的新闻片，这种新闻片要具有适当的形象，就是说，它应该是形象化的政论，而其精神应该符合我们优秀苏维埃报纸所遵循的路线。
>
> 新闻电影不单是报道新闻，不单是记录式地客观主义地反映事件，而是政治性强烈的“形象化的政论”。新闻电影工作者应该向我党和苏维埃的报刊的优秀典范学习政论，应该称为手拿摄影机的布尔什维克记者。[①]

“形象化政论”影像的形成深受苏联新闻片模式影响。

“苏联纪录电影——按列宁的话说，就是‘形象化的政论’的艺术”[②]。建国初期的纪录片“利用以往拍摄的新闻片、纪录片、影片素材以及相关的真实文件档案、照片、实物等作为素材进行创作，或加上采访当事人或与当时的人物和事件有联系的人，来客观叙述某一历史时期、历史事件和历史人物的纪录片”[③]。而建构这种影像的方式，则是苏联长期以来“社会主义现实主义”的创作原则。

在1934年8月举行的第一次苏联作家代表大会上，所提出的《苏联作家协会章程》中指出：“社会主义现实主义，作为苏联文学与苏联文学批评的基本方法，要求艺术家从现实的革命发展中真实地、历史地和具体地去描写现实。……社会主义现实主义保证艺术创作有特殊的可能性，激发创造的主动性，去选择各种各样的形式、风格和体裁。”[④] 这个定义强调了现实主义，规定了现实主义的具体内涵及其所担负的崇高的思想教育任务。此后，现实主义成了苏联文艺中的固定形式，同时也成为苏联文艺包括电影创作的最主要的原则和方法。电影由此在本质上成为一种文化的工具，一种“真正民主的极大众化的艺术”，为千百万观众表达出他们的思

① 〔苏〕H. 列别杰夫编《党论电影》，徐谷明等译，时代出版社，1951，第50、51页。

② 〔苏〕P. 格黎郭里耶夫等：《论纪录电影创作中的几个问题》，群力译，中国电影出版社，1958，第42页。

③ 单万里主编《记录电影文献》，中国广播电视出版社，2001，第486页。

④ 叶水夫主编《苏联文学史》第一卷，中国社会科学出版社，1994，第13页。

想、感情、愿望和意志。[①] 同年上映的，由苏联瓦西里耶夫导演的影片《夏伯阳》则是“社会主义现实主义”这一理论精神的具体体现。电影塑造了内战时期具有传奇色彩的英雄人物夏伯阳从一个土生土长的军事天才、一个英勇善战的军官，逐渐成长为一个忠于革命事业的自觉的红军将领的过程。《夏伯阳》的成功成为“苏联电影史两个时期的重大分界线，它既是最初十五年即苏联革命形成时期的总结和顶峰，同时又为新的时期即社会主义现实主义电影艺术的确立和繁荣奠定了基础”[②]。

20 世纪 60 年代无足轻重的照相机和记录设备的发明成为动态的纪录片发生形式转变的动力之一，即从说明型纪录片转变为所谓的观察式和互动式纪录片，此后，又逐渐增加了互动式访谈的内容。

3. 主旋律“图像证史”的宣教特征明显

影像自诞生之日起就在人类文化传播过程中扮演着重要角色。影像具有与生俱来的直观性和娱乐性，通过蒙太奇等剪辑手段，可以改变、突破时空设定局限，产生巨大的感染力。影像的传播范围广、受众面大，也是其他媒介所不能与之相提并论的。影像表达的独特优势是其被广泛应用于社会教育的重要原因。

新中国成立前夕，党和政府就明确了共和国电影事业的职责是“宣传和教育”，“电影事业应集中统一管理，逐步走向企业化，更密切地与党中央的政策结合，以期达到宣传教育之目的”[③]。1953 年，党中央宣传部发出指示，“要利用新闻纪录电影的一切多种多样的形式，来迅速而真实地反映当前国家建设的生动面貌，和全国人民为过渡到社会主义而作的斗争，鼓舞和教育全国人民”[④]。对于新中国的电影事业而言，最重要的任务就是对广大人民群众进行思想政治教育，提高人民群众的社会主义觉悟。因此，新闻类科教片也成了电影放映中的重头戏。福建省文化局的电影工作规划中要求，“农村放映队全年放映总场次中新闻纪录科教短片专场应占 50% 以上；城市电影院全年有 30% 以上场次配合政治任务映出，天天有

---

① 〔法〕乔治·萨杜尔：《世界电影史》，徐昭、胡承伟译，中国电影出版社，1995，第 350 页。

② 苏联科学院艺术史研究所编《苏联电影史纲》第 1 卷，龚逸霄译，中国电影出版社，1983，第480 页。

③ 沈芸：《中国电影产业史》，中国电影出版社，2005，第 154 页。

④ 钱筱璋、高维进：《中央新闻纪录电影制片厂的历史回顾》，载郝玉生主编《我们的足迹续集》，中央新闻纪录电影制片厂，1998，第 13 页。

新闻科教短片专场”[①]。这种行政指导下的刻意安排，足可见党和政府对新闻纪录电影教育民众给予的重视。

借助影像技术的作用，这一时期的影像充满了对特定历史对象的想象和思辨。以下摘取《大众电影》中两段影评文章的片段：

> 现在我们又在看影片《锦绣河山》时，更加燃起了对祖国、对北京、对毛主席的热爱，燃起了我们的生产热情，我们看着这许多美丽、庄严、真实的镜头，我们欢呼，我们用力拍手，我们大声地欢笑……我们决心要搞好生产，研究技术，加强抗美援朝，来保卫我们的美丽河山，来建设我们的伟大祖国。[②]

纪实影像传播最终形成“北京形象”，在一定时期起到了塑造未来形象、传达国家意志的作用。

四 北京城市影像表达的语词构成

影像语言是镜头语言的一种形式，遵循相应的镜头语言语法规则和表达逻辑。镜头语言通过具有“隐喻”性质的一系列符号单元完成语义表达。

“符号”是人们通过视觉、听觉等形式了解其赋义者所提供信息的媒介。法国著名社会学家皮埃尔·布尔迪厄提出，“符号是通过言语构建已知事物的能力，是使人们视而可见和闻而可信的权力”[③]。建构一套区别于旧时代、属于自身的符号体系，用这种方式建构出一套身份识别系统，是一个新生的政权的必然选择。在1949年后的纪实影像中，也可以看到新中国的影像工作者们所发明出的一套“符号系统”。这种“符号系统”以“政治性”“革命”为形象核心，含有“符号权力”的典型特点。

纪实影像中所建构的新中国权力符号系统，在涉及北京的记录影像中也有其典型性存在。北平和平解放后到新中国成立前，一套新的“符号权力”系统便应运而生：五星红旗、国歌国徽等标识与符号；“五一”国际

① 杨少任：《工作随笔三则》，《电影放映》1958年第12期。

② 刘晨：《锦绣河山是多么可爱》，《大众电影》1950年第21期。

③ Pierre Bourdieu (1991), *Language and Symbolic Power*, Edited and introduced by John B. Thompsom, Cambridge, Mass.: Harvard University Press, 1991, p. 170.

劳动节、“十一”国庆节的庆典和与其配合的游行、阅兵的政治仪式；在经过了对北京的一系列建设和改造后，以“领袖+天安门广场”的模式为核心的视觉权力体系。而纪实影像，所记录和传播的是有关现实世界的信息，可以作用于现实世界，产生具体的结果，甚至改变现实世界。美国电影理论家尼克尔斯称纪实影像这种“严肃话语”[①]的特性，使其成了这套符号体系的载体和传播方式。

“符号”也可以说是影像中最小的建构单位。而构成符号叙事的基础，正是符号内容的选取。分析1949~1966年的纪实影像中的符号选择，对分析此段中的北京形象有着基础性的作用。

影像符号选取的核心是重要人物形象。“人的本质并不是单个人所固有的抽象物。在其现实性上，它是一切社会关系的总和。”[②]因此，选取“人”作为符号，可以反映出其所处的社会关系；作为新中国的宣传手段，纪实影像展现出的便是一个以“新人”为核心的“新北京社会”。在有关北京形象的纪实影像中，涉及人物的影片共有111部，占全部北京纪实影像的80%。[③]其中，影像中所选取的人物形象主要有领袖、军队、工人、农民、少数民族代表和城市市民等，他们分别成为代表北京不同阶层、不同身份的影像符号。

影像记录工作的重心是记录领袖们的重要活动。首先，领袖始终处于一切影像符号结构的核心位置。影像记录主要有参加游行、阅兵等国家政治仪式、外交，以及参加政治会议等。通过后期剪辑、影像语言的合成，将他们置于整个政治活动记录的核心。其中的领袖形象主要通过以下几种方式完成塑造。第一，影片前半部分“第一届全国政治协商会议”共14分钟，主要是用原声+解说的方式进行叙述的。其中，毛泽东主席致开幕词的讲话长达4分钟，完全采用了讲话的同期声，且未经删编。在会议结尾，国家副主席朱德致闭幕词也采用了同期声。但中间各环节的代表发言则完全采用解说词来叙述。第二，影片后半部分“开国大典”中，用长镜头对领袖们登上天安门城楼、毛主席宣布新中国建国、检阅军队、观看阅兵式等影像表达，使领袖形象在政治仪式中完成核心地位的建构。此后，领袖形象在后来同类型的影片中也反复出现，如《中华人民共和国第一届

① Bill Nichols, *Representing Reality*, Indiana University Press, 1991, p. 3.

② 马克思：《1844年经济学哲学手稿》，人民出版社，2000，第101页。

③ 《中华人民共和国第一届全国人民代表大会特辑一号》至“特辑六号”。编导：高维进，摄影：徐肖冰，1954。

全国人民代表会特辑》（一至六号）[①]《中国共产党第八次全国代表大会》（第一、二辑）[②]《全国文教群英大会》[③] 等政治会议，以及《一九五一年国庆节》[④]《一九五五年“五一”节》[⑤]《光辉的五周年》[⑥]《检阅我们的力量》[⑦] 等涉及游行、阅兵的记录影像，都参照了《新中国诞生》中的模式来突出领袖的形象。

在符号系统中，领袖的行为成为一种“政治仪式”，是在特定环境中实现的。作为首都的北京本身就是构成影像构图的基本背景。早在延安时期，党的新闻纪录电影事业的主要任务是拍摄军事题材，塑造人民军队英勇的革命英雄形象。新中国成立后，虽然纪录重心转移了，但塑造解放军的英雄形象仍然是新闻纪录电影事业的主要内容。新生政权面临严重的内忧外患，中国人民解放军为捍卫国家领土与主权完整做出巨大贡献，树立了丰富的历史形象。在《新中国诞生》中，对阅兵时的军队做了如下影像描述：

> 领袖检阅了人民武装，人民看见了自己的保卫者，钢铁部队的强大力量。让那些内外反动派在我们面前发抖吧。新中国的领土、领海、领空不可侵犯的。四百万坚强的人民部队、坚强的国防军，可以战胜一切敌人。[⑧]

“无论哪种文化，都既有历史、回忆和进行总结的制度、机构或场所，

---

① 《中华人民共和国第一届全国人民代表会特辑一号》（1本），编导：高维进，摄影：徐肖冰，1954。《中华人民共和国第一届全国人民代表会特辑二号》（1本），编导：高维进，摄影：徐肖冰，1954。《中华人民共和国第一届全国人民代表会特辑三号》（1本），编导：高维进，摄影：徐肖冰，1954。《中华人民共和国第一届全国人民代表会特辑四号》（1本），编导：高维进，摄影：徐肖冰，1954。《中华人民共和国第一届全国人民代表会特辑五号》（1本），编导：高维进，摄影：徐肖冰，1954。《中华人民共和国第一届全国人民代表会特辑六号》（1本），编导：高维进，摄影：徐肖冰，1954。

② 《中国共产党第八次全国代表大会（第一辑）》（2本），编导：高维进，摄影：徐肖冰，1956。《中国共产党第八次全国代表大会（第二辑）》（2本），编导：高维进，摄影：徐肖冰，1956。

③ 《全国文教群英大会》（2本），编导：高维进，摄影：徐肖冰，1960。

④ 《一九五一年国庆节》（8本），编导：高维进，摄影：徐肖冰，1951。

⑤ 《一九五五年“五一”节》（2本），编导：高维进，摄影：徐肖冰，1955。

⑥ 《光辉的五周年》（2本），编导：高维进，摄影：徐肖冰，1955。

⑦ 《检阅我们的力量》（2本），编导：高维进，摄影：徐肖冰，1957。

⑧ 《新中国诞生》（5本），编导：高维进，摄影：徐肖冰，1949。

又有实施轮回更新的制度、机构和场所。"[①] 1949 年新中国成立后，作为一个统一的多民族国家，对内宣传党的民族政策、对外展示新中国的少数民族形象，成为少数民族宣传工作的目的。因此，关于少数民族题材的影片，包括纪录片、故事片和新闻片的摄制得到了国家的大力扶持。在北京的纪实影像中，少数民族作为符号形象出现主要是参加党和国家的重要庆典，其中最早的一部便是拍摄于 1950 年的《中国民族大团结》[②]。这也是这一时期体现民族大团结的典范之作。该片记录的是各族人民代表齐聚北京，参加建国一周年的盛典活动。高维进称此片"成功地表现了中国各民族的空前大团结"[③]。后来还有各种专题性的影片，例如《第一届全国民间音乐舞蹈会演大会》(1953)[④]《民间歌舞》(1953)[⑤]《欢乐的歌舞》[⑥]《巧夺天工》[⑦]《文艺新兵》[⑧] 等。

与语言的确定性相比，图像则显得含糊而多义。苏珊·桑塔格说，"任何一张照片都具有多重意义"[⑨]。其实不只是照片，截取运动中某个时间断面的静态图像，在观众眼里都会产生理解上的多重可能。显然，画家已经意识到这样的问题，于是用题词、说明或加小标题的方式，把图像变成了艺术史家彼得·瓦格纳（Peter Wagner）所说的"图像文本"[⑩]，通过图像的语言层可以把图像的多义性确定下来，以避免它在观众眼里飘忽不定。

总之，这一时期的纪实影片继承了传统文化中的"载道"观念，具体呈现为对新的政府与执政党所崇尚的马列主义毛泽东指导思想的承载，以及对当时主流意识形态的呈现与传播。在叙事结构上，主要采用了呼应式的叙事结构、历史时间与现实时间的交织形成的对比关系；在场景呈现上，利用显性的视觉符号、隐性的听觉符号等修辞手段，强化了纪实影片

① 〔德〕扬·阿斯曼：《古代东方如何沟通历史和代表过去》，载〔德〕哈拉尔德·韦尔策编《社会记忆：历史、回忆、传承》，李斌等译，北京大学出版社，2007，第 42 页。

② 《中国民族大团结》（10 本），编导：晨烽，摄影：程默，1950。

③ 高维进：《中国新闻纪录电影史》，中央文献出版社，2003，第 126 页。

④ 《第一届全国民间音乐舞蹈会演大会》（1 本），编导：晨烽，摄影：程默，1953。

⑤ 《民间歌舞》（8 本），编导：晨烽，摄影：程默，1953。

⑥ 《欢乐的歌舞》（6 本），编导：晨烽，摄影：程默，1956。

⑦ 《巧夺天工》（2 本），编导：晨烽，摄影：程默，1957。

⑧ 《文艺新兵》（2 本），编导：晨烽，摄影：程默，1965。

⑨ 〔美〕苏珊·桑塔格：《论摄影》，黄灿然译，上海译文出版社，2008，第 22 页。

⑩ 〔英〕彼得·伯克：《图像证史》，杨豫译，北京大学出版社，2008，第 48 页。

对意识形态的呈现；“色彩”修辞对“载道”价值观念的实现起到了强化作用。这是当时纪实影片对传统观念“文以载道”与电影中“影以载道”观念的呈现与重构，也是利用纪实影像建构无产阶级文化系统的重要手段。

音乐是电影叙事在情感体现上不可或缺的部分。表现情感的音乐，成为电影叙事中情感表现的重中之重，即使是在无声电影时期，无声也主要是言说的无声——不能开口说话，而音乐却一直以各种方法参与电影创作，甚至可以这样说，电影从被发明的那天起，就没有离开过音乐，没有音乐就没有电影——可以有不说话的电影，但却不存在没有音乐的电影。

纪实影像遗产建构了史学意义上“北京形象”。国家中心和国家仪式从来充满着政治表达。“空间是政治性的、意识形态性的”①。它们是权力秩序的象征。天安门广场作为一个政治仪式的展现场地，象征着国家的核心，饱含了中国人民的价值判断和政治情感，是人民感受国家主人身份和接受国家政治教育的最佳仪式性场所。不仅仪式地点会赋予国家合法性，仪式的参与者及仪式中的象征物也带有建构合法性的政治信息，而仪式器物被认为带有某种特殊的神圣力量。开国大典中，诸如国旗、领导人画像乃至建筑，都隐含着政治权力的重要特征及合法性的基本秩序。五星红旗作为一种政治象征，凝结了中国人的情感和价值判断，必然出现在各种政治仪式中。武器装备是阅兵仪式中最为重要和引人注目的，具有“支配性的象征符号和工具性的象征符号”两个层面上的政治意义。

五　北京纪实影像的史学价值

1. 镜头语言记录北京历史

镜头语言构成的影像史料使新中国建立初期的“北京形象”得以重现，这是纪实影像区别于文字描绘的最大区别。镜头语言的空间表现力使得“北京形象”具有了无可取代的特质。“影片感知的特点是映片时的线性流程，这种线性流程创造出的连续感，是影片攫住观众的基础。”②

纪实影像的独特功能使得影像本身具有了史料价值。纪实影像的叙事

① 〔法〕亨利·勒菲弗：《空间与政治》（第二版），李春译，上海人民出版社，2008，第46页。

② 〔法〕雅克·奥蒙、米歇尔·玛利、马克·维尔内、阿兰·贝尔卡拉：《现代电影美学》，崔君衍译，中国电影出版社，2010，第152页。

功能，使得人们欣赏艺术的同时获得历史叙事。画面是最重要的视觉造型因素，它不仅是现实的复现，同时也寄托了作者的审美理想。爱森斯坦说："画面将我们引向感情，又从感情引向思想。"画面是叙事的基础，事件的发展、人物的活动及作者所要表达的观念与思想，都以图像作为承载体。画面是一种独特的语言表意成分，它所提供的环境与物体通过剪辑的组合、对比，形成了纪实影像中叙述、抒情、比喻、象征和说理的内容。

银幕造型作为一种语言，对纪实影像表达形成起着重要的作用。"凡影像记录都具有文献性，把现在的事实记录下来，就是明天的历史资料，因此非虚构性是纪录片的本质规定性，历史价值是纪录片最基本的价值。"①《新中国的诞生》记录下了隆重盛大的开国大典，毛主席在天安门城楼上庄严的宣告："中华人民共和国中央人民政府今天成立了"，这一镜头已成为新中国成立的标志性语言；《中国民族大团结》"成功地表现了中国各民族的空前大团结"。这些影片记录了历史的真实，反映时代精神，伴随着历史的进程，这些影像将构成研究北京乃至新中国历史最翔实生动的影像和文献史料。

2. "北京影像" 隐喻历史情感

从现实存在到符号表达的过程也是内容向形式转化的过程，这个过程蕴含了丰富的自然逻辑和信仰表达。"一方面是宗教伦理的升华和追寻救赎，另一方面是艺术内在逻辑的演变，两者倾向于构成某种不断加剧的紧张关系。"②

纪实影像建构的仪式化的"不断重现"使影像固化为一种历史语言。随着民族国家的崛起，在特殊的公开场合举行唱国歌仪式极为常见。从18世纪的法国和美国到20世纪的非洲诸国，国歌的内容和蕴涵的感情大同小异。它们经常通过祈求上帝保佑国家，热情洋溢地赞颂国家，希望得到无上的荣光。这些歌曲的意义并不在于它们自身的内容，而是用充满韵律的音乐和生动的象征有效地营造出一个有关国家团结的情感氛围。

通过象征可以帮助固化"国家"这一概念。纪实影像所展现的一个个"仪式"化的形象场景促成了一种政治世界观，这些仪式也滋养爱国的历史情感。

---

① 周兰：《纪录片——影像对历史的传播》，四川大学出版社，2010，第51页。

② H. H. Gerth and C. Wright Mills, eds. , *From Max Weber: Essays in Sociology*, Oxford: Oxford University Press, 1946, p. 341.

不仅如此，纪实影像中的“北京形象”在国际关系的建构中起到独特的作用。《新中国的诞生》中，开国大典重要组成部分的阅兵式和庆典的纪录与1918年以来从苏俄到苏联时期多次在莫斯科红场进行的十月革命庆典和阅兵仪式相呼应。

3. 从北京影像整理到“北京形象”形成

纪录片代表的纪实影像的本质属性是真实性。同时，作为创作产品的纪录影像又具有艺术性的审美追求。“观众，有时甚至包括电影创作者自己，都坚信纪录片有义务去记述真人、真事的真实，或者至少呈现出问题的正反两面（好像问题也只存在两面）。”①

实际上，影像的形成和表达过程包含了复杂的判断，其中既包含对传统史料信息的考证，也必须有技术性因素的分析。“真实性并不是纪实影像的专利，把真实性作为纪实影像的本质属性，是值得怀疑的。所谓本质属性，就是非如此则不足以称为纪实影像”。“照片并不是真实，但它至少是其完美的相似物。”② “它比几可乱真的仿印更真切因为它就是这件实物的原型”③。

图像释读比文本释读看似轻松，实则复杂，其中的导演、编剧、摄影、剪辑、监制等技术环节对影像的形成都会产生主观影响，尤其对主旋律的播出产品影响更大。对于纪实影像的观众来说，通过“实有”的纪录影像而“信以为真”，主要是与自身的感觉经验的一致——一种合理合法性的一致：看到、听到的与“我”想表达的一致，摄录的时间进程与实录的时间进程的一致，对象的空间变化与实录的空间变化的一致。所以，所谓不带思想的“机械之眼”的记录与被记录、观看与被观看是不存在的，因为观看之道的选择，本身就是一种理念。“表斯基什和杜勃利埃的拍片活动分别代表着纪录电影的两个极点：前者是对现实的描述，后者是对现实的安排，纪录电影的全历史便是在这两个极点之间展开的。”④ 是否真实与影像的属性无关，而是与影像创作的理念相关。

历史影像解读的结论和历史观念息息相关。20世纪50年代所留下的

---

① 〔美〕霍华德·苏伯：《电影的力量》，李迅译，中国人民大学出版社，2008，第131页。

② 〔法〕罗兰·巴特：《显义与晦义——批评文集之三》，怀宇译，百花文艺出版社，2005，第5页。

③ 〔法〕安德烈·巴赞：《电影是什么?》，崔君衍译，中国电影出版社，1987，第12页。

④ 〔法〕拉法艾尔·巴桑等撰《纪录电影的起源及演变》，载单万里主编《纪录电影文献》，中国广播电视出版社，2001，第7页。

纪实影像是对当时北京形象的同时代记录，社会进步带来的观念变化必然对文化遗产的影像产生跨时空的隔离感。“这些不确定性反而给影片带来了一种思考性的品质，使它在故事片和纪录片的模棱两可之间大获成功。对我自身而言，更多是受到影片中自得风格的吸引而不是一处野蛮愆处的展示。”① 纪录影像的作用并不仅仅是将历史单纯地“记录”下来，而是在记录的同时创造出了一段新的历史“纪录”。影像所表现的北京形象，尽管包含了历史的、必然的、客观的因素，但在书写国家意识形态的历史纪录方面，又不可避免地表现出强烈的主观意愿，构成这一时期独具风格的影像文化。

正是因为影像具有可重构性，在超越当时所处的社会环境和意识形态后，它可以被重新释读。1949 至 1969 年的北京形象的历史影像成了构建后代意识形态改变环境下纪录片基础的影像史料，辅之以历史事件或人物的见证人作为采访对象，以最新的学术成果为配合手段，产生新的或更深层次的历史解读。整理和发掘北京纪实影像的结果是让我们看到了历史进程中的“北京形象”。这是影像释读城市历史的一种方式，也是影像史学关注的方向。

① 〔美〕迈克尔·拉毕格：《纪录片创作完全手册》（第 4 版），何苏六等译，中国传媒大学出版社，2005，第 105 页。

以图读史：图像史研究中“碎与通”问题的探讨*

贾登红

（南京大学历史学院，江苏南京　210093）

摘　要： 碎片化，是近些年来史学研究中多有关注的问题。而图像史作为史学研究领域新兴的学科分支，近年来亦日益被学术界所关注与重视，成了史学研究中的一个不可忽视的关注点。我国的图像史研究尚处于起步阶段。关于图像史研究中的“碎片化”，不是“太多”，而是“太少”。故研究者应包容、辩证地看待图像史理论的创新与借用，在“求通求意”的目标下，推动“碎与通”的转换及融合，拓展与深化图像史学的研究。

关键词： 图像史　碎片化　通史

图像史，作为社会史或曰“新史学”视野下延伸而出的历史学分支，处于史学与美学、艺术、传播学等学科的边界交叉点。其现有研究中的专业术语、规范多借自其他学科，所用材料也杂糅于器物、绘画、画报、报纸、照片、漫画等之中，显得颇为“碎片”与“模糊”，让研究者们虽心有所向却苦于无从着手，多有所失，或论而不深。那么，图像史研究应如何展开？又应如何避免自身的“碎片化”，构架自身的“通史”目标？本文试图从以下几点进行探讨。

---

* 本文系国家社科基金项目“中国现代（1919 - 1949）图像新闻传播史研究”（11BXW005）阶段性研究成果。

一 “图像证史”：图像史及其研究

“图像不应只是文字构成的史书插图，它们本身就是一种语言。”① 对图像史的这一名词或学科性的研究定位，当以彼得·伯克的《图像证史》为开端②，尤其是在该书中文版出版之后，很快便吸引了大量中国史学界研究者对图像的关注。故“虽然彼得·伯克没有提出图像史学的概念，但我们仍可将他当作图像史学的创立者”③。

图像史研究的魅力正如彼得·伯克所言，“图像可以让我们更加生动地‘想象’过去”④。我国历史上的图片是极为丰富的，除舆图、画图、老照片、老的影视资料外，也包括器物上附着的不可移动的照片、文物遗址的图片、各地保存的契约文书、户口单、关防、印章、邮票、火红商标等，可谓藏量丰富，种类繁多，累档成山。图像资料最为显性意义的体现便是“百闻不如一见”了，“历史照片（其实不单单是历史照片，历史中遗留下的图与像都具有类似的功能——笔者注）可以帮助我们‘看见’过去，虽然只是零散的、中断的、瞬间的形象，但它是实在的、具体的、生动的映像，蕴藏着丰富的历史生活内容。”⑤

对于图像史的定义，目前学界呈现出多种论述。有从研究目的进行划分的，如有学者指出图像史“主要是指利用图像来研究历史和传播历史的科学，包括图像史料学和图像媒介史学两大部分。前者主要是指利用过去的图像（图像史料）来研究历史的科学，可称为‘图像证史’；而后者主

---

① 郑岩：《从图像、史境到形象史学》，《中国社会科学报》2014 年 9 月 12 日，第 A6 版。

② 当然，在此之前，已有很多学者就“图像学（或视觉文化）”展开了研究，现代意义上的图像学是 1912 年瓦尔堡在罗马国际艺术史会议上做的 20 分钟的讲演中首次提出的。其后，相继有潘诺夫斯基的《图像学研究》、鲁道夫·阿恩海姆《艺术与视知觉》、阿尔维托·曼谷埃尔《阅读地图》、吉莉安·萝斯《视觉方法论：解读视觉材料导论》、莫尼克·西卡尔《视觉工厂——图像诞生的关键故事》、W. J. T. 米歇尔《图像理论》等著作与研究成果问世。但就图像与历史的关系研究而言，即将图像视为图像史的研究当首推彼得·伯克。此外，虽然中国史学很早便有了“左图右史”的传统，但文字毕竟是主要的载体，单纯的图像史研究在历史上很是罕见。

③ 陈仲丹：《对图像史学的界定和思考》，《光明日报》2014 年 4 月 23 日，第 16 版。

④ 彼得·伯克：《图像证史》，杨豫译，北京大学出版社，2008，第 9 页。

⑤ 朱诚如：《从〈图录丛刊〉论图像史学的勃兴》，《中华读书报》2007 年 5 月 16 日，第 12 版。

要是指当下利用图像来传播历史研究和历史知识的科学，可称为‘图像传史’”①；有些学者则把其归为“形象史学”的概念，“具体来说，指运用传世的岩画、铭刻、造像、器具、建筑、服饰、字画、文书、典籍等一切实物，作为主要证据，并结合文献来综合考察历史的一种新的史学研究模式”②，有学者从心态史研究角度出发，称其为“表象史”。③“影像史学”则借助镜头语言的语法规则和表意特性将上述研究对象纳入史学研究视野。但无论如何对图像史进行表述，其贯穿的主线是一致的，即均试图于追求“图像证史”的目的。

当前，我国学界对图像的研究，多聚焦于微观的探讨，研究的对象多是具体而弥散式的，是一种小论题、个案化与深描性质的研究。这是由图像的特殊性质导致的，正如阿比·瓦尔堡所说“上帝是存在于细节中的”。“它们（细节——笔者注）是图像的附饰，是散布在文本边缘、游离于主题之外、看似无关紧要的文本要素，例如维纳斯随风而动的秀发、女神的衣饰和褶纹、仙女躲避追逐时滑脱的衣装等等，瓦尔堡称之为‘附属的运动形式’（accessory forms in motion）——既是所再现的对象的附属，也是图像本身及其主题的附属”，“对瓦尔堡而言，细节是文化因子的载体，是情感表现的原型式结构，因而也是文化遗传的密码”。“当然，不是所有的细节都具有阅读价值，对瓦尔堡而言，真正的细节必须是承载了文化情感结构、具有文化情感表现力的对象。细节固然在图像之中，可细节的价值却在图像之外，换句话说，细节与它所要表现的价值之间是一种隐喻或象征关系”。④ 作为图像学最早的开创者之一，瓦尔堡的论述和观念，为我们深刻地揭示了图像学研究的切入点和“碎片化”产生的本质原因。

具体来说，现有研究多从专题探讨入手，史料则多立足于《点石斋画报》《北洋画报》《良友》《妇人画报》《真相画报》《晋察冀画报》《人民画报》等。这是因为这批画报资料保存较为系统与完整，采取个案的研究方法利于把控和对专题的打通，但是若把握不好则容易出现一叶蔽目的现象；其次，就研究区域来看，聚焦点多集中于上海、天津、晋察冀抗日根

① 蓝勇：《中国图像史学的理论建构略论》，《光明日报》2016年5月21日，第11版。

② 陈仲丹：《对图像史学的界定和思考》，《光明日报》2014年4月23日，第16版。

③ 参见《文艺研究》2008年第9期中李军的《〈庵上坊〉与“另一种形式的艺术史”》一文。

④ 相关引用参见《文艺研究》2016年第1期中吴琼的《“上帝住在细节中”——阿比·瓦尔堡图像学的思想脉络》一文。

据地等区域，对其他地区与民众的视觉研究则较有忽略；再次，从研究者来看，国内对其展开过较为系统性研究或论述的学者有南京大学的韩丛耀、陈仲丹，北京师范大学的吴琼，山西大学的行龙，西南大学的蓝勇，中央美术学院的尹吉男，中国社会科学院的海青等人，群体虽地域分布较广，但相较史学其他领域而言，不能不说还显得十分薄弱；此外，从研究的视角而言，多是借助于政治史、艺术史、文化史等已有的学科或视野，是一种对图像资料的“新（再）发现与新（再）利用”。如尹吉男在《政治还是娱乐：杏园雅集和〈杏园雅集图〉新解》中，对绘制于1437年的《杏园雅集图》内的人物背景、图像模式、杏园雅集活动等从“政治史”和“艺术史”的双重视角进行了解读①。海青从政治漫画视觉文化形象塑造、传播方面展开研究，在其《国族形象人格化的移植与文化困境——以劳瑞的“李表哥”漫画为例》一文中，通过对1985年美国政治漫画家芮南·劳瑞（Ranan Lurie）应台湾方面邀请创作的代表“中国人新形象”的“李表哥”卡通人物进行自我形塑和寻求政治话语权的一次尝试，探讨了冷战意识形态从强硬宣教转而与大众文化和消费主义风潮结盟的案例在视觉文化上的投射所产生的影响与争论②。行龙的《图像历史：以〈晋察冀画报〉为中心的视觉解读》一文通过对晋察冀画报的内史，设备、技术、群体，画报的三大论域“战争、革命、生活”等论述，展现了一个以图像及新闻宣传工作为载体的根据地斗争史。在其行文的最后，他认为“就图像研究而言，只有艺术学跳出艺术品‘风格’的框框，历史学者走出‘看图说话’的误区，两者才有可能实现真正的对话与交流”③。仅从以上三者的研究中，我们就不难看出图像史研究在艺术史、政治史、视觉传播学、抗日根据地史等研究中的开展与“新（再）发现”。

在这之中，相较于“目前流行的做法，不是以图像去图解从文献中已获知的历史事件，就是用文字去描述已知的图像，亦即将图像充作文字

① 尹吉男：《政治还是娱乐：杏园雅集和〈杏园雅集图〉新解》，《故宫博物院院刊》2016年第1期。

② 海青：《国族形象人格化的移植与文化困境——以劳瑞的“李表哥”漫画为例》，《开放时代》2016年第1期。

③ 行龙：《图像历史：以〈晋察冀画报〉为中心的视觉解读》，《走向田野与社会》，三联书店，2007，第393页。

‘插图’而已”[①] 的部分研究方法，南京大学的韩丛耀教授及其团队，更侧重于从图像的本体意义展开研究，倾向于对图像整体史的架构及其理论的研究，如其出版的《中国影像史》丛书（2015）、百卷本的《中华图像文化史》丛书（2016）等，力求呈现的便是图像作为一种文化或意义形态，在被历史上及当下的“受众”所制作与传播的感受、理解和消费的一个过程，是一种对图像史通史性的架构。

二 “求通求意”：图像的研究呼唤理论关注

对于图像史的研究，其目的应该是建立在“求通求意”基础上的，或者是以这一目标为着力点的。也就说，图像史的研究，要追求通史的目标与解读图像深层次的意义。图像，作为史学的一种材料，其在本体意义上其实是超越“史料”的一种存在，是一种既有史料性又有自身本体图像意义的特殊史料。当我们将其视为一门史学分支学科时，在我们的研究中就一定要注意对其的定位与认知方式。具体而言，笔者认为，我们需要从三个方面入手：一是要有鲜明的问题意识；二是要重视图像史理论的构建；三是在以历史学为本位基础上，推动图像史多学科交叉方面的研究，如“数据图像史学”的搭建等。

费弗尔曾明确地说：“提出一个问题，确切地说来乃是所有史学研究的开端和终结。没有问题，便没有史学”。[②] 对于图像史的研究，如果不以问题意识为指导，那么对图像的解读，就有可能丧失掉图像的意义，沉沦在图像的符号之中，成了一种对图像符号的堆积，反而会缺乏历史学的思考，也就难免走向“碎片化”了。在这一方面，台湾赖毓芝的《清宫对欧洲自然史图像的再制：以乾隆朝〈兽谱〉为例》[③] 便颇具问题视野。她认为“近二十年来历史学界最值得注意的现象之一，大概是全球史的兴起”，那么“我们究竟该如何看待这些欧洲根源图像与知识在清宫的引入”？以此为问题导向，在文内，作者以《兽谱》图为讨论的中心，参考其他相关档案资料检视了其制作的过程，认为乾隆时期的“《兽谱》的成立有一全

① 曹意强：《“图像证史”——两个文化史经典实例》，《新美术》2005 年第 2 期。

② 〔法〕费弗尔：《为史学而战斗》，第 22 页，转引自何兆武、陈啟能主编《当代西方史学理论》，上海社会科学院出版社，2003，第 396 页。

③ 赖毓芝：《清宫对欧洲自然史图像的再制：以乾隆朝〈兽谱〉为例》，《中央研究院近代史研究所集刊》第 80 期。

球史的面向，其内涵比起传统博物学写作更强调对外的连接与视觉的转向，然其高度拟真的图像却不是简单地‘反应’现实的纪实，而是虚实相参，以拟真实境回应中国传统统治的种种命题，进而成就乾隆治下的理想‘现实’”。其内文通过图像及其他史料的辅助，在全球史的视野下，用《兽谱》图的碎片拼接了内与外、中国传统的政治治理等命题，是一种在问题意识指导下的图像史研究范本之作。

问题导向的研究是研究者所必须的，但却不是每个研究者都能“把控”的，也即图像研究更需要理论的支撑。因为图像是一种文化的载体或符号，它深层次的意义无疑是隐性的，而且由于图像史处于交叉学科的节点，对其的解读看似可借用的理论十分丰富，但其实在现有众多的研究中依旧呈现出一定的“理论饥渴”。

中国有句谚语“荷锄候雨，不如决渚”，等候与引进国外的图像理论，不如结合本国实际，在已有的研究理论基础上，探讨与发展出一套适合中国人自己的研究理论方法。对于此，南京大学韩丛耀教授在他本人的图像研究中，结合中西已有研究方法，提出了“三种形态”（技术性形态、构成性形态、社会性形态）与“三大场域”（图像制作的场域、图像自身的场域、图像传播的场域）的研究方法①，或许对于图像史的研究具有一定的借鉴意义与启发。就“三大场域”概念而言，韩丛耀教授认为任何图像都是处于“三种形态”之中的，且所有图像的再现都是以某种方式制造的，有着自身的制作场域，当图像被制作出来后，便拥有了一种完全不同于语言文字构成形态的视觉形构与结构性符码的建构，也即图像的自身场域。但是，如果图像无法被人们所观看到，也即无法被“收视”，图像便产生不了意义，即图像的意义的诞生是借助于“图像的传播场域”这一重要地点进行的。

史学研究需要理论，更需要方法的指引。在本文中提及的“数据图像史学”② 研究，是指提倡用大规模的模型和计算机演绎相结合，将图像符号转变为数字符号的意义，呈现出数据化的特点，进而可以在“大数据”的背景与框架下，对图像史进行的数据化研究。这种方法，是力图

① 参见韩丛耀主编《中华图像文化史》，“序言”，中国摄影出版社，2016。场域，或称“地点”，方法论上指视觉物件物现在（presence）的场域或地点。

② 对于此，也可称之为“计量图像史”，韩丛耀认为，图像研究，尤其是在“大数据”时代的背景，计量一词，已不能完整地关怀图像史研究，而“数据”却包含了“计量”，更为贴切，也更为合理。

借助于自然学科的方法及大数据的构建，来拓展与加深图像史研究的广度与深度的。

彼得·伯克有言："各个学科的结合是对碎片化的补救"，"揭示地域、社会群体与各个学科之间的关联，是与碎片化进行战斗的一种方式"[①]。正如上文所言，数据图像史学是一种将图像数据化的分析手段，它的目的是为了更加全面地统计及对图像的数据加以分析，如韩丛耀等著的《中国近代图像新闻史：1840～1919》（六卷）一书，便采用SPSS软件，通过计量史学的方法对中国近代画报画刊（1840至1919）的新闻图像（包括摄影照片及漫画）内的人物、性别、发生地、主题等项目进行了逐一的细分与统计。最后结合数据统计，从而得出较具说服性的历史解释。这种解释是必要的，马俊亚认为虽然史学界是为了追求更加接近"真实"的历史解释，"而历史研究本身是对'过去'的择取，任何研究和解释都不可避免地存在着片面性和局限性"[②]。由此可见一斑。对于这一方法的研究，季芬的《蒋介石媒介形象的建构研究——以〈良友〉图像新闻报道为中心》[③]进行了很好的实践。其论文通过对《良友》画报中15年来出现的蒋介石形象的分析，探究了该刊是如何利用图像、文字及版面编排等技巧来个案刻画与系统建构蒋介石的媒介形象，为历史人物尤其是从图像史研究的视角提供了一个非常见的视点。

当然，数据史学研究并不是无懈可击的，它只是一种相对的、具有辅助性的研究性手段而已。"我认为实证主义社会科学研究者担忧的是，他们一旦承认自己用了这种方法，可能会受到'烹煮数据'的指控，可事实上他们只是想对计量性'文本'的内在结构有足够了解，让自己能对其有效'阅读'，探究其深度。我认为计量研究者有必要更多地思考，他们对自己数据所作的基本阐释性质询有怎样的认识学意义。"[④] 休厄尔的这段话，也许对我们从事图像史的计量研究具有一定的启发意义，即我们要对自己计量图像数据进行充分阅读，并在阐释时，不对其任意使用，建立在

① 玛丽亚·露西娅·帕尔蕾丝—伯克编《新史学：自由与对话》，彭刚译，北京大学出版社，2006，第178、179页。

② 马俊亚：《从观点创新到体系创新》，《历史研究》2014年第6期。

③ 季芬：《蒋介石媒介形象的建构研究——以〈良友〉图像新闻报道为中心》，《新闻界》2016年第5期。

④ 〔美〕小威廉·H. 休厄尔：《历史的逻辑：社会理论与社会转型》，朱联璧、费滢译，世纪出版集团、上海世纪出版社，2012，第364页。

一定的认识学的范围之内。再者，“李中清等学者高度评价利用数据库进行历史研究的价值，认为量化数据库推动的是‘求是型学术’，即通过统计分析从大规模系统数据中挖掘新事实、产生新认识。这种新的研究范式不仅有助于历史学科自身发展，更能够促进跨学科、跨国界的学术交流与融合，并为全面深入认识中国社会历史特征、平衡东西方学术发展做出贡献”。不过，更多学者对此持更为谨慎的态度“王子今认为，实现学术进步的主要因素，是先进思路的开拓和新出资料的公布，并不在于计算机技术作为研究手段的简单应用”①。

任何史学上的创新，都须要警惕自身的学理性，避免沦落为无良讼师式的诡辩。以上理论和方法，只是图像史研究中的一种尝试，我们应该用包容的态度去看待它，但也应该用辩证的观点去批判它。当然，对于图像史的研究与理论并不止这些方法，其他亦有很多研究方法，比如吉莉安·萝斯（Gillian Rose）在《视觉方法论》（Visual Methodologies）一书中便提出了“构成解释法”（Compositional interpretation）、“符号学分析法”（Semiology）、“民族志解读法”（Ethnographic methods）等。但无论如何，笔者认为对于图像史的研究，都应该建立在史学本位基础上。唯有如此，图像史才能行走得更远，才会更加具有魅力。

三　“枝叶相依”：图像史研究碎与通的转换

针对如何克服碎片化的问题，行龙曾撰文指出：“只要我们‘保持总体化的眼光’，进行多学科的交流对话，勇于和善于在具体研究中运用整体的、普遍联系的唯物史观，再小的研究题目，再小的区域研究也不会被人讥讽为‘碎片化’。”② 该论述，对于图像史的研究亦具有一定的启发意义，也即图像史的研究中克服碎片化的重要途径便是要在通史的视野下行进，要注意用联系的观点来阐释碎小的研究，以小见大、小中有大。须知在小的图像元素中也可以彰显出“大历史”的运行轨迹，故“保持总体化的眼光”是十分必要的。当然在具体研究中，面对着各种各样的图像及问题，我们又要做到具体问题具体分析。就图像史研究

① 王建郎：《2015年中国近代史研究综述》，《近代史研究》2016年第4期。

② 行龙：《中国社会史研究向何处去》，《清华大学学报》（哲学社会科学版）2010年第4期。

的“碎与通”的问题而言，笔者认为，我们应该从以下几个方面进行转换和克服。

首先，要分清楚“碎片”的来源问题。“碎片化”的产生是与史学相伴相生的，无法避免的，也是无须避免的。但是就“碎片化”的产生而言，我们需要关注其产生的二个关键性诱因：一是专业的还是非专业的“碎片化”？二是有意识的还是无意识的“碎片化”？只有对这两个问题进行了区分，我们才能够搞清楚，哪个“碎片化”更接近历史的真实。正如马俊亚所举到的“希特勒的例子”，“所有人陈述的历史固然都是由一块块碎片构成，但用碎片把希特勒建构为一位超凡脱俗的艺术家，与同样用碎片把他描绘成一名残忍极端的纳粹元首，用史学标准不难衡量其高下”①。也即利用“碎片”来解释希特勒为艺术家与专业的史学家利用碎片把其叙述为一个纳粹首领是有区分的。显然，史学家的碎片化更有说服力。而有意识与无意识的最大区别在于，对碎片化材料的利用过程中，是否存在人为的继续破裂，如在论文写作过程中对引用材料的断章取义，仅仅引用能够支持自己观点的材料，而忽视原材料中与自我观点相互抵触的部分。无意识则是受到各种条件的限制，如个人主观或客观条件的限制等，未能意识到材料的碎片化及材料的真伪、片面性等问题。可以说，同样是“碎片化”，在专业人士挑选且是无意识情况下利用的碎片化显然更具有代表性与史学的说服性。

其次，要注意“碎片量”的问题。这一问题正如上文中我们提及的要重视对量化图像史学的重视类似，两者都在强调“量”对碎片化的克服和对通史研究的一种诉求。其实，在图像史研究中，我们对碎片的“量”，特别是民国史研究时期是完全可以达到一个规模的，因为中国历史上，尤其是民国时画报、摄影技术盛行以来，图片的量是极为丰富的。就以民国时期的画报画刊为例而言，据彭永祥统计，“近现代出版的画刊名录有近2000种之多，今天能确凿查到相关资料的只有约800种了，有的画刊资料详细一些，而有的画刊资料就很少了”②。在抗日和解放战争中，中国共产党领导的新闻摄影队伍，“八年抗战中，他们共摄取新闻照片两万张以上。在三年解放战争中，又摄取了新闻照片一万五千张以上”③。以上两例仅为

① 马俊亚：《从观点创新到体系创立》，《历史研究》2014年第6期。

② 彭永祥编著《中国画报画刊（1872－1949）》，季芬校勘，中国摄影出版社，2015，第4页。

③ 吴群：《华北人民解放军中的摄影工作者》，《人民日报》1949年9月14日，第5版。

近代时期中国画报及摄影照片的两个部分，从中我们不难看出图像资料的丰富性。这一丰富性可以在对图像的解读中对我们起到一定的帮助作用。即我们在对某一图像进行研究时，可以综合考虑同时代其他图像所呈现出的“史学景象”，通过比较、互证等手段，达到一定客观性研究之目的。

再次，历史写作中要有意识地树立通史（或曰整体史）意识，建立自己的解释体系。关于通史和专题史的研究，齐思和曾指出“依现代之标准，一国之通史，已非一手一足之力所能胜任，而有待于专家之分工合作”，“专题研究未出，何有专史，专史之未成，通史更谈不到矣。语云‘巧妇不能为无米之炊’，标准的中国通史之不能出现，即由于中国史家所凭藉者少也”①。当然，在此处图像史的专题研究并不一定都是为了构建通史，而是要在通史视野的指导下进行具体的研究。具体来说，就是在对图像史的研究中，学者应将自己的研究放置在大的历史背景下，要明白所分析图像史的具体时空位置，避免“碎片化”的遮眼和断章取义。同时，在解释研究时，应该充分利用马克思主义的解释体系，包容其他理论，建立对图像客观、唯物、符合历史规律的解释。正如英国历史学家 E. P. 汤普森所言，“马克思主义最丰富的遗产之一就是历史学”②，在继承中，我们对马克思主义史学遗产的态度应该是“回到马克思，发展马克思”③，而不是一种教条式的承袭。

笔者认为，只有做到了以上三点，我们才能将“碎片化”转化“通史”，或曰推动图像史通史性的研究与通史性视野下的发展，建立一定的基础与信心。“陈寅恪早就提出，‘吾人今日可依据之材料，仅当时所遗存最小之一部’。史家只能‘藉此残余断片，以窥测其全部结构’。故必须具备‘艺术家欣赏古代绘画雕刻之眼光及精神，然后古人立说之用意与对象，始可以真了解’。另一方面，如他在‘晋至唐史’课堂上告诉学生的，若‘一幅古画已残破，必须知道这幅画的大概轮廓，才能将其一山一树置

① 齐思和：《改造国史之途径与步骤》，《齐思和史学概论讲义·附录》，天津古籍出版社，2007，第 214、215 页，摘引自赵梅春《金毓黻论通史编纂》，《史学史研究》2014 年第 2 期。

② 刘为：《有立必有破：访英国著名史学家 E. P. 汤普森》，《史学理论研究》1992 年第 3 期。

③ 张广智：《关于马克思主义史学遗产传承中的几个问题》，《复旦大学学报》（社会科学版）2005 年第 5 期。

于适当地位，以复旧观’。这样的‘绘画眼光’，正体现着碎与通的辩证关联。”[①] 陈寅恪先生的“绘画眼光”对于图像史“碎与通”之间的相互转换是十分具有借鉴意义的，也就是必须知道了图像及图像史的“大概”，才能推测出其“适当地位”，最终才能“以复旧观”。

四 反思与前行

维特根斯坦曾言：“我们为自己创造事实的形象。”任何研究者都无法避免主观性，也无法避免对碎片的利用和截取。这种利用和截取，就图像史研究方面而言，王笛的这句话也许更具有说服力——“到目前为止，中国学者研究的‘碎片’不是多了，而是还远远不够……因为中国研究小问题、研究‘碎片’的历史，不过仅仅才开始，等十几二十年以后碎片的研究发展到相当高的程度了，再来纠正也不迟”[②]。王笛的论述虽然不是针对图像史研究而言的，但是对于图像史研究而言，他的这些论述真的是恰如其分。

图像史的研究在中国毋庸置疑是处于起步阶段，“应该看到，在中国目前的学术生态中，文字的气场仍然很大，对文字的诠释咀嚼往往在人们潜意识中更具学问性，而图像给人的感觉是通俗的、低层的、幼稚的，这一方面是传统观念仍然影响我们的学术取向，另一方面也是图像史学本身发展远远不够，故中国图像史学的道路还很漫长”[③]。但同时，我们也应该充分认识到“图像凭借其强大的实践能力正进行着将一切事物予以视觉化的尝试与努力，当各种观念、情感、事物都凝聚在一个可传达的、具体的符号形象中时，世界就变成了一个图像”[④]。现实的困境与图像史研究的大有可为是交叉的，既有困难也有希望。对于图像史的研究，我们应该树立希望，秉持通史（或曰整体史）的视野，在避免无意识的“碎片化”前提下，多用专业的史学眼光对其审视与取舍，建立自我的问题意识与解释体系，只有这样才能推动中国图像史学研究的前行与发展。

---

① 陈寅恪两句话，分别出自陈寅恪《冯友兰〈中国哲学史〉上册审查报告》，《金明馆丛稿二编》，生活·读书·新知三联书店，2009，第279页，以及卞僧慧《陈寅恪先生年谱长编（初稿）》，中华书局，2010，第363页，摘引自罗志田《非碎无以立通：简论以碎片为基础的史学》，《近代史研究》2012年第4期。

② 王笛：《不必担忧“碎片化”》，《近代史研究》2012年第4期。

③ 蓝勇：《中国图像史学的理论建构略论》，《光明日报》2016年5月21日，第11版。

④ 王林生：《图像与观者——论约翰·伯格的艺术理论及意义》，中国文联出版社，2015，第43页。

比较研究

维柯的文教武功论*

——王夫之与维柯的文武关系论（上）

陈安民

（西南大学历史文化学院，重庆　400715）

摘　要：在维柯看来，暴力与战争具有不可忽视的重要作用，它既是历史进程转换阶段的重要推动力，也有重要的法律意义。在民族共同体内部，统治阶级不惜以各种手段维持对于暴力机器与军功的占有，法律正是掌握着武力的统治阶级的意志的体现；在民族与国家间，正义战争是调节人类冲突的必要手段，战争伦理经历了从野蛮走向人道的过程。至于暴力与战争的局限，他认为主要在于，一是从兽到人的转变中，宗教有着战争无法替代的功能；二是文明时代的王朝或帝国的创建固然离不开武力，而要治理有序、统治久远，则离不开法律与制度的维系。无论是维持民族的独立以避免被征服，还是基于公共的善追求人类整体利益，皆需要以文教润泽武功，精神德性与心灵德性兼具的军事统帅。中国正是维柯心目中文教与武功均衡发展的典范，也正是在对于文武关系的思考中，他意识到了中国文明文武互济这一总体特征。尤具警示意义的是，维柯注意到武器与战略战术是随生产力发展与科技进步而不断变化的，特别强调各民族只有不断自我创新或积极学习，才能应对军事变革。

关键词：维柯　“第五演讲”　《新科学》　文教　武功

---

*　本文系2014年度国家社科基金青年项目“王夫之与维柯的史学思想研究”（项目号：14CZS046）阶段性成果。

引　论

1705 年 10 月 18 日，在意大利那不勒斯大学的开学典礼上，修辞学教授维柯（Giambattista Vico，1668－1744）发表了题为“让我们用文教使武功更荣耀，使帝国更强盛”的主题演说。他在演讲中以理论思辨与历史事实回应西方政治史与思想史上“文教和武功这两者何者更为高贵”这一争论，提出了如下中心论点：“当一个国家在文教上最为繁荣之时，也就是这个国家在战争荣耀上最为显赫，在统治权力上最为强盛之时。”旨在强调二者乃相辅相成的关系，理应受到同等重视。中国正是维柯心目中文教与武功均衡发展的典范：“文教兴盛的民族，即使他们或由于自然屏障，或由于牢固的防御，从而远离战争，也没有什么理由阻碍他们，让他们在自己的统治范围之内拥有极为广大的疆域，并且有能力建立起极为伟大、极为繁荣的国度。中国就提供了这样一个例子，特别是其长城被锡西厄人攻破之前。”[①] 这一论断，洞见了中国文明的某些特质，也因史料有限而难免理想化之处。维柯此次演说的论述对象除希腊罗马外，博涉地中海世界的多种宗教、文明与政权，进而及于当时已知的新大陆与远东，有关文教与武功的很多论点系包含中国在内的普遍性命题，在其晚年所撰、意在探求“各民族共同性”的《新科学》中又有所发展深化，有值得关注与需要回应之处。

诚如维柯所言，文教与武功的关系在中国政治史上有着特殊的地位，不过其复杂情形远超过他当时的认知。历代思想家与史学家对此多有讨论，一般名之以“文武关系”。史学界的文武关系研究成果丰硕，研究理路与写作风格不尽相同。对于怎样深入，各有思考。[②] 有学者指出，从中外历史实际的制度层面来看，古代中国与日本、高丽、拜占庭、莫卧儿的官阶爵制，基于特定的历史情势，都存在着“重武轻文”或“重文轻武”

---

① 〔意〕维柯：《让我们用文教使武功更荣耀，使帝国更强盛》，《大学开学典礼演讲集：维柯论人文教育》，张小勇译，上海人民出版社，2012，第 64、72 页。每年 10 月 18 日做开学典礼演说，是那不勒斯大学修辞学教授的正式职责之一。维柯先后做过九次（1699、1700、1702、1704、1705、1707、1708、1719、1732）。张小勇译本系全译本。

② 参见李月军《颠踬的行走——国内文武关系研究述评》，《甘肃行政学院学报》2010 年第 5 期；陈峰：《武士的悲哀：北宋重文抑武现象分析》，人民出版社，2011；陈宝良：《明代的文武关系及其演变：基于制度、社会及思想史层面的考察》，《安徽史学》2014 年第 2 期；李新峰：《明前期军事制度研究》，北京大学出版社，2016，第 113～139 页。

的特意设计，相关具体问题的比较研究是一个有待开展、“饶有兴味”的议题。[①] 既有制度史的根源及其比较，中外社会史与思想史层面的比较研究自然水到渠成。运用成熟的分析理路，益以横向的国别与文明比较，文武关系的研究空间将得以拓展。

有鉴于此，笔者拟选取王夫之（1619～1692）有关文武关系的历史评论与理论思考，与维柯作一比较阐述。或可视为文武关系在历史思想层面的中西比较。

王夫之与维柯作为思想家式的百科学者，深深地根植于各自的文化传统，融历史与哲学思辨于一体。加以比较，有助于加深对于二者各自文武关系论的认识，也可借以管窥中西传统在这一论题上关注的异同所在。虽然王夫之的生命陨落之时，维柯才刚刚开始其学术征程，不过二者生活的时代正是中西历史发生大变动、大分化的变革时期，以维柯之论观照王夫之所言，有助于洞悉此后中西武功盛衰何以逆转的若干因由。学术之外，也不乏现实的意义。王夫之惨遭国亡家破，武力抗争不成而转向文化创作与思想批判。维柯一生，亲历家园那不勒斯被西班牙和奥地利轮流统治。二者各自论述的根本目的皆非单纯地研经论史，而是探讨文武关系与王朝盛衰、衣冠存亡、历史演进的关联。只要战争根源未彻底消失、民族国家界限未真正泯灭，他们充盈着理性思辨的教训揭示抑或经验总结、谋略推演、规律洞悉，就仍然具有历史智慧的启迪价值。

尚需说明的是：其一，不管是王夫之还是维柯，其相应观点都有历史性的变化，后文不再特别加以辨析。马克·里拉曾指出：维柯早年的这一演讲“包含了关于战争如何支配民族命运的优美片段”，而在其晚年所撰《新科学》中，为了构建决定论的历史循环论体系，则“拒绝承认战争作为引起民族兴衰的独立原因”[②]。这一演讲与《新科学》第三版（1744年）正是我们的主要文献依据。前者论题集中，后者材料分散。不过《新科学》对战争的论述较之马克·里拉的评价要丰富和深刻得多。对于王夫之的相关论述，主要依据其晚年所撰的《读通鉴论》与《宋论》（1691年）。其二，王夫之立论，多有鲜明的华夷立场。就所论对象而言，如以当时历史实际来看，既有某一皇朝内部的民族关系问题，也有并立政权间的关系

① 阎步克：《一般与个别：论中外历史的会通》，《文史哲》2015年第1期。

② 〔美〕马克·里拉：《维柯：反现代的创生》，张小勇译，新星出版社，2008，第268～269页。

问题，这点与维柯并无二致。如考虑历史发展趋势和今日实际、从统一多民族国家的立场来看，王夫之所言华夷关系的大部分实即中国历史上的民族关系，与维柯所言又有显著差异。后者所论，更类国际关系。对于二者的这一差别，尤其是由此涉及的阶级战争、民族间战争、国家间战争与政治集团间战争的类型差别，后文也不再特别交代。其三，二者的概念与论题范围，有难以确切界定之处。维柯“第五演讲”原版系拉丁文，所用文教一词为“literae”，英译“letters”，有的中译本译为“文学”。[①] 据张小勇考证：（1）literae 在拉丁语中的主要用法并非文学或文学作品，而是各种学问和文化教育，包括了文化知识与科学技术。一般可中译作“学问”，是各种科学艺术乃至礼乐法度、文章教化的总称。由于在“第五演讲”中和武功对举，故译作“文教”。（2）维柯也从未使用过今天意义上的“文化”一词。[②] 维柯于演讲中论述军事将帅应该具有的智慧时所举例证如下：精神德性方面需要正义、节制、克制、宽厚的品质；心灵德性涉及辩证法、几何学、数学、光学、建筑学、机械学、伦理学、历史学、自然科学（日月食等天文知识）等所提供的知识。由此来看，我们对维柯有关文教武功的边界难以给予清晰的截然划分，也不能将其理解为今日所认知的文化与军事、战争的关系，只能视为观察国家统一体中二元对立统一的模糊范畴。在某种意义上体现于暴力与法律、战争与和平、穷兵黩武与礼乐教化等多对关系之中。就王夫之来讲，他承继中国古代政治哲学的阴阳、文武、德刑、刚柔等范畴，明显也具有将国家政治结构文武二分的倾向。所谓：“阳，文德也；阴，武功也”[③] 正是此意。为了达到武功的强盛，为之所做的经济建设、政治协调、道德教化、谋略捭阖，皆可谓之文教的题中之义。“文、文教、文治、文事、和”与“兵、武备、武功、征伐、战”等术语，常为他所对举并用。

由于学养所限，笔者对于二者有关这一复杂问题的深邃之见，重在本着“突出重点各为参照”的原则加以概述，最后的比较思考难免

① 参见 Giambattista Vico, *The Six University Inaugural Orations: On Humanistic Education* (*Six Inaugural Orations*, 1699 - 1707), translated by Giorigo A. Pinton and Arthur W. Shippee, with an introduction by Donald Phillip Verene. Ithaca, N. Y.: Cornell University Press, 1993, p. 106; 〔意〕维柯：《论人文教育》，王楠译，上海三联书店，2007，第 102、104、106 页。

② 参见〔意〕维柯《大学开学典礼演讲集：维柯论人文教育》，第 12 页注释 4，第 74 页注释 2；“译者序言”第 19 页。

③ 王夫之：《读通鉴论》卷 2《汉惠帝二》，《船山全书》第 10 册，岳麓书社，2011，第 93 页。

附会之见，失当之处，敬请方家不吝指正。本文重点梳理维柯的相关论述。

一 维柯的论述基点

维柯在第五演讲的开篇即指出，文教和武功何者更为高贵的争论由来已久。可见他选择这一论题，有明确的针对性，也有其思想渊源。从相关引用来看，历史与古典思想之外也有直接的论述基点。

从历史事实的角度来看，文教武功之争的专题讨论可追溯到文艺复兴时期的博纳尔多（Bonardo da Siena，1380 – 1444）。他在对彼特拉克的评价中指出武功要比文教优越，因为前者求取国家福祉，后者追求个人福利。瓦拉（Lorenzo Valla，1406 – 1457）则持针锋相对的观点。及至穆莱图斯（Muretus，1526 – 1585），他试图以凯撒和色诺芬的雄才伟略、希腊米蒂利尼岛的居民禁止被征服民族的儿童接受文化教育为例，说明二者并非对立关系。后来，培根（Francis Bacon，1561 – 1626）进一步深化阐述了二者的统一性："经验告诉我们，无论在哪一个人身上，还是在哪一个时代，都存在着学问和武功之间的一种相互一致性和相互共存性，它们繁荣昌盛于同一些人身上和同一个时代……这种相互共存的现象在时代身上比在个人身上更为明显，因为一个时代比一个人要伟大得多。无论在埃及、亚述、波斯、希腊还是罗马，在武功兴盛的同时，同样以其文教而极受尊崇；因而最伟大的作家和哲学家，最伟大的将军和统治者都曾生活在同一个时代。然而相反的情况是不会存在的。"① 英译者认为，穆莱图斯与培根的观点是维柯相关论点的先驱。② 培根是维柯所敬仰的四大作家之一，他在 1732 年的最后一次开学典礼演说中还呼吁青年朋友们"看看培根的《论学术的价值和进展》"，认为这部书"除少数瑕疵外，是一本永远值得尊敬和放在案边的巨著"。③ 从后文可见，在文武关系的讨论上，维柯全面

---

① Francis Bacon, *The First Book of Francis Bacon: Of the Proficience and Advancement of Learning, Divine and Human. To the King*, C. Baldwin, Printer, New Bridge – street, London, 1826, pp. 12 – 13.

② Giambattista Vico, The Six University Inaugural Orations: *On Humanistic Education* (*Six Inaugural Orations, 1699 – 1707*), translated by Giorigo A. Pinton and Arthur W. Shippee, with an introduction by Donald Phillip Verene. Ithaca, N. Y.: Cornell University Press, 1993, pp. 108 – 109. 张小勇译本，第 75 页。

③ 〔意〕维柯：《论英雄心灵》，《大学开学典礼演讲集：维柯论人文教育》，第 218 页。

吸收和发展了培根此书中的有关见解。

而在论述的价值取向上，博纳尔多强调的国家而非个人，追求“公共的善”，也为维柯所特别关注。维柯所崇奉的另一作家柏拉图（Plato，前427～前347年）的《法律篇》已开其端绪：“最大的善既不是对外战争也不是内战，而是人们之间的和平与善意……任何持有这种国家的或甚至个人的幸福观的人，绝不会成为一个真正意义上的真正的政治家——即如果他把对外战争当作他的首要和唯一关注的事物的话；只有当他把他所制定的有关战争的法律当作和平的工具，而不是他的关于和平的立法成为战争的工具时，他才成为一个真正的立法者。”[①] 这一价值追求在维柯的相关论述中有着复杂的折射。

从法学的角度来探讨文教武功论，柏拉图之外，荷兰法学家格劳修斯（Hugo Grotius，1583－1645）所著《论战争与和平法》也是维柯的直接启发者与对话者。他认为此书除个别论点外，堪称“无与伦比”。[②] 维柯曾为其书作注，进行到一半时因担忧宗教影响而未竟其功。[③] 秉持普世主义的理念，从法律的角度思考决斗的终结、武力与战争的边际、战争与和平之于政体的作用等问题，这是维柯分析文教武功的一个特色，与王夫之大异其趣。

维柯认为，战争与征服充斥于人类社会历史，相关记载遍布历史典籍，其残酷性和加之于人类的痛苦难以形容，带给国家和民族的荣耀也显而易见。这在他早年的第二演讲中已有明确阐述：“我当然能够重述在任何历史时代敌人之间的残酷而野蛮的征服；但哪一页人类活动的历史，或者编年史，或者回忆录，不是到处充斥着对读者来说‘沉重得难以描述，残酷得难以承受’的东西呢?”他认为自己的祖国那不勒斯的威名之所以广为传颂，正源于其先辈们“争战与和平的伟大艺术与延续不绝的荣耀”。[④] 无论是从人才培养的角度谈文教与武功的关系，抑或是从法学和人性的角度探讨战争的本质，还是从构建历史理论体系的角度探讨战争的历

① 〔古希腊〕柏拉图：《法律篇》卷一，张智仁等译，上海人民出版社，2001，第7页。《法篇》，628D，《柏拉图全集》第3卷，王晓朝译，人民出版社，2003，第370～371页，译文用语不同。

② 〔意〕维柯：《论英雄心灵》，《大学开学典礼演讲集：维柯论人文教育》，第219页。

③ 〔意〕维柯：《维柯自传》，载《新科学》，朱光潜译，商务印书馆，1989，附录。

④ 〔意〕维柯：《用德性和智慧塑造我们的精神》，《大学开学典礼演讲集：维柯论人文教育》，第20页。

史演变、以文教克服其限度，相关问题在维柯的思想体系中占有重要的地位。① 基于本文的关注视角，我们拟考察维柯文武关系论的如下几个方面。

二 暴力与战争的重要性及其法律意义

第一，在维柯的历史哲学体系中，暴力与战争贯穿人类历史演变的全过程，在历史进程中有着不可忽视的地位。

维柯的历史哲学认为人类社会历史遵循神的时代、英雄时代和人的时代依次演替，进而堕落到彻底的野蛮状态再次复演。与之相应，存在着三种性质的政府，神的政府（家族父主政体）、英雄的或贵族专政的政府（贵族政体）、人道的政府（经历自由的民众政体到独裁政体）。②在这一历史进程的每一阶段与转折时期，都离不开暴力与战争。

在神的时代（实即人类的野蛮时代），决斗是人类解决纠纷的一种普遍手段，并延续到英雄政体时期。“在各民族的野蛮时代，神的裁判中有一种方式就是决斗，它理应从最早的神的政府之下就已开始，在英雄政体下还持续一段很长时期。”决斗根源于天神的意旨，它的价值和意义在于，在人类社会的低级阶段，“当时强权者还没有驯服到能诉诸法庭的法律，来报复所受到的侵犯和伤害……这是天神意旨的崇高判决，其目的在于在还没有人懂得法律的那种凶残的野蛮时代，凭天神的好恶就可以衡量是非，免得播下会使人类灭绝的那种大战的种子”。因而，在敌对集团之间，局限于头领与将帅之间的决斗，有利于控制双方所受到的伤害：“在最后

---

① 在已有的综合性维柯研究论著中，无不强调维柯思想的百科全书式的广博，不过随后的列举与研究中却鲜见“战争”这一关键词。克罗齐探讨维柯的历史理论时，仅以屈指可数的数段加以简述；以赛亚·柏林所关注的维柯的七个“可以超越时间的观念”，战争观也不在其中。虽然马克·里拉以“战争与殖民”专门标目，不过也仅仅以非常有限的篇幅考察了几个主题，随后又在“演进与复演”部分得出了战争这一事物与维柯决定论的循环论历史观中不相协调的结论。这样的处理与维柯的实际论述是有差距的。参见〔意〕克罗齐《维柯的哲学》，陶秀敖等译，大象出版社、北京出版社，2009，第117～119页；〔英〕以赛亚柏林：《维柯与赫尔德》，《启蒙的三个批评者》，马寅卯等译，译林出版社，2014，第8～12页；〔美〕马克·里拉：《维柯：反现代的创生》，第231～233、268～270页。有学者指出维柯战争观长期未受到应有重视的一个极其显著的原因在于，他“成熟时期的著述没有就此提供令人瞩目的见解”。（Dan Turello, *Vico's "Christian" Artillery: Technology as Cultural Mediation*, *Italica*, Vol. 91, No. 4 (Winter 2014), pp. 600 - 614.）

② 〔意〕维柯：《新科学》，朱光潜译，925、926、927、963、1003、1004、1026。数字系段落编号。

的野蛮时期，两国的斗争也是以这种方式由双方君主进行亲身决斗来解决，两国人民的命运都取决于这种决斗的结果。”[①] 决斗之外，这一时期还存在着私方报复、海盗、劫掠等暴力行为。[②] 随着国家的建立，私人性质的决斗终结，公开性的族群间的决斗演变为大规模的战争。在野蛮的复归时期，决斗也再次复归。

英雄的贵族政体时期的开端，要追溯到国家这一政治组织的产生，这个过程本身便是以武力应对反叛与战争的结果。维柯认为，当天神意旨启示野蛮人完成从兽到人的转变之后，逐渐以家族的形式定居下来，凭时效占有权获得疆域。伴随着“家族的增殖和耕作的进步”，面对自然果实的缺乏，“那些强暴者于是屠杀那些弱者，意图夺取他们采集的果实，而且竟然冒险偷盗其他强者的耕地。那些强者并没有因交媾而变得虚弱，相反因为土地耕作而十分强壮，他们出于自卫，便杀死这些胆敢侵犯的暴徒”，并逐步建立起城墙，成为庇护所。另外的一些弱者便奔赴庇护所寻求庇护，“强者就给他们颁布法令，要他们为主人们耕种土地，并且以此来维持他们想要保全的生命”。随着时间的推移，“这些依附平民最终厌烦了为他人耕种，他们发动对强者的叛乱；而那些强者为了抵抗叛乱，便有制度地联合在一起，以其最勇猛者为首领；正是从这种抵抗叛乱中诞生了制度，后来则被称为民政制度，为首的首领则因其‘统领’职能而被称为王”。维柯的相关阐述，勾勒出了因资源争夺而走向族群间联合，进而因抵抗依附者叛乱而产生阶级联合、组建国家的过程。[③] 阶级联合意义的国家的产生，对战争形态与战争权力产生了显著的影响。一是“结束了英雄们的私人正义力量，开始了英雄们的公共正义力量，开始了战争，这些战争越来越猛烈，也越来越让历史铭记不忘，并且从特洛伊战争开始，战争就揭开了希腊历史时间的开端”。二是由于“这种国家政体的本性就是为抵御平民而生”，贵族阶级不仅“将权力的隐秘以及关于神的事物和人的

---

① 参见〔意〕维柯《新科学》，朱光潜译，27、641、959～970。注意，维柯的“天神”是人类事物的最高主宰，但是不宜将之理解为一种唯心的观念。因为它系人类“自己从雷鸣电闪中所得到的信仰才创造出来的，其中闪耀着天神统治着人类这一真理的光辉。从此他们就想象到凡是向人类提供各种福利和人类所需要的各种帮助的事物全都是些神，并且作为神而受到畏惧和敬仰”（《新科学》，朱光潜译，1098）。

② 参见〔意〕维柯《新科学》，朱光潜译，30、636、639、641、1027、1053～1055。

③ 〔意〕维柯：《论一切知识的原则和目的》之《论〈普遍法〉概要》，《大学开学典礼演讲集：维柯论人文教育》，第173～176页。

事物的知识，即法律知识，都悄悄地保留给自己”[①]，而且力图实行军功与作战权力的垄断：“贵族政体对打仗是最小心翼翼的，深怕让平民大众们都变成战士”；“贵族们自然而然地献身于保卫国家的事业，为的是要把一切民政方面的荣誉都保留在自己的贵族阶层内，而平民们也从事于最显眼的事业，来显示自己也配取得本来由贵族们掌握的那些荣誉”。[②] 统治者不希望被统治者掌握战争的手段和获取战争的荣耀，而平民阶层则视之为快速上升的便捷通道，阶级实质已昭然若揭。在1719年的第八演讲与晚年的《新科学》中，维柯已不是单纯地谈论军事，而是将之与政治权力、经济占有、阶级斗争紧密结合在一起。这与“第五演讲”相比，认识已明显深化。

英雄政体到民众政体的过渡，是平民通过与贵族长期“英勇斗争”而得来的。到了民众政体的后期，陷入怀疑主义，平民派的护民官和公民们滥用修辞术、将之作为获得政权的工具，进而“掀起内战，导致纲纪废弛”。这样，就使政体由完全自由堕落到无政府状态下的完全暴政。“对这种大病，天意按照下列几种人类民政制度变迁的次第来医治”。（1）在民族内部出现一位像奥古斯都这样的独裁君主，凭借武力重建秩序，形成“君主独裁政体”。（2）内部无人，则求之于外族的征服：“按照来自各民族的部落自然法，沦为奴隶，受制于比他们较优秀的民族。这些较优秀的民族既已凭武力征服了他们，就把他们放在所管辖的各行省（provinces）里去保存下来。”（3）如果前两种条件都不具备，则走向一种极端的救赎之路：“他们通过固执的派系斗争和拼命内战，把他们的城市变成森林，又把森林变成人的兽穴和兽窝。这样，通过长期的野蛮生活，后来使他们变成野兽的那种邪恶心眼所产生的那些刁钻古怪的想法，就生锈腐烂掉了。”堕入彻底的野蛮，历史再次循环。无论是哪一种医治方式，内部的战乱还是外部的征服，战争都是必不可少的手段。可见在维柯的历史理论里，民族和政体的存亡与战争息息相关，战争深刻地影响着人类历史，也为政治经济结构所形塑。

维柯认为外族征服“显示出自然秩序的两道大光辉，第一是：凡是不能统治自己的人就得由能统治他们的人去统治；其次是：世界总是由自然

---

① 〔意〕维柯：《论一切知识的原则和目的》之《论〈普遍法〉概要》，《大学开学典礼演讲集：维柯论人文教育》，第177～180页。维柯的这一论述，有助于我们理解中国早期历史上战争性质与战争规模的演变，也有助于我们理解游侠的消亡。

② 〔意〕维柯：《新科学》，朱光潜译，273～279。

最适宜的人们来统治的"[①]。作为思想家，从历史理论构建的角度，他可以理性而冷静地洞悉人类社会这一霸权主义本质。不过，作为具体历史局势中的人，认识得越深刻，则越会殚精竭虑于自己民族、祖国与基督教文明的存续问题。他在历史上所看到的结果是："征服就造成了罗马的强大"[②]；征服对于被征服者来说不仅意味着城邦的灭亡、被奴役，而且意味着原有的信仰与占卜权的被剥夺。[③] 他所念的依然是罗马的强大与意大利的荣光，希冀自己的祖国能统治世界而不是被统治。故而，他才会花如此多的精力探讨文教武功的关系问题，并在早年将其作为向大学生们演讲的主题。

第二，维柯认为，法律是掌握着武力的统治阶级的意志的体现，正义战争是调节人类冲突的必要手段，战争伦理逐渐从野蛮走向人道。

站在民族共同体内部的角度而言，暴力与战争实即阶级统治与阶级对抗的工具，前已有所述及。从法律的角度来看待这一问题，维柯深入阐述并发展了如下两个命题，即柏拉图所言"各种政体都是在武器基础上诞生的"（《法律篇》626A）与亚里士多德所言"在英雄政体之下，贵族们发誓要永与平民们为敌"（《政治学》1310a9）。[④] 既有对神话的剖析，又以历史记载为据。前者突出地体现在他对雅典守护神明诺娃（Minerva）和罗马奎里蒂法（ius Quiritium）的解读上。他认为，明诺娃既是智慧女神也是战争女神（Bellona）。她的圣物（猫头鹰和橄榄）"指英雄时代诸城市组成的元老院是在秘密中考虑他们所制定的法律。雅典的元老院中最高立法者确实有在黑夜里秘密投票的习俗"[⑤]。与之相似的奎里蒂法，"以其来自奎里纳斯（战神，Quirinus）而得名，来自英雄们所用的武器——长矛……是手执长矛的罗马人的法，是长矛武装的罗马人的法，是在制度中联合起来的父老们的法"[⑥]。他又以塔西佗在《日耳曼尼亚志》的历史记载指出："英雄式的议会陈列兵器来判决刑罚，因为法律的最高权威须伴随着兵器的最高权威。在古日耳曼人中间流行的习俗容许我们推测到一切最初的野

---

① 前引文，参见〔意〕维柯《新科学》，朱光潜译，1100～1106。

② 〔意〕维柯：《新科学》，朱光潜译，160。

③ 参见〔意〕维柯《新科学》，朱光潜译，1023、1050。

④ 参见〔意〕维柯《新科学》，朱光潜译，271、588。对于柏拉图语，朱光潜译注：类似我们所说的"枪杆子里出政权"。

⑤ 〔意〕维柯：《新科学》，朱光潜译，590。

⑥ 〔意〕维柯：《论一切知识的原则和目的》之《论〈普遍法〉概要》，《大学开学典礼演讲集：维柯论人文教育》，第181页。

蛮民族都会流行同样的习俗。”[1] 从这些论述中可见，维柯已深刻地认识到：枪杆子里面出政权，国家本身就是掌握武力者阶层的联合，法律正是他们的统治地位及其意志的体现。

那么，站在全人类的角度看，战争又具有怎样的必要性呢？在他看来，“战争就是正义的裁判”。他认为，“如果是某个个人产生了契约责任，也就是说他违反了法律，我们就要根据确定的司法程式来考察法权；然而如果是一个民族践踏了神法，或者说背弃了盟约，那么有什么补救手段可以保障人类法权呢？那就是战争和武装”[2]。这一原则也可以这样表达：“在和平条件下任何不公都应根据法律进行补偿；如果在和平条件下不能得以补偿，那么以武装力量针对施加人所施加的不公进行报复就是合法的。”战争的必要性显而易见。“武装的军队”可以“肯定和维护各民族的神法与最高的万民法”，而后者正是“保存人类社会的手段”[3]。由此，维柯也就赋予了武装战备与战争对于人类存续的崇高意义。进而，他将战争区分为正义战争与非正义战争：后者是为了鲜血和黄金，烧杀抢掠，带给人类的是灾难；前者的目的是建立各种秩序，为人类所必须。既然如此，将武装力量与战争权力掌握在爱好和平之人的手里，就显得尤其重要。所以，他要讨论的不是“野蛮的战争”，而是作为人类法的“审慎的军事智慧”。

实际上，民族间战争伦理从英雄时代的武力至上到维柯基于全人类利益的认识，经历了漫长的历史演变：

最初的各民族，处在英雄时期，横行无阻的还是强力的自然律，彼此相视为永恒的仇敌，抢劫和侵犯经常发生，他们之间的战争是永恒的，所以不需要预先宣战。（实际上正如在最早的野蛮时代英雄们以被称为盗贼为荣；到了第二次野蛮时代，强者也以被称为海盗而欢欣鼓舞）但是到人道（性）的政权机构已建立了，无论是民众型还是君主专制型的，就按照人道的部落法律设立了传令的使者，预先发出宣战的警告，而敌对时期的结束也以通过和平条约开始。这也是天神意旨的崇高谋虑，其目的在于使

① 〔意〕维柯：《新科学》，朱光潜译，594。“英雄时代的法律是一种凭实力和武器的法律。”（《新科学》，27）

② 〔意〕维柯：《让我们用文教使武功更荣耀，使帝国更强盛》，《大学开学典礼演讲集：维柯论人文教育》，第70页。

③ 〔意〕维柯：《让我们用文教使武功更荣耀，使帝国更强盛》，《大学开学典礼演讲集：维柯论人文教育》，第67页。

在野蛮时期世界上还是新起的、还需要扎根的各族人民限制在他们自己的疆界之内，他们既然还是性情暴戾未经驯服的，就不应该越出自己的疆界，用战争来互相灭绝。但是等到他们成长起来了，彼此也渐相熟悉了，因而每方都能容忍对方的习俗了，这时战胜的民族就容易按照战胜时的公道法律，赦宥战败者的生命。[①]

这段话说明了人类社会从凭借实力、劫掠成风的英雄时代到人道政权机构建立之后，交战程序和战争伦理也随之改变；也说明了人类各民族通过互相了解而各美其美，逐步宽容、取得历史进步的艰难历程。维柯对历史上的劫掠与海盗活动性质的评论，即使以今日的认知水准来看，也相当精彩。[②]

三　武功的限度与文教的功能

第一，从历史进程的角度看，战争并非历史发展的唯一推动力，宗教、哲学、艺术等文教手段有着战争难以替代的功能。

首先，从兽到人这一转变的关键一步，并非暴力与战争的结果，而在于天神意旨及其催生的宗教、婚姻家庭生活、礼乐制度等。维柯认为，人之所以为人的一个重要标志就是敬畏天神、有虔敬的信仰。因而，从野蛮时代到文明时代的转变动力，天意与宗教最为关键。他明确地提出并回答了这一问题："野蛮状态中的人们既然凶残而又未经驯化，究竟有什么办法才能使他们由野兽般的自由转到人道的社会呢？因为要使那些原始人达到原始的社会，也就是有婚姻制的社会，他们就既要有野兽般淫欲的刺激，又要有可怕的宗教来加以严厉的约束。"[③] 而其最根本的动因则来自天神："天神意旨发动了使残暴者从无法无天的情况变成人道的，并且凭人道创建民族生活的转变过程。天神意旨做到这一点，是通过在人们心中唤醒一种朦胧的天神观念。这批亡命之徒原生在无知中把这种天神看错了，把本不属于天神的东西也误记在天神名下，因此，由于对这种想象出来的

---

① 〔意〕维柯：《新科学》，朱光潜译，30。基于罗马征服的类似分析，可参阅《新科学》，朱光潜译，1023。

② 参见徐松岩《古代海盗行为述论》，《世界历史》1999 年第 4 期。维柯还指出："在古日耳曼人中间，劫掠不仅不被看作不名誉的事，而且被列在训练英勇的锻炼之内，可以使不曾受到任何技艺教育的人们免得闲着无事可干。"（《新科学》，朱光潜译，594）

③ 〔意〕维柯：《新科学》，朱光潜译，554。

天神的恐惧，他们才开始守一点秩序。”① 至于具体手段，宗教、婚姻之外，还有神话故事中所表征的乐、诗歌朗诵、家务训练等，如：“乐神奥辅斯的竖琴，竖琴伴奏的就是赞颂预示征兆的神力的歌，奥辅斯用这种琴歌把希腊的野兽都驯化为人。还有安菲翁（Amphion）奏起乐来使自己移动的石头筑起第伯斯的城墙。这些石头就是杜卡良和庇拉夫妻俩站在特米斯（Themis）神庙前（象征对神的公道的畏惧）用冠巾蒙着头（象征婚姻中的羞怯）时所看到的躺在脚下的那些石头［因为原始人愚笨，而石头在拉丁语里就指蠢人］，接着他们就把那些石头扔到背后（指用家务训练来建立家庭制度，这样就使他们变成了人）。”② 也正是基于这一认识，维柯认为宗教战争是最残酷的战争，因为征服者迫使被征服者更改信仰，后者实际上已经不是原来意义上的人。在他生活的时代，还存在着这样的认知：“征服者认为被征服者已没有神，因此就把他们当作一些野兽。基督教徒和土耳其人之中至今还保持着这种民族感。”③ 如果非要给武力、人道的法律、宗教三者一个重要性排序的话，那就是：“无论在什么地方，一个民族如果在武力方面变得野蛮，以致人道的法律都没有地位了，唯一的可以制服这种民族的强有力的手段就是宗教。”④ 足见他对宗教功能的重视。

其次，文教能加速人类文明发展的进程。可举如下两例。例一，“在大洪水之后，诺亚和他的儿子闪保存着创造者上帝的真宗教，从而在自然状态中就保存了对大洪水之前的所有知识和艺术的记忆；即使在巴比伦的语言混乱之后，也仍然保留了所有的政治艺术，因而上述记忆不但没有消失，而且还不断存续下去。正因为此，在卡尔迪亚人中间较早地诞生了君主政体，并且由于距离的邻近关系，这种政体又较早地被引进到诺亚的另一个儿子含的后代，即叙利亚和埃及，在这个意义上，塔西佗说，‘东方习以王治’。同样在那里很早就诞生了一种占卜术，被称为‘巫术’……逐渐演化为科学。”⑤ 例二，希腊神学诗人时代的奥辅斯（Orpheus，犹如中国的黄帝、神农、伏羲等人），“以人道教导希腊人，把他们从原来的野

① 〔意〕维柯：《新科学》，朱光潜译，178。

② 〔意〕维柯：《新科学》，朱光潜译，523。

③ 〔意〕维柯：《新科学》，朱光潜译，1055。

④ 〔意〕维柯：《新科学》，朱光潜译，177。

⑤ 〔意〕维柯：《论一切知识的原则和目的》之《论〈普遍法〉概要》，《大学开学典礼演讲集：维柯论人文教育》，第171页。

蛮状况变成一个光荣的民族”。值得一提的是，维柯已这样看待神话传说中的英雄和圣人、发明家：“在一个人的有生之年，就有许多民政制度形成了，而实际上要做出这些事一千年还不够哩！”[①] 而在哲学家诞生以后，对文明发展的推动作用就更加明显了：“希腊哲学家们加速了他们民族要经历的自然进程，因为希腊哲学家出现时，希腊人还处在野蛮时代的粗鲁情况，从这种情况中他们就立即进展到最高度的文化，而同时还完整地保存了关于神和英雄两方面的寓言故事。”[②]

第二，从帝国或王朝兴衰的角度来看，维柯既肯定了对外防御战争的积极作用，也鲜明地表达了这一思想：王朝或帝国的创建离不开武力，而要保持长治久安、传诸久远，则离不开法律的作用。“凡是政体都是先凭兵力产生，然后（在和平时）凭法律安定下来的。由这两项人类制度产生出它们的永恒特性：通过战争，各族人民才能在和平中安全地生活。”[③] 这颇类于中国“马上得之，《诗》《书》治之”、“逆取顺守”的思想。正如维柯早在“第五演讲”已指出的：“我们从来没有看到过哪个君主国是在和平中创建起来的，总是要通过战争和军队。”进一步来看，即使以国家的创建来看，这一过程所需的武力，也离不开文教的支撑。鉴前世之兴衰，“无论和平的还是战争的制度，即使是最好的制度，如果缺乏极为精深的文化教养，那就不能赢得战争的伟大荣耀，也不能创建真正的君主国”[④]。维柯在“第五演讲”中及后来在《维柯自传》中就此所撰的摘要中认为，迦勒底、希腊、罗马、提奥多鲁克时代的意大利、日耳曼帝国、土耳其、阿拉伯帝国、基督教世界、中国等，莫不如此。[⑤]

第三，具体到罗马，从蕞尔小邦逐渐成为世界性帝国，武力征服之外尚有深层的原因。维柯的论述有三点值得特别注意。其一，将罗马的成功与其政治体制结合起来考察，意识到阶段性先进与地中海世界霸权的转移关联。“罗马征服了拉丁地区的其他城市，接着又征服了意大利，最后征服了全世界，因为在罗马人中间，英雄体制还很年轻，而拉丁地区其他各

---

① 〔意〕维柯：《新科学》，朱光潜译，79。

② 〔意〕维柯：《新科学》，朱光潜译，158。

③ 〔意〕维柯：《新科学》，朱光潜译，25。

④ 〔意〕维柯：《让我们用文教使武功更荣耀，使帝国更强盛》，《大学开学典礼演讲集：维柯论人文教育》，第73页。

⑤ 〔意〕维柯：《维柯自传》，载《新科学》，朱光潜译，附录。

民族中，英雄体制已在开始没落，对他们的征服就造成了罗马的强大。”①也就是说，早期罗马的强大是落后野蛮者征服先进部族的结果。“贵族政体是凭武力征服来奠定的。但是到了后来可耻的杂交乱占已停止了，各族人民的疆界也已划定好了，就出现了民众政体，而民众政体就为帝国的扩张作了准备，最后就出现君主独裁政体，这种政体对帝国的扩张甚至更有效。”② 这一认识，指明了政体与帝国扩张的关系，又暗含着先进战胜落后的意思。下面这句话将后一层意思说得更明白：“正是对虔敬的关心和对宗教的依附就把民政最高权移交给人民了。在这方面罗马人民在全世界中比其他各族人民都先走了一大步。因此，罗马人就变成当时世界各族人民的主子。”③ 罗马能征服他族，正得益于它的阶段性先进。其二，罗马的战争艺术也是文教的结果。具体而言，善于学习、集体协作、结盟、有伟大的统帅皆有贡献。他们善于学习，如起初“他们也不知道军事战略是什么，等到他们观察到迦太基人运用它时，就把军事战略称为迦太基技艺”④。他们具有集体主义精神，也擅长结盟，维柯提出了这样一个问题：曾令罗马战栗的迦太基，“曾是许多民族的母亲，是一个最强大最好战的国家……为什么没有能团结起它的各族人民而在塔加斯河岸上建立起一个世界帝国呢”？他的答案就是他们“只有在全国一部分接着一部分被征服之后才认识到她的力量”。同样的问题也发生在不列颠，他引用塔西佗的评述（“通过单个地作战，他们让自己集体地被征服”⑤）说明这一教训。至于伟大统帅，值得学习的如西庇阿大帝将“民政智慧和军事英勇很好地结合在一起，使罗马在迦太基的废墟上建立起当时的世界帝国”，“亚历山大之所以成为大帝，因为他在阅读荷马史诗时受到了阿喀琉斯的激励，并把他自己塑造成和他一样伟大。恺撒则要和亚历山大在统帅的德性和荣誉方面一竞高下，因为他在阅读亚历山大大帝的历史事迹时受到激发，意欲与此类最伟大的统帅比肩并列。所以我们可以很有道理地把亚历山大大帝和恺撒大帝都归功于荷马，也就是说归功于文学艺术”。⑥ 其三，从罗马能

① 〔意〕维柯：《新科学》，朱光潜译，160。
② 〔意〕维柯：《新科学》，朱光潜译，982。
③ 〔意〕维柯：《新科学》，朱光潜译，1101。
④ 〔意〕维柯：《新科学》，朱光潜译，769。
⑤ 〔意〕维柯：《新科学》，朱光潜译，643、644。
⑥ 〔意〕维柯：《让我们用文教使武功更荣耀，使帝国更强盛》，《大学开学典礼演讲集：维柯论人文教育》，第73页。

持续扩张、长久存续的一面讲，则得益于其法律制度，尤其是公民权的扩大。维柯注意到，罗马的统治区域随着征服而扩张，他们根据时间先后等因素采用了区别对待的治理策略。后来，“罗马人原先用来管理各行省的那种英雄时代法律就被放弃了，因为独裁君主们希望把帝国所有的臣民都根据他们自己制定的法律变成一律平等”①。这也就意味着通过法律让他们享有完全的公民权，逐步建立起对帝国的认同，自然有利于国家的稳定。

第四，在罗马的成功案例之外，有其他帝国的经验可以参照，也有其对手失败的教训值得借鉴。经验，要而言之，无非就是文教与武功的统一。至于教训，则是文教与武功的分离，实例之一即斯巴达。斯巴达在“战争上的辉煌业绩”常为后世所称誉，而在维柯看来，他们达致这一目标的制度和训练手段实不足称道。

> 强者是通过经验和法律的强制，才赢得真正的刚强之赞誉的呢？然而你们从斯巴达人的这些制度上是否看到，如果一个国家不是建立在文教的基础上，又想获得战争的荣耀，就需要怎样的残酷和野蛮？你们是否看到，这种国家在重大决策方面，使将士们精锐能干的不是人的高贵本性，而是人的丑陋本性？至于斯巴达王国统治之长久和疆域之广大，我就不说了，当他还是希腊半岛上一个小国的时候，确实维持了很长时间；然而在伯罗奔尼撒战争中，在雅典人战败之后没有多少年，斯巴达王国的一切荣耀就和克莱门农一起陨落了。②

斯巴达的武功建立在残忍的训练和以人的丑陋本性驱动的基础之上，这是不健康的尚武；这种武功只能维持小国的存续，一旦疆域扩大则难以支撑国家的长久，与罗马适成对照。

维柯基于历史哲学的考察表明，暴力与战争在人类社会的历史进程中具有不容忽视的作用，这种作用既有积极正面的推动作用，也有残酷野蛮的消极作用。被征服者的悲惨结局也一再向他提出这一问题：如何创建武功强盛的民族与国家并得以长存？他的回答是明确的，国家的创建离不开有智慧的武功，而国家的长盛不衰也需要武功与文教的相辅相成。

---

① 〔意〕维柯：《新科学》，朱光潜译，640、1023。

② 〔意〕维柯：《让我们用文教使武功更荣耀，使帝国更强盛》，《大学开学典礼演讲集：维柯论人文教育》，第68页。

四 怎样以文教增益军事智慧

第一，基于公共的善与人类整体利益，需要以文教统领武功。

从价值权重来讲，在文教与武功之间，维柯的天平无疑是倾斜于文教一端的。这表现在如下三个方面。其一，尽管战争带给人类的痛苦已经无以复加，然而尚不及愚人的精神不自由所加之于自己的痛苦。他说："战争带来的灾难、丑恶以及破坏是无比巨大和无比痛苦的，所以任何人即便拥有坚强刚毅的精神，只要想象到那些场景，也会悲痛而惊恐地极力逃避。但谁如果拨开错误的迷云，让真理的太阳之光照亮他的思想，并将这种悲惨和向自己开战的愚人给自己所带来的悲惨相比的话，只要他稍能感知，他就会承认，后者远比前者尤以为甚。"① 其二，在身体素质的锻炼上，学问研究远远不如军旅生活，而从精神的角度看，审慎智慧的功能则远过肢体发达。维柯举例类比："在一切方面都慵懒笨拙的恋人，在女主人的命令下，就能变成无比刚强的士兵，甚至成为审慎智慧的将军；那么请想一想，爱慕德性的智者将能做到什么呢？"② 其三，政权应该兼具身体和心灵两部分。心灵即"哲人阶层"，身体和心灵的关系是："如果没有一个哲人阶层，各种政权也可以有一些政体的外貌，但都是死的无灵魂的躯体。那里也有身体，由头和四肢组成"；"某一部分人须运用心灵来担任民政哲理方面的任务，另一部分人运用身体来担任和平和战争时期都需要的商业和工艺"；"心灵永远应发号施令，身体应经常服从"③。维柯还说："城邦的公民权仅仅对上帝和智者来说是共同的；人们享有这种共同权利不是靠君主特权，不是靠子嗣继承，不是靠运气，不是靠军队武力，而是要靠智慧"；"在愚人被剥夺了无数巨大的财富之后，他又被剥夺了自由以及正义的战争权利；我要说，这种自由不是通常所说的由主人用杆杖或者帽子来授予奴隶，而是要由智慧来予以解放"④。无论是从个人还是从政权

① 〔意〕维柯：《用德性和智慧塑造我们的精神》，《大学开学典礼演讲集：维柯论人文教育》，第21页。

② 〔意〕维柯：《让我们用文教使武功更荣耀，使帝国更强盛》，《大学开学典礼演讲集：维柯论人文教育》，第66页。

③ 〔意〕维柯：《新科学》，朱光潜译，630。

④ 〔意〕维柯：《用德性和智慧塑造我们的精神》，《大学开学典礼演讲集：维柯论人文教育》，第25、27页。

整体来讲，智慧都有较之于身体、武功、战争的优先性。

但是，这并非意味着维柯重文轻武。相反，他还尝试从理论上回答为何应该文武并重：问题的关键“并不在于智者本身是否应该是士兵，而是在于在哪个国家里智慧拥有最高的荣耀，那么在这个国家里战争和统治也会拥有同样的光荣”[①]。也就是说，二者应该相伴相生并统一于国家统一体中：真正重视智慧的国度，也必然是重视战争的荣耀，也就意味着不存在重文轻武的可能。首要的工作就是要在国民中培养这种意识，这正是他面对学生演讲的目的和价值所在。

历史事实已告诉我们，民族与国家不可一日无武备，人类整体也离不开正义战争，因而以文教培养与统驭战争智慧就尤为重要了。

第二，统帅的军事智慧应当是精神德性与心灵德性的统一。

维柯这样理解智慧：“人作为人，在他所特有的存在中是由心灵和精气构成的；或则毋宁说，是由理智和意志构成的。智慧的功能就在于完成或实现人的这两个部分。第二部分（意志）要运用第一部分（理智），其目的是在使精气凭借一种由对最高制度的认识所照亮的心灵，可以指引人去选择最好的事去做。宇宙中一些最高明的制度引导人转向天神而且常和天神交结；最好的制度都谋求全人类的善。”[②] 因而，他所理解的军事智慧的价值前提是基于善与正义立场的使命感与责任感，而非野蛮战争发动者的精神败坏、贪得无厌。要成为一个伟大的、以人类整体利益优先的、具有审慎智慧的将军，维柯认为必须具有如下素养。

就精神的德性而言：

> 其一是正义，即任何战争必须有正当的原因；其二是节制，以便懂得愤怒和宽恕；其三是克制，即对战败者的消灭仅仅限于消灭其侵犯能力；其四是宽厚，他应爱惜生命而不是草菅人命，在士兵中他平易近人，在被平定者中他宁人无害，在敌人面前也讲求诚信。这就是智慧给一个伟大的军事将领所带来的各种精神的德性，以使他们获取战争的最高荣耀。[③]

---

① 〔意〕维柯：《让我们用文教使武功更荣耀，使帝国更强盛》，《大学开学典礼演讲集：维柯论人文教育》，第67页。

② 〔意〕维柯：《新科学》，朱光潜译，364。

③ 〔意〕维柯：《让我们用文教使武功更荣耀，使帝国更强盛》，《大学开学典礼演讲集：维柯论人文教育》，第70页。

第一点体现了维柯的正义战争原则，第二、第三点是自卫与适度原则，第四点则是人道主义原则，它们的对立面便是“侵略、屠杀和蹂躏”，“贪婪和纵欲”。在维柯中晚期所撰的论〈普遍法〉概要》中，从人性的角度对人的德性有相应的阐述，[①] 有助于我们更好地理解这些品质对于军事将领的重要性。

就心灵的德性而言：

> 辩证法使他在判断中谨慎小心，以免轻率鲁莽，闭着眼睛落入敌人的陷阱；几何学教授他安营扎寨之方、行军布阵之术，教授他随时根据情况的变化变换他的队形，时而钝角，时而锐角，时而变为方形，时而又变为楔形。数学可以根据敌人所占据的方位推测出敌人的方略；光学可以从远处观察敌军工事的高度和距离远近；建筑学可以帮助建造拱门、加固城墙、修筑堡垒、挖掘沟堑；机械学可以帮助创造战争武器，伦理学可以帮助了解民风习俗。精研历史故事对他也会极为有用，使他可以明了兴亡进退。雄辩术对他也将会有所助益，能帮他激励迟钝懒惰者奔赴沙场，能鼓舞因形势不利而萎靡不振的士气，能遏制因胜利而产生的得意忘形。最后，至于自然科学在多大程度上有用，一些将军的战例给我们做了肯定的答复，当他们的军队因为日食或月食而颤栗恐慌的时候，他们能通过其中原因的解释，使他们士气更振。[②]

维柯的要求囊括了从自然科学到人文伦理学的方方面面，敏锐地看到了它们对于军事力量建设的作用。值得注意的是他将精研历史故事也放在这一层次。追踪近代学科的分化与发展，他并非泛泛而谈，第七次演讲（1708）的主题即是《论我们时代的研究方法》。其中便谈到几何与算数对于布阵和战争艺术的孕育：“罗马人的布阵和战争艺术要优越于希腊人的，

---

① “德性可以分为三个要素：审慎，节制和刚毅，它们分别调节人的三个方面：审慎调节人的理解力，节制调节人的意志，刚毅调节人的强力；当人的理性为意志所拥抱，并与贪婪作斗争的时候，他就是德性；当这种德性制衡诸种用益之时，他也就是正义。进而从德性的这三个方面又生出三种法或者理性：统治、自由和保障。从审慎生出统治，而审慎就是对用益的安排；从节制或者说对自我及其所有物的意志进行调制，产生出自由；从刚毅，亦即受到调制的力量，诞生出保障。”（〔意〕维柯：《论一切知识的原则和目的》之《论〈普遍法〉概要》，《大学开学典礼演讲集：维柯论人文教育》，第 165 页）

② 〔意〕维柯：《让我们用文教使武功更荣耀，使帝国更强盛》，《大学开学典礼演讲集：维柯论人文教育》，第 71 页。

比马其顿的方阵也较超前；而这无非是几何和算数的女儿。”[①]

简而言之，智慧在两个层面塑造伟大将领，精神的德性与心灵的德性须合而为一、一体兼备。这正是雅典人将智慧女神与守护神看作同一个神的原因。当然，维柯并非求全于一人。他“并不是奢望在一个伟大的将军身上发现所有的这些德性，而是说，在这个伟大的将军的国家中，即使这些德性并没有在他身上起统治作用，当然这样最好，也应在需要的时候能够为他所用”[②]。其基本精神是要以人道的标准与格局，为应对可能到来的战争培养统帅和武装力量。

第三，随着生产力的发展与科学技术的进步，武器与战略战术也相应变化，各民族只有不断创新或积极学习，才能应对军事变革。

维柯对于战争武器随着科技进步而革新有清醒的认识。对于古代的战争武器，进攻性的如从简单的木棍、木矛到铁器的演变，防御性的如城池、盾牌等，他皆有简明的历史考察。尤为可贵的是，他对二者的矛盾性质有如下的界定：“这种武器的发明根据一种正确的筋力观念，矛是手膀的延长，这样就用这方面身体来抵挡对方身体的侵害，至于紧贴身的盾无宁说是属于胸脯的。”[③] 随着人类生产力与生产技术的进步，具有代差的先进的武器装备必将取代过时落后者。维柯指出：“有人说，古人之所以没能发现新大陆，与其说是他们没有指南针，更不如说是因为他们的船舰没有在大洋上航行的能力，这并不是毫无道理的。同样，关于古代船舰的判断也可应用于德米特里乌斯·波利切特（Demetrii Poliorcetis）的巨型武器以及古代其他的战争武器。”[④] 意译注指出这句话的暗含的意思是：即使是德米特里乌斯，“也不能以他的巨型复杂武器抵挡火器”[⑤]。维柯的话不由得让我们想起了恩格斯的著名论断：“以前一直攻不破的贵族城堡的石墙

---

① 〔意〕维柯：《论一切知识的原则和目的》之《论〈普遍法〉概要》，《大学开学典礼演讲集：维柯论人文教育》，第 169 页

② 〔意〕维柯：《让我们用文教使武功更荣耀，使帝国更强盛》，《大学开学典礼演讲集：维柯论人文教育》，第 71 ~ 72 页。

③ 〔意〕维柯：《新科学》，朱光潜译，562 ~ 564。

④ 〔意〕维柯：《论我们时代的研究方法》，《大学开学典礼演讲集：维柯论人文教育》，第 109 页。德米特里乌斯·波利切特（前 336 ~ 前 283 年），马其顿国王。擅长涉设计和发明有效的战争武器，攻城甚多，其中就包括雅典。因此之故，他被称为波利切特（Poliorcete），希腊语的意思就是破城者。

⑤ 〔意〕维柯：《论我们时代的研究方法》，《大学开学典礼演讲集：维柯论人文教育》，第 152 页注释 91。

抵不住市民的大炮，市民的子弹射穿了骑士的盔甲。贵族的统治跟身穿铠甲的贵族骑兵同归于尽了。随着资本主义的发展，新的精锐的火炮在欧洲的工厂中制造出来，装备着威力强大的舰队，去征服新的殖民地。”①

由于科技的持续进步，不断地学习以更新战争艺术与技术装备就显得非常必要且紧迫了。维柯指出：“世界直到现在还很年轻。虽然在不到七百年的时间里，野蛮统治达四百年之久，但什么新东西没被创造呢？有什么新技术，有什么新科学没被发现呢？……新的战争艺术，新的建筑学，书籍印刷之便利使得书籍如此便宜，以至于量多为患。从这个角度看来，人类的创造力和天赋怎么可能一下子消耗殆尽，以至于绝望地说不可能再创造出同样伟大的东西呢？”② 因而，在不能自创革新的情况下，学习新科学与引进新战法便至关重要，土耳其帝国得以立于四战之地，正得益于“曾经一度文教兴盛的阿拉伯人向他们传授了优秀的军事制度”，以及欧洲“新型的战争武器以及攻城略地的新型技术流入”③。成功者如此，失败者则如彼：

> 一旦他们受到为他们所不知的先进战争手段的攻击，毫无疑问，他们势必崩溃。所有这些统治政权就是这样，他们一旦受到敌人陌生的布阵艺术或者新型的战争器械的挑战，由于他们的文教不允许他们模仿敌人，或者用其他方法巧妙地胜过敌人，最后只能走向毁灭。④

维柯的如上论述实际上提出了如何在世界军事变革、技术发展中生存下去的问题。一旦盲目固守、应对失败，其结果可想而知。回想中国历史的近代历程，我们对于这些具有前瞻性的警示当有切身体会。

既然如此，那么一旦敌我视角转换，为了应对民族间、国家间、文明间的竞争，文教与军事智慧不外泄以维持己方的优势地位就颇为必要了。⑤

---

① 〔德〕恩格斯：《反杜林论》，《马克思恩格斯文集》第9卷，中共中央马克思恩格斯列宁斯大林著作编译局编译，人民出版社，2009，第174页。

② 〔意〕维柯：《论英雄心灵》，《大学开学典礼演讲集：维柯论人文教育》，第218~219页。

③ 〔意〕维柯：《让我们用文教使武功更荣耀，使帝国更强盛》，《大学开学典礼演讲集：维柯论人文教育》，第69页。

④ 〔意〕维柯：《让我们用文教使武功更荣耀，使帝国更强盛》，《大学开学典礼演讲集：维柯论人文教育》，第72页。

⑤ 〔意〕维柯：《维柯自传》，《新科学》，朱光潜译，附录；又，参见〔意〕维柯《让我们用文教使武功更荣耀，使帝国更强盛》，《大学开学典礼演讲集：维柯论人文教育》，第64、69页。

中国古代史学研究

北宋元丰官制著作局的职事官转型

——兼对《石林燕语》《全宋文》两处标点予以勘误

贾鸿源

（复旦大学历史地理研究中心，上海　200433）

摘　要： 北宋元丰官制既有机构省并，也有职官制度调整，因此，可将职官制度引入对北宋修史机构改革的分析视角当中。元丰官制废史馆入秘书省国史案，著作局不仅从此掌握修纂日历之权，还标志着其自身官制开始由寄禄官转为职事官。元丰改制直接将史馆与著作局对接，除却废除秘书省寄禄官因素以外，应当也注意到前朝著作局、史馆二者依次作为国家修史主要机构的制度史背景。著作局的专修日历职司，在改制初期经历了从秘书省中渐次独立的过程，而通过剖析著作局与秘书省、新的国史实录院之整体关系，元丰官制修史机构以及制度与北宋以往传统之间的背离由此得以凸显，因此，元丰官制著作局掌修日历在北宋史学史中之地位值得重视。

关键词： 元丰官制　著作局　职事官　史馆　国史案

北宋神宗元丰五年（1082），作为原修史主管机构的史馆，被归入秘书省著作局。学界对于此一事件已有相应关注，但主要是从北宋修史机构变迁的传统视角出发，并未将之与元丰官制馆阁、秘书省职官制度变迁的宏观政治背景充分结合。元丰官制将史馆归著作局，史馆如何在官职、职司方面融入秘书省著作局，以及著作局因这一承袭背景，与秘书省、新的国史实录修撰机构之间的职司关系等，目前亦未见学界有较系统之论述。以下试以元丰官制的著作局为中心，就上述诸问题展开讨论，悖谬之处，请方家不吝赐教。

一 问题缘起：以史馆省并之标点分歧为引

北宋神宗元丰五年（1082）改革原史馆制度事，叶梦得《石林燕语》以及程俱《北山小集》皆有不同程度的记载。然目前所见二书诸版本对此事相应文字之标点，却存在谬误，曲解了改革之原意。

商务印书馆1941年点校本《石林燕语》[①]，关于史馆改革事，作如下标点：

> 元丰官制行，左右史所书如旧，各为厅于两后省，史馆归之。著作局、国史院有故，则置假左散骑常侍厅为之，而后始以宰相监修。

相同之句读，又见诸三秦出版社2004年与上海古籍出版社2012年点校本《石林燕语》[②]、天津古籍出版社《四库全书·子部精要》[③]《中国历代职官别名大辞典》[④]等。

与上述版本相对立，台北新文丰出版公司[⑤]、中华书局1985年第一版《石林燕语辨》[⑥]、今人徐规先生《仰素集·〈石林燕语〉订误》[⑦]，相应文字则作如下标点：

> 元丰官制行，左右史所书如旧，各为厅于两后省，史馆归之著作局。国史院有故则置，假左散骑常侍厅为之，而后始以宰相监修。

可见此时“史馆归之著作局”单独成句，至于如此句读之依据，唯徐规先生《仰素集》提供了一种解释，“盖这里的‘著作局’即指秘书省，

① （宋）叶梦得撰《石林燕语》卷2，商务印书馆，1941，第17页。

② （宋）叶梦得撰，田松青、徐时仪校点《石林燕语·避暑录话》，上海古籍出版社，2012，第22页；（宋）叶梦得著，李欣校注《石林燕语》卷2，三秦出版社，2004，第37页。

③ 金沛霖主编《四库全书·子部精要》中册，天津古籍出版社，第1037页。

④ 龚延明：《中国历代职官别名大辞典》，上海辞书出版社，2006，第312页；龚延明：《宋代中书省机构及其演变考述》，载氏著《中国古代制度史研究》，浙江大学出版社，2013年，第141页。

⑤ 台北新文丰出版公司编辑部编《丛书集成新编》卷11《总类、考据》，新文丰出版公司，1986，第654页。

⑥ （宋）汪应辰辨，叶梦得撰《石林燕语辨》，中华书局，1985，第18页。

⑦ 徐规：《仰素集》，杭州大学出版社，1999，第698页。

元丰官制行，史馆属于秘书省”。①

南宋程俱《北山小集》“四月纳相府札子”条，也提及元丰官制史馆改革事，《全宋文》在收录时，进行了如下标点处理：

> 祖宗之时，天下有大功伐、祥瑞、忠节义士，凡所应书之事，皆宣付史馆。元丰更修官制，于是史馆并入秘书省，置国史案，以史馆修撰置著作郎以直史馆，置著作佐郎专修日历，是为史官，盖古之南史董狐与太史公之任也。②

照此断句，则所谓著作佐郎“专修日历”、著作郎“以直史馆”，乃元丰改制后之新情况。

然而核诸文献可知：对于《石林燕语》，徐规先生虽然纠正先前诸版本标点之讹谬，但其所陈述之依据“著作局即指秘书省”，尚未言中问题要害且观点略有偏颇；《全宋文》对于《北山小集》之标点，著作佐郎“专修日历”、著作郎“以直史馆”，二说亦皆与北宋元丰五年（1082）相应史实相悖。

有鉴于此，且不妨先将二书之正确句读暂列于下，其与北宋元丰官制时期著作局之内在关联，容下文细辨之：

> 《石林燕语》，“元丰官制行，左右史所书如旧，各为厅于两后省，史馆归之著作局。国史院有故则置，假左散骑常侍厅为之，而后始以宰相监修”。
>
> 《北山小集》，“元丰更修官制，于是史馆并入秘书省，置国史案，以史馆修撰置著作郎，以直史馆置著作佐郎，专修日历，是为史官，盖古之南史董狐与太史公之任也”。

二　元丰官制史馆与秘书省的职官变动

元丰官制既有机构省并，也有官制调整，值得注意的是，秘书省与此

① 徐规：《仰素集》，杭州大学出版社，1999，第698页。

② 曾枣庄、刘琳主编《全宋文》第155册，卷3334《程俱 一一》，上海辞书出版社，2006，第222～223页。按：《全宋文》所收程俱《北山小集》，原书系以四部丛刊续编本为底本，校以道光五年袁氏贞节堂抄本、吴之振跋清抄本、明施介夫辑本、清文渊阁四库全书本，详参同书卷3324《程俱 一》，第1页。

二者皆有关涉。以往学者多倾向于将元丰官制史馆并入秘书省事，置于北宋修史机构沿革脉络中进行解读，恰相对忽视史馆并入秘书省与秘书省官职职事官转型这两者之间的紧密联系。

1. 改制前夕史馆、秘书省概况

北宋立国之初，修史制度系以史馆为中心，所谓“史馆掌修撰国史、实录之事，其属有日历所”①，“掌修国史日历及典图籍之事”② 是也，史馆主要职官，由上至下，主要有史馆主判、史馆修撰、直史馆、史馆检讨等。③ 又因修国史、实录实际乃临时命官置局，所以史馆的常设职能之一，就是修纂日历，自北宋初直至编修院设立之前，史馆主判、史馆修撰、直史馆等，皆不同程度地参与修纂日历事，如《宋会要辑稿》职官，“故事，史馆每月撰日历，皆判馆与修撰官、直馆官分季撰录，藏于本馆。国初循旧制，皆修撰官、直馆官分季修纂，其后止修撰官及判馆撰次焉”。④

及至宋仁宗朝设立编修院⑤，日历修纂权被析归编修院，宋敏求《春明退朝录》，“本朝三馆合一，并在崇文院中。……史馆，领日历局，置修撰二员，宰相为监修。自置编修院，以修撰一人主之，而日历等书，皆析归编修院”。⑥ 又据《宋史·职官志》，此时的编修院，其地位实际已与之前的史馆相当，“专掌国史、实录，修纂日历”⑦，所以此时之史馆，修史职司全罢，成为图书编校与贮藏机构。

宋神宗元丰四年（1081）十一月，修史机构再次调整，废编修院归史馆⑧，因此，在元丰五年（1082）新官制推行前夕，史馆已然恢复宋初之修史权限。

北宋元丰官制推行之前，史馆与秘书省二者的职官性质差别显著。宋

---

① （宋）李焘撰《续资治通鉴长编》卷350，神宗元丰七年（1084）十一月己亥条，中华书局，1990，第8382页。

② （宋）程俱撰《麟台故事》卷1《官联》，中华书局，1991，第1页。

③ （宋）程俱撰《麟台故事》卷1《官联》，中华书局，1991，第1页。

④ （清）徐松辑，刘琳等校点《宋会要辑稿》《职官一八·修撰》，上海古籍出版社，2014年，第3526～3527页。

⑤ 按：学界对于编修院始设时间尚有分歧，蔡崇榜先生认为编修院设立于宋仁宗初期，详参氏著《宋代修史制度研究》，文津出版社，1993，第57～58页。王盛恩先生则认为当在宋真宗大中祥符年间，详参《北宋编修院初探》，《中州学刊》2009年第2期。因此问题并不与行文直接冲突，故此处暂定于宋仁宗朝。

⑥ （宋）宋敏求撰《春明退朝录》中卷，中华书局，1997，第25页。

⑦ （元）脱脱等撰《宋史》卷164《职官四·秘书省》，中华书局，1977，第3877页。

⑧ （元）脱脱等撰《宋史》卷164《职官四·秘书省》，中华书局，1977，第3877页。

初馆阁制度中，直馆、直阁等称为馆职，乃职事官，而秘书省的职官制度中，相应官职皆为寄禄官，如《文献通考》太宗淳化元年（1990）诏，“秘阁次三馆，秘书省仍隶京百司，时秘书虽有监、少监，丞，郎，校书郎，正字，著作郎、佐，皆以为寄禄官，常带出入。郎官至秘书监，有特令供职者，有以他官兼领者，有以判秘阁官兼判者”。[①] 正因这一情况，此时秘书省全无修史职司，亦不负责藏书，仅掌祭祀祝文事，程俱《麟台故事》即指出，太宗淳化元年之秘书省，“所掌祠祭祝版而已，书籍实在三馆秘阁，而所谓职官者，犹今寄禄官耳，则虽无书籍可也”。[②] 史馆与秘书省的官职性质差异，如《续资治通鉴长编》真宗咸平四年（1001）六月，韩援由原“兵部郎中史馆修撰”，出任“秘书少监知洛阳县”，事情原委乃韩援“擢置史馆才数月，自以年迫迟暮，乞知西京赤县”[③]，韩氏史馆修撰、秘书少监前后二职之虚实，无须赘言。

正是在上述机构沿革、职官制度的基础上，元丰五年（1082），新官制推行。史馆于此时并入秘书省，诚然这是改革的外部举措之一，但是其蕴含的更深层的政治背景，是罢三馆职事归秘书省。

2. 罢馆职归秘书省

前已言及，元丰官制之前，史馆已然恢复宋初兼掌国史、实录、修纂日历之权。伴随元丰官制罢馆职归秘书省，作为北宋秘书省前身崇文院中三馆之一的史馆，其自身机构并入秘书省的过程，也自然是其现有职司散入秘书省的过程，此二者一表一里、相辅相成。

关于元丰官制罢馆职归秘书省，叶梦得《石林燕语》云，“国朝以史馆、昭文馆、集贤院为三馆，皆寓崇文院，……直馆、直院谓之‘馆职’，以他官兼者谓之‘贴职’。……（元丰）官制行，废崇文院为秘书监，建秘阁于中，自少监至正字，列为职事官，罢直馆、直院之名，而书库仍在”。[④] 然而叶氏尚未将馆阁与秘书省职官的前后关系彻底点透，相比之下，《文献通考》则讲得更为直白，“凡邦国经籍图书悉归秘阁，而秘书所掌，常祭祀祝版而已。元丰正名，以崇文院为秘书省，既罢馆职，尽以三

---

① （元）马端临撰《文献通考》卷56《职官考十·秘书监》，中华书局，1986，第510页。

② （宋）程俱撰《麟台故事》卷1《官联》，中华书局，1991，第4页。

③ （宋）李焘撰《续资治通鉴长编》卷49，真宗咸平四年（1001）六月癸丑条，中华书局，1990，第1064页。

④ （宋）叶梦得撰，侯忠义点校《石林燕语》卷6，中华书局，1984，第93页。

馆职事归秘书省，置秘书省职事官”。[①] 不仅废崇文院为秘书省，而且崇文院馆阁所有馆职，被秘书省继承以置职事官。

如此可知，元丰官制罢废原三馆秘阁馆职，并非废止，而是将其直接散入秘书省原寄禄官系统，从而实现后者由寄禄官向职事官的转型，使秘书省在官制与职司方面真正名副其实。

秘书省的这一官职性质与职司演变，在《宋史·职官志》中得到了较完整的记载，如秘书省长贰监、少监以及秘书丞，此时“（秘书）监掌古今经籍图书、国史实录、天文历数之事，少监为之贰，而丞参领之”，秘书监掌国史、实录[②]，当来自原史馆。日历原归史馆中的修撰、直史馆等官员负责修纂，此时“隶秘书省，以著作郎、著作佐郎掌之”，可知前揭《全宋文》标点《北山小集》日历为著作佐郎专掌说有误，且元丰官制既罢史馆馆职，故再令著作郎“以直史馆”亦有违史实，因此事实应该是依据原史馆职官系统，以史馆修撰置著作郎，以直史馆置著作佐郎，著作郎与著作佐郎，因改制后专门掌修日历，故也被称为“著作局”。史馆既无掌国史实录、修纂日历之权，实质如《石林燕语》所云仅余书库，故改制后秘书郎“掌集贤院、史馆、昭文馆、秘阁图籍”，一反《麟台故事》所云昔日秘书省郎官由判秘阁官兼判之局面。秘书省既已继承三馆秘阁图籍，所以校书郎、正字等开始“掌校雠典籍、判正讹谬”。[③] 也由此可见，《宋史·职官志》对秘书省职司的限定，乃总体依照元丰官制而来。殆未深究此点，以致学者或误将《职官志》所载，直接视为宋初制度。[④]

因此，以元丰官制罢馆职归秘书省为线索，重新考量史馆并入秘书省著作局这一事件，可以在以往的修史机构置废沿革以外，较深入地观察到此举背后改革原秘书省寄禄官系统的政治意图以及史馆原有职司在秘书省内部的“再分配”过程。

三　著作局的职司定位

经上述分析，已知元丰官制史馆日历所归秘书省著作局，二者官职与

---

① （元）马端临撰《文献通考》卷56《职官考十·秘书监》，中华书局，1986，第510页。

② 按：此处秘书监“掌国史、实录”，并非对于国史、实录有实质上的修撰权力，而是体现在对国史、实录的收掌方面，详见后文分析。

③ （元）脱脱等撰《宋史》卷164《职官四·秘书省》，中华书局，1977，第3873页。

④ 按：谢保成先生即援引《宋史·职官四》，将著作局掌修日历时间定在宋太祖时期，当可商榷，详参氏著《增订中国史学史（中唐至清中期）》上，商务印书馆，2016，第85页。

职能前后沿袭，而后者由此成为职事官，这一事实已可确认。然而问题在于，元丰官制为何要以著作局作为原史馆主要官职与日历职司的继承者？并且，著作局既然含有昔日史馆功能，那么其与新的统属机构秘书省、新的国史实录修撰机构之间，在职司关系层面是否也有新的特征？这两个方面，或值得再做进一步的探讨。

1. 著作局复兴的制度史背景

元丰官制史馆与著作局间联系紧密，故前文《石林燕语》叶梦得径称改制以“史馆归之著作局”，而洪迈《容斋随笔》“史馆玉牒所”条，其实透露出更为重要的讯息：

> 国朝熙宁以前，秘书省无著作局，故置史馆，设修撰、直馆之职。元丰官制行，有秘书官，则其职归于监、少及著作郎、佐矣。而绍兴中复置史馆修撰、检讨，是与本省为二也。宗正寺修玉牒官亦然，官制既行，其职归于卿、丞矣。而绍兴中复差侍从为修牒，又以他官兼检讨，是与本寺为二也。然则今有户部，可别置三司，有吏、刑部，可别置审官、审刑院矣。①

引文中再次展现了元丰官制史馆职官散入秘书省之事，然而对于这一改革的意义与影响，学界之解读，或可商榷。如瞿林东先生认为，元丰官制后，秘书省置著作局，以著作郎、佐掌修日历，以秘书郎掌史馆，罢修撰、直馆之职，因“秘书郎并非专职史官”②，所以这一变化“实质上是削弱了修史机构的职能，直到南宋高宗绍兴年间，才重新恢复了史馆修撰、史馆检讨等史职”。③

显然，瞿先生将元丰官制以后秘书郎所掌三馆秘阁中之史馆，等同于改制前之史馆。然而元丰官制罢史馆入秘书省，如前文所述，并非机构的简单省并，而是修史职司的再次分配，所以改制后史馆之名虽存，但职司已被秘书省相应职官吸收与继承，并且据洪迈所述，秘书郎显然亦不在史

---

① （宋）洪迈撰、孔凡礼点校《容斋随笔》卷5《史馆玉牒所》，中华书局，2005，第72页。

② 按：瞿先生所言“秘书郎并非专职史官”，未见诸《容斋随笔》引文，忖其文意，应是据《宋史·职官志》秘书郎“掌集贤院、史馆、昭文馆、秘阁图籍”而言，显然已经脱离《容斋随笔》原文语境。

③ 瞿林东：《中国史学史纲》，北京出版社，1999，第35～36页。又见氏著《中国简明史学史》第3章《史官制度和修史机构》，上海人民出版社，2014，第110～111页。

馆原有职司认领之列。

所以，洪迈言中之意其实是赞同元丰官制后，废止史馆修撰、检讨二职的，改制使“史馆归之著作局”，原史馆职官已经被秘书省著作郎、佐所继承，所以南宋绍兴中复置史馆修撰、检讨，相对于秘书省，确切讲是本省的著作局而言，无异于叠床架屋，“是与本省为二也”。洪氏甚至微带戏谑语气，提出若仿照复置史馆职官例，则户部、吏部、刑部等亦应分别对应另设三司、审官院、审刑院，不难看出，洪氏所列职官，分别带有改制前寄禄官与职事官的职掌沿革史。

洪迈应是将著作局视为史馆原有职司的主要继承者，虽然其亦指出秘书省长贰也分掌有原史馆相应职司，但从洪氏开篇“国朝熙宁以前，秘书省无著作局，故置史馆”忖之，宋初因无著作局，故设史馆，二者地位显然曾属并列关系，大有非此即彼之意。

洪迈所言并非毫无根据，而应是参酌北宋之前历代修史机构沿革而论，因自晋代以来，以著作郎掌修国史，已渐为定制，且隋与唐初，亦以秘书省著作曹或著作局掌修国史，这一局面直至唐太宗贞观年间设史馆于门下省后，才发生改变，《旧唐书·职官二》，“历代史官，隶秘书省著作局，皆著作郎掌修国史。武德因隋旧制。贞观三年闰十二月，始移史馆于禁中，在门下省北，宰相监修国史，自是著作郎始罢史职”①。

然而北宋立国之初，对于修史机构，却并不存在两难的选择，在秘书省包括著作局职官皆为寄禄官的背景下，以史馆承担修史职责可谓符合实际。自元丰官制设秘书省职事官以至南宋，史馆、著作局之间开始有了置废、分合之争。此处洪迈可谓精准地概括出两宋时间跨度内，就修史工作而言，史馆与著作局，由北宋轮流而置，到南宋并列而存的渐趋重叠的发展历程。

注意到上述背景，可知元丰官制以秘书省著作局承接原史馆日历所，并非简单职事转交，而是有修史机构历史沿革方面的相应考虑：因元丰官制在以史馆归之著作局的同时，又规定遇修国史、实录，别置国史院与实录院②，国史实录修撰非常设，而日历作为他日修史之基础，属于修史常设职能，然元丰官制为置秘书省职事官，已然尽罢包括史馆在内的三馆秘阁馆职，且改制前夕旧时编修院制度亦被否定，所以此时日历的归属，寻

① （后晋）刘昫等撰《旧唐书》卷43《职官二》，中华书局，1975，第1852页。

② （宋）程俱撰《麟台故事》卷1《官联》，中华书局，1991，第2页。

诸前朝典故，仅余有著作局。值得注意的是，元丰官制虽以《唐六典》三省六部制为鹄的，但其以史馆归之秘书省著作局，已然与《唐六典》所书史馆隶于中书省之制度不同，但此举核诸上述北宋朝之实际，又有其合理的一面。

2. 与秘书省、国史实录院之职司关系

然而，元丰官制前夕之史馆，除修纂日历外，还恢复兼掌国史实录的权力，而秘书省著作局仅是对史馆原日历职司的完整继承，所以著作局之职司与以往史馆并不完全等同，就修史功能而论，这是北宋著作局与前代的鲜明差别。元丰官制后，就国史、实录而言，秘书省长贰与丞、国史院、实录院皆与之有不同程度的关联，而循前朝惯例本可代替史馆掌国史实录的著作局，此时仅领日历所，则著作局与上述职官以及机构之间的修史职司关系，颇值得再做考量。

（1）国史案与秘书监“掌国史实录”。元丰官制施行后，秘书省著作局掌修日历，但这一权限在改制初期实际并未完全独立，而是受到秘书省长贰秘书监、少监以及秘书丞的制约，虽然改革次年已经诏令“秘书省长贰毋得与著作修纂日历事”[①]，但及至元丰七年（1084）十一月己亥，著作佐郎邢恕仍奏请进一步明确著作局的日历修纂权力。著作佐郎邢恕言道：“官制：史馆掌修撰国史、实录之事，其属有日历所。比废编修院归史馆，又崇文院未罢日，史馆有主判官，昨以官制罢主判，则掌国史、实录、修纂日历、诸司关报、时政记并归秘书省国史案，长、贰、丞与著作同领签书，即难别有日历所。乞诸司关报但称秘书省勘会，日历长、贰、丞不与修纂，时政记、起居注并于著作所开拆，入库封锁。”诏自今后诸司关报文字并称秘书省国史案，时政记、日历事非编修官不与。[②]

可见，元丰五年官制推行直至七年，此一时段内，著作局修纂日历，包括用于日历修纂的原始档案，如诸司关报、时政记等的收掌，都受到秘书监、少监等插手，以致“别难有日历所”。邢恕奏请改易原来秘书省长贰对著作局所受诸司关报的“签书”之权，旨在削减秘书省长贰对日历事务的控制，但其新建议“秘书省勘会”仍以秘书省冠名，明显仍然顾及秘

① （宋）李焘撰《续资治通鉴长编》卷334，神宗元丰六年（1083）三月己卯条，中华书局，1990，第8031页。

② （宋）李焘撰《续资治通鉴长编》卷350，神宗元丰七年（1084）十一月己亥条，第8382页。

书省对著作局存在行政管辖关系的客观事实，然而诏书却令诸司关报日后以“秘书省国史案”为名，可见不仅邢恕之奏议得到认可，而且以国史案为中心的修史机构实际在秘书省行政系统中已经相对独立。

由上可知国史案也以日历事务为主，那么其与著作局属何种关系？对于国史案，学界或视之为正式设立国史院之前的“一个过渡性机构”[①]，或认为其乃“一个真正的专修日历机构”[②]。然依邢恕所云，除日历事务外，国史案还“掌国史、实录”，邢恕身为著作佐郎，对于国史案职司，当不致误记，如此，则国史案、著作局二者似乎不可完全对等。

因此，国史案应有狭义与广义两层概念。前者指日历所，系就修史职司而言，亦可称著作局、著作所[③]，系据修史职官制度而论[④]；后者则在著作局之外，又包含“掌国史实录”这一机构。依元丰官制，改革在将史馆并入著作局的同时，又规定“每修前朝国史实录，则别置国史实录院”[⑤]，且国史、实录皆由宰相提举[⑥]，他处置局，显然独立于国史案之外，所以设在秘书省内的国史案“掌国史实录”，明显不是就主持修撰国史与实录而言。

国史案“掌国史实录”，实际即《宋史·职官志》秘书省长贰与丞“掌国史实录”，主要是对国史实录有收掌之权。以哲宗元祐元年（1086）修《神宗实录》为例，是时宰臣蔡确奉差提举，“就门下后省东位权充修实录院”[⑦]，可见这一开实录院制度，不仅宰相提举，且他处置局，与秘书省长贰显然无甚关联，唯元祐五年《神宗实录》修撰进入尾声阶段，秘书省方被提及，《宋会要辑稿》此年十月尚书省上奏云，“神宗皇帝实录将

① 谢保成：《增订中国史学史》，商务印书馆，2016，第86页。

② 王盛恩：《宋代〈日历〉纂修考》，《史学史研究》2006年第2期。王记录主编《中国史学史》，大象出版社，2012，第141页。

③ 按：此据上文《续资治通鉴长编》元丰七年邢恕之奏折得知。

④ 按：此点文献多处可证，但举数例：（1）《麟台故事》元丰官制分秘书省为国史、太史、经籍、知杂四案，其中国史案“掌编修日历事”，详参（宋）程俱撰《麟台故事》卷2《职掌》，《全宋笔记》第2编9，大象出版社，2006，第238页；（2）徽宗宣和二年，“诏罢在京修书诸局，惟秘书省日历所系元丰国史案，除著作郎官专管修纂日历之事无定员外，其分案编修日历书库官吏，并依元丰法”，详参（元）脱脱等撰《宋史》卷164《职官四·秘书省》，第3877页。

⑤ （宋）程俱撰《麟台故事》卷1《官联》，中华书局，1991，第1~2页。

⑥ （宋）程俱撰《麟台故事》卷1《官联》，第2页。

⑦ （宋）李焘撰《续资治通鉴长编》卷366，哲宗元祐元年（1086）二月辛巳，中华书局，1990年，第8800页。

毕，文字并合严行收掌，若送本省，即恐别致散失"[①]，这里的本省，即指秘书省，《续资治通鉴长编》记此事即作“缘史事最为机密，付之秘书省未便”[②]。

关于《宋会要辑稿》尚书省奏折中“文字”所指，王盛恩先生认为，其不仅是实录，还有编修实录所据起居注、时政记等原始档案材料，依照制度，应该送归“修史机构掌管”，即应“送回秘书省保存”。[③] 这一见解十分正确，但或可稍做修正，即时政记、起居注等，据上所引邢恕奏折，当由著作局掌管，称之为“修史机构”可也，但对于实录，贮藏地点一般在秘阁，秘书监等虽有责令收掌之权，但其此时系以广义“国史案”一员之身份出现，故统称秘书省为“修史机构”略显不妥。

至此也可发现，若将《宋史·职官志》著作局掌日历、秘书监掌国史实录二者综合，恰与邢恕所列国史案之全部职司相吻合，如此，国史案与秘书监“掌国史实录”之原委，也就得以澄清。以往多有学者对秘书监“掌国史实录”事生发误解，如谢贵安先生认为，元丰改制后，秘书省有了“修史的职责”，国史案或置国史院，或置实录院[④]，实际并未细审国史案仅司日历以及国史实录别处置院所形成的二者间的分离关系。

由上可知，著作局狭义上实际即国史案，作为修史机构而言，在秘书省中相对独立，广义上的国史案虽也含有秘书监职掌成分，但只负责国史与实录收掌，对于日历修纂，且有明令禁止，故也构不成干扰。

（2）与国史的分离。上节已言及，元丰官制以史馆归之著作局外，明确规定日后修国史实录，别置国史实录院。对于这一举措，学界多数将之与改制以前临时设立国史、实录院，史毕即罢等而视之，此举恐有不妥。南宋秘书少监程俱撰述《麟台故事》，很大程度上即对北宋修史制度与机构沿革的系统总结，其对改制别设国史实录院的记载，值得引起注意，其书中“国史”条云：“元丰官制既行，日历归秘书省国史案，专以著作郎、

① （清）徐松辑，刘琳等校点：《宋会要辑稿》运历一《日历所》，上海古籍出版社，2014，第2694页。

② （宋）李焘撰《续资治通鉴长编》卷449，哲宗元祐五年（1090）十月癸卯条，第10791页。

③ 王盛恩：《宋代官方史学研究》，人民出版社，2008，第111～112页。

④ 谢贵安先生专门在《宋史·职官四》秘书监掌“国史实录”下标以着重号，详参氏著《中国史学史》，武汉大学出版社，2012，第224～225页。

佐郎修纂，别置国史院或实录院修先朝实录、国史，于是国史、日历分为二矣。”① 不难发现，程氏尤其指出元丰官制别置国史院、实录院后，国史与日历由此被“一分为二”，这里的国史，包括本朝国史、实录两方面内容。

问题随之出现，如若元丰官制别置国史院与实录院，与之前修撰国史、实录时临时置局性质相同，那么程俱当不至待到此时，方刻意指出国史与日历的分离，所以解释只有一种，即元丰官制别置国史院与实录院，单就国史、实录修撰行为而言，与往日无别，但在修史制度方面，已然使这一国史与实录他处置局制度被正式化。

宋初及至元丰改制前夕，北宋的修史主要机构，依次为史馆、编修院、史馆。史馆制度初期乃兼修国史、实录与日历；随后修史院作为史馆与编修院之间的过渡机构，也承担修撰国史、实录，史馆仅掌日历；然而编修院正式设立后，“自后遂修国史、会要”，且“日历等书，皆析归编修院”②；元丰改制前夜，编修院又被归入原史馆。虽然必须承认，单就北宋的国史、实录修撰来说，元丰五年之前，在史馆、编修院之外置局修撰者，确实存在，但问题的核心是，此一时段内的国史实录修撰，整体皆属史馆、编修院掌控，而二者正式建立之时的职司限定，皆为国史、实录、日历兼修。这里需要稍作补充的是，编修院实际并不直接修撰国史与实录，虽然《归田录》诸文献可见编修院“修国史、会要”之记载，但这只是就其对国史院与实录院拥有管勾的权力而言的。③

明晰此点，再来反观元丰官制新的修史机构组成，前已述之，此时国史案实际仅修日历，由秘书省著作局掌管，而国史实录修撰又别置院，所以这一修史制度与职司分配，与以往差别迥异，故程俱慨叹二者之分离。

若将视线后延，元祐五年尚书省奏请另设国史院作为修史主管机构事，更是将元丰官制国史、日历二者分离的特征暴露无遗。元祐五年之国史院，系以旧日编修院制度为指导，所以《续资治通鉴长编》尚书省奏折开篇便提及，“旧制编修院，专掌国史、实录、修纂日历”。从诏令批复来看，“诏移国史案就现今置局处，专掌国史、实录，修纂日历，以国史院

① （宋）程俱撰，张富祥校证《麟台故事校证》卷3下《国史》，中华书局，2000，第313页。

② （宋）宋敏求撰《春明退朝录》卷中，第25页。

③ 按：此点可由元祐五年置国史院时，国史院与修神宗实录院二者间的实际位置关系予以证实，参见下文注释。

为名，隶门下省，更不隶秘书省。见权著作官，除改抹乐词等及供检非机密故事，迎候车驾并轮宿依旧外，只于本院供职”①，可见，新国史院欲仿编修院于门下省置局的传统②，而元祐元年已在门下后省设立修神宗实录院，既已置局，故可暂借其院址③，所以，要实现新的国史院制度“专掌国史、实录，修纂日历”，只需再将他处日历掌管机构移入，而据诏书，为实现这一目标，实际仅需迁移秘书省国史案，确切来讲，即勒令秘书省内“见权著作官”除了处置祭祀祝文等杂务时供职本省外，其他时刻都要在新国史院任职，显然，元丰国史案的日历本质以及其与国史院实录院的分离，都被再次证实。另外，从国史案迁移的时间上来看，虽然此时仍值《神宗实录》修撰时期，但自元祐元年置修国史院，及至五年已然“实录将毕”，所以此时诏令迁移秘书省之国史案，显然不是需要日历等作为原始材料，且北宋遇修实录，多率先修纂日历，所以，从北宋修史主要机构的职司分合演变角度考量，不难发现，此举实际旨在变革元丰官制日历与国史实录分离的修史制度。

至此，元丰官制日历、国史分离对北宋以往修史机构与制度的显著改易，已然清晰。若稍回溯元丰官制著作局日历的来源，其系史馆旧日之职掌，史馆元丰四年又并编修院，而编修院最初的日历权限，即源出史馆，如此，则著作局直接承继昔日史馆因素，以及其元祐五年因依照编修院制度再次并入国史院，个中原因都得到了解答。

北宋日历与国史的这种看似简单分合，实际也与著作局的原有史馆性质直接相关，这一点，清人之评价深得其实，《历代职官表》：“谨案宋著作郎初为寄禄官，元丰正官制，以掌日历所事，则仍为史官，故与国史院

① （宋）李焘撰《续资治通鉴长编》卷449，哲宗元祐五年（1090）十月癸卯条，第10791～10792页。

② 按：《续资治通鉴长编》诏书“移国史案就现今置局处”，《宋史·职官志》则记作“元祐五年，移国史案置局”，龚延明先生将《宋史》所记，解读为“国史案移至日历所置局”，详参氏著《宋史职官志补正（增订本）》上，中华书局，2009，第229页。龚先生此说或可商榷，因元丰官制国史案主日历事，实际即狭义上之日历所，如《宋史·职官志》徽宗宣和二年诏罢在京修书诸局，“秘书省日历所系元丰国史案”，即证二者乃同一机构，故不存在再将国史案移至日历所之可能。

③ 按：据《宋会要辑稿》，国史院实际乃在门下后省另行改建置局，详参（清）徐松辑，刘琳等校点《宋会要辑稿》运历一《修日历·日历所》，上海古籍出版社，2014，第2694页。国史院非以修神宗实录院为院址，但与修实录院位置临近，二者皆在门下后省且隶属门下省，此处亦可见在编修院与元祐五年国史院制度下，作为修史主管机构的编修院与国史院，与本朝国史、实录修撰之间的实际运作关系。

分并不一，员额亦废置无常，其实与史馆之修撰、检讨并无二职也。”[①]这一总结，不仅同样重视著作局与元丰寄禄官改革这一政治制度背景的关联，也在剖析著作局职司本质的基础上，再次呼应了洪迈关于南宋秘书省于著作局之外复置史馆职官的批评。

结　论

元丰官制并史馆入著作局，并非单纯的机构省并，而是以元丰官制秘书省寄禄官与职事官合并的政治制度背景为依托。著作局不仅借此契机由虚到实，更重要的在于使之前的史馆，无论是修纂日历职司，还是主要的史官制度，都在著作局身上得到了相应的继承，而这一事实的最终坐实，无疑要归功于《北山小集》对二者职官与职司关系的明确记载。著作局因兼有昔日史馆因素，故非严格意义上即有史馆归之著作局之说，著作局的专修日历职司在秘书省中相对独立，且就修史工作而论，其与秘书省国史案实际乃同一机构。

综观北宋修史主管机构的变化过程，可以发现，在国史、实录修撰他处置局屡见的情况下，日历修纂的权力变动以及位置移动，往往成为修史机构变动的重要表现或者前期讯号。以往多将日历所单独作为考察对象，若将之置于北宋时期修史机构整体职司中考量，元丰官制日历、国史分离，较之以往史馆、编修院制度传统间的背离状态，无疑更加明显，而元祐五年新设国史院又令日历移入，内中因由也得以据此推知。

内藤湖南曾指出，唐代著作局官职卑微使修史之事难以得到重视，促成了著作局外另有宰相监修制度乃至设立史馆。[②] 这一论断若置之北宋，恐并不完全适应，元丰官制另置国史远与实录院，固然说明对国史修撰的重视，但这并不意味着此时之著作局地位低下，相反，日历作为他日修实录与正史的基础，相当于初修史稿，在别置国史院与实录院的前提下，将原史馆日历职司直接让渡给著作局，这一举措已然显示出著作局作为史馆主要继承者的特殊地位。所以，就此点而言，著作局承接史馆日历功能而走向职事官化，在北宋史学史沿革脉络中之意义，也应当被充分重视。

---

① （清）纪昀等撰《历代职官表》卷23《翰林院·宋》，上海古籍出版社，1993，第444页。

② 〔日〕内藤湖南：《中国史学史》，马彪译，上海古籍出版社，2008，第147页。

宋代笔记中的“汉书学”

范宇焜

（北京师范大学历史学院，北京　100875）

摘　要：《汉书》在中国史学史上有重要的地位。隋唐之际，时人对《汉书》的研究成为当时的“显学”，“汉书学”得以兴盛。两宋时期，学人怀着浓厚的兴趣对《汉书》进行研读，撰有多种专著。仅从宋代笔记来看，其丰富的内容不少与史学联系紧密，其中对《汉书》在两宋时期的流行状况有所记载，两宋学人在其笔记中对《汉书》作进一步的注解、考订，继而对《汉书》进行评价，反映出宋代“汉书学”的继续发展。

关键词：宋代　笔记　汉书学

在中国古代史学史上，《史记》与《汉书》是两部传世不朽的巨著，同为纪传体史书的二者于后世的命运则各不相同。隋唐之际，统治集团中的一些人物对《汉书》很感兴趣，出现了一批以治《汉书》闻名于世的学者，“汉书学”兴盛起来，成为当时的“显学”，而《史记》则“传者甚微”。[①]

两宋时期出现了为数众多的《汉书》研究专著，仅《宋史·艺文志》就著录有刘敞、刘攽、刘奉世《三刘汉书标注》六卷，刘攽《汉书刊误》四卷，富弼《前汉书纲目》一卷，赵瞻《汉书问答》五卷，赵抃《新校前汉书》一百卷，余靖《汉书刊误》三十卷，陈天麟《前汉六帖》十二卷，《前汉古字韵编》五卷[②]，娄机《班马字类》二卷，等等。由以上所

---

① 参见瞿林东《隋唐之际的〈汉书〉学》，《唐代史学论稿》，北京师范大学出版社，1989。

② 参见陈振孙《直斋书录解题》卷三：“侍郎宣城陈天麟季陵撰。取《汉书》所用古字，以今韵编入之。”上海古籍出版社，1987，第94页。

著录来看，宋人注重对《汉书》的研究。这些专著的作者不乏富弼、赵瞻、赵抃、余靖等当世名臣，可见在两宋统治集团和士人中间，《汉书》颇为流行，对《汉书》的研读成为这一时期的风尚。

宋代笔记数量繁多，尤以史料笔记、学术笔记具有较高价值。除正史中所著录的“汉书学”专著外，宋代笔记中有关《汉书》的诸多论述、研究，有助于人们了解两宋时期“汉书学”的发展面貌。

一　宋代笔记反映宋人重《汉书》

宋代笔记中对《汉书》在当时的流行状况有所反映。

首先，北宋时期的文臣、武将对《汉书》推崇备至。邵伯温（1055～1134）在其《邵氏闻见录》中记载了北宋时期的一些典章制度和文人轶事，王辟之（1031～?）的《渑水燕谈录》记载了他为官时期平生所见，以及一些杂闻。在这两部笔记中都提到大将狄青对《汉书》的喜爱。狄青担任延州指挥使时屡建军功，同时他见识高远，当朝的贤士大夫对他称赞有加，范仲淹对狄青的事迹也多有关注。后来范仲淹以《春秋》《汉书》教授狄青，说：“为将而不知古今，匹夫之勇耳。”狄青深感此言，认真研读学习。范仲淹所教授的两部书，《春秋》作为经典，其地位自不必多言，同时他选用《汉书》，虽不能说此时《汉书》的地位可与《春秋》相媲美，但也足见北宋文臣、武将对《汉书》的认可程度。另一位与狄青齐名，为范仲淹所器重的名将郭逵也对《汉书》兴趣浓厚，《邵氏闻见录》记载：“（郭逵）少时，人物已魁伟，日怀二饼，读《汉书》于京师州西酒楼上。饥即食其饼，沽酒一升饮，再读书。抵暮归，率以为常。”① 由这两件事不难看出，北宋时期的文臣武将对《汉书》抱有很大兴趣，同时也注重《汉书》对士人的教育作用。

其次，《汉书》在宋代科举考试中地位很高。《鹤林玉露》是南宋时期记载宋代文人轶事的史料笔记，其作者罗大经（1196～1252）在其中提到绍兴年间的一次省试，一篇名为《高祖能用三杰赋》的文章甚是精妙，但文中有一句话用到“运筹帷帐”四字，当时的考官因《汉书》中用“帷幄”而非“帐”字而不敢录取。后这位考官向南宋著名政治家、文学家，“庐陵四忠”之一的周必大请教，周必大解释说：“有司误，非作赋者误

① 以上引文均见邵伯温《邵氏闻见录》卷八，中华书局，1983，第83页。

也，《史记》正是‘帷帐’，《汉书》乃作‘幄’。”[①] 由此事可以看出，南宋时期的科举考试，所考内容与《汉书》记载密切相关，因考生用词与《汉书》记载不同而不敢贸然录取，则显示出《汉书》在南宋文人心目中的重要位置。

由散见于宋代笔记中的记载可以看出，宋代“汉书学”的发展，在当时有比较广泛的社会基础。分析《汉书》受到宋人追捧的主要原因，大致有三个方面。第一，从学术史的角度来看，《汉书》本身所具有的明显优点[②]，令隋唐时期兴盛的“汉书学”在宋代亦受学人关注。而唐宋古文运动的延续，让两宋士人对《汉书》的文辞更加推崇。第二，从思想内容来说，宋代“以儒立国”[③]，强调儒家伦理道德对士人的指引和约束，这与《汉书》的正宗思想相得益彰，宋人在为人处世时乐于践行《汉书》所宣扬的价值标准。第三，从宋代科举制度来看，这一时期科举考试重视策论的趋势，客观上也促使人们对《汉书》所记史事进行深入的研读。在这些背景的影响下，读《汉书》成为宋代一种广泛的社会风气。

二　对《汉书》文本的校勘与考订

《汉书》在长时间的流传过程中版本各异，存在讹误，同时宋人在理解古字、古文方面已产生一些困惑，在研读《汉书》的过程中难免存在疑问，故宋代出现了一批对《汉书》作校勘、考订的论著，这些专书多已散佚[④]，但这些成就在宋代笔记中有明显表现：如程大昌的《程氏考古编》《程氏续考古编》对两汉史事多加考辨，其中专设《〈史记〉语为〈汉书〉所更》等篇作具体校勘；吴曾的《能改斋漫录》对史书记载的考订涉及《汉书》的内容很多；魏了翁的《古今考》，前半部分主要以摘录《汉书》的记载为主，同时加入作者对相关问题的考订。宋代学人对《汉书》的校

---

① 罗大经：《鹤林玉露》卷三，中华书局，1983，第53页。

② 唐代史家司马贞总结《汉书》优点说：“班氏之书，成于后汉，彪即后迁而述，所以条流更明，是兼采众贤，群理毕备。故其旨富，其词文。是以近代诸儒共行钻仰。”参见司马贞《史记索隐序》，《史记》附录，中华书局，1959，第7页。

③ 陈亮：《陈亮集》卷一《上孝宗皇帝第三书》，中华书局，1987，第14页。

④ 按：《宋史·艺文志》著录的十一种《汉书》研究专著中，至今仅南宋吴仁杰著《两汉刊误补遗》有单行本流传。

勘、考订成为当时的一种治学风尚，仅由宋代笔记来看，所包括的内容有以下两个方面：

一方面是对《汉书》文字的考辨与训诂。宋代笔记中，南宋王观国所作的《学林》可谓是考订《汉书》的集大成者。《学林》一书的名称也来源于《汉书·叙传》中“正文字惟学林”的说法。全书十卷，三百余则，对《汉书》所用古字的字音、字形、字义均有所考辨，解释词语时也往往结合《汉书》中的记载，并引用前人应邵、颜师古所作《汉书》注进行辨析。例如他在书中考辨史书所载方言的问题，提到《史记·陈涉世家》中记载的：“陈胜已为王，其故人尝与耕者欲见王，乃召入宫。见殿屋帐帷，客曰：‘夥颐！涉之为王沈沈者。’”① 而《汉书·陈胜传》中则改为：“夥！涉之为王沈沈者。”② 王观国解释“夥颐”一词是楚地人的土话，用来表达感叹的语气，而《汉书》中删去“颐”，则使此处楚地方言表现得不够完整。③ 邵博的《邵氏闻见后录》一书涉及经义、史论、诗话，他在此书中对《汉书》用字有所考订，提到：“《前汉·叙传》：‘外博四荒。’按《书》‘外薄四海’，‘博’字为误。……史官失于是正，类此者不一。”④ 对于邵博提到的“外博四荒”，颜师古注解释为：“博，大也。”⑤ 此处邵博认为《尚书》中有“外薄四海”的说法，故此处应为“薄”，表到达之意，这里应是班固撰写《汉书》引用《尚书》时的一处错误。⑥ 邵博在研读《汉书》的过程中对于前人颜师古已有的解释并不赞同，对班固撰写《汉书》时可能存在的用字方面的错误进行列举说明。

另一方面是对《汉书》所记载史实的考察。如王观国在《学林》中提到：“《前汉·高祖功臣侯年表》实百三十有七人，而《表》作百四十有七人，班固误也。周吕、建成二人在外戚，羹颉、合阳、沛、德四人在王子侯，实百四十有三人，班固作百五十有三人，误也。”⑦ 可见王观国对《汉书》记载的严谨态度。

南宋洪迈（1123～1202）所作的《容斋随笔》内容丰富，涉及领域非

---

① 司马迁：《史记》卷四八《陈涉世家》，中华书局，1959，第1960页。

② 班固：《汉书》卷三一《陈胜传》，中华书局，1962，第1795页。

③ 参见王观国《学林》卷四，中华书局，1988，第130页。按：《史记索隐》引服虔云：“楚人谓多为夥。”参见《史记》卷四八《陈涉世家》，第1961页。

④ 邵博：《邵氏闻见后录》卷七，中华书局，1983，第54页。

⑤ 班固：《汉书》卷一〇〇《叙传下》，中华书局，1962，第4238页。

⑥ 按：此处颜注“博”字之义亦通，邵博之解释可备一说。

⑦ 王观国：《学林》卷三，中华书局，1988，第99页。

常广泛，对经、史、诸子、诗文、典章制度、医学、天文等方面均有论说，其中洪迈对史实的考订涉及《汉书》。例如《容斋随笔》对《汉书·苏武传》的记载有这样的论述：

> 案武本传云：“（苏武）奉使初还，拜为典属国，秩中二千石。昭帝时，免武官。后以故二千石与计谋立宣帝，赐爵。张安世荐之，即时召待诏，数进见，复为典属国。”然则豫定策时，但以故二千石耳。而《霍光传》连名奏昌邑王时，直称典属国，《宣纪》封侯亦然，恐误也。①

洪迈引《汉书·苏武传》中的记载，指出苏武是出使匈奴回朝后，被任命为典属国，俸禄两千石，至昭帝时被免。故苏武是以秩两千石的身份拥立宣帝，被赐予侯爵。其后张安世举荐苏武，觐见宣帝数次后才恢复了苏武典属国的官位。这样一来就与《汉书·霍光传》中记载霍光和苏武上奏不宜立昌邑王为天子时，称苏武为典属国相互矛盾，与《汉书·宣帝本纪》记载苏武在这时封侯也有出入。洪迈以《汉书》前后文本校互证，指出其史事记载方面的讹误。

宋代笔记中有关校勘、考订《汉书》的内容颇多，分布比较零散繁杂。限于笔记体的局限，我们不能苛求作者形成系统性的撰述。宋代笔记中关于《汉书》的校勘、考订内容，从一个角度说明两宋时期人们研读《汉书》的需求，以至于对《汉书》记载的考据成为非常普遍的学术活动。在这种风气的带动下，两宋时期出现《三刘汉书标注》《汉书刊误》《新校前汉书》《两汉刊误补遗》等诸多考校《汉书》的专门著作便不足为怪了。

三　以《汉书》为对象的史学批评

两宋时期史学批评繁荣，这一时期，“学人对史学批评有浓厚的兴趣，史学家、思想家、目录学家纷纷提出了一些有价值的史学批评的理论和方法，对推动史学和史学批评的发展产生了积极的影响”②。宋人在订正《汉书》讹误的基础上品评《汉书》，其史学批评意识增强的趋势亦反映在这

① 洪迈：《容斋随笔》之《容斋四笔》卷一六，中华书局，2005，第820页。

② 瞿林东：《中国史学史纲》，北京师范大学出版社，2010，第257页。

一时期的《汉书》研究中，宋代笔记中有不少由《汉书》展开的史学批评言论，其评价角度也不尽相同。

第一，关于《汉书》的体裁。叶适（1150～1223）的读书札记《习学记言序目》专门以《汉书》为目的评论共有三卷，以帝纪、表、志、列传四个方面对《汉书》做出评论。叶适评价纪传体史书说："上世载籍之法，至《太史公记》而绝，班氏《汉书》以下，学者不得不别自为法。"① 继而总结道："自《诗》《书》之作皆有叙，所以系事纪变，明取去也。司马迁变古法，惟序己意，既已失之；然包括上古，收拾遗散，操纵在心，犹时有高远之意，常人所不能测之者。及班固效之，而浅近重复，往往不过常人之识之所能及，至其后史官则又甚矣。是迁之法一传而坏，曾不足以行远，非复古史法不可也。"② 叶适批评纪传体史书的言论比较激进，应看到司马迁创造性地以纪传体记载史事，班固进一步发扬，使后世正史皆沿用纪传体撰写，有"纪以包举大端，传以委曲细事，表以谱列年爵，志以总括遗漏，逮于天文、地理、国典、朝章，显隐必该，洪纤靡失"③ 的优点，在纪传体之外，编年体史书也并行于世，宋代典志体史书进一步发展，更出现纪事本末体史书，以补纪传编年二体之不足，而叶适一味强调上古史法之优越，说马班使上古史法失传，是比较片面的。

第二，关于《汉书》撰述方法的具体讨论。周密（1232～1298）的《齐东野语》对《汉书》的用讳方法作了具体分析：

> 汉高祖讳邦，旧史以邦为国。惠帝讳盈，《史记》以万盈数作满数。文帝讳恒，以恒山为常山。景帝讳启，《史记》微子启作微子开，《汉书》启母石作开母石。……《汉书·纪》，元封诏书有启母石之言。《刑法志》："建三典以刑邦国"与"万邦作孚"。韦孟诗："总齐群邦"，皆不避高祖讳。……善乎胡康侯之论曰："后世不明《春秋》之义，有以讳易人姓者，易人名者。愚者迷礼以为孝；谄者献佞以为忠。忌讳繁，名实乱，而《春秋》之法不行矣。"④

周密列举了汉初避帝王名讳的情况，汉高祖刘邦须避讳"邦"字，汉

① 叶适：《习学记言序目》卷二一《汉书一》，中华书局，1977，第297页。
② 叶适：《习学记言序目》卷二三《汉书三》，中华书局，1977，第333页。
③ 刘知幾：《史通》卷二《二体》，浦起龙通释本，上海古籍出版社，2009，第24页。
④ 周密：《齐东野语》卷四《避讳》，中华书局，1983，第55页。

景帝刘启须避讳“启”字，故《汉书》在记录“启母石”时写作“开母石”。继而周密肯定《汉书·刑法志》中“建三典以刑邦国”与“万邦作孚”两句没有避讳的做法，他援引北宋学者胡安国的观点，认为后世之人不明白《春秋》之义，避讳繁多而造成混乱，《春秋》之法便无法施行。周密在这里将《汉书》视作用讳方法的榜样，批评后人不明避讳本意而乱用的行为。

第三，关于《汉书》的天人思想。同样是在《习学记言序目》中，叶适指出：“《诗》《书》古文，人主皆以有德王，无德亡；至驺衍妄造五德胜克，孔孟之徒未尝言也。而秦汉以来号为有识者，辨论不已。刘向父子乃言‘帝出于震，包羲为木德而汉得火’，是何等见识！妄傅经义，希世媚上，昔之巫觋犹羞之，班固方依违而不敢明，盖桓谭郑兴之余烈。悲夫！君臣之道降，一至是乎！”[①] 汉章帝建初四年（公元79年），班固撰成《白虎通德论》，将东汉初年流行的谶纬学说与儒家经典糅合，在《汉书·叙传》中，班固明确提到“汉绍尧运，以建帝业”[②]。而叶适认为统治者应遵循“有德王，无德亡”的原则，他表示战国时期阴阳家驺衍创立五行相克的五德终始学说，就已颇受争议。到刘向、刘歆将汉定为火德，对经义的曲解以及对帝王的谄媚已经到了很严重的程度。而班固对这些说法默认而不言明，只有桓谭、郑兴敢于同谶纬等灾异迷信学说斗争。叶适以“为臣之道”的原则批判了班固的天人观念。当然，班固的学术思想是有其渊源的，其父班彪于两汉之际作《王命论》，反复强调汉承尧之祚与天命在汉。这种家学传统对班固的影响极大，故他在《汉书·叙传》中将《王命论》全文照录。以今天的眼光看来，我们一方面要看到班固受到客观历史条件制约所存在的局限；另一方面更要重视叶适将“德”视为皇朝兴亡的最主要标准，肯定他对谶纬等灾异迷信之说的批判。

宋人史学批评意识的增强，还表现在时人从多个方面品评《汉书》。宋代笔记中有关《汉书》的评论角度多样、内容丰富，这说明宋代学人所关注的并不仅限于对《汉书》文本的校勘，也注意到从史书体裁、撰史方法、史学思想等层面对《汉书》做出评论。这是“汉书学”在宋代继续发展的一个具体表现。

---

① 叶适：《习学记言序目》卷二二《汉书二》，中华书局，1977，第311~312页。

② 班固：《汉书》卷一〇〇下《叙传下》，中华书局，1962，第4235页。

四　论《史》《汉》比较

《史记》与《汉书》作为中国古代历史上两部纪传体巨著，对二者的比较一直以来都是各个时代学人所关注的问题。至晚在西晋时，张辅就有《班马优劣论》的阐发。宋代有关《史记》与《汉书》比较的言论很多，这在宋代笔记中较为常见。

《汉书》对《史记》内容上的借鉴历来是学人讨论的重要问题，邵博在《邵氏闻见后录》中写道：

> 班固作《汉史》，失于畏司马迁，自武帝而上，于迁之词，不敢辄易。如《项羽传》，但移高祖事于《本纪》中耳。他传皆然。史迁书某人有曰“其子某，今为大官”。距固之世已二百年。固书其人，亦皆曰“其子某，今为大官”。失于畏迁也。迁作历代史人物表、《食货》等志，尝著历代之人。固作《汉史》表志，亦著历代之人，失于畏迁也。固知畏迁，按其书，自武帝而下，至平帝，续成之可也。于其词重出不可也。孔子作经，使后世读《易》者，如无《春秋》；读《书》者，如无《诗》。其法固不知也。[①]

邵博总结班固《汉书》的缺陷，在于班固过于敬畏司马迁，这表现在：1. 武帝前的记载班固都采用《史记》中的说法；2. 距班固已 200 年的古人言论依照《史记》而不改一字；3. 班固也依司马迁之法，作表、志，并记载历代古人之事。邵博举例说，后人研读《易传》《尚书》时不会感到有《春秋》《诗经》的文字，用以类比，指出班固作史之缺陷。关于《汉书》对《史记》的借鉴问题，郑樵在《通志·总序》中批评《汉书》武帝以前的记载“尽窃迁书”[②]。对于这种观点，周密在《齐东野语》中提出了相反的认识，他认为：“班孟坚《汉书》，大抵沿袭《史记》，至于季布、萧何、袁盎、张骞、卫霍、李广等赞，率因《史记》旧文稍增损之。或有全用其语者，前作后述，其体当然。”[③] 这就是说，班固“前作后述”是顺理成章的。另外，周密列举一例《汉书》与《史记》记载相同，

① 邵博：《邵氏闻见后录》卷八，中华书局，1983，第 58 页。

② 郑樵：《通志·总序》，中华书局，1987，第 1 页。

③ 周密：《齐东野语》卷十，第 173 页。

看似是班固沿用司马迁的记载，实则是后人之误的情况：“《司马相如传赞》，乃固所自为，而《史记》乃全载其语，而作太史公曰，何邪？又迁在武帝时，雄生汉末，亦安得谓‘扬雄以为靡丽之赋，劝百而讽一’哉！……然则相如之赞，亦后人剿入，而误以为太史公无疑。”① 扬雄所处的时代在司马迁之后，对扬雄的有关记载必不是司马迁所作，应为后人将班固的言论附在《史记》中而没有说明。在周密看来，有些对班固借鉴《史记》的指摘是没有根据的。诚然，班固撰写《汉书》时确实有对《史记》原文照录、调整顺序、另行编排的情况，但仅以此就对班固与《汉书》加以斥责，而忽略其优点及其对体例发展上的贡献，则不可取。②

关于《史记》与《汉书》的叙事烦简之优劣。洪迈在《容斋随笔》中借欧阳修的观点有所阐发：

> 欧阳公《进新唐书表》曰：“其事则增于前，其文则省于旧。”夫文贵于达而已，繁与省各有当也。《史记·卫青传》：“校尉李朔、校尉赵不虞、校尉公孙戎奴，各三从大将军获王，以千三百户封朔为涉轵侯，以千三百户封不虞为随成侯，以千三百户封戎奴为从平侯。”《前汉书》但云：“校尉李朔、赵不虞、公孙戎奴，各三从大将军，封朔为涉轵侯、不虞为随成侯、戎奴为从平侯。”比于《史记》五十八字中省二十三字，然不若《史记》为朴赡可喜。③

洪迈先是引用欧阳修《进新唐书表》中“事增于前，文省于旧”的论点，认为文字贵在表达清楚，应是繁简有当的。他以《史记·卫青传》的记载为例，相同的史事班固在《汉书》中则将多次重复的“校尉”和“以千三百户封”加以省略，这样一来虽然《汉书》字数上较之《史记》更加简略，但表达上却不如《史记》质朴而丰富，借此指摘《新唐书》为简略而刻意删减的情况。

---

① 周密：《齐东野语》卷十，中华书局，1983，第173页。

② 按：关于《汉书》对《史记》的借鉴问题，白寿彝先生认为《汉书》是否有对《史记》的抄袭“并不是重要的问题，重要的是《汉书》利用了《史记》在体例、史料、写作艺术以及在某些观点上的成就”。陈其泰先生认为：《汉书》武帝以前的记载要忠于史实，班固必然要将《史记》作为主要依据，且班固也在进一步占有材料的前提下对武帝以前的记载作了不少有价值的补充。参见白寿彝《司马迁与班固》，《北京师范大学学报》1963年第4期；陈其泰：《〈汉书〉历史地位再评价》，《中国史研究》1988年第1期。

③ 洪迈：《容斋随笔》卷一《文烦简有当》，中华书局，2005，第8页。

关于《史》《汉》烦省问题，唐人刘知幾引用张辅《班马优劣论》的说法："迁叙三千年事，五十万言，固叙二百四十年事，八十万言。是班不如马也。"① 并评论如果按照张辅的观点来看，历史上史书便是以《左传》为最佳，《史记》次之，《汉书》之后的史书就越来越差了。刘知幾批判了单纯以篇幅长短来判定史书优劣的认识。他总结道："夫论史之烦省者，但当要其事有妄载，苦于榛芜，言有阙书，伤于简略，斯则可矣。必量世事之厚薄，限篇第以多少，理则不然。"② 评论史书的烦省，应当看史书是否有妄加记载之处，是否因记载缺漏而变得简略。如果单纯以篇幅多少来界定史书好坏就没有道理了。刘知幾举例说明不能因《汉书》篇幅多于《史记》而否定《汉书》的价值，而洪迈则举例说明同一史事《汉书》记载简略，但较之《史记》表达效果却不佳的情况。二者所举的例子有所不同，但所表达出对史书烦简问题的看法是一致的。洪迈以《史记》《汉书》的烦省相比较，以此为例驳斥以篇幅判定史书高下的认识，这种观点值得肯定。

由以上两方面可见，宋代笔记所反映出时人对《史》《汉》比较研究的重视，其论点多立足于《汉书》对《史记》内容上的借鉴或《史》《汉》叙事烦省之优劣等技术层面。就散见于宋代笔记中关于《史》《汉》比较的结论来看，人们或赞《史记》，或誉《汉书》。对《史记》不再是"汉晋名贤未知见重"③ 的状态，"宋代始开评论《史记》之风气……有褒有贬，不宗一派"④。"史记学"得以与"汉书学"相互借鉴并共同发展。

自晚唐起，关于"汉书学"的明确记载减少，至宋代几乎没有这样的说法，但这并不意味着"汉书学"走向衰落。仅以宋代笔记方面的资料来看，时人对《汉书》情结尤甚；其中有关《汉书》的研究，是对隋唐以来《汉书》研究的继承与发展；宋代笔记中对《汉书》文字的训诂、史事记载的具体考订，在今天看来仍具有很大的参考价值；其中关于《汉书》体裁、编撰方法、史学思想等方面的评论，构成宋代史学批评的重要内容。宋代学人对《汉书》的关注，为明清时期的《汉书》研究提供了较好的基础，使"汉书学"作为专门之学，能够在中国古代历史长河中流传不绝。

① 刘知幾：《史通》卷九《烦省》，浦起龙通释本，上海古籍出版社，2009，第244页。
② 刘知幾：《史通》卷九《烦省》，浦起龙通释本，2009，第246页。
③ 司马贞：《史记索隐序》，《史记》附录，中华书局，1959，第7页。
④ 张新科：《史记学概论》，商务印书馆，2003，第116页。

“引古筹今”与社会治理*

——顾炎武的经世致用史学思想

李　放

（北京师范大学中国社会管理研究院/社会学院，北京　100875）

摘　要： 生活在明清之际的顾炎武，是那个时代经世致用学术思潮的重要代表人物。他的社会治理思想是其学术经世的突出表现。他提出的“寓封建之意于郡县之中”，意在从政治体制上进行改革，使社会治理更加有效；他认为经济是社会治理的基础，人才是社会治理的保障，教化、礼治、法治等在社会治理方面均有各自的作用。顾炎武的社会治理主张，体现了他的经世致用史学思想，内容丰富，特色鲜明，值得批判地继承。

关键词： 顾炎武　社会治理　治理体制　教化　礼治

明清之际，是被清初思想家称作天崩地解的时代，也是中国史学产生新气象的时代，出现了许多卓有成就的史学大家。史学家们批判空疏学风，倡导实学，总结历史经验，思考社会的治乱兴衰，提出许多可贵的社会治理思想，形成了一股颇具影响的经世致用学术思潮。其中，顾炎武是这诸多史学家中的一位突出代表。他说：“引古筹今，亦吾儒经世之用。”①他的社会治理主张，是其经世致用史学思想的集中体现，内容丰富，特色鲜明，值得发掘和总结。

---

* 本文为北京师范大学青年教师基金项目“大数据在社会治理智库建设中的应用研究”（SKXJS2014035）阶段性成果。

① 顾炎武：《与人书八》，《亭林文集》卷 4，见《顾亭林诗文集》，中华书局，1983，第 93 页。

一 “寓封建之意于郡县之中”

顾炎武著有《郡县论》九篇，可谓他从政治体制入手进行社会治理的论纲。封建、郡县之争论从秦朝就开始了，经西汉、六朝、隋唐、明清，连续不断。“寓封建之意于郡县之中”是顾炎武针对明朝高度中央集权产生的弊端而提出的政治体制改革方案。

《郡县论一》云：

> 知封建之所以变而为郡县，则知郡县之敝而将复变。然则将复变而为封建乎？曰，不能。有圣人起，寓封建之意于郡县之中，而天下治矣。盖自汉以下之人，莫不谓秦以孤立而亡。不知秦之亡，不封建亡，封建亦亡；而封建之废，固自周衰之日而不自于秦也。封建之废，非一日之故也，虽圣人起，亦将变而为郡县。方今郡县之敝已极，而无圣人出焉，尚一一仍其故事，此民生之所以日贫，中国之所以日弱而益趋于乱也。何则？封建之失，其专在下；郡县之失，其专在上。古之圣人，以公心待天下之人，胙之土而分之国；今之君人者，尽四海之内为我郡县犹不足也，人人而疑之，事事而制之，科条文簿日多于一日，而又设之监司，设之督抚，以为如此，守令不得以残害其民矣。不知有司之官，凛凛焉救过之不给，以得代为幸，而无肯为其民兴一日之利者，民乌得而不穷，国乌得而不弱？率此不变，虽千百年，而吾知其与乱同事，日甚一日者矣。然则尊令长之秩，而予之以生财治人之权，罢监司之任，设世官之奖，行辟属之法，所谓寓封建之意于郡县之中，而二千年以来之敝可以复振。后之君苟欲厚民生，强国势，则必用吾言矣。①

这篇文字在九篇《郡县论》中是最重要的，它鲜明地表达出顾炎武在政治体制改革方面的论点。分析其中的要点，可撷出这样几条：（1）实施变革的目的是厚民生、强国势。（2）郡县之弊已到了非变不可的地步了。“郡县之失，其专在上”。君主将天下据为己有，设立郡县。为了控制郡县，又施行种种监控，科条文簿繁多，官员、百姓均受其害。（3）顾氏对历史上的封建、郡县之争了然于胸，对历史上采纳封建、郡县制的形势及其效

① 顾炎武：《亭林文集》卷1，见《顾亭林诗文集》，中华书局，1983，第12页。

果也有自己的考察。(4)封建制、郡县制各有优点，又各有弊端，要趋利避害。当今的弊是郡县之弊，为救此弊，须在郡县之中注入封建的因素。

其实，顾炎武的郡县论就是要求君主下放权力，通过赋予县令更多的自主权，调动郡县的积极性、主动性，提高国家的治理效率、治理能力。顾炎武从没有废除郡县制的想法，而是通过改良郡县制使之更加完善。改良的办法就是引进建国封侯的观念。他的做法就是他在《郡县论二》中提出的：

> 改知县为五品官，正其名曰县令。任是职者，必用千里以内习其风土之人。其初曰试令，三年，称职，为真；又三年，称职，封父母；又三年，称职，玺书劳问；又三年，称职，进阶益禄，任之终身。其老疾乞休者，举子若弟代；不举子若弟，举他人者听；既代去，处其县为祭酒，禄之终身。所举之人复为试令。三年称职为真，如上法。每三四县若五六县为郡，郡设一太守，太守三年一代。①

顾炎武最重视的是县令。这里谈到了要改县令的品级为五品，可谓是擢升了。但要正式成为县令，须经过多个程序：试令—为真—封父母—玺书劳问—进阶益禄—终身制。县令老疾致仕，还可世袭，举子举弟接替自己。所举之人依然要经过上述之程序。他主张县令的待遇应有很大的提高，但对县令也有很高的要求。对于不称职的县令，他也提出了惩罚措施，也就是说，对县令有奖有惩，用一定的规定，强烈要求他们恪尽职守，全力以赴地履行自己的职责。寓封建之意于郡县之中，在顾炎武看来符合人追求个人利益的本性，能够达到个人利益和国家利益的统一，是切实可行的。他说："天下之人各怀其家，各私其子，其常情也。为天子为百姓之心，必不如其自为。此在三代以上已然矣。圣人者因而用之，用天下之私，以成一人之公而天下治。夫使县令得私其百里之地，则县之人民皆其子姓，县之土地皆其田畴，县之城郭皆其藩垣，县之仓廪皆其囷窌。为子姓，则必爱之而勿伤；为田畴，则必治之而勿弃；为藩垣囷窌，则必缮之而勿损。自令言之，私也，自天子言之，所求乎治天下者，如是焉止矣。"② 也就是说，县令治理本县就像对待自家的事业一样，必然尽心尽力。这样做，对县令来说是为其一人之私，对天子来说，是国家治理的实

---

① 顾炎武：《亭林文集》卷1《顾亭林诗文集》，第13页。

② 顾炎武：《亭林文集》卷1《顾亭林诗文集》，第14～15页。

现。顾炎武的这一立论是建立在承认人有自私性的基础上的。顾炎武认为人的私情、私利具有一定的合理性，这是圣人都承认的。他在《日知录》中多次阐述这一点。他说："有公而无私，此后代之美言，非先王之至训矣"。"自天下为家，各亲其亲，各子其子，而人之有私，固情之所不能免矣。故先王弗为之禁，非惟弗禁，且从而恤之。"① 顾炎武的这个立论，反映了明清之际资本主义萌芽的社会现实对士人思想观念的影响。承认人的某种私利私情的合理性，体现了顾炎武思考社会治理问题的务实性，而扬弃了陆王心学空喊"三纲五常"的教条主义做法。

他认为，郡县有四大权力需要恢复，认为这是富国裕民的必要条件。他说："夫辟官、涖政、理财、治军，郡县之四权也，而今皆不得以专之。是故上下之体统，虽若相维，而令不一，法令虽若可守，而议不一。……是以言涖事，而事权不在于郡县；言兴利，而利权不在于郡县；言治兵，而兵权不在于郡县，尚何以复论其富国裕民之道哉？必也，复四者之权一归于郡县，则守令必称其职，国可富，民可裕，而兵、农各得其业矣。"②

在其他篇《郡县论》中，顾炎武还谈到赋税问题、官员的选任问题，其中固然有过于理想化而难于操作的情况，但郡县论的本质不在这里，而在于如何分配、协调国家权力。郡县论要解决的是皇权过于集中的弊端。因此，除了《郡县论》，顾炎武在《日知录》中仍然论述权力下放的问题。

> 所谓天子者，执天下之大权者也。其执大权奈何？以天下之权寄之天下之人，而权乃归之天子，自公卿大夫至于百里之宰，一命之官，莫不分天子之权以各治其事，而天子之权乃益尊。后世有不善治者出焉，尽天下一切之权而收之在上，而万几之广，固非一人之所能操也。而权乃移于法，于是多为之法以禁防之，虽大奸有所不能踰，而贤智之臣亦无能效尺寸于法之外，相与兢兢奉法，以求无过而已。于是天子之权，不寄之人臣，而寄之吏胥。是故天下之尤急者，守令亲民之官，而今日之尤无权者莫过于守令。守令无权，而民之疾苦不闻于上，安望其致太平而延国命乎？③

这段话，有几个关键词：天子、天下之权、天下之人、一命之官。天

① 顾炎武：《日知录》卷3《言私其豵》。
② 《日知录》卷9《守令》。
③ 《日知录》卷9《守令》。

子是掌握天下之权的人。但天下之权，不是一人所能掌握的，应该"寄之天下之人"。公卿大夫以至百里之宰，都是为天子分担权力帮助天子治理天下的。他们运用自己手中的权力，把自己的地盘治理得越好，天子的权力就更加尊崇。即通过分权，达到天下大治。另一种情况是天子将天下所有权力集中在自己手中，用法令的形式推行天子的意志，用吏来监督官，官只是执行天子的工具，官员被动，不求有功，但求无过。若是这样的话，"安望其致太平而延国命乎?"很显然，顾炎武赞成天子分权而反对天子集权。

顾炎武甚至还主张通过宗法制度以辅助社会治理。认为许多社会矛盾可以在家族内部通过族长来解决："人君之于天下，不能以独治也。独治之而刑繁矣，众治之而刑措矣。古之王者，不忍以刑穷天下之民也，是故一家之中，父兄治之；一族之间，宗子治之。其有不善之萌，莫不自化于闺门之内，而犹有不帅教者，然后归之士师。然则人君之所治者约矣。……是故宗法立而刑清。天下之宗子各治其族，以辅人君之治，'罔攸兼于庶狱'，而民自不犯于有司。风俗之醇，科条之简，有自来矣。诗曰：'君之宗之'。吾是以知宗子之次于君道也。"① 这一方法可以说是主张的"寓封建之意于郡县中"的另一种形式。

顾炎武的"寓封建之意于郡县中"，是他通过总结明朝灭亡的经验教训而提出的。明朝皇帝高度集权，皇帝为了控制全国，不是通过放权，而是通过任用宦官、监察机构监视各级官员的一举一动来实现。一旦危机爆发，皇帝就成了孤家寡人。明思宗自缢于煤山，竟连一个宦官都不愿与他共同赴难，岂不可怜！因此，他的这一主张带有一定的针对性，具有以古论今的特点。诚如他在论述中所阐发的："一旦有不虞之变，必不如刘渊、石勒、王仙芝、黄巢之辈，横行千里，如入无人之境也。"②

顾炎武认为，权力下移，并不是削弱皇权，而是更好地加强皇权。在这里，他认识到二者的辩证统一，试图找到二者的平衡点。他说："所谓天子者，执天下之大权者也。其执大权奈何？以天下之权寄之天下之人，而权乃归之天子，自公卿大夫至于百里之宰，一命之官，莫不分天子之权以各治其事，而天子之权乃益尊。"③ "天下之治，始于里胥，终于天子"。

① 《日知录》卷6《爱百姓故刑罚中》。

② 顾炎武：《亭林文集》卷1《顾亭林诗文集》，第15页。

③ 《日知录》卷9《守令》。

“夫惟于一乡之中，官之备而法之详，然后天下之治，若网之在纲，有条而不紊。”①

顾氏通过对权力下移、分化皇权意义的论述，表现出他的民主启蒙思想，他说：“为民而立之君，故班爵之意，天子与公侯伯子男一也，而非绝世之贵。代耕而赋之禄，故班禄之意，君卿大夫士与庶人在官一也，而非无事之食。是故知天子一位之义，则不敢肆于民上以自尊。知禄以代耕之义，则不敢厚取于民以自奉。不明乎此，而侮夺人之君，常多于三代之下矣”。②“享天下之大福者，必先天下之大劳；宅天下之至贵者，必执天下之至贱。……古先王之教，能事人而后能使人。其心不敢失于一物之细，而后可以胜天下之大。舜之圣也，而饭糗茹草。禹之圣也，而手足胼胝，面目黧黑。此其所以道济天下，而为万世帝王之祖也。况乎其不如舜、禹者乎？”③

顾氏的民主启蒙思想是通过旧瓶装新酒的形式体现出来。他的这些思想尽管带有先进性，然而在形式上又运用了封建社会意识形态的旧壳。这是资本主义生产关系已经出现但力量还不够强大的现实在思想家那里的反映。

二　经济是社会治理的基础

顾炎武是一位有经世之志的学者，黄汝成评论他说：“其言经史之微文大义，良法善政，务推礼乐德刑之本，以达质文否泰之迁嬗，错综其理，会通其旨。至于赋税田亩，职官选举，钱币权量，水利河渠，漕运盐铁，人材军旅，凡关家国之制，皆洞悉其所由盛衰利弊，而慨然著其化裁通变之道，词尤切至明白。”④ 黄汝成不愧是为顾氏《日知录》作集释的学者，他对顾炎武的著述宗旨和为人为学特点的评述，可谓非常精准。

顾炎武把发展经济看得特别重要，认为经济是社会治理的基础。他在《郡县论》中，一再强调民富国强。《郡县论一》云：“后之君苟欲厚民生，强国势，则必用吾言矣。”⑤《郡县论六》曰：“今天下之患，莫大乎

① 《日知录》卷8《乡亭之职》。
② 《日知录》卷7《周室班爵禄》。
③ 《日知录》卷7《饭糗茹草》。
④ 黄汝成：《日知录集释叙》，陈垣《日知录校注》（上），安徽大学出版社，2009，第3页。
⑤ 顾炎武：《亭林文集》卷1《顾亭林诗文集》，第12页。

贫。用吾之说，则五年而小康，十年而大富。"[①] 他虽然强调经济重要性的文字并不很多，却正确指出了经济对社会其他要素的影响。如他重视社会教化，提倡改良社会风气，但他认为要使社会风气变好，必须有物质条件，即老百姓能够吃得饱，穿得暖，能够安居乐业，实施教化才有作用："今将静百姓之心，而改其行，必在制民之产，使之甘其食，美其服，而后教化可行，风俗可善乎？"[②] "非任土以成赋，重穑以帅民，而欲望教化之行，风俗之美，无是理矣。"[③] 教化、风俗是属于社会意识的范畴，社会意识要受经济基础的影响。兴教化，使社会风俗变好，没有经济基础是不行的。如《管子》说："仓廪实而知礼节，衣食足而知荣辱。"孔子说："足食，足兵，民信之矣。""所重：民、食、丧、祭。"孟子也说过："有恒产者始有恒心，无恒产者无恒心。"顾炎武继承了中国古代朴素的唯物主义思想，强调百姓富庶对社会安定的重要性。他说："欲使民兴孝兴弟，莫急于生财。以好仁之君，用不畜聚敛之臣，则财足而化行。人人亲其亲，长其长，而天下平矣。"[④] 就是说"财足"是"化行"的物质条件。当然，顾炎武绝不是一位机械论者，要求只有"财足"方可"化行"。他指出这一点不过是说给统治者听的，让他们意识到自己的责任。相反，在具体的论述中，他谈论更多的是社会风俗的重要性，主张通过改良风俗，促进社会的发展。因为在现实生活中，发展经济与改良社会风俗，是互为作用的。

在发展经济方面，顾炎武发表了很多意见。这是他"治道"部分的重要内容。特别是他针对明代社会的弊病，指出影响经济发展的痼疾。在《亭林文集》中，有一些专论，如1645年，他集中撰写了《军制论》《形势论》《田功论》《钱法论》，被称作"乙酉四论"。在《日知录》中更有众多条目，涉及经济问题。明代徭役、赋役不均问题严重，在《日知录》的《州县赋税》条中，他引用王士性《广志绎》说："天下赋税有土地肥瘠不甚相远，而征科乃至悬绝者。"[⑤] 并补充了大量的事实说明之。特别是在《苏松二府田赋之重》条中，他对这一问题揭示得更加详备："韩愈谓赋出天下，而江南居十九。以今观之，浙东西又居江南十九，而苏、松、

① 顾炎武：《亭林文集》卷1《顾亭林诗文集》，第15页。

② 《日知录》卷12《人聚》。

③ 《日知录》卷11《以钱为赋》。

④ 《日知录》卷6《未有上好仁而下不好义者也》。

⑤ 《日知录》卷8《州县赋税》。

常、嘉、湖五府，又居两浙十九也。”“苏州一府七县，其垦田九万六千五百六顷，居天下八百四十九万六千余顷田数之中，而出二百八十万九千石税粮于天下二千九百四十余万石岁额之内，其科征之重，民力之竭，可知也已。”“吴中之民，有田者什一，为人佃作者十九。……佃人竭一岁之力，粪壅工作，一亩之费可一缗，而收成之日，所得不过数斗，至有今日完租而明日乞贷者。”[①]

此外，他还揭示了其他严重影响经济发展和社会安定的现象：1. 权量混乱：“夫法不一，则民巧生。有王者起，同权量而正经界，其先务矣。”[②] 2. 经界不正：“经界之不正，赋税之不均也。”[③]“有王者作，谓宜遣使分按郡邑，图写地形，奠以山川，正以经界，地邑民居，必参相得，庶乎狱讼衰而风俗淳矣。”[④] 3. 占田不均：“后魏虽起朔漠，据有中原，然其垦田、均田之制，有足为后世法者。”[⑤] 4. 以钱代赋：“夫田野之氓，不为商贾，不为官，不为盗贼，银奚自而来哉？此唐、宋诸臣，每致叹于钱荒之害，而今又甚焉。”[⑥] 5. 财聚于上：“今日之银，犹夫前代之银也，乃岁岁征数百万贮之京库，而不知所以流通之术，于是银之在下者至于竭涸，而无以继上之求，然后民穷而盗起矣。”[⑦] 在顾炎武看来，只有解决了这些问题，消除经济发展的障碍，社会才能安定，社会治理才能彻底好转。

三　人才是社会治理的保障

顾炎武认为，人才对国家治乱具有十分重要的作用。说：“国家之所以长治而不乱者，人材也。”[⑧]“夫有天下而为子孙之虑者，则必在人才矣。”[⑨] 并引用司马光的话说“为政得人则治”。[⑩] 他建议统治者应注意培

① 《日知录》卷10《苏松二府田赋之重》。
② 《日知录》卷10《斗斛丈尺》。
③ 《日知录》卷10《开垦荒地》。
④ 《日知录》卷10《州县界域》。
⑤ 《日知录》卷10《后魏田制》。
⑥ 《日知录》卷11《以钱代赋》。
⑦ 《日知录》卷12《财用》。
⑧ 顾炎武：《亭林文集》卷2《顾亭林诗文集》，第34页。
⑨ 《日知录》卷9《宦官》。
⑩ 《日知录》卷9《保举》。

养人才，他对董仲舒说的"素不养士而欲求贤，犹不琢玉而求文采"，也非常赞赏，而引用《明实录》的评论，说"此知本之论也"。①

顾炎武曾撰写《生员论》三篇，论述人才培养问题。他开篇就提出设问"国家之所以设生员者何哉?"然后回答说："盖以收天下之才俊子弟，养之于庠序之中，使之成德达材，明先王之道，通当世之务，出为公卿大夫，与天子分猷共治者也。"② 也就是说，国家设立生员的目的，是为了培养优秀的治理人才，辅助天子治理国家的。但现在的八股取士弊端很多，培养人才的效率极其低下，"通经知古今，可为天子用者，数千人不得一也"。国家需要什么样的人呢？他说："必选夫五经兼通者而后充之，又课之以二十一史与当世之务而后升之。仍分为秀才、明经二科，而养之于学者，不得过二十人之数，无则阙之。为之师者，州县以礼聘焉，勿令部选。如此而国有实用之人，邑有通经之士，其人材必盛于今日也。"③

他对八股取士制度进行了猛烈的批判，说："愚以为八股之害，等于焚书，而败坏人材，有甚于咸阳之郊所坑者，但四百六十余人也。"④ "嗟乎！八股盛而六经微，十八房兴而廿一史废！昔闵子马以原伯鲁之不说学，而卜周之衰。余少时见有一二好学者，欲通旁经而涉古书，则父师交相谯呵，以为必不得颛业于帖括，而将为坎坷不利之人，岂非所谓'大人患失而惑'者与？若乃国之盛衰，时之治乱，则亦可知也已。"⑤他认为生员是影响社会治理的是非窝，应该废除生员之名目："废天下之生员而官府之政清，废天下之生员而百姓之困苏，废天下之生员而门户之习除，废天下之生员而用世之材出"。⑥ 废除生员制，可谓好处多矣。那么，"废天下之生员，则何以取士?"顾炎武说：我所说的废除生员，并不是废除人才培养，而是废除当今弊端丛生的生员制。应广开人才选择渠道，不管是不是生员，只要是人才就应招纳和重用。如汉代的辟举制就可参考采用；"请用辟举之法，而并存生儒之制，天下之人，无问其生员与否，皆得举而荐之于朝廷，则我之所收者，既已博矣"，"取士之方，不恃诸生之一途

---

① 《日知录》卷9《人材》。

② 《亭林文集》卷1《顾亭林诗文集》，第21页。

③ 顾炎武：《亭林文集》卷1《顾亭林诗文集》，第21~22页。

④ 《日知录》卷16《拟题》。

⑤ 《日知录》卷16《十八房》。

⑥ 顾炎武：《亭林文集》卷1《顾亭林诗文集》，第22页。

而已也。夫取士以佐人主理国家，而仅出于一途，未有不弊者也”。[①]

他希望人主要“劳于求贤，而逸于任人”[②]，即平日在求贤才方面多下功夫，在任用人才方面表现得很悠闲。有了人才，还应大胆任用，用人要专，做到“用人不疑”：“国家当危乱之日，未尝无能任事之人，而尝患于不用；用矣，患不专；用之专且效矣，患于轻徙其官，使之有才不得遂其用，以至于败，而国随之。”[③] 顾炎武的这些观点，既立足于历史经验的总结，也是意在改革明朝在用人方面的弊端具有很强的现实意义。

顾炎武的人才观，是他社会治理重视人才思想的反映。

四　教化、礼治与法治

顾炎武特别强调社会风气对社会治理的重要性。他说：“目击世趋，方知治乱之关必在人心风俗，而所以转移人心，整顿风俗，则教化纪纲为不可阙矣。”[④] 顾炎武这里说的“人心风俗”，含义比较宽泛，包括人的道德修养、政风、民俗、社会风气等。他把“人心风俗”提到决定社会治乱兴衰的高度，可见他对思想教化等问题看得多么重要。

在《日知录》中，他用了一卷的篇幅，考察“风俗”问题。他认为“风俗衰”是乱之源：“戎王听女乐而牛马半死。楚铁剑利而倡优拙，秦王畏之。成帝宠黄门名娼丙强、景武之属，而汉业以衰。玄宗造《霓裳羽衣之曲》，而唐室遂乱。”[⑤] 这里的“戎王听女乐”“玄宗造《霓裳羽衣之曲》”都是指代的奢靡的政风。君主对政风的好坏是要负责任的：“论世而不考其风俗，无以明人主之功。”[⑥] 另一方面，他又认为，“厚俗”是国家太平兴盛的基础。陆游有句诗他非常欣赏，“倘筑太平基，请自厚俗始”。他批评王安石变法搞乱了“人心”：“后之人但言其农田水利、青苗、保甲诸法，为百姓害，而不知其移人心、变士习，为朝廷之害。其害于百姓者，可以一旦而更，而其害于朝廷者，历数十百年，滔滔之势，一往而不可反矣。李应中谓：‘自王安石用事，陷溺人心，至今不自知觉，人趋利

① 顾炎武：《亭林文集》卷1《顾亭林诗文集》，第24页。

② 《日知录》卷9《保举》。

③ 顾炎武：《亭林文集》卷6《顾亭林诗文集》，第132~133页。

④ 顾炎武：《亭林文集》卷4《顾亭林诗文集》，第93页。

⑤ 《日知录》卷13《家事》。

⑥ 《日知录》卷13《周末风俗》。

而不知义，则主势日孤。’此可谓知言者也。”[①] 顾氏对王安石的批评是否正确，姑且不论，却从中反映了他对风俗的重视。

根据这个观点，顾炎武最重视的是教化，用今天的话说，就是重视思想教育工作。他认为朝廷要带头行教化。他引宋人罗仲素的话指出：“朝廷有教化，则士人有廉耻；士人有廉耻，则天下有风俗。”“教化者朝廷之先务，廉耻者士人之美节，风俗者天下之大事。”[②] 实现这一局面，“清议”和“名教”是重要举措。他说：“天下风俗最坏之地，清议尚存，犹足以维持一二。至于清议亡而干戈至矣。”“设乡校、存清议于州里，以佐刑罚之穷。”“清议”就是指社会舆论。朝廷要重视舆情监督，重视社会舆论对官员的评价。一个人如果受到社会舆论的谴责，这个人在名声上就出现了污点，这个人的仕途就会受到影响。他举例说，两汉以来，乡举里选，“必先考其生平，一玷清议，终身不齿。君子有怀刑之惧，小人存耻格之风；教成于下而上不严，论定于乡而民不犯。”[③] 所谓“名教”，是指以“名”为教，要倡导重“名”的世风。他说：在一个腐败社会中，“无官不赂遗，而人人皆吏士之为矣；无守不盗窃，而人人皆僮竖之为矣。”政风为什么会到这种地步？这与士人从小受到的教育是相关联的。因为他们自幼接受的就是获取官位和利禄的教育。“自其束发读书之时，所以劝之者，不过所谓千钟粟、黄金屋，而一旦服官，即求其所大欲。君臣上下怀利以相接，遂成风流，不可复制。”怎么解决这个问题呢？顾炎武认为，只有提倡名教才能扭转这种风气。因为“名之所在，上之所庸，而忠信廉洁者显荣于世；名之所去，上之所摈，而怙侈贪得者废锢于家。”而晋、宋以来的历史也正是通过提倡名教来解决这一问题。他指出：“晋、宋以来，风衰义缺，故昔人之言，曰名教，曰名节，曰功名，不能使天下之人以义为利，而犹使之以名为利。虽非纯王之风，亦可以救积洿之俗矣。”他引古筹今，意在说明：“名胜于利，则小人之道消；利胜于名，则贪暴之风扇。”他借用范仲淹的话说：“名教不崇，则为人君者，谓尧、舜不足法，桀、纣不足畏；为人臣者，谓八元不足尚，四凶不足耻。天下岂复有善人乎？人不爱名，则圣人之权去矣。”[④]

顾炎武对礼教十分重视。他在与友人的书信中说：“弟少习举业，多

---

① 《日知录》卷13《宋世风俗》。

② 《日知录》卷13《廉耻》。

③ 上引均见《日知录》卷13《清议》。

④ 上引均见《日知录》卷13《名教》。

用力于四经，而三《礼》未之考究。年过五十，乃知‘不学礼，无以立’之旨”。[①]“周公之所以为治、孔子之所以为教，舍礼其何以焉。”[②] 管子说：“礼义廉耻，国之四维，四维不张，国乃灭亡。”顾炎武对管子的这句话非常赞赏，称赞道：“善乎管生之能言也。礼义治人之大法，廉耻立人之大节。”[③]

教化、礼治，基本属于意识形态的范畴，都是用儒家的伦理道德对人们进行思想教育，使之内化于心，再转化为自觉遵守儒家礼法的行为。做到这一步，天下就能太平，当权者的统治也就稳固了。

然而，对于教化、礼治不起作用的人，顾炎武也主张对之实施法治。例如，对待贪官污吏，他就提出要进行严惩。他说：“呜呼！法不立，诛不必，而欲为吏者之勿贪，不可得也。”[④] 对于坏县令，要进行严厉惩处：“令有得罪于民者，小则流，大则杀；其称职者，既家于县，则除其本籍。夫使天下之为县令者，不得迁又不得归，其身与县终，而子孙世世处焉。不职者流，贪以败官者杀……赏则为世官，罚则为斩绞。”[⑤] 他甚至建议把奸臣的名字刻在耻辱柱上，严禁他们的后代子孙入仕，以树之风声，警戒为官者。

五　结语：顾炎武社会治理思想的特点

通过以上论述，我们可以把顾炎武的社会治理思想归纳为以下几个特点：

第一，治理方式的多元化。顾炎武主张在社会治理方面要多管齐下，而不局限于某一方面。为此，他提出的治理措施，既有政治方面的，也有经济方面的，还有社会意识形态方面的。这些措施包括变革治理体制，如重视宗法氏族在治理中的作用，下放权力、强化郡县职能，君权与大臣权力的平衡与统一；变革土地制度、赋税制度，使百姓贫富均衡，避免两极分化；加强伦理道德教育，提高整个社会的道德素养水平。

第二，注重社会和谐。在顾氏的社会治理思想中，处处体现出强调社

---

① 顾炎武：《亭林文集》卷3《顾亭林诗文集》，第60页。

② 顾炎武：《亭林文集》卷2《顾亭林诗文集》，第32页。

③ 《日知录》卷13《廉耻》。

④ 《日知录》卷13《除贪》。

⑤ 顾炎武：《亭林文集》卷1《顾亭林诗文集》，第13页。

会和谐的特色。如人与自然的和谐，人与人之间的和谐，个人与社会的和谐。他提出县令称职的标准是：“土地辟，田野治，树木蕃，沟洫修，城郭固，仓廪实，学校兴，盗贼屏，戎器完，而其大者则人民乐业而已。”[①]其中包括经济的发展、社会的安定、经济基础与上层建筑的协调、人民的幸福满意等要素，好一幅和谐社会的美好景象！

第三，既强调教化厚俗，也主张改善民生。强调“人心风俗”，这是顾炎武社会盛衰论的一个重要观点。为此，他特别重视教化、礼治，以图改良社会风气。然而，如果仅仅是这样的话，他与宋明理学的空洞说教就没有多少区别了。顾氏比他们高明的地方是承认人的私情及个人利益的合理性，注重从现实的物质利益关系思考社会治理问题。因此，他在强调教化厚俗的同时，主张发展生产，改善民生，认为这是天下风俗改良的物质条件。没有这个物质条件，所谓教化之行、风俗之善，都是空谈。

作为封建社会的思想家，顾炎武提出的社会治理思想也不可避免地带有一定的局限性。如他提倡教化本无可厚非，但对所谓三纲五常却不厌其烦地宣扬；他的“寓封建之意于郡县之中”也具有浓厚的宗法色彩。他重视族谱之修撰，并有意写一本姓氏书籍，以“反本族类”。这些复古落后的思想，就是乾嘉时期的钱大昕都觉得迂阔而不可行。当然，与其光彩处相比，这些局限性毕竟是次要的。“取其精华去其糟粕”是对待传统史学遗产的基本原则。对待顾炎武的社会治理思想，同样也应采取这一原则。

---

① 顾炎武：《亭林文集》卷1《顾亭林诗文集》，第13页。

昭梿的史学实践与理学宗尚

刘国宣

（华东师范大学古籍研究所，上海　200241）

摘　要： 昭梿的《啸亭杂录》是在清代中期掌故文献层出之时完成的杰出著作，后世治清史者因其史料赡富，视之为治史取材的"无尽藏"，昭梿本人亦凭借此书博得盛名。《杂录》体现了昭梿的史学实践，有功于乾嘉考据学风行之时，日趋衰落的著史传统的复兴。其经世思想与理学宗尚在一定程度上也可视作此后学术整体转向的序曲。

关键词： 昭梿　《啸亭杂录》　史学实践　理学宗尚

傅斯年对清代乾嘉史学家有所不满，即因彼辈"为避免文网，不敢作近代史料之搜集编纂，而趋于考订史料之一途"。[①] 然而，自乾隆晚期至嘉庆、道光，学界形成了继晚明清初之后"掌故"著述涌现的又一个高峰期，这些著述的作者大都游离于乾嘉考据学派之外，撰述掌故——其中包括了对史料的搜集、编纂、考订、利用——他们往往是有意为之，若明若暗地表达了对朴学典范的反动，如法式善的《清秘述闻》《陶庐杂录》、余金的《熙朝新语》都是其中的代表作品，而昭梿的《啸亭杂录》尤称翘楚。

日本内藤湖南在梳理清代史学史时，对昭梿给予了"清朝掌故学者第一人"的评价。[②] 其实早在壮岁之前，昭梿就以学识"淹博"著称。[③] 龚

---

① 傅斯年：《中、西史学观点之变迁》（未刊稿），台北"中央研究院"历史语言研究所藏"傅斯年档案"。

② 〔日〕内藤湖南：《中国史学史》，马彪译，上海古籍出版社，2008，第349页。

③ 昭梿《蕙荪堂烬余草》卷上《蒙恩授散秩大臣恭纪四律》之一有云："深惭淹博名难副，自笑疏狂习未除。"国家图书馆藏抄本。

自珍在给友人的一封信札中谈到昭梿的博学多闻，称“王于天聪、崇德以降，琐事丕事，皆说其年月不误，每一事辄言其源流，正变分合作数十重，问答不倦”，并深为其史识超卓而“怖服”。[①] 龚氏才雄眼高，在他笔下因学擅“掌故”而获其表彰者大概不过三人，江藩、程同文以及昭梿。三人学问取向有别，方面不一：江氏以朴学名家稔熟学林掌故，程氏则一趋“域外殊族”之学，而以关切当代史事、通晓清朝典章制度而论，则推昭梿。

一 生平、著述与晚年心境

《啸亭杂录》向以史料赡富、考论允当佼然立于清代著述之林，后世研究者固然视之为治史取材的“无尽藏”，作者昭梿也因撰著此书“赢得生前身后名”。在一般的传记资料如姚鼐《礼恭亲王家传》《清史稿》中，昭梿从来被作为父亲永恩的陪衬一笔带过，因而其行实多所阙略。永恩（1719～1797）系清太祖努尔哈赤次子礼亲王代善的五世孙，自幼精习骑射而好学，清高宗倍加赏识。乾隆十七年（1752）袭爵[②]，二十年（1755），“以失察护卫出境之咎，某贵臣嗾之，构成大狱”，幸得高宗宽宥，仅处以夺俸的惩罚，但不久之后永恩仍“以疾罢朝请”[③]，靠诗文音乐自遣，嘉庆二年（1797）卒，著有《诚正堂藁》《律吕元音》等。昭梿（1776～1829）是永恩的独子[④]，字汲修，号檀樽主人、啸亭主人、贳缘老人。乾隆四十一年（1776）二月初七生，母舒穆禄氏。他少承庭训，自幼娴熟弓马，锐意仕进，年甫九岁，就得到高宗赏赐双眼花翎的殊荣。嘉庆七年（1802）十一月封公爵，授散秩大臣，三年后的六月袭封礼亲王。十八年（1813），天理教林清入攻紫禁城，昭梿颇立功勋。不意两年之后，

① （清）龚自珍：《龚自珍全集》第五辑《与人笺》，上海人民出版社，1975，第343～344页。

② 案康熙初，代善孙杰书袭爵康亲王，传四世，至永恩始复爵礼亲王。事见（清）姚鼐：《惜抱轩文集后集》卷五《礼恭亲王家传》，《惜抱轩诗文集》，上海古籍出版社，1992，第307页。

③ （清）昭梿：《蕙荪堂烬余草》卷上《恭挽高宗纯皇帝四律》之三小注，国家图书馆藏抄本。

④ 《清代名人传略》说昭梿及其父永恩的生卒年分别为“1780～1833”和“1727～1805”，皆不知所据。〔美〕A. W. 恒慕义主编《清代名人传略（中）》，中国人民大学清史研究所《清代名人传略》翻译组译，青海人民出版社，1990，第484页。

他便因凌辱大臣景安、滥刑家奴等罪，被指为“妄自尊大，目无君上”而削夺爵位，圈禁宗人府，第二年闰二月始获释（事详《大清仁宗睿皇帝实录》嘉庆二十年十一月、十二月及二十一年闰六月诸条），就此赋闲家中，直到道光二年（1822），才被委以宗人府候补主事，较之他早年的满心抱负，真不啻一种讽刺。九年（1829）十二月二十日，昭梿因“疽发于脑而卒，年五十四”。[①]

他自知“性情褊急”，且“素以清狂著也”[②]——这与他少年得意、兼负才气不无关系，师友对他多所劝诫，可效用甚微。在素重“作圣”的传统中国社会中，“率性”如昭梿，是很难博得清名美誉的。在嘉庆时代，昭梿以“通宾客、矜赏鉴”而“最负时名”。[③] 邓之诚先生指出，“嘉庆帝自怙有过不悛，而好谀，尤恶文士”，昭梿既喜交结汉族士大夫，自然深中其忌，而林清一案有功不赏，“不免怨诽，忌者复中伤之，以至禁废”[④]，所论大致可取。盖自入关之后，清帝深忌旗人汉化，凡与汉族士大夫往还稔密之旗人，仕途多沉郁不畅，非独清仁宗为然。昭梿有一首《偶题》，盖作于获释之初，诗云：

> 孤洁叹累臣，颠危剩此身。荣枯天所赋，谗赞尔何人。故宅花无主，圜扉草不春。朝来慵洗面，惟有泪沾襟。（《蕙荪堂烬余草》卷上）

他的“褊急”“清狂”，不仅陷一身于囹圄，就此被排挤出政治中心之外，也“使先王封爵自余而失”，成为昭梿毕生的“愧耻”。[⑤] 经此巨变，他深自韬晦，耽于诗书，狎近优伶，当初喜好交游的他，渐与外界鲜通声气。其间昭梿的事迹几乎湮没无闻，根据存世的诗作，他晚年多病，且经历了丧妻之痛（《感遇》）。《葺十笏山房诗以纪之》之一云：

> 既病淡虚荣，学道慕清净。筑室远市尘，丘壑自创定。……聊以寄孤怀，敢云希名胜。……检书绎芸签，礼佛击螺磬。庶可息生机，借以养慧性。

---

① 邓之诚：《骨董琐记全编》卷三“礼亲王”条，人民出版社，2012，第101页。
② （清）昭梿：《啸亭杂录》，中华书局，1980，第319、450页。
③ （清）杨钟羲：《铁桥诗话三集》，北京古籍出版社，1991，第351页。
④ 邓之诚著，栾保群校点《骨董琐记全编》卷三“礼亲王”条，第101～102页。
⑤ （清）昭梿：《啸亭续录》卷三“性情之偏”，第450页。

他试图通过“学道”“礼佛”去“息生机”“养慧性”，口中也时时吟咏些“久慕清闲愿近偿”（《夏日闲居》）、“闲云野鹤久相亲”（《闲兴》）的诗句以示恬淡谦冲，但真实的心境却是“剑埋黑狱光仍烛，骥负盐车志不磨”（《感怀》之二）、“少习弓刀老未忘，抚髀清夜自心伤”（《闲兴》）。[①] 立功已不可期，便只剩立言一途可追，太史公《报任安书》中所谓“终不可用，退而论书策，以舒其愤，思垂空文以自见”，轮回般地重现于昭梿一身。

由于家学与所交师友的影响，昭梿笃好经籍，对历代史书及程朱理学浸润尤深。他雅善诗文，袁枚一再以“才力”相许，称其“独写性灵，迥非凡响”[②]；而于史学特具卓识。又性喜藏书[③]，晚年所居十笏山房（北京西直门大街路北），插架森储，典籍充栋，所撰著述的成书端赖于此。关于昭梿的著述情况，杨锺羲曾作如下考述：

> 汲修主人昭梿所辑《礼府志》已成书未梓，诗集二百余篇，皆往体，武进费氏得之以畀伯熙；其文集丛残已甚，在铁龄家，铁龄殁后，图籍散佚，不可究诘；惟《啸亭杂录》行世，耀年所刻多所删节。[④]

自代善至昭梿，亲王的爵位已经相沿八世，《礼府志》一书，顾名思义，盖即昭梿撰述的自代善以来近 200 年的礼王府历史记录，乃其一家之史，并借此寄寓他对先祖的愧疚和对一己遭遇的愤懑，实有深意在焉。杨氏述及的铁龄系晚清宗室，能诗且嗜藏书，昭梿的文集尝经其庋藏，今与“成书未梓”的《礼府志》皆已佚失。[⑤] 其余著作，除《啸亭杂录》之外，

① 诸句皆见于《蕙荪堂烬余草》卷下。

② （清）袁枚著，顾学颉校点《随园诗话》，人民文学出版社，1982，第 775、792 页。

③ 参见（清）昭梿《蕙荪堂烬余草》卷上《近日收买书卷多芸楣参政藏本，感赋四绝》；《啸亭杂录》卷四“昌龄藏书”、卷八“《石仓十二代诗选》”、卷十“书贾语”诸条。

④ （清）杨钟羲：《八旗文经》卷五七《作者考甲》，《中华文史丛书》（第九十）影印清光绪刊本，华文书局股份有限公司，1969，第 1800 页。作为本文探讨中心的《啸亭杂录》，本应就其文献情况做一叙述，但既有研究已相对足备，故而付之阙如。根据《杂录》的记事，可知昭梿晚年一直致力于《杂录》的编撰与修订，终其一生，迄未定稿，更经后人的删改赝作，造成了该书版本系统的混乱。这同时提示我们将《杂录》视为昭梿的晚年心力所萃的著述，并不存在太大问题。详参罗盛吉《〈啸亭杂录〉版本比较初探》，《满语研究》2014 年第 1 期；朱桂昌《清昭梿〈啸亭杂录〉评析》，《云南教育学院学报》1995 年第 6 期。

⑤ 检洪德元辑《文昌帝君阴骘文劝戒编》（嘉庆十五年刻本）、吴贻咏《芸晖馆诗集》二书卷首并冠昭梿序。

唯有《蕙荪堂烬余草》《蕙荪堂集》两种诗集存世。《蕙荪堂烬余草》二卷，今藏国家图书馆，卷首载作者嘉庆二十四年（1819）（己卯）题记云："余少耽吟咏，寒暑不辍，至乙亥冬，手订三十卷，不意身罹罪戾，诗草尽被悍仆焚毁。……今于暇日将记忆者丛录二卷，以存梗概，诗之工拙，不复计也。"可视作昭梿中年的自编诗选。《蕙荪堂集》一卷，今藏上海图书馆，系昭梿晚年手订的诗集残本。全书收诗234首，皆七言古体，杨锺羲称昭梿"诗集二百余篇，皆往体"，即谓此书，《清代诗文集汇编》曾据此影印收入。[①]

二　史学实践：立言于时尚之外

清代考据学的兴盛，造成一种偏重文本考证的史学倾向。陈寅恪曾不止一次地指出清代史学的衰落，尤其与著史、考史并盛的宋代相比，清代史学独重考据的畸形发展，确然呈现出一种"远不逮"的弱势。[②] 牟润孙就陈先生说更为申论，认为"导致清代史学的衰落"的原因在于清廷"以政治领导史学"，其事"起于康熙之禁人写明史，而到了雍正、乾隆则演变为皇帝既不许人记当代之史，又将著前代史的工作全部由官家拿过来"，学人"固不敢著书以记当代之史"，连"著前代史的自由"也大受限制。[③] 于是一世学者，醉心考证，莫不以擘绩补苴、正讹纠谬为职帜，时风所趋，沛然莫之能御。这一时期得享大名的史家是王鸣盛、钱大昕、洪颐煊等考史学家，而以昭梿、法式善为代表的"掌故"学者甚至一向被排除于史家行列之外。李慈铭在读过《啸亭杂录》后，因其"所载国朝掌故极详"，推之"考国故者，莫备于是书矣"，但对昭梿的学术地位一字不著。[④]

① 昭梿诗名不著于后世，如钱仲联先生所编囊括有清一代诗人的《清诗纪事》即未予立目，这与昭梿诗集稀见关系匪浅。诗文而外，昭梿能书善画，但友朋对其书法不甚推重，反而时加揶揄。这只需看昭梿的两个相似的诗题《余素不工书，偶作数字，洪瑞亭孝廉过而嘲之，因赋长句以报》、《余素不善书，偶临池作字，张爱涛太史过而笑之，因作长歌属和，实自嘲也》，俱见于《蕙荪堂集》。

② 陈寅恪：《陈垣元西域人华化考序》，载《金明馆丛稿二编》，三联书店，2001，第269页。《陈垣明季滇黔佛教考序》也有相同的议论，称"中国史学莫盛于宋"。蒙文通在忆及陈先生盛赞"宋代之史学"时表示"深佩其言"，并称"史，宋代乃有学，此学之绝久矣！"蒙文通：《治学杂语》，见蒙默编《蒙文通学记》，三联书店，2006，第44、54页。

③ 牟润孙：《论清代史学衰落的原因》，载《注史斋丛稿》（增订本），中华书局，2009，第678、683页。

④ （清）李慈铭：《越缦堂读书记》史部"杂史类"，上海书店出版社，2006，第445页。

《续修四库全书》列《啸亭杂录》于子部杂家类，也意味着未将《啸亭杂录》视作史书。联系上文引述的龚自珍、内藤湖南的评价，可知后世了解《啸亭杂录》掌故赡富，有资考史，却从不给予昭梿以史家的席位，窃恐未必犁然有当。

“读史者不必横生意见、驰骋议论以明法戒也，但当考其典制之实”，“不必强立文法、擅加予夺以为褒贬也，但当考其事迹之实”[①]，这里王鸣盛所说的“读史之法与读经小异而大同”，代表了当时考史者共同的认识和研究态度，即为考证而考证的学术追求，转使史学与现实脱节。与之相较，昭梿注目当代，诚能飘然于时代学风之外。钱大昕对同时学者视域狭窄是持否定态度的，“自惠、戴之学盛行于世，天下学者但治古经，略涉三史，三史以下茫然不知，得谓之通儒乎！”[②] 但在昭梿的心目中，即使身为“当代考据名家”的钱氏，“乃亦未谙本朝典”[③]，其治学取向迥异时尚，兼又自负其学，可见一斑。龚自珍尝述及昭梿对“国史”体例的意见有云：

> 史例随代变迁，因时而创。国朝满洲人名易同难辟，其以国语为名者，如那丹珠、穆克登布、瑚图礼、扎拉芬、色卜星额、福珠灵阿之类，相袭以万计；其以汉语为名者则取诸福、德、吉、祥之字，不过数十字而止，其相袭以十万计。贤不肖智愚贵贱显晦，后世疑不能明，此读国史之一难也。宜创一体，使各附其始祖之传，合为一篇，则《汉书·楚元王传》例也，而可以代《魏书·官氏志》，可以代《唐书·宰相世袭表》，兼古史之众长，亦因亦创。[④]

这条记载是昭梿思考修史体例的一个侧证，足以指向他对清史撰写的深切关注。他的兴趣既在当代史事，晚年闲居，本可就胸中蕴藏，笔之于书，但有触犯时忌之虞；而乾嘉诸老考史一途，又非意下所喜，其最终以掌故文献的体裁记录当代典制，可以说是在政治与学术之间取其中。[⑤]

① （清）王鸣盛：《十七史商榷序》，上海古籍出版社，2013，第1页。

② 转自（清）江藩《国朝汉学师承记》卷三《钱大昕》，中华书局，1983，第49页。

③ （清）昭梿：《啸亭续录》卷三“侍卫结衔之误”，第465。

④ （清）龚自珍：《龚自珍全集》第五辑《与人笺》，第343~344页。

⑤ 单就通史学而擅掌故这一点来看，法式善与昭梿决属同道，尤其因身份与交游的差异，导致了法式善在当时的声誉尚在昭梿之上。《啸亭杂录》的撰著未必源于法式善的影响，但二人在著述活动中相互砥砺恐未必仅是“想当然耳”。

但《啸亭杂录》并不宜视作单纯的掌故书，盖清人所说的“掌故”之书，介于史、子二部之间，大致与《汉书·艺文志》所记的“小说家”性质相当，即“街谈巷语，道听途说者之所造也”，对学者而言，其文献价值更在于“如或一言可采，此亦刍尧狂夫之议也”。[①] 既然旨在杂缀见闻，传奇志异，那么乏义例之可言，甚至记载失实便属常态，但以此论《啸亭杂录》，实在诬枉莫甚。在《啸亭杂录》卷八“蔡必昌”条末附录了昭梿的一则按语：“《杂录》中不录鬼怪诡诞之语，以为近日奇异小说过多，有意避其窠臼。”[②] 这实际是作者自陈黜虚崇实的义例。《啸亭杂录》记事可据，足以取信于将来，早已得到历代史家的肯定。[③] 其体例不过若干史事、史论的连缀排比，看似零散而无系统，但倘能跳出这一体裁造成的认知限制，《啸亭杂录》实可目为一部自成系统的清代史，所缺者仅是众所周知的历史常识的填充而已，至于一以贯之的著述义例更使其迥异于一般意义上的掌故书。[④]

昭梿衷心推敬司马迁，“千古龙门真巨眼”（《蕙荪堂烬余草》卷下《读屈贾列传》）的赞誉，在他笔下实属仅见；他比较过王横云《明史稿》和官修《明史》后，觉得某些方面二书“殊有愧于龙门”[⑤]，实际上也从侧面表达了同样的感情。且不论司马迁的绝代史才，即使因为自己的遭际与晚年心境，昭梿也容易将身罹奇祸、发愤著书的太史公引为异代知音。他撰写《啸亭杂录》，完全出于一种“述故事”（《史记·太史公自序》）的自觉的著史意识；他记录当代典制，尤重关乎世运者，传人叙事，务使庸行罕于奇迹；他秉持着系统的历史批评话语，并将一己遭际慨叹再三寄寓书中，所有这些著述品格，与《史记》颇有几分相似。

与司马迁颂扬汉代大一统一致，昭梿对清朝也极尽推美之能事，将半带虚想的诠释掺杂于历史叙述之中，以致表现出一种带有“自恋”意味的

---

① 陈国庆：《汉书艺文志注释汇编》，中华书局，1983，第163页。

② （清）昭梿：《啸亭杂录》卷八“蔡必昌”条，第261页。

③ 魏源利用《啸亭杂录》编纂《圣武记》，称“此《录》十卷中，惟超勇亲王光显寺一篇……颠倒舛错”，与李慈铭所指出的《杂录》虽有错误但绝无杜撰，大致相同。（清）魏源：《圣武记》卷十二《武事余记·掌故考证》，中华书局，1984，第493页。可以这么说，昭梿在当时选择掌故体裁，对《啸亭杂录》的流传无损，但换在康乾时代则恐未必然，这里存在一个对待掌故书的观念转移问题，因溢出本文讨论范围，暂置不表。

④ 邓之诚云：“《啸亭杂录》，题名汲修，实门客代撰。”笔者尽力钩稽史乘，未详其所据。邓氏语出《永宪录跋》，附于中华书局点校本《永宪录》卷末，2007，第423页。

⑤ （清）昭梿：《啸亭续录》卷三“明史稿”，第437页。

文化情结。他倾倒于清朝的典制，视若历代之典范，如称清代勋爵制度“较迈汉唐之制远矣”，廷寄制度“实一代之良法，较诸前代纶音未降而舆隶咸闻者，真不啻霄壤之别也”，他借友人之口称道“本朝人才之盛，为前代所不及”，甚至连满人的跳神旧俗也是“沿古名堂之旧制”而来的。[①]但他绝非徒事阿谀，在这种推美、倾倒的基调之下，昭梿对整个清帝国的国运怀抱着一种忡忡忧心。他早年汲汲仕进，本具浓重的经世思想，这可能更促使他“不虚美，不隐恶”地本诸当身实际，秉笔直书，如实展现乾隆晚期以来权贵贪虐、士风不振、民生凋敝的社会情状——这是对后世研究者最具史料价值的“当代史”记录，在昭梿本人却有“不得不如是之苦心孤诣”（陈寅恪语）在焉。张维屏称颂赵翼“所撰著均能使人增益见闻，通知时事，较之断断考据于无用之地者，似为胜之”[②]，盖赵翼考史之作，多能隐而不显地寄寓时事，但拿这句话形容昭梿恐怕更为合适。

《啸亭杂录》中编排入大量的史论，讨论的史事集中于北宋至明末，尤其侧重于宋—辽金、元—明的民族关系的讨论上，这正是时人“茫然不知”亦不为的历史段落，大有人弃我取之意。满洲源出于女真，昭梿探讨宋金史事，实系观照当身的满汉关系，因而处处体现出扬金抑宋的倾向也就再自然不过，比重稍逊的元明史论亦作如是观。本来，乾嘉学者在历史讨论中大都有意地淡化民族观念，造其极者如凌廷堪的相关史论，譬之深惜金太宗坐失灭宋之机，蒙元不用扩廓而使明太祖坐大，等等，读之令人咋舌。[③] 昭梿的史论与此颇多同道之味，但身为清朝宗室，在“汉”“夷”之间采取一种尊“夷”的立场，似不可与凌廷堪之辈等而视之，何况这些史论的编排，除了“立言”，或更出于一种为清朝谋其正统的需要，与颂赞清朝的言论份属同调。由评古转而论今，昭梿则贯彻了以理学臧否予夺的伦理化批评。

吾国史论，始于《左传》而成型于《史记》，旨在就历史上的人物事件“盖棺定论”，西方史家每谓之本乎道德观点而就史事空发泛论，不过

---

① 分见《啸亭杂录》卷十“世禄品级禄米”、《啸亭续录》卷一“廷寄”、卷三“古史笔多缘饰”、“满洲跳神仪合于禘祭”诸条，第329、399、450、468页。

② （清）张维屏：《听松庐文钞》，转引自《国朝诗人征略》卷三十八“赵翼”，《清代传记丛刊》（第22册），明文书局，1985，第300页。

③ （清）凌廷堪：《校礼堂文集》卷三十一《书金史太宗纪后》《书元史陈祖仁传后》，中华书局，2006，第277、279页。

政治或伦理的历史解释（political and ethical interpretation of history），[①] 诚为有见。昭梿记录当代史，并没有特别设置论赞，但本诸程朱礼教对历史人物或事件进行批评解释，则全袭传统史学之旧轨。《蕙荪堂集》《蕙荪堂烬余草》中大量存在的交游诗，为我们展现了昭梿广博的交游世界，依据这些诗篇，我们进而发现，凡著录于《啸亭杂录》中的与昭梿同时代的人物，几乎全部与之有交，所记内容足以视作第一手材料，这也就增重了《杂录》作为信史的砝码，但同一人物分别出现在诗人与史家的笔下，却往往具有不同的面目。如"削胃蒸羊能啖饭"的"诗龛老叟"法式善，在昭梿诗中，他意态潇洒，"春风携杖来庭除，手捧酪奴酣水战。谈天说项意简傲，妙口纷葩骋雄辩"（《挽法时帆》），一旦进入《杂录》，即面目迥异：

> 法时帆祭酒与予交最笃，……然性吝啬，自诸生起家，终身未居要官，及没时，家赀八万，……予书室以纱糊窗，先生见，责曰："何暴殄物力至此？"尝与先生坐谈至午后，出粽食之，其糖皆闇然若漆，而先生食之甚甘，亦可觇其俭也。[②]

法式善自俸菲薄，在出身豪贵的昭梿看来未必真是"美德"，虽然整段文字都以赞赏的口吻出之，但恐怕称其"吝啬"始是真心。再如《挽刘文清公》云：

> 公乃禀华胄，青年材绰约。礁郡典白下，清俭世昭灼。父老争颂黄，儿童公迎郭。政暇工临池，翩跹如舞鹤。……晚年登黄扉，锋锐尽敛削。滑稽效东方，恬旷退西洛。不慕养生术，耄年犹矍铄。一旦坐委化，形躯龙蜕若。……余生幸仰企，训迪语嗃嗃。心伤老成人，付膺清泪落。

诗人"心伤"前辈刘墉的去世，笔之于诗，但这份蕴含的"仰企"之情在《啸亭杂录》中便深加隐藏：

> 及入相后，适当和相专权，公以滑稽自容，初无所建白。纯皇召见新选知府戴某，以其迂疏不胜方面，因问及公。公以"也好"对

① W. G. Beasley and E. C. Pulleyblank, eds., *History of China and Japan*, 1961, p. 136.

② （清）昭梿：《啸亭续录》卷四"时帆之吝"条，第481～482页。

之，为上所斥。谢芗泉侍郎颇不满其行，至以《否卦·彖辞》诋之，语虽激烈，公之改节亦可知矣。①

一人两面，源于“诗”“史”不同的笔调，也许在昭梿看来，诗为心声，是诗人真实情感的直接表达；史系实录，需摒弃私情，且往往要在纪实之余，对所记人物加以史家的评判，是以“两手分书，一喉异曲”②。其权衡的标准则在理学——这一标准左右了史家对人物的评判。

评判的标准既已设定，当昭梿以史家的身份记事立传，便收起了真性情。在《啸亭杂录》中，凡学宗程朱、品行端方者均被昭梿划入正人的群体中，盛加褒扬，如“立朝侃然”而尚理学的刘统勋、“好宋儒书，每日恒置一编相对”的顾琮、“幼读宋儒之书”的松筠、“老而归于理学”的唐嵩龄。而一旦于出处进退之间有违于程朱礼教，则必斥之，如闵鹗元“初任皖时，以廉洁自重，布衣蔬食，接见僚属必谈性理，《近思录》诸书背诵如泻水状”，这本与昭梿的文化认同契合，“及抚吴日，颇改前节，苞苴日进，动逾千万”③，自然免不了史家的笔伐了。如此，上文所举法式善、刘墉的例子也就不难理解，法式善的俭朴纵非昭梿意下所喜，但因合乎程朱礼教，即汲汲推崇；而刘墉虽是昭梿衷心爱敬的前辈，因其“改节”，在出处进退之间不克始终如一，也就不得不违心地缀上几句贬语。

三 理学宗尚：有宗主而无门户

对清代学术至关重要的汉宋关系在当时洵属全国性的语境。盖在清人心目中，“宋学”与“理学”是基本可以等同的两个名词，所谓“宋学”实即摒除了陆、王之学后，以程朱理学为中心的宋代学术，但清代的“宋学”更多偏向理学中立身行己的品格修养与处世姿态，至于宋人常常论及的夷夏之防、王霸之辨、谋于事功，因清朝的政治导向与压力，便很少见诸清人的言论。昭梿生活的乾隆晚期至道光初期，清代学术正经历着由“精”至“新”的转型（王国维语）。当乾嘉时代，一世学者群尚考据，对知识研究的兴趣完全凌驾于道德事功之上，宋学已然退居较为边缘的位置，然而途穷必变，随着嘉道时期因内忧外患而造成的经世思想的弥漫，

① （清）昭梿：《啸亭杂录》卷二“刘文清”条，第53页。

② 钱锺书：《管锥编·史记会注考证》，《钱锺书集》，三联书店，2007，第451页。

③ （清）昭梿：《啸亭杂录》卷八“闵抚军”，第240～241页。

汉学的绝对优势虽尚存，但衰退之象亦现，由于空间的盈伸，宋学顺势有了复苏之态。

虽然理学在清朝立国之后成为官方的意识形态，但就昭梿的言论中，我们实难看出他为清朝代言说法的意向。换句话说，对理学的宗尚基本可视作他个人的文化取向。这固然与其所处时代学风不无关系，但家学与交游的影响决然起到深切著明的重要作用。昭梿一再称述永恩的言传身教："先恭王袭爵垂五十年，其勤俭如一日，不好侈华，所食淡泊，出处有恒，虽盛夏不去冠冕"；"先恭王性刚直，某相国当权时，与余邸为姻戚，先王恶其人，与之绝交。……素喜刘文正、裘文达、曹文恪诸公，每训梿必以诸城为式"。[①] 已隐然呈现出一种理学家风。顺带一提，昭梿以理学褒贬人物的批评话语明显受到永恩的影响。（如对余杭人张宾鹤，永恩"喜其才而诮其品，尝曰：'使云汀读宋儒一篇书，其怪癖当不至是。'"[②]）至于与昭梿交往甚密的师友如韩是升、姚鼐、法式善、鲍桂星、谢振定、吴赓枚等，均是在汉学家群体之外而较近于宋学的人物，对于昭梿的理学取向，若辈影响也至为深巨，尤其以韩、吴二家为然。

另一方面，昭梿本人的理学宗尚与现实中学术生态的悬殊，或许更激发他对汉宋之争采取一种倾向后者的立场。他在《啸亭杂录》中记称：

> 余尝购求薛文清《读书记》及胡居仁《居业录》诸书于书坊中，贾者云："近二十余年，坊中久不贮此种书，恐其无人市易，徒伤赀本耳！"[③]

当时尊朱的朝鲜南学派人士购书于琉璃厂，也每每以"此行求朱子书不得"为恨。[④] 理学书长期不见售于书商，其实正是理学衰微至极的结果。昭梿观察到，"近日士大夫皆不尚友宋儒，虽江浙文士之薮，其仕朝者无一人以理学著"，"迂者株守考订，訾议宋儒，遂将濂洛关闽之书，束之高阁，无读之者"。[⑤]

---

① （清）昭梿：《啸亭杂录》卷二"先恭王家训"条，《啸亭续录》卷二"先恭王之正"条，第41，413页。

② （清）昭梿：《啸亭杂录》，第41、405、413页。

③ （清）昭梿：《啸亭杂录》卷十"书贾语"，第317～318页。

④ 〔朝鲜〕柳得恭：《燕台再游录》，《燕行录》第60册，第237页。

⑤ （清）昭梿：《啸亭杂录》卷十"满洲二理学之士""书贾语"条，第317、318页。此处对原文标点稍有损益，特此申明。

这一取向极富功利性，昭梿并不强调理学的学术、事功两端，而独重士风一面。对嘉道以来的理学复兴现象，他并不太乐观，盖“自乾隆中，傅、和二相擅权，正人与之梗者，多置九卿闲曹，终身不迁，所超擢者，皆急功近名之士。故习理学者日少，至书贾不售理学诸书”，虽然“近年睿皇帝讲求实学，今上复以恭俭率天下”，使得“在朝大吏，无不屏声色，灭驺从，深衣布袍，遽以理学自命矣”。[①] 事实上，清代理学的衰落更主要的还是学术自身新陈代谢的结果，昭梿因特重士习风气，在有意无意之间夸大了政治对学术的作用，未足深据，但他察知当时虚伪士习的行不由本，确属有识。或因此，对清代前期的理学繁荣，他语语道出憧憬之情：“本朝崇尚正道，康熙、雍正间，理学大臣颇不乏人”；康熙朝“宋学昌明，世多醇儒耆学，风俗醇厚，非后所及也”；乾隆初“一时辅佐之臣……皆理学醇儒，见识正大，故为一代极盛之时也”。[②] 传统士人每当对目下失望、对现实无奈时，往往以一种对昔日景况的怀想稍遣忧郁。这里表现出的对现实的关怀和焦虑是显见的，而其焦虑所在正是理学衰微后风习不振，秩序陵替。进一步讲，起码在昭梿看来，理学是整合社会秩序的有效途径，这与清代前期皇权以理学垄断意识局面的成功经验关系至深。[③]

钱穆指出，“道咸以下，则汉宋兼采之说渐盛，抑且多尊宋贬汉，对乾嘉为平反者”。[④] 其实早在乾隆中叶，就已存在着“兼采”或者“调停”汉宋之争的言论，纪昀即是显例，但同为调停之说，其隐含的真实意义与“道咸以下”的“尊宋贬汉”之说大不相类。细绎昭梿评骘汉宋学术的言论，颇合章学诚所说的“学者不可无宗主，而必不可有门户”之旨。[⑤] 对于两种学术范式的并存，昭梿采取尊宋的取向，已如上述，对汉学的评价虽明显不高（如对王鸣盛、洪亮吉等汉学家颇著微词），但基本不取公然对立的姿态。恰恰相反，对朴学考据家法，昭梿实能知其甘苦，就其个人的治学来看，也并未能完全摆脱琐碎饾饤的“考据癖”，《啸亭续录》卷二

① （清）昭梿：《啸亭续录》卷四“理学盛衰”条，第503页。

② （清）昭梿：《啸亭杂录》卷十“本朝理学大臣”，卷一“崇理学”“纯皇初政”诸条，第318、6、13页。

③ 参见葛兆光《中国思想史》（下）第三编第三节《考据学的兴起：十七世纪中叶至十八世纪末知识与思想世界的状况》，复旦大学出版社，2001。

④ 钱穆：《中国近三百年学术史》，商务印书馆，2006，第1页。

⑤ （清）章学诚著，叶瑛校注《文史通义校注》卷五《浙东学术》，中华书局，2011，第523页。

“小说”条云：

> 《水浒传》官阶地理虽皆本之宋代，然桃花山既为鲁达由代郡之汴京路，何以三山聚义时，反在青州？北京之汴，不过数程，杨志奚急行数十日尚未至，又纡至山东郓城何也？此皆地理未明之故。[①]

这便是一例显证。对包括钱大昕、赵翼等一流学人的考据学著述，昭梿能察知其具体结论的谬误，至称钱大昕“所讲字书，株守许氏《说文》，别解者皆遭排斥”而指其“取择颇褊窄”[②]，更属有识之见。就此论之，昭梿对理学的信奉宗尚和对汉学的兼容不弃，颇有些东吴惠氏“六经尊服郑，百行法程朱”的意味，前者更多寄寓着其经世的思想，后者则偏向治学的方法层面。较之同时代的江藩、方东树等人拘执门户之见的议论，其识解远为平正。

四　结语：清代学术史上的昭梿

昭梿的理学宗尚寄寓在历史叙述之中，而历史批评则一本理学，二者浑融互见，不可独取一面论之。上文所及，仅就昭梿的史学实践和思想倾向略作阐述，笔者无意滥施“同情”，强做昭梿的解人，而持奇诡偏激之论，凿空逞臆，仅仅从读书人的角度，重就昭梿的传世文字，悉加考索，以自验往年的理解是否周全，并就此增进对清代学术的整体认知。走笔至此，敢就昭梿在清代史学和思想上究竟应如何定位的问题试做一总结，顺终吾篇。

王国维概述清代学术的三次转型，以为“国初之学大，乾嘉之学精，道咸以降之学新”，若就治学内容而言，所谓道咸以降的新学即经学方面的“言经者及今文”与史学方面的“考史者兼辽金元，治地理者逮四裔”。[③] 若就思想倾向观之，道咸新学的主要特点即是“崇宋学”[④]，经世思想的弥漫与理学的复兴演为这一时期主要的社会思潮。当19世纪初期，

---

① （清）昭梿：《啸亭续录》卷二“小说”条，第427页。

② （清）昭梿：《啸亭杂录》卷七“钱辛楣之博”条，第222页。

③ 王国维：《沈乙庵先生七十寿序》，见傅杰编校《王国维论学集》，云南人民出版社，2008，第485页。

④ 参见罗志田《道咸“新学”与清代学术史研究》，罗先生文是为徐亮工编校的《中国近三百年学术史论》所作的导读，冠于徐编卷首，上海古籍出版社，2006，第12页。

西方势力固未入侵，清帝国尚能勉力维持表面的盛世之象，而昭梿已隐怀索靖之忧，“值其气机触会，探演微隐以示来者”。[①] 他编撰《啸亭杂录》的史学努力，有功于中国史学上黯淡已久的著史传统的复兴；他的经世思想与理学宗尚在一定程度上可视作此下学术整体转向的序曲。我们无须夸大昭梿在清代学术史、思想史上的地位与作用，且他的言论不必也不宜完全看作是他个人的“孤明先发”，而实系 19 世纪早期中国知识界文化取向的一个镜像、一个映射。

① 陈寅恪：《俞曲园先生病中呓语跋》，《寒柳堂集》，上海古籍出版社，1980，第 146 页。

中国近现代史学研究

章太炎的国学观与其国学教育实践

周励恒
（南开大学历史学院，天津 300350）

摘　要： 章太炎是近代意义“国学”的提出者，对国学的内涵及作用有着独到的见解。在他的心目中，国学不仅是高深的学术，而且承载着民族的记忆与血脉，能够起到塑造国民精神的巨大作用，是必须予以保存并发扬光大的民族瑰宝。章氏本人除精研国学外，还是一位国学教育家，一生讲学不辍，形成了一套独特的国学教育思想和方法。他的国学教育理念对现代国学教育富有启示意义，值得当下开办的国学班、国学院借鉴。

关键词： 章太炎　国学观　讲学　国学教育　现代意义

对章太炎，可冠以许多名号，如经学家、史学家、音韵学家、乾嘉考据学殿军等，但每种名号都不足以涵盖他的全部学术。其实，章太炎一生都在讲国学，“国学”最能体现他的学术特色。研究他的国学思想，对深化章太炎研究以及20世纪的国学思潮，无疑是抓住了要穴。章太炎虽然是现代国学的奠基人之一，但他追求的是“通儒之学”，只有跳出具体分科，以他的国学思想或国学观为研究对象，方可准确揭示其学术旨趣。章太炎还是一位国学教育家，一生多次讲学，培养了众多学术人才。因此，探讨章太炎的国学观及其国学教育①，对章太炎研究及当代国学教育，均有重

---

① 关于本论题的研究，相关成果有孟琢《章太炎的国学概念及其品格与精神》，《暨南学报》2012 年第 6 期；蒋国葆《章太炎国学观述评》，《孔子研究》2012 年第 4 期。有关章太炎国学致用方面的研究，可参考吴湉南《章太炎“国学”之用探析》，《郑州航空工业管理学院学报》2010 年第 1 期。

要的学术意义。

一　章太炎的国学观

探究章太炎的国学观首先要明确他对国学概念的厘定。在他的有关著作中，出现过“国粹”“国故”“国学”等不同的概念。在以章太炎、黄节、邓实等人为首的国粹派学者看来，“国学”是一个有别于“君学”的概念，指的是中国的传统文化和传统学术。“君学”就是“以人君之是非为是非者”，是维护君主专制统治的工具。所谓国学，就是要“不以人君之是非为是非”①，有反专制的意味，而且他们认为“国学”中蕴含了民族文化的精粹，而“君学”则是阻碍中国文化进步的绊脚石。

章太炎对国学所包含的内容有自己的独特看法。1906 年东渡日本后，他阐发了研究国学的紧迫性②，很快成立了“国学讲习会”。他曾与宋教仁商议讲习会办学的相关事宜，宋氏在日记中记载了章太炎对国学讲习会具体科目的设计：“枚叔言国学讲习会已经成立，发布章程，其科目分为预科、本科。预科讲文法、作文、历史，本科讲文史学、制度学、宋明理学、内典学。”③ 1908 年章氏在《民报》馆讲学，主要内容也是“中国之小学及历史”，并认为这是“中国独有之学”④。

1913 年章太炎在北京共和党党部开国学会演讲时，所讲内容有诸子学、文学、小学、史学、玄学。1922 年，章太炎在上海讲授国学，共分十讲。在这次演讲中，章氏将国学简要分为了三大部分，即经学、哲学、文学。1935 年他在苏州开办“章氏国学讲习会”，分门讲演，由弟子将所讲内容笔记，汇集成章，有《小学略说》《经学略说》《史学略说》《诸子略说》《文学略说》五部分。可见在章太炎看来，中国的“国学”包括诸子学、经学、文学、历史学、宗教学、哲学等内容，且内容前后差异不大，唯有佛学在后来的国学讲习中被淡化。

---

① 邓实：《国学无用辨》，《国粹学报》第 3 卷第 5 期，1907 年。

② 章士钊在《国学讲习会序》中说：“吾闻处竞争之世，徒恃国学固不足以立国矣，而吾未闻国学不兴而国能自立者也。吾闻有国亡而国学不亡者矣，而吾未闻国学先亡而国仍立者也。故今日国学之无人兴起，即将影响于国家之存灭，是不亦视前世为尤岌岌乎？”见章士钊《国学讲习会序》，《民报》第 7 号，1906 年 9 月 5 日。

③ 宋教仁：《我之历史》，载陈旭麓主编《宋教仁集》，中华书局，2011，第 654 页。

④ 张庸：《章太炎先生答问》，《南通师范学校校友杂志》1912 年第 2 期，转引自刘萍、李学通主编《辛亥革命资料选编》第 1 卷，社会科学文献出版社，2012，第 36 页。

和“国学”相比，章太炎对“国粹”内涵的论述则更加侧重中国的语言文字和历史，因为这是中国所特有的学问。他指出，“群之大者，在建国家、辨种族。其条例所系，曰言语、风俗、历史。三者丧一，其萌不植”①，认为这是人类社会成立国家、区别种族的标志。1906 年在东京留学生欢迎会的演说里，章太炎又强调要用宗教和国粹来增进国民的革命感情。这里的“国粹”，广义上指的是中国的历史，“其中可以分为三项：一是语言文字，二是典章制度，三是人物事迹”②。总的来说，在章太炎心中，中国历史和语言文字是“自以己国为典型，而不能取之域外”③，而且为“国之特性，不可失坠”④ 的。章氏对“国粹”的定义自始至终没有什么变化，并终生为保存国粹而奋斗。

“国故”一词在中国古代有“国家的重大变故”的含义⑤，在晚清又延伸出了“朝掌国故”，即典章制度的含义。最早赋予“国故”以现代意义的是章太炎。他 1903 年在上海监狱所作的《癸卯狱中自记》中写道：“国故民纪，绝于余手，是则余之罪也。”⑥ 1910 年他著成《国故论衡》，将语言文字学、文学、诸子学等科目纳入“国故”的范畴，扩展了“国故”一词的含义，使这个新名词迅速在学界普及。胡适曾盛赞“国故”一词的提出，“‘国故’的名词，比‘国粹’好得多。自从章太炎著了一本《国故论衡》之后，这‘国故’的名词于是成立。如果讲是‘国粹’，就有人讲是‘国渣’。‘国故’（National past）这个名词是中立的。我们要明现在社会底情况，就得去研究国故”⑦。乍看之下，“国故”与“国学”概念似乎无多大区别，但章太炎之所以新提出“国故”的概念，除了强调国学研究外，还有重视传承中国文化传统的含义，体现出他“存亡继绝”的使命感⑧。

---

① 章太炎：《哀焚书》，载《章太炎全集·訄书（重订本）》，上海人民出版社，2014，第 328 页。后文所引《章太炎全集》皆为此版本，不再重复注明。

② 章太炎：《东京留学生欢迎会演说辞》，马勇编《章太炎讲演集》，河北人民出版社，2004，第 7 页。后文所引《章太炎讲演集》皆为此版本，不再重复注明。

③ 章太炎：《自述学术次第》，《制言》第 25 期，1936 年 9 月。

④ 诸祖耿：《记本师章公自述治学之功夫及志向》，《制言》第 25 期，1936 年 9 月。

⑤ 孙希旦《礼记集解》中引刘敞的解释曰：“有国故者，谓凶、札、师旅也。”见孙希旦《礼记集解》，中华书局，1989，第 560 页。

⑥ 章太炎：《癸卯狱中自记》，载《章太炎全集·太炎文录初编》，第 145 页。

⑦ 胡适：《研究国故的方法》，《东方杂志》第 80 卷第 60 号，1921 年 8 月。

⑧ 参见卢毅《“整理国故”运动与中国现代学术转型》，中共中央党校出版社，2008，第 21 页。

在章太炎的国学体系中，小学和历史学始终占据核心地位，是章氏国学的基础，也是他所认为国学中最有价值的部分。章太炎是第一个将小学从经学附庸提高到独立的语言文字学地位的学者①。1906年他在东京开办“国学讲习会”时就呼吁把小学独立出去，指出“今欲知国学，则不得不先知语言文字。此语言文字之学，古称小学”，“今日言小学者，皆似以此为经学之附属品。实则小学之用，非专以通经而已。周秦诸子，《史记》《汉书》之属，皆多古字古言，非知小学者，必不能读。若欲专求文学，更非小学不可”②。他提出小学不仅有助于理解经学，而且是“一切学问之单位之学”③，尤其是作文，更需要小学的功底④。在日本期间，除了为学生们传授《说文解字》等小学经典外，章太炎还在语言文字学研究上取得了极大的成就，他的代表作《小学答问》《新方言》《文始》都是在这一时期著成的。章太炎本人最得意的学术成就之一也是小学，他曾经说自己的学术成果中“独《齐物论释》《文始》，千六百年未有等匹。《国故论衡》《新方言》《小学答问》三种，先正复生，非不能为也”⑤。在章太炎的努力下，小学逐渐摆脱了经学附庸的地位，与文学、历史等学科建立了广泛的联系，扩大了其应用范围。

章太炎极为重视历史的传承和研究。他认为一定的历史知识是人人应该具备的基本素质，在乱世中尤其需要加强历史教育，以使国人养成热爱国家、民族的自觉。⑥他本人虽不以历史研究见长，却是中国史学从传统向现代转换过程中的一位重要推动者。⑦章氏早年曾对中国传统史学展开过批判，指出“传统史学的最大毛病是缺乏对历史事实的归纳，从传统史学著作中找不到历史演变的原理”⑧。他早年也曾对西方的史学理论抱有浓

① 参见孟琢《章太炎的国学概念及其品格与精神》，《暨南学报》2012年第6期。
② 章太炎：《国学讲习会略说》，载张昭军编《章太炎讲国学》，东方出版社，2007，第8页。后文所引《章太炎讲国学》皆为此版本，不再重复注明。
③ 章太炎：《国学讲习会略说》，载张昭军编《章太炎讲国学》，第9页。
④ “要之，文辞之本，在乎文字，未有不识字而能为文者。加以不明训诂，则无以理解古书，胸中积理，自尔匮乏，文辞何由深厚?”，见章太炎《国学讲习会略说》，载张昭军编《章太炎讲国学》，第9页。
⑤ 章太炎：《与龚宝铨》，载马勇编《章太炎书信集》，河北人民出版社，2003，第586页。后文所引《章太炎书信集》均为此版本，不再另行注明。
⑥ “致用之学，为乱世所当预储。历史知识，譬如稻米面麦，其味不如珍馐，时当荒歉，则极宜储蓄矣。”见章太炎《对重庆学界的演说》，载马勇编《章太炎讲演集》，第73页。
⑦ 见张昭军《章太炎与中国史学的现代性转换》，《天津社会科学》2014年第4期。
⑧ 见方光华《论章太炎史学思想演变的三个阶段》，《哲学与文化》1993年第4期。

厚兴趣，但仍坚持研究历史要“依自不依他”[①]，重视中国历史自身的内在理路，打破对西方理论的迷信，并且对时兴的“新史学”思潮进行了深刻的反思，指出了其中的问题，坚持在尊重中国历史的特殊性的基础上吸收西方理论，体现出实事求是的学风和真正的科学精神。

此外，诸子学也是章太炎国学中的一个重要组成部分。晚清时期诸子学成为学术界一个新的关注点，章太炎自然也对其倾注了相当的精力，亦取得了丰硕的成果。胡适评价章氏的诸子学研究说：“到章太炎方才于校勘训诂的诸子学之外，别出一种有条理系统的诸子学。”[②] 章氏本人对其诸子之学亦十分自信，视之为“绝学”。他曾说自己的经史小学“传者有人”，文章则弟子们“各有造诣，无待传薪”，唯有诸子哲理“恐将成广陵散耳”[③]。但在晚年的国学教育实践中，他对诸子学有刻意淡化的倾向，着重突出历史学的地位，认为“国学不尚空言，要在坐而言者，起而可行”，“若论运用之法，历史更为重要”。[④]

章太炎的国学思想及国学教育饱含着爱国精神，其国学思想中始终不变的则是保存国粹的文化使命与自觉。章太炎的国学研究与社会环境具有紧密联系，在辛亥革命前有着鲜明的革命性与民族主义的特点，与革命活动互相交织。深厚的国学功底和一定的西学素养，使他成为革命阵营里举足轻重的学者。主笔《民报》后，革命派因他的加盟，理论宣传力量大大增强。他从学理上批判保皇派改良思想的学术基础，揭示民族矛盾，呼吁民族革命，并从哲学的角度来丰富革命理论，增强了革命思想的说服力和合法性，在广大知识分子阶层中产生了深远的影响，引起了强烈的共鸣，对传播革命思想发挥了不可磨灭的巨大作用。对于渴求新知的广大留日学生来说，学识渊博、学贯中西的章太炎极具号召力，他所提倡的研究国粹以救亡图存的主张在留日学生中备受欢迎。

章太炎受顾炎武影响十分明显，对其“甄明音韵，纤悉寻求，而金石遗文、帝王陵寝，亦靡不殚精考索，惟惧不究，其用在兴起幽情，感怀前德”[⑤]，以学术研究寄托和发扬民族情感的做法深表赞同，认为保存国粹是

① 章太炎：《答铁铮》，载《章太炎全集·太炎文录初编》，第 393 页。
② 胡适：《中国哲学史大纲·导言》，载《胡适文集》第 6 卷，北京大学出版社，1998，第 181 页。
③ 朱希祖：《致潘承弼》，载《朱希祖书信集》，中华书局，2012，第 307 页。
④ 章太炎讲，诸祖耿记《历史之重要》，载《章太炎国学讲演录》，中华书局，2013，第 9 页。
⑤ 章太炎：《与梦庵》，载马勇编《章太炎书信集》，第 233 页。

民族复兴的关键，国学与民族独立、国家富强息息相关。他曾说："释迦氏论民族独立，先以研求国粹为主，国粹以历史为主"，"余故致命于国粹者，闻释迦氏之言，知梵、汉之情不异，窃沾沾自欣幸，常以语人。"① 辛亥革命后他回忆当年的革命事业时也说："兄弟从前主张推倒满清，所以要研究国学；因为我们研究国学，所以要推倒满清。研究国学与推倒满清，表面看来是两项事，其实就是一项事。"② 其"国学救国"的思想，可见一斑。

要而言之，"国粹""国故""国学"，章太炎都使用过，显然有其相通之处。章氏并未刻意说明它们之间的差别。在激烈反满时代，他强调用"国粹"激励"种姓"；在20世纪20年代前后，他提倡国故有担心欧化过甚、中国自身文化失坠之意；20世纪30年代，在日本帝国主义不断加紧侵略的形势下，他讲国学，更强调国学对激发爱国心、救亡图存、民族复兴的作用之意。他对国学的论述，主要是从赞美的立场，讲其中的优秀部分，与梁启超在20世纪初激烈的反传统迥然不同。章太炎的国学与他的民族主义思想有一定的关联，早年带有狭隘民族主义色彩。随着民主共和的实现，狭隘民族主义色彩逐渐退化，反对外国侵略成为其国学讲习的精神内核。

二 章太炎的国学教育实践

章太炎有自己的国学观，在国学教育方面也有突出的贡献。他长期以来一直坚持讲授国学，其讲学可分演讲、讲习两种形式。演讲指的是就某一国学具体问题所做的单次讲座，讲习则是对国学作比较有体系的讲授。

章太炎正式开始讲演国学是自1906年东渡日本后。章氏因"《苏报》案"在上海被监禁3年，至1906年6月29日出狱。重获自由后，他立即被同盟会派人接往东京，共图革命大业。在东京留学生组织的欢迎会上，他曾阐释自己以讲习国学来推进革命的想法："至于近日办事的方法，一切政治、法律、战术等项，这是诸君已经研究的，不必提起。依兄弟看，第一要在感情。没有感情，凭你有百千万亿的拿破仑、华盛顿，总是人各

① 章太炎：《印度人之论国粹》，载《章太炎全集·太炎文录初编》，第383页。

② 章太炎：《我们最后的责任》，载汤志钧编《章太炎年谱长编》（增订本），中华书局，2013，第478页。下文所引《章太炎年谱长编》（增订本）皆为此版本，不再另行注明。

一心，不能团结”。“要成就这感情，有两件事是最要的：第一，是用宗教发起信心，增进国民的道德；第二，是用国粹激动种姓，增进爱国的热肠。”① 研究国粹，可以激发国人“爱国保种”的力量，使人民知晓自己的光辉历史，产生民族自豪感。如何可以做到这些呢？首先要创办讲习会，向根底薄弱的学生们普及国学知识。

于是在抵达日本后不久，章太炎与其他同盟会成员就创办了一个“国学讲习会”，《民报》第 7 号刊发了一篇署名“国学讲习会发起人”的《国学讲习会序》②，表明国学与民族独立、国家兴亡的关系，又提到章太炎为“国学界之泰斗”，经过“七次逋逃，三年禁狱”之后，“道心发越，体益加丰”，于是“同人拟创设一国学讲习会，请先生邻席宣讲，取为师资”③。讲习会宣讲的内容则是“一中国语言文字制作之原，一典章制度所以设施之旨趣，一古来人物事迹可为法式者”。④ 此外，佛学也是讲习会的讲授内容之一⑤。讲习会还编印了相关的讲义，集结为《国学讲习会略说》，并相继刊发于《国粹学报》丙午年第八至十三号。同年，章太炎还成立了国学振兴社，并在《民报》刊出“国学振兴社广告”，云：“本社为振起国学、发扬国光而设，间月发行讲义，全年六册，其内容共分六种：一、诸子学；二、文史学；三、制度学；四、内典学；五、宋明理学；六、中国历史。”⑥ 但因为章氏忙于《民报》等事务，这一时期的讲学计划实际上并没有实施，仅有一些青年学生向章氏请教问学⑦。

章太炎将主要精力投入讲学是在 1908 年《民报》被封禁前后。1908 年初，章太炎因身体原因辞去《民报》主编的职务，将精力转向学术。当年 3 月，钱玄同与龚宝铨请章太炎为青年讲学，最终确定每周三、周六下午在大成中学开讲。钱玄同、龚宝铨、朱希祖、任鸿隽等，都是大成中学

① 章太炎：《东京留学生欢迎会演说辞》，载马勇编《章太炎讲演集》，第 3 页。章氏认为国粹由“语言文字”“典章制度”“人物事迹”三部分组成。章太炎：《东京留学生欢迎会演说辞》，载马勇编《章太炎讲演集》，第 7 页。

② 该序作者是章士钊。

③ 章士钊：《国学讲习会序》，《民报》第 7 号，1906 年 9 月。

④ 章士钊：《国学讲习会序》，《民报》第 7 号，1906 年 9 月。

⑤ “且先生治佛学尤精，谓将由佛学易天下，临讲之日，此亦要点”，见章士钊《国学讲习会序》，载张昭军编《章太炎讲国学》，第 6 页。

⑥ 汤志钧编《章太炎年谱长编》（修订版），第 125 页。

⑦ 如黄侃就回忆道：“丁未之岁，始事章君，投文请诲，日往其门。”见黄侃《先师刘君小祥会奠文》，《制言》第 10 期，1936 年 2 月。

讲堂的忠实听众。

后来，周树人、周作人兄弟和许寿裳因为讲学时间与其校课冲突，于是向章太炎请求能否再为他们在周日另开一班，章太炎慨然允诺。于是，从 7 月 11 日起，章太炎除在大成中学授课外，每周用一个上午，在民报社寓所专门为周树人、周作人、许寿裳、钱家治以及之前已在大成中学听讲而此时又跑来重新听讲《说文解字》的龚宝铨、钱玄同、朱希祖、朱宗莱讲课，即所谓八人班，持续时间约为一年①。讲学内容除《说文解字》外，还有《尔雅》《庄子》等。在小班授课时，章太炎讲学极有热情，与学生的关系十分融洽。许寿裳回忆当时受学的情景道："每星期日清晨，我们前往受业，在一间陋室之内，师生环绕一张矮矮的小桌，席地而坐。先生讲段氏《说文解字注》，郝氏《尔雅义疏》等，神解聪察，精力过人，逐字讲释，滔滔不绝，或则阐明语原，或则推见本字，或则旁证以各处方言。自八时至正午，历四小时毫无休息，真所谓'诲人不倦'。"② 后来此小班学生均成为著名学者、作家，对中国现代语言文字学、历史学、文学产生了深远影响。

武昌起义后，章太炎于 1911 年 11 月回国。在从事政治活动的同时，他不忘国学事业，曾发起成立"通俗教育研究会"，还充任弟子马裕藻、钱夏、朱宗莱等组织成立的"国学会"会长。此外，他又和马良、梁启超等发起"函夏考文苑"，效法法国设立研究院。此时，袁世凯渐渐露出了他专制跋扈的真面目。二次革命失败后，章太炎于 1913 年 8 月 11 日"时危挺剑入长安"，进入北京与袁世凯进行斗争，意图迫其下台。但他的愿望不仅没有实现，反而被袁世凯限制了自由。在他心情极坏，纵酒谩骂之时，"党中同人商允先生讲学。国学讲习所遂克期成立"③，于是开始了北京讲学。

章太炎此次讲学，虽然表面上是排遣心中的苦闷，但也蕴含了一定的深意，即对抗当时暗潮涌动的尊孔复古逆流。这可以称得上是革命活动的继续。袁世凯有称帝的野心，在文化上鼓吹尊孔，而旧保皇派的人物如康有为等，看到了机会，纷纷活动，组织孔教会等团体，为袁世凯的专制复辟制造舆论。针对此种现象，章氏除发表《驳建立孔教议》《反对以孔教

---

① 见施晓燕《章太炎东京讲学始末》，《上海鲁迅研究》，2015 年春。

② 许寿裳：《亡友鲁迅印象记》，上海文化出版社，2006，第 29 页。

③ 汤志钧编《章太炎年谱长编》（增订本），第 263 页。

为国教篇》《示国学会诸生》等文进行批驳外，还在国学讲习会讲习处的外壁上粘贴一张通告，云："余主讲国学会，踵门来学之士亦云不少。本会专以开通智识、昌大国性为宗，与宗教绝对不能相混。其已入孔教会而复愿入本会者，须先脱离孔教会，庶免薰莸杂糅之病。章炳麟白。"① 在讲到孔子时，他嘲笑倡立孔教会的人其实是"厚诬孔子"，指出宗教家"皆重迷信"，而孔子反对迷信；现今的宗教"多与政治殊途"，而孔教会却不能保证"置国事于不问"，所以此孔教乃"似宗教而非宗教也"②。此外，在讲习会中他还对今文经学进行了批判，认为其不如古文家"实事求是，亦不如今文家（指汉儒）占验之精矣"③，矛头直指今文经背景的康有为一流人。

讲学正式开始于 12 月 9 日，而且是晚上讲。章太炎在 12 月 15 日的家书中说："吾今且以讲学自娱，每晚必开会两点。"④ 课程安排为"星期一至三讲文科的小学，星期四讲文科的文学，星期五讲史科，星期六讲玄科"⑤，但是讲学未满一个月，章太炎就因"大诟袁世凯的包藏祸心"而受到监禁，完全失去了自由，讲学也告终止。

如果说清季民初的讲学有革命意味的话，那么 20 世纪 20 年代章太炎的讲学活动则带有学术公益的性质。1922 年 4 月至 6 月，应江苏省教育会之约，章太炎在上海讲授国学，共分十讲。主办方发起讲学的本意是唤起国人对国学的重视，使其在西学东渐的背景下免于衰微。⑥ 于是就延请"国学之根柢最深者"——章太炎来主讲国学。讲学的内容有"国学大概"两讲，内容包括"国学之自体""治国学之方法"，其余还有"国学之派别""经学之派别""哲学之派别""文学之派别"，最后讲"国学之进步"。这次讲学备受媒体瞩目，由《申报》全程跟踪报道，并发表每次讲演的记录。但是《申报》的记录仅仅是讲演内容大略及讲课情形。详细的讲演记录有曹聚仁和张冥飞两种版本。曹聚仁将他笔录的讲演稿整理成为

① 顾颉刚：《古史辨第一册自序》，载《古史辨》第 1 册，上海古籍出版社，1982，第 24 页。

② 金毓黻：《国学会听讲日记》，《东北丛刊》第 7 期，1930 年 7 月。

③ 金毓黻：《国学会听讲日记》，《东北丛刊》第 7 期，1930 年 7 月。

④ 董国炎、姚奠中：《章太炎学术年谱》，三晋出版社，2014，第 204 页。

⑤ 顾颉刚：《古史辨第一册自序》，载《古史辨》第 1 册，第 23 页。

⑥ 发起人在《省教育会通告》中说明了组织讲演的动机为："自欧风东渐，竞尚西学，研究国学者日稀，……同人深惧国学之衰微"。见汤志钧编《章太炎年谱长编》（增订本），第 386 页。

《国学概论》，张冥飞的笔录后来整理为《章太炎先生国学讲演集》。章太炎的国学体大思精，区区十次讲演内容极其有限，只不过是大概勾勒出国学的体系以及治国学的门径，其根本作用还是在于鼓励听众“购书参阅，穷讨极研”[①]，以形成重视国学，发扬和钻研中国固有学术的风气。

进入20世纪30年代后，章太炎的讲学活动则表现出他作为一个学者的爱国情怀。这一时期，日本帝国主义加速了对中国的侵略，先后发动“九·一八”事变和“一·二八”事变，中华民族到了生死存亡的危急关头。局势的动荡使得章太炎不能安心埋首书斋，他要为抗日贡献自己的力量。于是1932年春他北上北平，面见张学良，督促其出兵抗日，同时，北平各高校也邀他讲学。在北平高校的演讲中，他流露出了更加深沉的民族危机感，并强调学术研究的致用性[②]。在国家危难的背景下，章氏极力突出研究历史的重要性。在燕大的演讲中，他说今日切要之学“曰历史也”，指出：“现在的青年应当知道自己是什么时候的人，现在的中国是处在什么时期，自己对国家负有什么责任。这一切在史志上面全都可以找到明确的答覆。”[③]

从北平返回上海后，章太炎与金天翮、陈衍、李根源等耆旧宿儒发起“国学会”，以期通过振兴国学来激发国民的爱国心，保存传统学术。1933～1934年，章太炎多次赴苏州、无锡讲学，这些讲学有的是专门性的学术讲演，有的是面向社会大众的演说[④]。它们虽然表面上是在传授国学知识，但其中寄托了章太炎保存民族文化、民族意识，拯救中华民族于危难的愿望。在一次演讲中他指出对于本国文化，要“相与尊重而发扬之，则虽一时不幸而至山河易色，终必有复兴之一日，设国民鄙夷史乘，灭弃本国文化，则真迷失本性，万劫不复矣!”[⑤]在章太炎看来，中国的语言文字和历史，是“国之特性，不可失坠”的，在外患孔亟的年代，更要着力研究。他还饱含深情地说：“凡史皆《春秋》，凡许书所载及后世新添之字

---

① 《申报》，1922年6月18日“本埠新闻”《章太炎十次讲学记》，转引自汤志钧编《章太炎年谱长编》（增订本），第397页。

② 1932年3月24日，他在燕京大学讲《论今日切要之学》时指出：“今日切要之学只有两条道路：（一）求是，（二）致用”，“合致用与求是二者冶于一炉，才是今日切要之学”。见《章太炎论今日切要之学》，载马勇编《章太炎演讲集》，第93页。

③ 章太炎：《论今日切要之学》，载马勇编《章太炎演讲集》，第95页。

④ 如1933年3月14日在无锡国学专门学校讲演《国学之统宗》，3月15日在江苏省立无锡师范学校讲《历史之重要》等。据汤志钧编《章太炎年谱长编》（增订本），第537页。

⑤ 章太炎：《读史与文化复兴之关系》，载马勇编《章太炎讲演集》，第110页。

足表语言者皆小学"[①]，并以尊信国史、保全中国文字为己任。

章太炎一生中规模最大的国学教育活动是其生命最后两年的苏州讲学。为了彻底地贯彻自己的国学教育理念，培养学术传人，1934年冬他在苏州自宅内成立了"章氏国学讲习会"，以"研究固有文化，造就国学人才"[②] 为宗旨。讲习会于1935年9月正式开课，1936年6月章太炎去世之后由其夫人、弟子继续开办，直到1940年6月解散。无论是在办学规模上还是在正规程度上，苏州讲习会都是章太炎一生国学教育活动的高峰。

苏州章氏国学讲习会的师资主要由章太炎以及他的弟子、黄侃的弟子充任，并且不定期地延请其他著名学者来会讲学。讲习会学程两年，分为四期。第一期的内容是"小学略说、经学略说、史学略说、诸子略说、文学略说"，第二期的内容为"说文、音学五书、诗经、书经、通鉴纪事本末、荀子、韩非子、经传释词"，第三期为"说文、尔雅、三礼、通鉴纪事本末、老子、庄子、金石例"，第四期为"说文、易经、春秋、通鉴纪事本末、墨子、吕氏春秋、文心雕龙"。两年的学习期限对于浩如烟海的中国经史之学来说实在过于短暂，章太炎自己也承认"以此时间，欲令人尽解经义，仍不可得"，但讲习会的主要目的是为学生讲授基本的国学知识、经典国学著作，传授研治国学的门径，为他们以后的自主研究，成就通儒之学奠定扎实的基础，"要令得其大略，为将来精进地步，非谓两年毕业，已成通儒也"。[③]

讲习会的课程设置"以经为最多"；史学则只讲《通鉴纪事本末》[④]，他认为《资治通鉴》的内容是学生所应该掌握而且有用的历史知识，因此适合作教材，"张之洞辈，尚于温公《通鉴》，口能暗诵，其用不恃他种学术，惟此为得力耳"[⑤]。

虽然章氏对诸子学造诣颇深，但此时他认为"诸子之学，在今日易滋流弊"，至于文章之学，"本非讲解可了"[⑥]，故从略。由此可见，讲习会对

---

① 章太炎口述，诸祖耿记《记本师章公自述治学之功夫及志向》，载张昭军编《章太炎讲国学》，第372页。

② 《章氏国学讲习会简章》，《制言》第1期，1936年9月。

③ 章太炎：《与李续川》，1936年4月，载马勇编《章太炎书信集》，第967页。

④ 章太炎认为历史学习应重在阅读、记诵，而不是课堂讲授，故安排的历史课程有限。"史之为学，恃记性，不全恃悟性，默记暗诵，乃能有得。口耳讲授之功，获益几何?"见章太炎《读史与文化复兴之关系》，载张昭军编《章太炎讲国学》，第110页。

⑤ 章太炎：《对重庆学界的演说》，载马勇编《章太炎讲演集》，第73页。

⑥ 章太炎：《对重庆学界的演说》，载马勇编《章太炎讲演集》，第73页。

教学科目进行了一定的取舍，选取国学中最核心的经学、小学、历史来讲授，抢救国粹，急于培养传统学术传人的意味比较明显。

由于章太炎在学术界的巨大影响力，讲习会吸引了大量来自全国各地的学生前来报名听讲。《章氏国学讲习会简章》中规定的学员招收标准比较宽松，且没有入学考试，只要有名人介绍即可入学①，正式学生大概有100人左右②。讲习会正式开办后，经过一段时间的授课，学员水平不一的情况开始显现。于是章太炎决定招收研究生，“亲自规定，凡学历高、有著作者即可批准做研究生。如果没有著作，则可报名考试”，最后“录取了七人”③，“加上不必考试的，章先生的研究生共有十几位”④。因为讲习会报名听讲的学生程度参差不齐，学识水平相差悬殊，有的学生缺乏必要的国学基础知识和训练，所以讲习会决定在第二年度举办预备班，“收高中毕业生”，授课及住宿地点设在侍其巷双树草堂，招生人数为50名⑤。

讲习会有严格的考核和毕业规定，平时“每三个月讲师命题一道以课听讲成绩。听讲者须于一个月内缴卷，经讲师点定甲乙，择优汇刊，公诸同好”⑥。毕业时也要缴交毕业论文，学生所选题目涉及哲学、小学、经学、史学、诸子学、文学等领域。这样，苏州章氏国学讲习会建立了一个较完善的国学人才培养体系。

苏州章氏国学讲习会虽然存在时间不长，但的确发现和培养了一些国学人才。例如朱希祖在日记中曾提到：“竟荃言先师在苏最赏识朱学浩，以后起之英许之；又赏识汪柏年，赐以手写《尚书》新著，又别附以《尚书》札记数十条。”⑦ 研究生中汤炳正、姚奠中、李恭等人也在国学领域取

---

① “有国学常识、文理通顺、有志深造，无论男女均可报名听讲”，但想要入学须经“教育机关或名人之介绍”，见《章氏国学讲习会简章》，《制言》第1期，1936年9月。

② 任启圣回忆：“一九三五年暑假开始，共招学生七十二人，籍隶十四省。江浙人居多，北方人甚少”，见其《章太炎先生晚年在苏州讲学始末》，载于陈平原，杜玲玲编《追忆章太炎》（修订本）第355页。另沈延国在《记章太炎先生·在苏州》中提到住宿学会里的学员“约有一百余人”。见沈延国《记章太炎先生》，永祥印书馆，1946，第88页。

③ 刘毓庆：《追寻传统文化的当代意义——姚奠中先生访谈录》，《文艺研究》2005年第8期。

④ 姚奠中口述，张建安采写《百岁溯往》，生活·读书·新知三联书店，2013，第32页。

⑤ 见沈延国《章太炎先生在苏州》，陈平原，杜玲玲编《追忆章太炎》（修订本），第300页。

⑥ 见《章氏国学讲习会简章》，《制言》第1期，1935年。

⑦ 朱希祖著，朱元曙、朱乐川整理《朱希祖日记》1936年7月5日，中华书局，2012，第674页。

得了相当的成就[①]。

在苏州国学讲习会上，章太炎将自己毕生对国学的理解融会贯通，传授给学生，按照书院的模式，培养人才。经过岁月的磨砺，章太炎的学术思想在晚年也发生了某些变化。章氏早年曾激烈反对孔子，写作有《订孔》等文章，但苏州讲习会时期又“极端推崇孔子”，认为“儒兼众家之长”[②]。其晚年文风与早岁亦有不同，在写作初刻本《訄书》的年代，他的文章“拟周秦诸子，凡诗书诸子奇诂奥句皆为运用，其文章非训释不能读”，“与晚年所作异撰”[③]。总之，章太炎在苏州章氏国学讲习会的教学凝聚了他一生研治国学的心得体会。

章太炎的国学教育活动对发展中国的国学事业做出了重大的贡献。首先，他的历次讲学为中国学术界培养了大批人才。东京讲学期间的8人小班中涌现出数位文史大师，如历史学家朱希祖、语言文字学家钱玄同、教育家许寿裳、作家鲁迅、周作人等。苏州章氏国学讲习会开办时间虽然不过数年，但也培养出了一批根底深厚的人才。这些人才，既包括章太炎晚年所收的弟子（如参加国学讲习会的授课和教学管理的孙世扬、诸祖耿、潘景郑、徐复、王乘六、郑伟业、朱季海、王仲荦，等等），也包括讲习会正科班学生、研究生以及太炎去世后开办的预科班学生，还包括太炎文学院的学员。出身于苏州章氏国学讲习会的太炎弟子，大都国学功力深厚，许多人日后成为学术名家。如徐复的文字学、王仲荦的史学、汤炳正的文字学、声韵学以及楚辞研究、姚奠中的中国文学史研究，等等，都是国内一流水准的学问。与20世纪20年代的北京大学研究所国学门、清华国学研究院相较，苏州章氏国学讲习会属于私人讲学性质的机构，生源、教学资源、图书科研资料、经费支持等方面都无法与之相提并论，学生不能获得国家认可的文凭，毕业之后的待遇也无法保障。在这种情况下，章氏国学讲习会还能培养如此众多具有良好国学素养的人才，其办学成就值得肯定。同时，苏州章氏国学讲习会所办《制言》杂志还为章黄弟子以及用传统方法治学的学者发表成果提供了一个平台，推动了国学研究的发展，进一步扩大了章氏学术的影响。

国学观与国学教育实践是紧密联系的，有什么样的国学观，就会有什

① 汤炳正后来成为著名语言学家、楚辞学家，任四川师范大学教授、中国屈原学会会长、《楚辞研究》主编。姚奠中后任山西大学中文系教授，对于文字学和诸子学有独到研究。

② 朱希祖著，朱元曙、朱乐种整理《朱希祖日记》，第678页。

③ 朱希祖著，朱元曙、朱乐种整理《朱希祖日记》，第678页。

么样的国学教育。章太炎的国学教育实践，或开设在革命之时，或进行于乱世之中，或坚持于民族危难之际，具有强烈的现实关怀。辛亥革命时期，章太炎倡国学以排满，希望从中国传统学术中找到推翻清朝的精神支持。民国初建之时，袁世凯用事，尊孔复古的杂音甚嚣尘上，章太炎的讲演对此种现象大加挞伐。在日本侵略迫在眉睫之时，他讲习国学试图“以学术振起人心”，保存中国立国的文化根基。所以，章太炎的国学讲习有着明显的致用性和目的性，体现了他对民族文化的高度热爱。章氏国学研究和国学讲习深得尊敬，有巨大影响力的原因，正如鲁迅先生在《趋时和复古》一文中写的：“清末，治朴学的不止太炎先生一个人，而他的声名，远在孙诒让之上者，其实是为了他提倡种族革命，趋时，而且还‘造反’。”① 在章太炎看来，国学是我们民族的瑰宝，与民族命运休戚与共。它既有重要的学术价值，又不乏经世的意义。

三 章太炎国学教育的现代价值

章太炎的历次国学讲习，背景不同，特色各异。将章太炎的国学教育实践置于中国近现代学术发展的恢廓背景下，可以看出它具有明显的现代意义，对当下的国学教育亦不无启示价值。

章太炎始终对学校教育的形式感到不满。他认为求学的途径有很多种，与做事不相矛盾，学子应充分利用放假等空闲时间，深入钻研自己喜欢的学问②。而学校虽然开设的课程很多，但均泛泛而谈，并不深入。在他看来，学校“也和从前科举一样不能养成特别人才”，学校的学生除课业外，“必须从各方面再去自修，方才可有进步，方才可成人才”，然而当前学校的学生“差不多都有自满的态度”。③

章太炎对学校的历史教学也有所诟病。他曾在演讲中指出：“中国学校，各科俱备，独于史学徒有虚名，肤浅之讥，在所难免”，他认为历史教育的核心和目的在于“保存国性，发扬志趣”。④ 如果中国人仅仅模仿外

① 鲁迅：《趋时和复古》，《鲁迅全集》第5卷，人民文学出版社，2005，第565页。

② “就我所知，现在学校课外空闲的时间很多，一年之中，星期、暑假、年假，合起来至少一百日，尽可能自己研究学问。”章太炎：《论求学》，马勇编《章太炎讲演集》，第81页。

③ 章太炎：《论求学》，马勇编《章太炎讲演集》，第81页。

④ 章太炎：《劝治史学并论史学利弊》，马勇编《章太炎讲演集》，第84页。

国的文化，而漠视自身的文化，就会丧失国性。他还认为当前史学界有如下几种弊病：一、取文舍事；二、详上古而略近代；三、详于域外而略于内政；四、详于文化而略于政治；五、因古籍之疏漏而疑为伪造。[①]

因此，章太炎推崇组织学会，认为这样可以自由地研究学问而不受官方监督。他说欧洲各国“虽然立了学校，高深的智识，总在学校以外，渐渐灌输进去，学校也就带几分学会的性质，方得有好结果”。他把学校比作陂塘，把学会比作长江大河，经过长江大河的“展转灌输，陂塘才可以永久不涸”。[②]

自由讲学、自由研究的书院式、学会式的教育机构，是章太炎最为欣赏的学术研究形式。章太炎晚年特别怀念东京讲习会，认为东京讲习会成效突出。但东京时期，章氏及学员都身在异国他乡，没有固定的校舍，开办讲习会不过是借地讲学，所讲内容主要是应学生之请而定。学生以留学生为主，他们往往利用业余时间来听讲。师生间彼此没有什么约束，完全是因为对国学的兴趣和追求，大家才聚在一起，学习和讲授的随意性都比较大。苏州国学讲习会虽有明确的宗旨和规章制度，有固定的校舍，有完整的教学计划，但其教学形式还是书院式的，有集体授课、个别指导、听讲者相互讨论、通信质询等。正科生、预备班学生以集体授课为主，研究生除了听太炎讲课，以自学和单独向章太炎请益为主，正科生也可以单独向太炎请教。苏州章氏国学讲习会期间，章氏对向他请教的学生来者不拒，“虽忙碌中，亦必抽暇相谈”，在与学生茶话相叙的时候，如遇有质疑问难，则“必详为解答”，而且“每谈辄四五小时之久，口滔滔若悬河，不知疲倦”。[③] 他常说：“中年学生，基础已定，成就可待；晚学小生，来日方长，不可不力加诱掖。”[④] 他不仅耐心为学生答疑解惑，而且经常提携后进，“后生辈苟有所长，必尽力赞勖，逢人便津津称道之”[⑤]。

章太炎的国学讲习是其独立、自由学术品格的反映。章太炎是一个有个性、有风骨的学者，所谓“独立之精神，自由之思想”，用在章太炎身上，也是恰如其分的。他思想深邃，不为固有框框所束缚，他甚至不介意

① 章太炎：《劝治史学并论史学利弊》，马勇编《章太炎讲演集》，第 86 页。

② 章太炎：《留学的目的和方法》，马勇编《章太炎讲演集》，第 24 页。

③ 汤炳正：《章太炎先生之日常生活》，上海《大公报》1936 年 6 月 19 日，转引自《汤炳正书信集》，大象出版社，2010，第 339 页。

④ 诸祖耿：《太炎先生〈国学讲演录〉序》，张昭军编《章太炎讲国学》，第 309 页。

⑤ 同上。

别人称他“章疯子”，曾说：“大凡非常可怪的议论，不是神经病人，断不能想，就能想也不敢说。说了以后，遇着艰难困苦的时候，不是神经病人，断不能百折不回，孤行己意。所以古来有大学问成大事业的，必得有神经病才能做到。”[①] 章太炎反感官方对学术的监督，所以他几乎没有在官办学校任过教。南京国民政府曾经想笼络他，安排他出任“国史馆”馆长，也被其拒绝。他推崇顾炎武式的读经会，认为中国历史上的书院是培养学生的最好机构。他在苏州国学讲习会期间所主张的读经与国民政府发起的读经运动没有联系。章氏的读经主张在于使国民从经书里面吸取修己治人、提高道德修养的养料，以润身泽国，使国民逐渐养成热爱本国文化、爱家人、爱国家的观念。而国民政府主导之“新生活运动”所号召的读经则是以统一思想文化、加强集权统治为最终目的。即使在苏州加盟“中国国学会”期间，章太炎也表现出不依附、不迁就他人的个性。当与合作方不能在原则方面取得一致时，他毅然退出“中国国学会”，自立门户，成立“章氏国学讲习会”。在“国学讲习会”前加上自己的姓氏，不仅仅是为了方便远道而来的学员对两者进行区分，更是章氏独立个性的体现。

章太炎在苏州国学讲习会时期的课程设置和教学方法，在今天看来依然具有重要的价值。讲习会的课程包括经学、小学（文字学、声韵学）、史学（名著、典章制度）、诗词歌赋、诸子学、古典散文、书法、金石学、文献目录学、词章学、文学史、文论、写作等，其中有概论，有学术史，还有原典研读。这样的课程设置，虽然也有受现代学术分科影响的痕迹，但却非常能够体现中国学术自身的特征。它包含了现代学术中的文学、史学、哲学的基本内容。真正把这些课程学好，具备了一定程度的博，然后向专业化方向发展，可以做到由博返约。经过博、约之间的不断反复，一个坚实的国学知识结构就已具备。具备这样的知识结构是成为专家或者学术通才，甚至学术宗师的必要条件。国学讲习会培养的学者如汤炳正、姚奠中、朱季海等都具有这样的素质。他们的学术造诣和学术成就具有传统学术“通儒”之特点：文字音韵、文学史、历史学乃至琴棋书画等，样样均通[②]。像他们这样的人才，都是目前毕业于汉语言文学专业或历史专业

---

① 章太炎：《东京留学生欢迎会演说辞》，汤志钧编《章太炎政论选集》，中华书局，1977，第 270 页。

② 由于他们以后没有在中国最著名的大学担任教授，其学术地位以及产生的学术影响受到某种程度的限制，这又另当别论。

的学者难以企及的。

这种情况也可从北京大学不同时代的学生培养得到某种验证。1910 年代的北京大学国文门，其课程覆盖范围很宽，包含文、史、哲的内容，故不乏国文门出身而成为著名史学家者。像金毓黻、傅斯年、范文澜都是典型，他们均毕业于国文门而以史学成就知名，同时他们在文学史、文字学、古典诗词、经学等方面也有精深造诣。1910 年代虽然大学也有学术分科，但传统的学术分类还起着很大作用，故学术分科做得还不是很精细、很截然，这有利于学生将多门学科融会贯通。而到 1930 年代，原来的国文门早已更名为中国文学系，学生所学基本都是文学类的专业课，专门化程度确实较之 1910 年代更强了，也培养了不少一流的专家型学者，如张中行、齐佩瑢等，但像金毓黻、傅斯年、范文澜那样的学术通才却很少出现。这也从另一方面说明章氏国学讲习会的课程设置在培养学术通才方面具有它的合理性，值得呼唤学术大师的当代社会关注和反思。

在讲习会的教学中，章太炎有自己独到的教学方法。他的方法是通论教学和专题教学相结合，读书和讨论结合，集体授课和个别指导相结合。在课程安排上，他先从“略说”开始，使学生对国学的各个分支有一个提纲挈领的了解，然后再讲各部国学经典文献。章太炎很重视自主阅读国学典籍，反对在不熟悉经典的情况下讲所谓的“经学概论”。他举办“读经会”，带领学生逐句通读经典；他对学生和蔼可亲，欢迎学生向他问难、大胆讨论学术问题；他鼓励学生发表自己的学术创见。即使与自己或自己倚重欣赏的学生的观点不一致，只要在他看来言之成理，持之有故，他都赞同发表①。他提倡学术争鸣，激励学生敢于成一家之言，而不是盲从权威。他的国学教育方法强调从小学入手，先打好“识字”的基础，然后通论与经典研读相结合，避免了当代中国文科教育模式中“概论加通史”以及文、史、哲学科互相割裂的弊病。章太炎不仅是知识渊博的国学家，而且还是一位伟大的国学教育家。

不可否认的是，章太炎的国学观有其局限性。他过于强调国粹，沉醉于古代礼制，发表过一些不符合实际的议论。如他晚年仿照《开元礼》制

① 章太炎晚年弟子汤炳正曾撰《法言义疏补正》，对太炎先生高足汪东之兄汪荣宝的《法言义疏》进行补充，太炎先生阅后，不仅不以为浅陋，而且“全文刊之《制言》，倍加奖誉”，后来他又写《古等呼说》，文中曾认为黄季刚君古韵二十八部中“冬”“青”等部有细无洪，值得考虑，“不料，先生不仅当面肯定此文，并执笔加以密圈密点；而关于我对黄君之异议，并未见责”。见汤炳正《忆太炎先生》，《中国文化》1993 年第 8 期。

定的《丧服草案》，虽说其本意是给民国时人作为丧礼准则，但规定之细，服丧时间之长，与现代生活格格不入，带有浓厚的复古气息。他对于学术上的新材料、新的研究领域和新的研究方法，态度消极；对新材料、新领域、新方法在促进学术发展上的巨大作用，也重视不够。最典型的例子莫过于他对甲骨文的过度怀疑了①。他坚守清代朴学家的治学路数，讲求口传心授和师法家法。在中国学术由传统向现代转型的进程中，他早年的学术思想是勇猛精进的，在开启新的时代方面他具有筚路蓝缕之功，但他的"国粹"情怀又致使他在晚年更加注重发掘和守护中国传统学术。他有现代人的思想，但又深爱并坚持古老的"贵族"式的表现形式。假如"文化保守主义"没有贬抑色彩的话，说他是一个中国文化保守主义者，他大概是乐于接受的。

当然，章氏的保守旨趣妨碍不了中国学术的现代转型，他开办的国学讲习会不过是中国学术文化发展的一个链条，而且从学术文化的长远发展来看，任何进步都是在继承和创新中实现的。没有继承，创新就没有基础。没有创新，继承不过是抱残守缺，是没有前途的，最终也避免不了消亡。二者是相辅相成的关系，而不是完全对立的关系。从这个意义上说，不论有人认为章太炎的国学教育是如何的不合时宜，它对促进民族文化发展上的功绩则是不可磨灭的。

在实现中华民族伟大复兴的新时代，民族精神、民族文化的重要性不言而喻。一些著名高校主动将"国学"请回校园，设立国学专业，成立国学研究所、国学院。"国学"热的兴起，看似偶然，实则必然。但真正将"国学"发展起来，绝非凭一时的热情能够成功②，需要付出长期的艰苦的努力。而章太炎的国学思想以及他的国学教育活动，在这方面，可以提供极其有益的参照。

---

① 参见周文玖、李玉莉《章太炎的甲骨文态度及其学术史意蕴》，《史学史研究》2012年第3期。

② 如一些大学开设的国学专业综合文、史、哲多个现代学科专业的内容，意在培养既能熟练阅读古典文献，对传统小学、经学、史学、诸子学、文学有相当基础，又可以掌握外语、计算机等现代人才所必备技能的复合型人才。但这种将不同专业硬性攒在一起的课程体系，难以造就真正的国学人才。近年国学专业人才培养，成效并不显著，即可说明这一点。

朱希祖和他的《中国史学通论》*

——兼评商务版《中国史学通论》

周文玖
（北京师范大学历史学院、史学理论与史学史
研究中心，北京　100875）

摘　要： 朱希祖是民国时期的一位重要史学家，他主持北京大学史学系、中央大学史学系长达 17 年，对中国现代史学体系的建立做出了重要贡献。他的《中国史学通论》是最早的中国史学史讲义，从中国史学的起源、史书体裁的角度论述中国史学史。该书以文言写成，言简意赅，论述史书繁富。其中对书记官与历史官的区分，以及以西方史学理论揭示中国史学之进化，颇具真知灼见。2015 年商务印书馆再版该书，增加附录和补编，校对精细，系目前最完善之本。

关键词： 朱希祖　民国史学　《中国史学通论》　特色

朱希祖是中国现代史学史上的一位重要史学家，他先后担任北京大学史学系主任、中央大学史学系主任，对中国现代史学体系的建立做出了重要贡献。他 1919 年就在北京大学史学系开设“史学史”，其讲义后来出版为《中国史学通论》。他是中国史学史学科的重要开拓者之一。

一　民国史学一大家

朱希祖，字逖先，或作逷先，1879 年出生于浙江省海盐县长木桥上水

* 【基金项目】本文为国家社科基金一般项目“朱希祖与民国学术研究”（项目号：17BZS027）的阶段性成果。

村。朱家系读书世家，从明朝到清末，共出了13位进士，其中有获状元者，有任职翰林者。但至希祖祖父一代，已家道式微。他的祖父、父亲未获功名，只得庠生，在家乡以教书为业。然诗礼传家、笃学力行却是这个家族依然保持的传统。希祖兄弟六人，他行次第二。长兄、三弟、季弟早夭，故于兄弟中实居长。他六岁入家塾，父亲朱永檠亲自课读。希祖因聪慧好学而为家族所厚望，叔祖父曾以“努力读书正少年，愿伊早着祖生鞭”的诗句对他进行勉励。不幸的是，在他十四岁时，父亲得病很快去世了。这不仅使他的家庭失去了经济支柱，还使他的学业受到很大的影响，因为父亲一直是他的老师，这年他正从父读《左传》。但为了振兴家业，朱希祖继续艰苦力学，目的是在科场取得优异成绩。1896年举秀才；1901年举廪生。然而此时的清朝已日薄西山，即将垮塌。1905年，清朝废除科举，实施新式教育。该年夏天，朱希祖考取了浙江省官费留学生，七月赴日本入早稻田大学师范科攻读历史。日本留学，不仅使他获得了系统的近代学术训练，而且接触了革命思想。他聆听过孙中山讲三民主义，对孙非常敬佩，并剪辫以示信从。1906年，出狱后的章太炎到日本为孙中山主持《民报》，在宣传革命思想的同时，还开设国学讲习会，传道授业。1908年，朱希祖与黄侃、钱玄同、周树人、周作人、许寿裳、钱家治、朱宗莱、龚未生等成为章太炎最早的一批弟子，听他讲《说文》、音韵和史学等。朱希祖一生奉章氏为师，职此之故。

1909年夏，朱希祖自早稻田大学卒业归国，先后任教于杭州浙江两级师范学堂、嘉兴第二中学。著名文学家沈雁冰（茅盾）是他在嘉兴教书时的学生。1911年10月，辛亥革命爆发，南方各省响应。朱希祖携眷回到故乡海盐，被推戴为海盐县民政长，后改民事长、知事。从政半年，颇有政绩。1912年3月，他辞去海盐县知事而到沈钧儒任司长的浙江省教育司任职。1913年正月，他与马裕藻作为浙江省代表一起出席教育部在北京召开的国语读音统一会。他因提出的注音符号方案获得通过而名播京师，会后被北京大学聘为预科教授。1915年2月又被聘为文本科教授，主讲中国文学史。

1919年12月，朱希祖担任北京大学史学系主任，除1927年8月至1929年2月他因不满奉系军阀改造北京大学愤而辞职改就清华大学等校教授外，他任此职直到1931年初。在教学体系上，他以欧美新史学思想为指导，规划史学系课程；在课程设置上，他重视史学理论课的建设；在教学方式上，他主张培养学生的自主学习和自主研究能力；在师资方面，他广揽人才，耆儒新进，皆所延聘。经过这个阶段，北京大学史学系成为具有近代学术体系的历史学系，对国内其他高校史学系的建设也产生重大影响，极大地促进了历史学的独立以及中国史学由传统向近代的转变。[①] 1929 年，他联合北京大学、清华大学、北京师范大学、燕京大学、辅仁大学、北京女子师范大学等六校师生组织了中国史学会，并被推为中国史学会主席。

1932 年 10 月，朱希祖应中山大学校长邹鲁之聘南下广州，任国立中山大学史学系教授、文史研究所主任，并兼任广东通志馆修纂。在广州，他进一步访求了南明史料，实地考察南明史迹，发现了一些此前未知的南明君臣墓葬，这对他多年从事的南明史研究是一个推进。他在这一时期对屈大均的研究卓有成绩，为新修广东通志做出了重要贡献。他为学生开设的课程“中国史学概论”“元明史”“《史通》研究”“地方志研究”等，也深受学生欢迎。他在中山大学的时间大约是一年有半。

1934 年 3 月，朱希祖应中央大学校长罗家伦之请任该校史学系主任，开始了他教学生涯的最后一个阶段。中央大学地处当时的政治中心、东南文化荟萃之地南京。这里有藏书丰富的图书馆，历史悠久的高等学校。北方大学因派系之争失意的不少一流学者，南下新都，因此中央大学一时网罗了许多名师。此时的中央大学文学院，章门弟子的地位举足轻重。黄侃、汪东均任教于此，后者还是文学院院长。朱希祖任史学系主任，所定课程体系以他任北京大学史学系主任时制定的课程标准为基础而略加变通。除了中央大学的教职，他在此后不久还被行政院聘为中央古物保管委员会委员，被考选委员会聘为高等考试典试委员。1936 年 2 月，他受章太炎之邀，到苏州章氏国学讲习会讲学，每月一次。他还利用课余时间，与长子朱偰及滕固等人在南京及周边区域考察六朝陵墓，辨认文字，从事摄影、测量、考证工作。他作为主要执笔人，最终完成了《六朝陵墓调查报告》一书。1937 年 7 月，日本发动全面侵华战争。9 月中央大学决定将校址迁到重庆。国破家亡与流离失所，是当时所有中国人经历的苦难。家庭人口众多、拥有大量藏书的朱希祖，对此更有切肤之痛。他多年节衣缩食换来的丰富藏书，包含民族文化之瑰宝，寄托着他学术人生的希冀，但在兵荒马乱的形势下，他无法将之带到重庆。

① 参见周文玖《朱希祖与中国现代史学体系的建立——以他与北京大学史学系的关系为考察中心》，《烟台师范学院学报》（哲学社会科学版）2006 年第 1 期。

为把书籍存放于安全之地，他费尽心机，艰辛备尝，以致10月下旬南京一带战事危急方启程入蜀。中央大学迁到重庆后，虽然条件艰苦，但依然弦歌不辍，学生组织史学会，推他为会长。当时教育部拟颁大学课程标准，作为资深教授，他郑重地提出了自己的建议，对国内高校历史学科的规划和建设产生了深远影响。作为一个史学家，他深知保存历史对国家和民族兴亡的重要意义，他强烈建议政府设立国史馆，建立总档案库，以保存民族文化。1939年，他代国民党元老张继起草了“建立总档案库筹设国史馆议案”，提交国民党五届五中全会，获得通过。1940年，国民政府成立国史馆筹备委员会，聘他为秘书长（后改总干事），负责实际筹备工作；不久，又被简任考试院考选委员。他既谋修史，又忙于考选事务，往返跋涉，精力交瘁。于是他辞去中央大学史学系主任及教授职务。他的教授生涯至此结束。

此后，朱希祖虽然名义上属于政府公务人员，但主要精力还是集中在学术研究方面。他一生花费精力最多的南明史，在历经了资料搜罗和史实考证之后，本应进入撰写阶段，但因为资料迁藏于异地，不能着手进行，于是他转向了先秦史、民族史及西南史地研究，并取得诸多成就。1943年3月，中国史学会在重庆成立，朱希祖当选为理事和常务委员。进入1944年，朱希祖的身体更加虚弱，时常生病，几度住院，7月5日终因心肺衰竭逝世于迁至重庆的上海医学院附属医院，享年六十有六。

朱希祖是20世纪前期影响很大的历史学家。他经历了应对科举考试的早期教育，又是较早出国科班学习近代社会科学的知识分子，其间还成为国学大师章太炎的入室弟子。这一学术背景决定了他在中国近代学术史上的地位。也就是说，他是中国学术由旧转新的过渡性学者，肩负着引领中国学术实现近代转型的重要职责。他在国内著名大学担任教授垂三十年，特别是担任北京大学史学系主任十年，对中国现代史学体系的建立贡献良多。他的研究领域宽广，一生著述繁富。除史学外，他在小学、音韵及文学、经学、考古等领域造诣颇深。曾经与他进行过学术论辩亦是他学生的傅斯年在其逝世后这样说道：“逖先先生在史学上之建树，当世无多，诚足以上追前贤，下示来许。”[①] 从朱希祖一生行谊看，这个评价诚非虚语，确为实言。

---

① 广东省立中山图书馆、香港大学冯平山图书馆编《罗香林论学书札》，广东人民出版社，2009，第379页。

二 关于《中国史学通论》

《中国史学通论》是朱希祖的一部讲义，它是1943年在重庆由独立出版社出版时定的书名。朱希祖在北京大学、辅仁大学、北京师范大学、清华大学、中山大学、中央大学等校开设过“史学史”“中国史学概论”“本国史学概论”等课程，讲的大概都是这个讲义的内容。1920年的《北京大学史学系课程并说明书》对朱希祖开设的“中国史学概论”作了这样的说明：“一年讲完。说明中国史学之源流变迁及编纂方法，并评论其利弊。盖撷《史通》《文史通义》之精华而组织稍有系统，并与西洋史学相比较，使研究史学者有所取资焉。”① 这个说明，反映了该讲义的最初形态。以后大概作者不断完善讲义内容。1924年的《北京大学史学系课程指导书》对朱希祖开的“本国史学概论”课程介绍，就基本与现在看到的讲义内容吻合了。其云：“本课分三编讲授：第一编，叙述本国史学之起源，并说明古代史官为书记官，非历史官。自魏晋以下，始有历史专官。又，春秋以前为有文字时代，不能谓为有历史时代。自春秋以下，始为有历史时代。第二编，叙述本国历史之种类派别，并评论其利病得失。第三编，叙述本国历史学思想之发展及进步，并规画改良之方法。”② 该讲义有辅仁大学铅印本，其第一部分“中国史学之起源”曾在《北京大学社会科学季刊》（第1卷第1期，1922年）发表过。该讲义以《中国史学通论》书名出版后，《史学杂志》创刊号有一书评对之进行介绍，内云：“著者于民国八年夏，初在国立北京大学史学系为诸生讲授本国史学概论，编为讲义三篇：一、中国史学之起源；二、中国史学之派别；三、历史哲学。其后在北平师范大学、清华大学、辅仁大学、广州中山大学及南京中央大学历任讲席，皆以此讲义为教授之资，而删除其第三章。”书评后只是署了一个字“谔”，难以推断作者为何人，但从其对朱氏使用讲义情况的了解程度，可推知其与朱希祖非常熟悉。该讲义的第三部分“历史哲学”，现在各种版本的朱希祖著作都不见其踪影，也未在朱氏手稿中发现，非常遗憾。

该著第一篇论中国史学的起源，包括七部分：“一、史字之本谊；二、

① 王应宪编校《现代大学史学系概览（1912—1949）》（上），上海古籍出版社，2016，第14页。

② 王应宪编校《现代大学史学系概览（1912—1949）》（上），第25页。

有文字而后有记载之史；三、再论书记官之史；四、未有文字以前之纪载；五、再论追记伪托之史；六、论历史之萌芽（上）；七、历史之萌芽（下）”。关于史之本义，朱氏引许慎、江永、吴大澂、章太炎诸说，并作了进一步解释，说：史从又持中，又为右手，中为册字，而非“中正”之“中”。“史，记事者也”，所谓“记事者”，就是后世之书记官，而不是历史官，历史官是以后引申出来的。王国维作《释史》篇，认为“中”为盛算之器。朱氏认为这是周制，初造字时，并无盛算之器，所以，他不采用王国维之说。

他认为，历史之法，必为治历明时者所创。他引《汉书·百官志》，说太史令的职掌是负责“天时星历”，制定和颁布历法。西周以前，没有编年之史，西周以后，才有《春秋》。《春秋》之作必起于太史。因为太史有时间观念，能发现事物之间的因果关系。但写作历史，不过是太史的私人事情，不一定是太史的专职。汉之太史，到后汉时还专掌星历，奏时节禁，记瑞历灾异。著作历史，反而在兰台东观。兰台东观，本是藏书之所，所以到东汉时，并没有历史官专职。至曹魏太和时，始置著作郎，隶中书省。晋元康初，改隶秘书省，专掌史任。南朝梁、陈时，又设置撰史学士，至此，才出现专职的历史官。因此，他断言：“西周以前，无成家之历史，魏晋以前，无历史之专官。”[①] 至于《史通·史官建置》篇说的“史官之作，肇自黄帝，备于周室”，朱氏认为，这是把书记官误以为历史官了。《汉书·艺文志》云：“道家者流，出于史官，历纪成败存亡祸福之道，然后知秉要执本。”朱氏辨之云：“道家伊尹太公管仲皆非史官；惟老子为柱下史，或云为守藏室史。柱下为藏书之地，老子实犹今图书馆长，或图书馆书记耳，未尝作历史官也。”[②] 总之，他斤斤致辨于书记官与历史官之区别，破除了千余年来历史官起于黄帝之旧说，不失为一种独到见解。

在论及未有文字以前的记载时，他说，此等记载，不出追记，便出伪托，且伪托之书，多为神话，不足以当信史。

关于中国史学的起源，朱希祖以德人郎伯雷希脱[③]（Lamprecht 今译为兰普勒希特）的理论为指导，结合中国历史典籍给予揭示。郎伯雷希脱

---

① 朱希祖：《中国史学通论》，商务印书馆，2015，第 10 页。

② 朱希祖：《中国史学通论》，第 11 页。

③ 郎伯雷希脱（Karl Lamprecht，1856－1915），德国史学家，代表作是《德意志史》。1900 年发表《文化史的方法论》，开启了欧、美新史学思潮。

说："历史之发端，有两元之倾向，皆由个人之记忆，而对于祖先尤为关切。两元者何？即所谓自然主义与理想主义是也。取自然主义形式者，最初为谱系，取理想主义形式者，最初为英雄诗。"朱氏赞同这一理论，认为中国史学的产生，也不外此例。"小史所掌奠系世、辨昭穆之谱牒，及春秋以前颂美祖先之诗，皆吾国历史之萌芽也。"谈及史学的发展，他又引用了郎伯雷希脱的理论："谱系进而为年代记（吾国称为编年史），英雄诗进而为纪传。"朱氏认为，从原则上讲，这一理论是正确的，但具体到中国史学上，又不完全是这样。中国史学发展的实际情况是"诗最先，纪传次之，谱系又次之，年代纪最后"。[①] 对此，他进行了详细的考辨。关于这几种史体出现的时间及其相互关系，还可以进一步讨论，但朱氏这种试图发现中国史学产生的规律性的学术旨趣，还是值得肯定的。

朱氏还对史学和史料进行了自觉的区分，如他说："小史外史所掌，皆系谱牒政令之属，可称史材，未成历史，断非《鲁春秋》等所可比拟也。""春秋以前，年代不明。虽历人亦多争执异同，此谱系之所以未能称为历史也。"史学要有明确的时间、空间要素，没有这些要素，史学不足以成立。如《尚书·尧典》篇，所载史实前后延续一百五十年，"实为本纪之权舆"，但与司马迁的本纪相比较，《尧典》的不足在于年代不明。《尚书·皋陶谟》，纯为记叙之体，"实为列传之权舆"，但与《史记》中的列传相比，《皋陶谟》不书皋陶为何地人，这是史学上空间的观念尚未发达的缘故。《尧典》《皋陶谟》继英雄诗而起，是史学还处于幼稚时期的作品，而司马迁的《史记》，则是在年代记（即编年体）发生之后，史学已达进步之时的作品。朱氏通过史学要素的有无显晦，说明史学的萌芽、产生，较为清晰地展示了史学进步的脉络。

《中国史学通论》的第二篇是"中国史学之派别"。朱氏认为，史学有两大派别，一是记述主义，一是推理主义。上文提到的史学的发端，有两元倾向，即自然主义和理想主义，它们都包含于记述主义史学当中，但随着理想主义的渐次进步，即产生推理主义，于是出现记述主义与推理主义两派史学的对立。孔子修《春秋》后，出现《春秋》三传。记述主义表现为《左氏春秋传》，推理主义则为《公羊春秋传》《谷梁春秋传》。记述与推理两主义，其发展之难易，各不相同。中国记述主义得以长足发展，而推理主

① 参见朱希祖《中国史学通论》，第16~18页。

义自汉以后渐次衰微。推理主义的发展，除凭借记述主义的发展外，还必须有哲学、社会学为基础，“于物心两界及宇宙全体，透澈憭悟”。[①] 而中国既无系统之哲学，又无求实证之社会学，所以推理主义不能发达。

朱氏所论的记述主义和推理主义，类似于我们今天讲的历史编纂学和历史哲学。也就是说，中国史学，在历史编纂学方面发达，而在历史哲学方面发展不足。这正与黑格尔等对中国史学的评价相似。事实上，中国的史学思想、历史哲学也是相当丰富的，不过它在表述形式上有自己的特点，精湛深邃的史学思想往往被更为发达的历史编纂学所掩盖。朱氏只看到了表象，而没有深入探索，故他的论断，多少有些粗疏。由于他认为中国推理主义史学不发达，故他于推理主义史学，不够重视。以后讲义删去“历史哲学”部分，大概是由于这个缘故。他把中国史书分为六类：编年史、国别史、传记、政治史与文化史、正史、纪事本末，并对各类史书的源流、得失等进行了较为详细的论述。中国史书类别繁多，各代目录学书分类标准不同，所分类别也有差异。如《隋书·经籍志》将史书分为13类，而《四库全书总目》分为15类，且所分各类不完全相同。朱氏的分类虽不很严谨，各类之间有不少可以相容，但也毕竟对多数史书作了归类，并对它们的特点予以比较正确的论断。他还纠正了《史通》中的一些观点。如刘知幾对司马迁立《秦本纪》《项羽本纪》提出批评：“霸王者即当时诸侯，诸侯而称本纪，求名责实，再三乖谬。”朱氏评论说：“子玄成败论人，实非公论。”[②] 刘知幾批评司马迁列传杂乱，说：“寻子长之列传也，其所编者，唯人而已矣。至于龟策异物，不类肖形，而辄与黔首同科，俱谓之传，不其怪乎？”朱氏对之评论说：“子玄以为传以记人，志以记事，自是唐代俗见，昧于传记之原。不悟子长列传，原有以人为纲以事为统两类，以事为统，后世谓之丛传，又称汇传；盖书志之记事，重在政治，汇传之记事，重在社会，例如《平准书》与《货殖传》，皆记财货之事，而其注意实有不同者也。”[③] 对刘知幾轻视史表、重正统偏霸之分等，朱氏也提出了批评。朱希祖对《史通》的评论，表明他站在新的高度对中国各类史书的评论，超越了刘知幾。罗香林说：“此书驳正《史通》数十条，均为精深之论。”[④] 这个评论得到朱氏的首肯，朱氏自感该书的得意之

① 朱希祖：《中国史学通论》，第25页。

② 朱希祖：《中国史学通论》，第54页。

③ 朱希祖：《中国史学通论》，第54页。

④ 朱希祖：《中国史学通论》，第3页。

处亦在于此。

关于中国史书体裁的变化，朱氏这样论述道："此六类之史，皆由简单而趋于复杂，又由混合而趋于分析，如先有《春秋》（以时代分）、《国语》（以地方分）、纪传（如《禹本纪》《伯夷叔齐传》，皆先《史记》，以人分）、书（如《洪范》《吕刑》亦开《史记》八书之体，以事分），而后有《史记》《汉书》，此由简单而趋于复杂者也。先有《史记》《汉书》之书志汇传，而后有各种分析之政治史及文化史，此由混合而趋于分析者也。"① 这个认识符合中国史学发展的实际，也揭示了史学发展的一般规律。史学由简单而复杂，标志着史学的进步："《史记》以前，史之各体，固已有之。司马迁特混合各体以为一书耳。此史学进步之征也。"② 由混合而趋于分析，这看似又回到了原来的状态，但却是更高层次的回归，是螺旋式的发展。此外，他还论述了现当代史的重要性，说："史学要义，以最近者宜最详，良以当代各事，皆由最近历史递嬗而来，其关系尤为密切，吾国史家，颇明斯义。"③ 他以《史记》、《汉书》及历代正史的修撰、私家修史的风尚为例，进一步说明重视现当代史是中国史学的优良传统。

朱希祖的《中国史学通论》就内容看，属于史学史学科的范畴，主要从史官、史书体裁两个方面阐述中国史学的起源、成立和发展。事实上，朱希祖确实是把它作为"史学史"课程来讲的。1919 年度北京大学史学系的课程表所列的朱希祖担任的课程名称就是"史学史"。④ 这比梁启超在清华国学研究院讲《中国历史研究法补编》谈到"史学史的做法"时要早六七年。所以，杨翼骧先生说："首先在大学课堂上讲授中国史学史的，应推北京大学史学系主任朱希祖先生。"⑤ 但以后他又把课程名称改为"中国史学概论"或"本国史学概论"，似乎又将史学史的学科意识淡化了，而不像梁启超那样明确提出撰述中国史学史的必要性以及具体的写法。这部讲义第一部分基本以历史的逻辑来说明中国史学之起源，而第二部分则主要从史书体裁、史书内容分类讲述中国史书的源流。中国史学在历代的发展状况没有呈现，重要史学家的史学成就和传统的史学理论也没有得到挖掘和总结，也就是说，它的"史"的特点不突出。因此，称之为"中国史

---

① 朱希祖：《中国史学通论》，第 28 页。

② 朱希祖：《中国史学通论》，第 52 页。

③ 朱希祖：《中国史学通论》，第 56 页。

④ 参见《文本科史学系三二一学年课程时间表》，《北京大学日刊》1919 年 10 月 24 日。

⑤ 宁泊：《史学史研究的今与昔——访杨翼骧先生》，《史学史研究》1994 年第 4 期。

学概论”也不无道理。而这正是中国史学史学科草创时期特点的表现。

如果不用当今史学史学科的理论和编纂内容对其进行要求，就这部讲义本身而言，它有两个特点非常突出：一是作者试图以近代史学的范式来总结和归纳中国传统史学成绩。如在“中国史学之派别”部分，谈记述主义之史学，其分类中的“编年史”“国别史”“传记”“正史”“纪事本末”虽然是传统史书体裁的专用语，却作了现代意义的解释：“以时区别者，谓之时代史，吾国谓之编年史”；“以地区别者，谓之地方史，吾国谓之国别史”；“以人区别者，吾国谓之传记”；“混合各体者，吾国谓之正史”。[①]同时他将政治史与文化史作为一类，指出政治史的内容包括法制、经济、法律、军事、社党、外交等；文化史的内容包括学术、宗教、文学、艺术、农业、工业、商业、风俗等。每项内容都列举大量书名及其卷帙、存佚、主要内容、优缺点等。这基本上是用现代学术标准对古代史学遗产重新进行布勒和评述。金毓黻曾对朱氏的这一学术分类表示称赞：“其史书分类法，……所列每类皆有综合、单一两目，分析至为精密，执此以绳史籍，罔有或外者矣。”[②] 二是该讲义涉及史书之多，令人惊叹。在此后出版的史学史中，很难找到列举如此多书名的著作，反映了作者目录学功力的深厚以及阅读书籍的广博。其引书、论书的熟练，有类于刘知幾撰著《史通》。章太炎曾说：“逖先博览，能知条理。”[③] 这部讲义正可证明这一点。

当然，讲义中的个别论述也有武断之处。如对《文献通考》的评价过低，说：“若夫马端临之《文献通考》、秦蕙田之《五礼通考》，虽亦为政治之通史，然或近策案，或等类书，其条贯不及《通典》远矣。”[④] 按，马氏《文献通考》是一部充满理性精神的伟著[⑤]，不应贬之于“或等类书”。再如对《竹书纪年》的评述：“《竹书纪年》盖晋人束皙等所伪造，本不足信；今本《竹书纪年》，又系宋以后人所伪造，伪中之伪，更不足信。”[⑥] 把《竹书纪年》断定为伪作，显然是错误的。以后，朱希祖专门考证西晋时发掘的墓葬书籍，著有《汲冢书考》，改变看法，承认失误。他在1939

① 朱希祖：《中国史学通论》，第26－27页。

② 金毓黻：《静晤室日记》第2册，辽沈书社，1993，第998页。

③ 章太炎：《自定年谱》宣统二年条。

④ 朱希祖：《中国史学通论》，第38页。

⑤ 白寿彝先生的《元代马端临进步的史学思想》有深入的挖掘，参见《白寿彝史学论集》（下），北京师范大学出版社，1994。

⑥ 朱希祖：《中国史学通论》，第23页。

年4月14日的日记中写道："余以史学治经学，以论理学方法解决一切疑难，最鄙视今古文家门户之见。旧时以汲冢古文书为晋人伪造，今治晋史，知其不然。盖孔壁、汲冢、殷墟甲骨刻辞，实为吾国三大发见，信甲不得不信乙、丙。"[①] 但在1943年出版《中国史学通论》时，作者对讲义的这一失误，却未作修正。

《中国史学通论》以文言写成，言简意赅。将之作为讲义，教师讲授时可展开的空间很大。朱氏以此篇幅不大的讲义，执南北著名大学之教席，想必在课堂上会有精彩的发挥。当年中山大学学生王兴瑞回忆说，他"对于刘知幾的史学理论和所举的史实，每每有所驳正，引证赡博，听之入神"。[②] 说明他在讲课时决非照本宣科。朱希祖的学生，在史学史方面有成就者不乏其人，著名者有金毓黻、姚从吾、傅振伦、王玉璋、朱杰勤等人。金毓黻1944年出版的《中国史学史》，数次引用了该讲义的观点，特别是其《结论》部分，亦藉西方史家之言，把史学分为两派——记述派、推理派，受到该讲义的影响更是明显。朱希祖是中国史学史学科的开拓者，而这部讲义则是其作为开拓者的重要体现。

三　商务版《中国史学通论》之特色

1943年出版的《中国史学通论》，附录了两篇文章：《太史公解》《汉十二世著纪考》。因为抗战时期纸张粗糙，所以该书印刷不够清晰，校对亦不精审，朱希祖本人很不满意，在日记中写道："收到独立出版社所印《中国史学通论》十部，校勘不精，讹夺太多。"[③] 1979年，台湾九思出版公司影印出版的《朱希祖先生文集》，收入《中国史学通论》，后附文章八篇，除原来的两篇，又增加《臣瓒姓氏考》《汉唐宋起居注考》《萧梁旧史考》《十六国旧史考》《蜀王本纪考》《西夏史籍考》。这些文章，都带有史学史的性质。

商务印书馆2015年出版的新版《中国史学通论》，正文以独立出版社的版本为底本，用辅仁大学铅印本和《北京大学社会科学季刊》发表的《中国史学之起源》进行校勘，校对精细。正文之后是《附录》和《补

① 《朱希祖日记》下册，中华书局，2012，第1036页。

② 王兴瑞：《朱先生与中山大学》，《文史杂志》1945年第11、12期合刊。

③ 《朱希祖日记》下册，第1364页。

作为现代著名史学家，顾颉刚特别关注史学意识、史料甄选、历史观念等方面，其目的也是为了更好地继承与吸收，为现代史学服务。史学批评是顾颉刚开展史学研究的内在驱动力。顾颉刚曾自述："我一生一世搞中国古代史，总想把两千年来缠扰不清的若干问题提出批判，使人们看清它的真面目和其对社会上发生的或好或坏的影响。"① 从史学批评的角度看，顾颉刚的史学研究工作，是一个对史学不断进行批评的过程。这一过程内容广泛，既包括自觉批评意识的萌芽，又包括对史料甄选、史家修养、史学功用等方面的评论，随着史学批评的开展，顾颉刚对史学的认识渐趋全面、成熟。

一 顾颉刚史学批评的精神主旨

（一）理性的批评精神

20 世纪初期，以科学、民主为主要内容的思想解放思潮，是顾颉刚理性批评精神兴起的思想背景。顾氏曾回忆说："到了现在，理性不受宗教的约束，批评之风大盛，昔时信守的藩篱都很不费力地撤除了，许多学问思想上的偶像都不攻而自倒了。"② 顾颉刚视理性的批评精神为做学问的第一要务，他强调，在现代学术研究中，采用何种方法固然重要，但理性的批评精神不可或缺。据顾氏自称，他"是一个桀骜不驯的人"，"又是一个历史兴味极浓重的人"，"又是一个好奇心极发达的人"③，"我的心目中没有一个偶像，由得我用了活泼的理性作公平的裁断，这是使我极高兴的"④。思想解放的社会际遇，与这种尚自由、重历史、究根底的学术品格结合在一起，使得顾颉刚的理性批评精神逐步形成。

在顾颉刚看来，理性的批评精神，首先表现为不崇拜偶像，不迷信权威，传统史学研究在这方面较为欠缺，他批驳说："以前研究学问，总要

---

① 顾颉刚：《必须彻底批判"帮史学"》，《宝树园文存》卷二，《顾颉刚全集》，中华书局，2010，第 475 页。《顾颉刚全集》共分八卷，包括《古史论文集》《民俗论文集》《读书笔记》《宝树园文存》《书信集》《日记》《清代著述考》《文库古籍书目》。本文征引《顾颉刚全集》原文数量较多，为了简便，其后仅随文注明卷名，不再一一标注《顾颉刚全集》。

② 顾颉刚：《古史辨第一册自序》，《古史论文集》卷一，第 68 页。

③ 顾颉刚：《古史辨第一册自序》，《古史论文集》卷一，第 69 页。

④ 顾颉刚：《古史辨第一册自序》，《古史论文集》卷一，第 71 页。

承认几个权威者作他的信仰的对象，……在这种观念之下，自然会得分门别户，成就了许多家派。我们现在，要彻底破除这种英雄思想，既不承认别人有绝对之是，也不承认自己有绝对之是。”① 其次，理性的批评精神，还需要“求智识”的态度，传统学者正是缺乏这一意识，才造成了中国学术研究因袭多而创新少。顾颉刚批评说：“他们不用了求智识的态度去研究事实，单用了信仰宗教的态度去作圣人的继承者，这是他们的大误。”②只有首先具备理性的批评精神，才能保证学术研究的客观性、独立性，对此，顾颉刚自信地表示：“我深信将来的学术界如果肯不屈抑自己的理性，我们的主张将一天比一天发展。”③

理性的批评精神是顾颉刚得以开展学术研究的源头活水，从疑古辨伪到古籍整理，都秉持这一精神，由他主编的《古史辨》就是典型代表。美国学者恒慕义注意到了《古史辨》第一册的批评精神，指出：“我们如果要举一个好例来说明现代中国的史学批评，并要纪念中国过去十年里面的‘新文化运动’，实在该把这一本书（按，指《古史辨》第一册）译成英文。”④ 其实，不只是《古史辨》第一册，《古史辨》七大册都带有史学批评的意味，可谓理性批评精神的集中体现。顾颉刚也多次强调这一精神的重要性。1930 年 12 月 16 日，应清华大学历史学会邀请，他做了题为《中国史学界之将来》⑤ 的讲演，指出，历史研究者应该秉持理性的批评精神，广泛搜集并整理多种材料，如古物、古书、档案、地方志、家谱、社会调查等，不受学派及前人研究的束缚，做独立自主之学问。1971 年，顾颉刚在为二十四史整理而作的《整理国史计划书》中，将“史书批评”作为“创新面貌”之一，他说：“每成一史的整理，即应综括大纲，批评作者的功力和态度，并提醒读者，使受其益而弃其毒。这是‘画龙点睛’的工作，不可轻视。”⑥ 顾颉刚宣称理性批评精神的重要性，意在纠正史学研究中的种种流弊，树立一种科学的研究风气，促进现代史学研究的健康发展。

---

① 顾颉刚：《禹贡半月刊发刊词》，《古史论文集》卷五，第 367 页。

② 顾颉刚：《中山大学语言历史学研究所年报序》，《宝树园文存》卷一，第 311 页。

③ 顾颉刚：《〈诗疑〉序》，《古史论文集》卷十一，第 356 页。

④ 〔美〕恒慕义：《中国史学家研究中国古史的成绩》，王师韫译，《古史辨》第二册，上海古籍出版社，1982，第 447 页。

⑤ 顾颉刚：《中国史学界之将来》，《宝树园文存》卷一，第 327 页。

⑥ 顾颉刚：《整理国史计划书》，《宝树园文存》卷二，第 454 页。

（二）对史学理论的自觉反思

中国史学的进步，离不开人们对史学的自觉反思，这是史学批评意识的重要表现。顾颉刚认识到史学具有多重属性，一方面，他自觉地区分历史与史学，指出，历史是人类过去的活动，而史学则是以历史为研究对象的学问，“史学者何？以人类过去之一切活动为对象而研究之者也。”① 另一方面，对于历史与历史记载，顾颉刚也明确地指出二者的区别，他说道：“历史之本身，为事实而非文字记载；犹人之为人，为其身体与精神而非画像。然事已逝矣，当事者不可见矣，则惟有索之于记载；犹不可亲接之人但得仿佛其声音笑貌于图绘中也。执笔记载者非一人，其注目之点互有不同，其得之传闻者复因人而异，而才有高下而则所记又有短长，此皆无可奈何者。”② 历史是客观的，历史记载是主观与客观的统一体，历史记载的“主观性”主要表现在历史记载的主体不可避免地带有不同程度的情感倾向，“客观性”主要表现在历史记载是客观历史的反映，是历史研究的文献史料，其本身也是客观存在的历史。史学研究者的任务就是通过历史记载去研究历史，即“集种种异同之材料而评判之，举散乱无纪之事件而贯穿之，绳以科条，要以必信，俾后人得识其统绪而瞻其真象，是则史学家之大任也！”③ 这一过程，可以概括为三步：评判材料——融会贯通——求得真史。顾颉刚懂得，史学的本质在于求真，但是，求真的努力是否能够实现即求真的效果如何，这还需要相对、辩证地看待。这是因为，客观的历史已经过去，后人求真的努力，很难完全还原历史事实，只能是通过对历史记载的比较，逐渐接近事实真相。顾颉刚既揭示了历史事实与历史记录的关系，又说明了史学家如何寻求历史记录的内在联系以接近历史事实，可谓深谙史学研究之真谛。

现代古史研究的意义是什么？这是顾颉刚常思考的问题。新文化运动以后，学术界以守旧责人，认为古史研究是过时的学问，顾颉刚研究古史，虽然在学术路径上与传统史学相去甚远，但在形式、方法上仍不脱传统史学余绪，这促使顾颉刚更急切寻找到在现代进行古史研究的价值。1929 年，南京国民政府与群众的冲突给了他启发。国民政府为了加强思想

① 顾颉刚：《史学季刊发刊词》，《宝树园文存》卷一，第 5 页。
② 顾颉刚：《史学季刊发刊词》，《宝树园文存》卷一，第 5 页。
③ 顾颉刚：《史学季刊发刊词》，《宝树园文存》卷一，第 5 页。

控制，封闭庙宇、破坏偶像，激起群众反抗。透过这一事件，顾颉刚发现，国民政府单纯从外力上破除迷信，民众很难接受，只有从思想的内力上入手才是根本。他表示："这种用了外力去强迫改变的只能有表面的成功，一旦政治情形改变，便什么都恢复了。所以要打倒迷信必须从内部发出才行。而研究历史，就是把迷信的根基彻底打破。"他得出结论："我以为历史是打倒迷信的最好的工具，也是革命的必要手腕。"① 在现代开展古史研究的意义，就在于向人们展示历史真相，从根本上改变信古、好古的弊病，从而实现真正地思想解放。

二 顾颉刚史学批评的主要关注点

（一）强调历史哲学

传统的史学研究，大都以考辨史料、记述历史事实为主，缺乏历史观念的指导。对此，顾颉刚批评道："只为古人缺乏历史观念，所以最不爱惜史料；因而写不成一部可靠的历史。"② 古人因为缺乏历史观念，错过许多有价值的史料，也因为缺乏历史观念，所以出现附会曲解。以东汉为例，顾颉刚批评说："东汉之世，学者们的智慧群趋于训诂一途，论理应当作些客观的研究。但因当时的历史观念不够，所以训诂的方式不是随文敷义，就是附会曲解。"③ 这表明，历史观念的科学与否，直接影响对史料价值的判断。

在顾颉刚的逻辑中，史料与史观不是彼此冲突而是相依而存的。有丰富的史料而没有史观，会失去理论方向；有史观而没有丰富的史料，如同无源之水。史观可以驾驭史料的同时，也会因史料限制而不能充分发挥。

顾颉刚强调史料与史观都是历史研究的重要方法，他在 1940 年的《史学季刊》发刊词中论述说："故研究史学之方术有二：其一，定传说之是非，寻残存之实物，重建已逝之史实，使过去人类活动一一显现于吾人之前，若目睹然。其二，将古今生活演进之事融会贯通，取其原理原则构成一体系，俾后学者有以见史迹之核心。前一事之任务为审订史料，谓之'考据'，是为历史科学。后一事之观点或唯心，或唯物，或侧重其他因

① 顾颉刚：《对于苏州男女中学的史学同志的几个希望》，《宝树园文存》卷三，第 78 页。
② 顾颉刚：《崔东壁遗书序一》，《古史论文集》卷七，第 54 页。
③ 顾颉刚：《崔东壁遗书序一》，《古史论文集》卷七，第 99 页。

素，谓之‘史观’，是为历史哲学。”[①] 接着，他对比了历史科学与历史哲学的不同：“科学之业，语必有征，每一问题发生，研究者苟能罗致丰富之材料，使用适当之方法，虽使百人不相谋而为之，必可得同一之结论。哲学则超于象外而索其环中，以观点之参差，每纷歧而不一，然亦无碍其各成一家之言。二者之判别如此。”[②] 在这篇文章中，顾颉刚重点论述了史料与史观的关系，提出了研究史学的两个方法，他将史料与史观的关系类比为历史科学与历史哲学的关系，史料的审定属于历史科学，史料的融会贯通属于历史哲学，前者是基础，后者是指导，在史学研究中相辅相成，不可或缺。

（二）倡导知人论世的人物评价原则

在史学批评中，以礼义廉耻为中心的伦理标准影响着人们的价值判断，使人们过多依据道德品行臧否历史人物，惩恶劝善，而运用“知人论世”的方法则有助于摆脱这一影响。“知人论世”原是孟子提出的读书方法，指在阅读时客观地把握作者所处的外在境遇，后被引申转化为学术研究的方法。顾颉刚在评价历代史学家时，秉持“知人论世”的原则，结合古人所处的时代境遇，给予辩证、公允地分析。

“知人论世”的方法使顾颉刚能够与历史人物“共情”。对于历史人物，顾颉刚肯定其功，指出其过，能够不偏不倚。例如，在评价刘歆与康有为时，他强调说：“我们以为刘歆与康有为的功过应当分开看。刘歆为适应时代的需要而造伪书是一件事；他取了真古史作他造伪书的材料又是一件事。康有为为适应时代的需要而提倡孔教，以为自己的变法说的护符，是一件事；他站在学术史的立场上打破新代出现的伪经传又是一件事。我们不能从他们的两件政治性的工作——篡位与变法——上面否定他们的两件学术性的工作——表章古史和打破伪书。”[③] 顾氏强调应将政治目的与学术贡献区分开来，不能因为刘、康的政客身份而贬低其在学术研究上的贡献。

顾颉刚并不掩饰对疑古学者的偏爱，他对郑樵、朱熹、阎若璩、姚际恒、崔述、康有为等人的评价以肯定居多，认为他们在辨伪力度、方法等

① 顾颉刚：《史学季刊发刊词》，《宝树园文存》卷一，第5页。
② 顾颉刚：《史学季刊发刊词》，《宝树园文存》卷一，第5页。
③ 顾颉刚：《五德终始说下的政治和历史》，《古史论文集》卷二，第388页。

方面的不足与时代局限性有关，并表示自己正是因为继承了前人疑古思想的衣钵，才得以在新史学时代擎起“古史辨”的大旗。以备受争议的康有为评价为例，与别人诘难康有为的态度不同，顾氏从康有为的身份和目的出发，指出康氏本来就不是纯粹的学者，这是由于时代所囿。在古代社会，“经世”高于“学术”之上，学术的价值，只有在产生政治功能的时候才得以体现，所以，康氏才以圣人自期，以经术服务政论，视“修齐治平”“为王者师”为人生的最高理想，而无意探究孔子的本来面目。顾颉刚称康有为是“一个从经生改行的新学家”，具有明显的时代烙印，只有结合“康有为时代”才能全面地研究康有为：“千万不要把现在应用的眼光来看它，而要用十九世纪末年一个从经生改行的新学家的读书方法来看它，看它如何沿袭着前人，又如何独辟着新路，看它怎样受时势的影响，又怎样受环境的束缚。能够这样做，我们研究康有为时，就不是研究他一个人，而是研究一个康有为的时代了。”① 顾颉刚采用“知人论世”的人物评价原则，虽然对一些传统史学家的“拘泥鲜通”颇为不满，但他并不苛责于古人，而是从时代局限性上做以解释；虽然对疑古学者具有内在的“亲切感”，但也能清醒地认识到其不足之处，反映了实事求是的客观精神。

三 顾颉刚史学批评的广阔视野

（一）对近百年史学的整体性评论

鸦片战争以后，近代史学出现了许多新特点，最大的特点是史学的由旧趋新。顾颉刚在1947年出版的《当代中国史学》② 一书中，盘点了1845

① 顾颉刚：《致选修“三百年来思想史”诸同学书——代桂学答问序》，《古史论文集》卷二，第631～632页。

② 《当代中国史学》是由顾颉刚弟子方诗铭、童书业分别起草，最后经过顾颉刚汇总、校订的，顾颉刚在1976年6月3日补写日记时有“故遂之以济童、方之贫”之语（《日记》卷六，第121页），有学者推测是因为顾颉刚“让学生以他的名字为各刊物写稿，盖如此稿费较高，学生藉此可得济助。”（潘光哲：《天方夜谭中研院》，台北秀威资讯科技股份有限公司，2008，第127页）傅杰在辽宁教育出版社1998年版的《当代中国史学》“本书说明”中，认定“顾对这部自己署名的书，是负全部责任的”。该书在谈到评论观点时，多次出现了“颉刚认为”这种以第一人称口吻的词语，因此，该书能够代表顾颉刚的观点。

至1945年的百年史学成果。该书分门别类地介绍了不同史学领域的代表性学者与著作，并加以简要评述，是顾颉刚对“当代史学”的回顾与整体性评论。

大致说来，顾颉刚对近代百年史学的整体性评论主要有以下特点：第一，从宏观上概括了近代百年史学的特点、变化及原因。《当代中国史学》分上、中、下三编，分别是“近百年中国史学的前期”“新史料的发现和研究”“近百年中国史学的后期”。顾颉刚首先从旧史学的延续讲起，然后再谈运用科学方法发现、整理新史料，这在史学由旧趋新的演进中起到了承上启下的过渡作用，最后一编就完全谈新史学的内容了。

第二，注意到近代史学与社会政治变革之间的关系。近代社会在政治、经济、文化等方面均有极大变动，与此相应，近代百年史学也出现了许多新变化。例如，顾颉刚在评论“社会经济史研究的成绩”时，注意到了社会史研究与社会革命运动之间的紧密关系，他指出，国民革命军北伐的先后，革命家为了探寻社会改革的发展方向，大都比较关注中国社会经济的研究，尤其是集中精力于社会经济史分期的讨论，这也是“中国社会史论战”的社会背景。

第三，兼顾个案研究与史学理论的总结。《当代中国史学》是建立在个案研究的基础之上的，该书评论的范围涉及史学的各个具体门类，重点是众多的史学家和史学论著，由于所评论的学人大多在世，因而，对他们思想与成就的评价，更需要客观、公允。此外，顾颉刚还关注到了近代史学理论的变化，主要表现是进化史观、唯物史观的输入，他充分肯定了新史观对中国史学走向近代化、科学化的推进作用，但遗憾的是，对这一史学理论的内涵及发展情况，顾颉刚没有作更深入详细的解释。

可以说，顾颉刚对中国近代百年史学的发展持肯定态度，特别是20世纪前半期，史料的丰富和研究方法的科学化，是史学研究取得丰硕成果的保障，堪称“黄金时代”：“我国最近这四十年内所发现的史料，真是丰富极了，我们可以称这四十年为中国史学的黄金时代。”[①] 对顾颉刚来说，梳理“当代”中国史学的演进与脉络，不仅可以探视不同时期不同专业方向的史学研究者孜孜以求的目标，而且可以检视“当代”新史学的成绩与不足，由此理解中国新旧史学的相互关系，更好地展望史学的未来走向。

---

① 顾颉刚：《中国之史学》，《宝树园文存》卷二，第294页。

（二）博采善择的史料标准

史学研究离不开史料，史料的甄选、运用，直接影响研究的结果，因此，加强对史料的博采善择，是史学研究的基础性工作。顾颉刚强调："无论何种的研究的基础都须建设于确实的证据上，在不能遽得系统时不要随便凑成一个系统，在不能遽得结论时不要轻易作出一个结论。"①

顾颉刚提出"看一切东西都成史料"，强调史学家应该具备开阔的史料视野："我们研究史学的人，应当看一切东西都成史料，不管它是直接的或是间接的；只要间接的经过精密的审查，舍伪而存真，何尝不与直接的同其价值。"② 他认为，史学研究中不是缺少材料，而是缺少发现材料的眼睛，正如他在 1942 年所说："我辈研究史学，满地皆材料，所惧者不检耳。"③ 他强调，问题意识是发现材料价值的关键，"处处是好材料，但要把握住它，先要脑筋里有问题，眼睛里才能看出材料的价值，才有实际意义"。④因材料而生问题，因问题而寻材料，搜集材料的过程也是不断解决旧问题、提出新问题的过程，"质辞言之，则初由材料以发生问题，次由问题以寻求材料，而即由此新得之材料以断决问题，且再发生他问题，二者循环无端，交互激发，遂得鞭辟入里，物无遁形，如斯而已"。⑤ 史料中，没有高低贵贱之分，在学术研究面前，一切材料都是平等的，"学问的材料，只要是一件事物，没有不可用的，绝对没有雅俗、贵贱、贤愚、善恶、美丑、净染等等的界限"。⑥ 开阔的视野，加上平等的眼光，是顾颉刚史料观的特色。

对于浩瀚如烟的史料，顾颉刚将它们划分为不同的类别，主要有"两类说"和"三类说"两种。1927 年，在顾颉刚将史料分为两大类：一类是传说，一类是史实。在他的读书笔记《东山笔乘》中，有《五帝史料》《夏代史料》《殷代史料》⑦ 并列三篇，分别对五帝、夏、殷的史料做了类别区分，在这三个列表中，均将史料分为传说、史实两大部分。1934 年，

① 顾颉刚：《中山大学语言历史学研究所年报序》，《宝树园文存》卷一，第 314 页。
② 顾颉刚：《古史辨第三册自序》，《古史论文集》卷一，第 102～103 页。
③ 顾颉刚：《与齐鲁大学国学研究所诸同学书》，《宝树园文存》卷一，第 10 页。
④ 李宁：《在古书里作学问——访顾颉刚先生》，《文汇报》，1957 年 3 月 5 日。
⑤ 顾颉刚：《责善半月刊发刊词》，《宝树园文存》卷一，第 8 页。
⑥ 顾颉刚：《〈妙峰山进香专号〉引言》，《民俗论文集》卷二，第 327 页。
⑦ 顾颉刚：《〈五帝史料〉〈夏代史料〉〈殷代史料〉》，《读书笔记》卷二，第 392～393 页。

顾氏提出了史料“三类说”：“史料很多，大概可以分成三类：一类是实物，一类是记载，再有一类是传说。这三类里，都有可用的和不可用的，也有不可用此而可用于彼的。”① 相比之前的“两类说”，“三类说”将“史实”扩展为实物与记载，也承认了有些材料是不可用的，其内在张力更强一些。

与传统的史料观相比，顾颉刚对史料范围的认识较为广泛，主要体现在以下两点：第一，重视传说材料。传说材料原属于民俗学范畴，顾颉刚将其笼归到史学材料领域中，视其为反映民众生活文化的历史素材，目的是为历史研究服务。第二，重视文献材料。顾颉刚的史料学认识，突破了王国维所理解的“地下资料”的范围。王国维理解的“地下之新材料”，主要指地下出土的古文字材料，即甲骨文与金文，它们属于金石学的范畴，有学者称为“新金石学”②，其载体形式虽不同于传世文献，但也属于文字记载的范畴。顾颉刚赋予“史料”更广阔的内涵。他强调材料不应仅有文字文献，还包括非文字文本材料，如古迹古物调查、边疆史地与社会现状的考察等。文字文本材料与非文字材料，二者都是历史事实呈现的印证，对历史研究而言，二者各有价值。顾颉刚对史料学认识的意义在于，他能在文字文本记录的史料之外，积极探寻一切与历史事实有关的遗存，并将这些对象资料全部归属于他重建信史的努力中，利用它们与已知的历史信息互证，这是他对现代史学研究方法的重要贡献。

四　顾颉刚史学批评的意义——在批判中借鉴、吸收

史学批评的目的，是为了更好地为现代史学研究提供借鉴，这也是顾颉刚史学批评的落脚点。在史学批评中，对优良的史学传统、理论与方法，顾颉刚赞誉有加，比如，他在指出历代疑古不足之处的同时，也肯定了疑古思潮的创新精神；在批评传统史学研究方法拘泥于微言大义、文字训诂的同时，也承认它们在现代史学研究中仍有用武之地。在批判中借鉴、吸收，是一种开放的史学批评态度。

顾颉刚认为，历史具有延续性，史学研究不能割断历史，更不能全盘否定过去，现在的史学研究之所以能超越前人，就是在批判地继承前人成

① 顾颉刚：《崔东壁遗书序一》，《古史论文集》卷七，第 52～53 页。

② 李零：《简帛古书与学术源流》，生活·读书·新知三联书店，2007，第 10 页。

果的基础上进行的[①]。晚年，顾颉刚集中精力整理古籍，希望对批判地继承古史遗产有所贡献。1971 年，政府组织“整理二十四史”及《清史稿》的工作，周恩来批示该工作由中华书局负责，提出由顾颉刚总其成。得讯后，顾颉刚立即作《整理国史计划书》[②] 一文，表达了对这项工作的初步设想。他将眼光从“二十四史”扩展，指出了许多补备罅缺之处，如在点校《二十四史》和《清史稿》时要去除前人关于“正统”与“偏统”的成见，增加“偏统”方面的史书，对于通常所谓“别史”“杂史”的著作，也应酌情增加。新时代的国史整理需要展现创新之处，如插入丰富的地图与插图、重视目录索引的制作等，这份计划书显示了顾颉刚对批判地继承古史遗产的计划与热情。

“批判地继承”还表现在顾颉刚对唯物史观的态度上。20 世纪 20 年代，唯物史观开始在中国广泛传播，当“层累观”遭遇唯物史观，顾颉刚的态度是：由被动认可转为主动接受。1933 年，顾颉刚提出了“分工说”，称自己的疑古辨伪是打根基的“下学”，是为唯物史观的“上达”服务的，“分工说”只承认唯物史观在研究古代思想和制度时的必要性，“至于研究古代思想及制度时，则我们不该不取唯物史观为基本观念”[③]，但也显示了顾颉刚对唯物史观在一定程度上的“冷拒绝”态度。

随着唯物史观的广泛传播，顾颉刚逐步认识到其丰富的内涵与强大的解释力，主动学习并接受了唯物史观。1953 年，他在读书笔记中写道：“予三十后编著《古史辨》，在旧史学家起一革命，得名得谤，扰攘至今。现在已有新方法可用，但愿于熟练之后将予所著修改一过，俾知予在古史学上确有何等功绩，并负何等罪过。书成，可名《顾颉刚古史论文集》。今拟定名《古史质疑》。”[④] 顾颉刚所谓可用的“新方法”，就是指的唯物史观的方法。1954 年，顾颉刚为《秦汉的方士与儒生》作序时指出，该书的“根本缺点”是没有用经济基础与上层建筑的原理分析两汉社会，“那时的我虽已知道应当从社会背景去解决问题，但因为没有学习马克思列宁主义，不能从两汉社会的经济基础来分析当时的政治制度与学术思想，这是违背历史唯物论的，是本书的根本缺点”[⑤]。此外，他认为该书还存在许

① 顾颉刚：《彻底批判“帮史学”，努力作出新贡献》，《宝树园文存》卷二，第 483 页。

② 顾颉刚：《整理国史计划书》，《宝树园文存》卷二，第 450 页。

③ 顾颉刚：《古史辨第四册序》，《古史论文集》卷一，第 124 页。

④ 顾颉刚：《颉刚拟作书》，《读书笔记》卷五，第 194 页。

⑤ 顾颉刚：《秦汉的方士与儒生序》，《古史论文集》卷二，第 472 页。

多非历史主义的叙述。比如，谶纬、宗教迷信虽有妖妄荒诞的一面，但歪曲的事实也能体现真实、客观的东西，不能简单地抛弃。他以阴阳五行为例，说明了唯物史观在分析问题上的科学性，“例如阴阳、五行，虽给方士和儒生们利用了它闹得乌烟瘴气，可是追本溯源，究竟它的本质含有素朴的唯物主义成分。”[①] 这表明，顾颉刚在逐步运用历史唯物主义的批判精神来反思自己的治学方法。

1957 年，他接受上海《文汇报》记者采访时，说明了自己在新中国成立后古史研究的“新变化”：“我弄了几十年上古史，还弄不出什么‘道理’。但新中国成立后接受了新东西，走新方向，就和过去不同。过去使用资料学方法去弄，现在是用辩证唯物论和历史唯物论的方法来弄了。虽然我已经 64 岁，但身体尚好，可以再多干几年。”[②] 这段话中，顾颉刚用“接受”一词表述自己在新中国成立后的态度转变，表明了他对唯物史观的价值认同，即肯定了唯物史观的方法比自己之前的“资料学方法”具有优越性，希望采用唯物史观的方法来重新修改旧作。

对一种观念的“接受”，指的是心理上对事物容纳而不拒绝，是个体对对象的一种接纳、吸收和内化为自我的过程，它比接触、认识、了解等词都要更进一步。“接受”是个体适应外界事物的一种行为特征，当唯物史观在新中国成立后成为史学界的主流时，顾颉刚对唯物史观的接受是适应学术环境的表现，可能在最初“接受”过程中被动成分居多，但在他不断学习唯物史观的过程中，他是肯定唯物史观的科学性的，而且，顾颉刚的古史研究方法实质上与唯物史观有很多“不谋而合”之处，这也成为他在新中国成立后对唯物史观并不排斥、顺利接受唯物史观的内在原因。

可以发现，与引领疑古辨伪的“革命性”潮流相比，顾颉刚的史学批评更温和，它彰显了顾颉刚史学思想中思辨、宽容、中庸的一面，也有助于我们认识“另一面”的顾颉刚。他所持的批评态度立场明确而不激进，批评的言论也不失为持平之论，从顾颉刚的史学批评中，感受到他为纠正史学研究的各种流弊而做出的努力。

---

① 顾颉刚：《秦汉的方士与儒生序》，《古史论文集》卷二，第 472 页。

② 李宁：《在古书里作学问——访顾颉刚先生》，《文汇报》1957 年 3 月 5 日。

邵循正与近代中外关系史研究

——以《中法越南关系始末》为中心的研讨

张泓林

（北京师范大学历史学院，北京　100875）

摘　要：邵循正的《中法越南关系始末》以中法战争为研究对象，重点探讨了中法越关系及其相关事件。从史料上看，邵循正广征博引了各类中西史料，发掘了大量的一手材料。从史学方法上看，邵循正在中法战争研究领域中第一次运用史政结合的方法探讨战争的原委。从研究视角上看，邵循正率先将“国际法”引入了中外关系史的研究范围。此外，邵循正还对以往“通说”提出了质疑和新见解，并将中法战争置于近代世界格局的变迁大势加以考量。这些成果，不仅为中国学者对中法战争史研究打开了新的格局，也奠定了邵循正在近代中外关系史研究中的学术地位。

关键词：邵循正　《中法越南关系始末》　近代中外关系史

邵循正精通多种语言文字，长于中外关系史、民族史、中国近代史研究。其代表作《中法越南关系始末》[①]（以下简称《关系始末》）是当时中国学者在中外关系史研究中少有的佳作。《关系始末》叙事起于1585年，

① 此为邵循正硕士毕业论文，原题就是《中法越南关系始末》，后经由张寄谦整理。但张寄谦在1999年介绍此书时，却使用了《邵循正的〈中法越南交涉始末〉》一题。（张寄谦：《邵循正的〈中法越南交涉始末〉》，《光明日报》1999年9月3日，第7版）这里的《中法越南交涉始末》可能是编辑对《中法越南关系始末》的误刊。2000年河北教育出版社遵照邵之原题《中法越南关系始末》予以出版。

讫于1885年《巴黎和约》的签订，以清末中、法、越三国关系为研究重点，共分8章34节。书前设有绪论3篇，分别阐述法越关系、北圻问题和中国与越南的宗藩关系；正文则重点探讨中法战争前后中、法双方对战情况以及采取的策略等问题，兼及对各国外交政策和世界格局的分析。因种种原因，学界对这部著作以及对邵循正学术的关注和研究十分有限①。本文即以《关系始末》为中心，重点探讨邵循正在近代中外关系史研究领域的成就及意义。

一 《关系始末》撰述原委

20世纪30年代以前，中国学界对中法战争的相关记述，主要包括：(1) 上谕、奏折的收录，如张荩臣《华洋战书初编》、王子芹《越法战书》、刘长佑《刘武慎公遗书》、岑毓英《岑襄勤公奏稿》等；(2) 对中法战争专门的记评，如刘名誉《越事备考》《清光绪朝中法交涉始末史料》等；(3) 日记、回忆文集等兼记中法战争的，如黄海安《刘永福历史草》、胡传钊《盾墨留芬》、翁同龢《翁文恭公日记》、采樵山人《中法马江战役之回忆》《醇亲王奕譞致军机处尺牍》、盛昱《意园文略》等；(4) 个人传记、撰述，散存了少量有关中法战争的史料、史论。② 这些著述基本属于史料性质，缺乏研究性。故邵循正在撰写《关系始末》时，除原始资料外，可供借鉴者甚少。

---

① 专门性的研究仅有三篇。其中两篇皆为张寄谦所作：《邵循正的〈中法越南交涉始末〉》和为《关系始末》一书写的前言。这两篇文章算是真正将邵循正及《关系始末》引入史学史研究的视角。前者重点介绍了《关系始末》的内容，并梳理了《关系始末》中涉及的一些大事件。（参见张寄谦《邵循正的〈中法越南交涉始末〉》，《光明日报》1999年9月3日，第7版）后者则先突出分析了《关系始末》的学术价值，再叙述书中具体框架，并于文末肯定了邵循正在中外关系史研究中的地位。（参见张寄谦《前言》，载邵循正著《中法越南关系始末》，河北教育出版社，2000，第1～12页）。这两篇文章都属于综合类研究，为本文接下来关于邵循正与近代中外关系史研究，奠定了一定的基础。余下一篇为赵春晨的《近代中外关系史研究的奠基人之一——邵循正》一文，共分两部分。第一部分梳理了近代中外关系史的缘起，并分析了《关系始末》在学术上的创获与特点。第二部分论述了1949年以后的邵循正在近代中外关系史研究的建树。（参见赵春晨《近代中外关系史研究的奠基人之一——邵循正》，《暨南学报》2005年第4期）其余论述仅散见于近代史或外交史的研究性著述中。

② 参见中国史学会主编《中国近代史资料丛刊·中法战争》第1册，上海人民出版社，1957，第7～35页。

为了研究这个课题，邵循正专门拜访和请教了亲历中法战争的陈宝琛[①]。陈宝琛在中法战争爆发之际，曾以“南洋会办大臣”的身份代表清政府赴越南参与中法交涉。作为清朝重臣，又是中法战争的直接见证人之一，陈宝琛不仅见闻广博，而且对当时国内外政治时局有着敏锐的洞察力。在陈宝琛的指点下，邵循正系统地整理、搜罗、补充和修订了中法战争的相关史料，并在每篇定稿之前，亲自交与陈宝琛审阅，“老人穷一日之功，读完全稿”。后因陈宝琛病卧于床，“循正兄来视疾，遂在病榻前言谈甚久，自是两日，老人枨触前尘，说甲申往事，不绝于口……循正兄时来问业，一年而稿成”[②]。可见，陈宝琛对邵循正《关系始末》的顺利完成，帮助颇大。

《关系始末》完成于甲申中法战争爆发五十周年之际，颇具现实意义。从国际形势上看，全球经济危机导致国际格局隐伏着各种不稳定因素。作者通过撰述此书，不仅分析了中、法、越三国关系，而且还勾勒出了近代中国在东南亚影响力的消退和西欧资本主义国家对亚洲侵略过程，从国内环境上看，日本正筹备大规模侵华，中国民族危机加重。因此，邵循正认为，在西力东渐的大背景下，清政府在处理与中亚的宗藩关系时，应“负责逐渐修改此制度，以适应复杂之环境”[③]，才能顺应时代的发展要求。

由于种种原因，中法关系研究一直是“中国近代史研究的薄弱环节”[④]。邵循正《关系始末》的完成弥补了中国中法关系研究的空白，成为“第一部中国人自己写出的中外关系史”[⑤]。此后20年间，中国的中法关系史研究依旧处于草创阶段，没有较大的进展，仅有一本专著，数篇论文问世。[⑥] 1955年，在中国史学会组织下，邵循正参与编纂《中国近代史资料丛刊·中法战争》。这部大型史料集的编纂，是邵循正在《关系始末》的基础上对中法战争所作的较为系统的材料汇编。此后，中法战争史、中外

① 陈宝琛是邵循正的叔外祖父。

② 戴学稷：《永远怀念的师表——纪念邵循正先生百年诞辰》，载《邵循正先生百年诞辰纪念文集》（未出版），福建，2009，第129~130页。

③ 邵循正：《中法越南关系始末》，河北教育出版社，2000，第51页。

④ 黄振南：《中法战争管窥》，中国文史出版社，2005，第453页。

⑤ 张寄谦：《前言》，载邵循正《中法越南关系始末》，第1~2页。

⑥ 张雁深：《中法外交关系史考》，长沙史事研究社，1950。吕谷：《中国和越南的历史关系》，《历史教学》1951年第2、3期。司绥延：《中法战争（一八八四——一八八五）——中国近代史讲课记录》，《历史教学》1951年第11期。王崇武：《中法战争时法国天主教在中越两国的活动情况》，《进步日报》1951年10月12日。

关系史等研究逐渐在史学界兴起、繁荣。因而有学者认为，即使时过境迁，“邵循正先生30年代中期的研究生毕业论文《中法越南关系始末》仍被史学界看成中法战争史研究的扛鼎之作”①。张寄谦也曾评价说：“《关系始末》不仅以资料丰富而见长，而且选题得当，使作者有发挥余地的机会。《关系始末》把国际形势、法国政局的变化和中国国内政治斗争结合在一起，把外交史和政治史融合为一体，从追溯中、法、越关系入手，分析中法战争。其功力之深，视野之广，超过了同时代的外国资产阶级学者和中国旧式封建学者。”② 赵春晨亦撰文认为，邵循正是“我国近代中外关系史研究的奠基人之一”，并指出“在当时国内学者难于接触到中外原始档案，特别是国外档案文献的情况下”，邵循正的这些研究成果，在“相当长时间里曾是国内学者研究近代中外关系史的最基本的资料”③。

二 《关系始末》编撰特色

邵循正师从蒋廷黻，这就使得《关系始末》在研究方法上受到了蒋的影响。如蒋廷黻认为，“近代中国内政方面的变革是对外交失败的一种回应”④，应当“学术化、历史化中国外交史”⑤。这种政治史与外交史相结合的理念不仅深刻地影响了邵循正，也成为了本书的特色之一。

《关系始末》于开篇就强调外交史与政治史的紧密关系，并认为以往研究多视越南问题“为一地方一时期单独发生之事件”，而未能纳入整个“国内政治之升降，国际情形之迁移，以直接左右或间接影响及此问题”中去，进而导致“结论非陷于狭蔽，即失之枝叶”⑥。为避免结论“狭蔽”，邵循正直接从新航路开辟后的世界各国政局展开分析。在作者看来，中法战争之初的英、德、美等国，皆持“无意干涉”⑦“隔岸观火”⑧ 等外

① 黄振南：《20世纪中法战争史研究回顾与前瞻》，《广西大学学报》2002年第6期。
② 张寄谦：《邵循正的〈中法越南交涉始末〉》，《光明日报》1999年9月3日第7版。
③ 赵春晨：《近代中外关系史研究的奠基人之一——邵循正》，《暨南学报》2005年第4期。
④ 欧阳军喜：《20世纪30年代两种中国近代史话语之比较》，《近代史研究》2002年第2期。
⑤ 蒋廷黻：《近代中国外交史资料辑要·自序》，湖南教育出版社，2008，第1页。
⑥ 邵循正：《中法越南关系始末》，第53页。
⑦ 邵循正：《中法越南关系始末》，第237页。
⑧ 邵循正：《中法越南关系始末》，第231页。

交态度。究其根源，这三国都受到了本国政局的影响，如“英法两国去岁以埃及问题发生冲突，感情尚未恢复”[①]。但随着战事的扩大，各国外交也根据自身政治利益的变化而变化。英国恐在中国沿海商业受损，“同时，英在欧洲之外交政策，以联发为方针”[②]，并想借此之机“对法表示好感”[③]，遂加入调停之列；美国应中方之邀，亦入调停之中。但清政府的节节败退及寄全部希望于调停的态度，最终导致了《巴黎和约》的签订。基于此，邵循正将《巴黎和约》的签订视为复杂的国际关系与中法两国国内政治形势错综交叉下“合理”的产物。

为更好地说明政治史与外交史研究的关系，《关系始末》对中法战争前后欧洲各国的国内局势，着墨甚多。以书中论述法国最终取得越南主导权为例。《关系始末》通过对法越经济往来情况的分析，认为由于葡、西、英、荷对法在远东势力的牵制和国内动荡的原因，法国在越南势力远不及上述四国。但 17 ~ 18 世纪后，葡萄牙国力渐衰，西、荷两国宗教纷争严重，英荷忙于欧洲战事，故法趁机窥测澜沧江以扩大势力，并逐渐取得越南的主导权。通过邵循正的分析，读者既能看出欧洲各方在越南复杂的局势关系，也能认识到外交是政治史的延伸。这种世界的视野及政治史、外交史相结合的研究思路，在当时的中法关系史研究中是少见的，具有较高的参考和借鉴价值的。

《关系始末》另一个特点是，作者以“国际法”的视角，作为考察和评判外交行为的准则之一。世界市场形成后，“国际法”遂逐渐在欧洲完善并得到认可。“国际法”一词于第一次鸦片战争前后传入中国[④]。但当时中国尚无条件和能力运用“国际法”来处理国际纠纷和维护自己的正当利益。邵循正在大学里学的是国际法与国际关系，对“国际法”的源起、内容及运用规范十分娴熟。《关系始末》通过对“国际法”中“有一方不履行，则他方可借以免除履行条约中之义务”[⑤] 的引用，指出法方未履行《凡尔赛条约》中军队兵舰派遣之规定，且法、越双方未有任何有效的交

① 邵循正：《中法越南关系始末》，第 237 页。

② 同上。

③ 同上。

④ 参见周鲠生《国际法》，商务印书馆，1976，第 2 页。王铁崖《国际法》，法律出版社，1981，第 16 ~ 17 页。李兆杰：*How International Law was Introduced into China*，载马呈元等撰稿《国际法律研究》，中国政法大学出版社，1999，第 53 ~ 135 页。

⑤ 邵循正：《中法越南关系始末》，第 19 页。

换批准文书，因此，法国强行在印度交趾及北圻行使特权的行为，于理不合，于法更不合。

此外，邵循正还根据“国际法”的词性释义，着重对比了中法战争条约中法、中、越翻译间差异，以揭露法国模糊定义、偷换概念的行为。如《柴棍条约》中“保护”（protection）一词，“至多不过如公法家所谓‘文艺复兴时代之保护’，即‘纯粹契约关系’”。它与“国际法”中“保护权”（protectorate），“区别甚明”“绝不容混”。因此，邵循正认为，“《柴棍条约》与一般保护条约内容不合者也。且保护国关系必经明白承诺乃能成立”①。随后，邵循正又列举了1818年英、奥、俄、普《巴黎和约》中“保护”措辞的释义。这实际上明确了法对于越的“保护”关系是不成立的，法方却故意模糊二词释义，“混淆黑白”②，以达到“监督”越南的目的。虽然，当时的“国际法”多站在西方利益之上制定，但这种率先将“国际法”引入中法关系史研究的理念，的确是近代中外关系史研究中一项新的创举。此后，“国际法”被更多的国内学者了解，而用“国际法”分析中外关系史也逐渐成了一种研究范式。

《关系始末》第三个编撰特色就是，作者不拘泥于以往的“通说”，而是根据一手史料和科学分析，对这些“通说”提出了质疑和新的见解。如在《柴棍条约》签订7年后，清政府计划解约，李鸿章却想继续默认并执行条约。研究者对李鸿章态度多持批评态度。邵循正却认为，李鸿章清楚地认识到了事态变化，有此见地，十分可贵。又如在中法战争前期，作者对李鸿章的主和思想给予了肯定。书中截取了李鸿章《译署函稿》中对越南战事的见解，是想说明李鸿章认为越南战事无论成败都于中国不利。所以作者称赞李鸿章“明大势，识时务”“高人一筹”③。但邵循正也指出，李鸿章对北圻“实负最大责任”。这些论断对今天客观评价李鸿章的历史地位，仍有多方面的启发。

在解析《柴棍条约》签订后法国的“观望态度”时，邵循正结合法国国内外政局，点明“法新败于德，……才历四稔”④以及“1857年之惊扰”事件的自顾不暇，在这两者共同作用下才是法国“观望政策”产生的根本原因。因此，“决不能全指为德法关系紧张之结果，即谓舆论反对政

① 邵循正：《中法越南关系始末》，第59页。
② 邵循正：《中法越南关系始末》，第60页。
③ 邵循正：《中法越南关系始末》，第118页。
④ 邵循正：《中法越南关系始末》，第53页。

府浪费精力于远略”[①]。但“历史论者于此点多滋误会”[②]，多认为“法德矛盾是此政策产生的主要原因”。可以看出，对于这些问题的分析，邵循正一方面考虑到时局对历史事件的影响，一方面又考虑到不同时期应予不同的问题评判标准，不是简单地人云亦云，而是注意到内因才是影响事情发展的主要原因，由此得再出的合理推论。

对于无法考证的史事，《关系始末》则用“以疑传疑”的方法记录下来。如对北圻事起后中方对法方态度骤变之因的分析，邵循正因无法从有关中、法文献资料得出结论，遂以“史谜之一”[③] 四字括之。

值得一提的是，《关系始末》虽以中法战争为研究对象，然其研究视野并不局限于此。书中数度可见对清末政局的思考和对“二战”后世界格局的分析。如对于北圻问题，邵循正认为至少可以有三次可以弥补的机会，第一次是中国很好地把握住新航路开辟后世界发展趋势，并“适应复杂之环境”[④]；第二次是中越两国能较早注意到“法蓄意越南”，如法国东印度公司的成立、法在越的传教行为及经济接触等，进而制止法国“时之久且远”[⑤] 的计谋；第三次是清政府不“泄沓游移”、越南君相不“醉生梦死”，而是“早谋补救”之策略，中国就不会“坐困二竖”[⑥]，北圻问题或许也不会产生。又如，北圻战后，《关系始末》借评清政府内外政策失误之机，希望政府以战争为戒，注重政治、经济、军事的发展。以上事例还有很多，不再赘述。邵循正的这些见解，大都得益于他辩证的思维与全局性的思考方式，这些也都使得《关系始末》除本身的学术价值外，还有着较高的政治视界。

三 《关系始末》史料价值

20 世纪 30 年代前后，学界有关中法关系史研究尚处于起步阶段。在政治性极强的中外关系史研究领域，西方学者往往“以西方的资料、档案

① 邵循正：《中法越南关系始末》，第 55 页。

② 同上。

③ 邵循正：《中法越南关系始末》，第 101 页。

④ 邵循正：《中法越南关系始末》，第 51 页。

⑤ 邵循正：《中法越南关系始末》，第 15 页。

⑥ 同上。

为根据”[1]，或完全从本国利益出发撰写历史，导致书中或例证不详，或分析错误，或史实缺失，或观点扭曲，“为列强在华的政治、经济侵略活动辩护，甚至歪曲中国人民的正义反侵略斗争”[2]。为打破此局面，邵循正广征博引了与中法战争有关的中、外文资料，中西互证、内外兼重。广博的史料选取与详细的史料引证，也成了《关系始末》史料运用的两大特色。具体来看：

其一，广征博引各方史料。据统计，《关系始末》中文参考书目达22种之多，外文参考之官方文件、私家记载、期刊等更有40余种[3]。其中，中文参考书目以官方档案、上谕、奏疏、日记等为主。这类史料数量多且可信度较高。外文书目，则以各国官方文件及研究性期刊为主，如法官方文件 *Livres Jaunes*、英国官方报告 *Blue Books*、美国官方文件 *U. S. Foreign Relations Series* 等；法国期刊 *Revue generale de driot international public*、*Revue des DeuxMondes*、*L' Asiefrancaise*、*T' oungPao*、*Bulletin de I' EcoleFrancaise* 等；英美期刊 *Customs Decennial Report*、*British Year Book of International Law* 等。这些都是当时最新的史料，其中英法美的官方文件、私人著述和期刊论文，又是中国学界第一次从《关系始末》中了解到的外文史料。面对中外史料出现抵牾之处时，邵循正一般先择本国档案、史料，次参证西方文献，再查阅各方电稿、日记、手稿，最后作出判断。如在探讨北圻问题的由来时，作者翻译了法将旧部安邺（Francis Garnier）的《1846之法领支那交趾》、法国海相谢师劳伯的《柬埔寨以北探路记》、Dupuis 的 *Les Origines da la Question de Tonkin*、Norman 的 *France in the Far East*、Billot 的 *L' Affaire du Tonkin*、Bouinais 的《请缨日记》、河内巡抚的布告等可信度较高的外文文献，用以说明法国侵犯“越南主权，违背《壬戌条约》，……北圻问题乃起”[4]，法方侵越意图“昭然若揭”。随后，在分析1882年中法巴黎交涉失败的原因时，作者先后列举法国官方文件 *Livres Jaunes*、《清光绪朝中法交涉史料》、吴汝纶编录的《李文忠公译署函稿》、曾纪泽的《曾惠敏公遗集》、Cordier 的 *Bibliotheca Indosinica* 等，用以还原当时中法双方的态度和立场。作者指出，中方一直无意于战争，只图维系中、越之宗藩关

① 张寄谦：《邵循正史学成就探源——写在〈素馨集〉出版之际》，《近代史研究》1994年第6期。

② 张寄谦：《前言》，载邵循正《中法越南关系始末》，第2页。

③ 参见邵循正《中法越南关系始末》，第265～269页。

④ 邵循正：《中法越南关系始末》，第41页。

系，法方亦“只出于和平方法，于政治上行政上扩充巩固法国之努力……不当以占领越南一省一城为目的”[①]。由于交涉时中法双方的态度都较为强硬，由此产生了许多外交摩擦，又由于接触有限、沟通不畅，中法双方对对方的外交意图都产生了误判，加之双方交涉人员在对各自政府汇报时，都做了一些夸张的描述，使得双方矛盾进一步激化，最终导致巴黎交涉失败。邵循正指出：“当时中法主持大计之人，若能屏除意气，认清交涉目标，无为理论之争论，急谋实际之磋商，则越南问题，未必不能和平解决也。”[②] 诸如此类例子，还有很多，不再列举。通过广征博引中外史料，原本许多隐晦难明的史事就一一清晰地呈现出来。这些中外文史料，对于了解和研究当时中法外交情况，都是十分重要和难得的一手文献，在史料学上有重要的价值。

其二，作者还通过对中西史料的对比、考证，澄清并还原了西方学者诸多伪造、回避的事实真相。如中法各自关于曾纪泽对《天津条约》态度的不同记载。作者将《清光绪朝中法交涉史料》《曾惠敏公遗集》等与 Rambaud 的 *Jules Ferry*、Boulger 的 *The Life of Sir Halliday Macartney* 等相关记载进行对比，发现曾纪泽“并未根本主战以修改津约”乃事实，法方却记载其“奏称津约宜废”。这些语句“尤多失实”“毫无证据”，且存“诬蔑之言”[③]。

又如邵循正通过对比《（李文忠公）电稿》卷二和卷三、Cordier 的 *Bibliotheca Indosinica*，指出 Semalle 在其 *QuatreAns a Pekin* 书中收录的“李鸿章托伦敦《泰晤士报》登载福禄诺节略消息”原本照片上的福禄诺签字，“实出伪造，当无疑问也”[④]。但法方却舍李鸿章而问责总署，并以此作为“重要史证”进行要挟，法国史家亦不加辨别地将此伪证录入史书中，是为对史事的刻意歪曲。可见，邵循正对这类史实的考订，都为中法关系研究带来了新的例证。

总之，《关系始末》中对中外史料的兼采与互证，不仅保留了丰富的原始文献，而且还原了诸多历史事实。此书出版后，书中所引史料文献，特别是外文史料，成了后世学者重要的史料参考来源和依据。从这个意义上说，《关系始末》一方面从史料层面打开了中法关系史研究的新局面，

① 邵循正：《中法越南关系始末》，第 85 页。
② 邵循正：《中法越南关系始末》，第 85 页。
③ 邵循正：《中法越南关系始末》，第 177～178 页。
④ 邵循正：《中法越南关系始末》，第 182 页。

另一方面也打破了外国学者对中法关系史研究的“一言堂”局面。因而有学者曾评述道，“我国的近代史研究者很少通晓法文，即使有法文资料，多半也只能望洋兴叹……更重要的是我们很难得到法方资料，即使懂法文也是枉然。在这些方面，我们还比不过当年的邵循正先生，这也就是迄今我们还没有一本书在总体上能达到他那本专著的学术水平的一个主要原因”①。

余论：《关系始末》与近代中外关系史

近代中外关系史既是外交史的细化，也是外交史的扩展。“关系始末”这四个字非常准确地反映了外交史的研究特点②。书中一方面叙述清楚了中越关系、中法越交往的具体过程及前因后果，另一方面也详细考察了作为研究主体的中、法、越三方及其他各方的历史渊源、经济状况、贸易往来、文化传统、宗教信仰等各种复杂的影响因素。邵循正以政治史与外交史相结合的研究理念，依托国际关系史的知识背景，以近代科学化史学的方法研究近代中外关系史，这使得《关系始末》一书具有方法论上的典范意义：其一，研究视野的扩大。《关系始末》并不局限于中法越三国之间，而是自觉地将近代中外关系置身于国际大背景与世界发展潮流之下，重点阐发近代世界的政治与外交的关系。邵循正并未以民族主义的偏向书写这段历史，而是尽量以一公正、客观的态度呈现这段历史，纠正以往史家的偏颇之处。其二，尽量扩充史料。民国时期，史料在历史研究中的基础性作用得到了广泛的认可。《关系始末》所引史料种类繁多，更是随处可见诸多一手史料。这其中，多为邵循正亲自前往欧洲抄录和搜集的结果。对于这些史料，邵循正不仅按照“信达雅”的方式将其翻译出来，更是以“信新要通”的标准处理和利用史料。其三，近代科学化的史学方法。各种新史观的裂变与新生，成了近代史学不同于传统史学最大的特点之一。体现在近代中外关系史研究上，则是进化史观与“新史学”的影响。《关系始末》记载了大量中外交涉和欧美等国情况，这是新的时代背景下对史学编纂内容的要求与反映。总体来看，《关系始末》并未打破当时流行的“冲击—回应”模式，这与邵循正所处的时代背景不无关系。这种分析模

① 张振鹍主编《中国近代史资料丛刊续编·中法战争》第1册，中华书局，1996，第8页。
② 参见张泓林、张越《邵循正史学探析》，《天津社会科学》2017年第3期。

式虽有缺陷，但这也在一定程度上，也反映了当时史学发展的趋势。

当然《关系始末》也存在不足之处。一是此书在论述过程中，对某些事件的评述未能全面。例如，作者以1884年《巴黎和约》的签订作为战争及事件的结束点，并未涉及此后《中法越南边界通商章程》《中法界务条约》《中法续议商务条约》等一系列不平等条约对中法越三国关系影响的探讨。二是作者虽精于考证，但著书时由于精力和材料所限，使其考证亦有疏漏之处。《关系始末》刊出后，就有学者指出，书中“故有舛误，如讹朱笃为州督，讹万象为文湘，或考订之偶疏，或误采探路记之讹译，要不足为是书病也”①，而“细节之偶有舛误，体例遏制间或参差，取材亦微有挂漏”②。

但瑕不掩瑜，《关系始末》中对近代中外外交史、战争史研究框架的构建是开创性的，其中“明交暗战”“乍和乍战”等词语的总结与运用，“几乎为一般叙述中法战争的书籍所普遍采用”③。此书不仅奠定了邵循正日后的史学研究的基础，也极大地推动了20世纪三四十年代近代中外关系史研究。

① 钧：《新书介绍：中法越南关系始末》，《图书季刊》1935年第2卷第1期。

② 瀛：《新书介绍与批评：中法越南关系始末》，《国立武汉大学社会科学季刊》1935年第5卷第4期。

③ 张寄谦：《前言》，载邵循正《中法越南关系始末》，第5页。

夏鼐、曾昭燏交谊论（1935～1949）

王　兴
（北京师范大学历史学院史学研究所，北京　100875）

摘　要： 夏鼐、曾昭燏的交谊始于1935年留学英伦，至1949年"社会鼎革"之际，他们的交谊可分为前、后两个时期，即留学英国时期、1941年夏鼐归国后直到40年代末二人之间的共事合作时期。以往学术界，对夏鼐、曾昭燏之间的交往也有涉及，但缺少更为直接的论述。陆续出版的《夏鼐日记》《曾昭燏文集·日记书信卷》，为我们考察二人之间的交谊提供了许多重要的材料。在求学经历、学术追求等方面，夏鼐、曾昭燏有诸多相似之处，他们的成长经历在中国近代考古学者、博物馆学者的成长经历中颇具代表性和典型性。对二人交谊及学术互动的研究，不仅有助于中国留学生史、中国近代学人交流史、中国近代考古学及博物馆学的相关研究，对现代学科体系划分等问题的研究亦有借鉴之处。

关键词： 夏鼐　曾昭燏　考古学　博物馆学　历史学

在中国近代学术发展史上，夏鼐（1910～1985）与曾昭燏（1909～1964）属于同时代人。1935年春，曾昭燏赴伦敦大学留学，同年秋，夏鼐亦赴该校留学。学成归国后，曾昭燏先后供职于中央博物院筹备处、南京博物院等，为中国考古学、博物馆学和江苏历史文化研究做出了杰出贡献；夏鼐先后供职于中央博物院筹备处、中央研究院历史语言研究所、中国科学院考古研究所等，作为新中国考古工作的主要指导者和组织者，对新中国考古学的全面发展做出了卓越的贡献。二人的交谊，始于1935年留学英伦，从此持续近30年。

本文从《夏鼐日记》（十卷本）、《曾昭燏文集·日记书信卷》中的相关记载入手，并参以其他档案、书信、文集、报刊等材料，意在阐明1935年至1949年之间夏鼐、曾昭燏的交往及学术互动。[①] 由此出发，进一步思考20世纪30年代中国留英学生的心理状态、二人对专业的抉择、中国近代考古学及博物馆学的发展等问题。在中国近代考古学者、博物馆学者的成长经历中，夏鼐、曾昭燏二人的成长经历颇具代表性和典型性，因此对1935年至1949年之间二人交谊及学术互动的研究，不仅有助于理解新中国成立后二人的继续交往，也可以丰富中国留学生史、中国近代学人交流史、中国近代考古学及博物馆的相关研究，对现代学科体系的划分等问题的研究亦有借鉴之处。

一　留学英伦时期

夏鼐、曾昭燏从年龄上而言，仅差1岁，他们大体上属于同一社会时代背景下成长起来的学者，并且自幼就受到良好的私塾教育。曾昭燏先后就读于中央大学国文系、金陵大学国学研究所，出国前曾在金陵大学附中任语文教师，她酷爱诗词且文史功底深厚；夏鼐先后就读于燕京大学社会学系、清华大学历史学系，并在蒋廷黻的指导下对中国近代史颇有研究。留英之前，二人对他们各自所学专业都“情有独钟”。由于机缘巧合，二人留英时所学专业并非国文或历史学，而是当时留学生中少有人学习的考古学、博物馆学。早年相似的求学经历，使他们在留英期间面对很多问题时能产生“共鸣”，为他们日后的交往做了重要的铺垫。

1935年8月7日，夏鼐乘邮轮从上海出发，赴英国留学。9月3日，抵达伦敦。9月6日，夏鼐与曾昭燏等留英友人共进晚餐，其间谈到“燕

---

① 就笔者所见，目前学术界尚无直接以夏鼐、曾昭燏“交谊”立论的文章，但在论述傅斯年、李济对民国时期考古学及博物馆学人才培养、“史语所”及“中博院”考古活动等方面时，对夏鼐、曾昭燏之间的交往略有述及，参见李东华《从往来书信看傅斯年与夏鼐的关系：两代学术领袖的相知与传承》，《古今论衡》（台北）第21期（2010年12月）、陈洪波《中国科学考古学的兴起：1928～1949年历史语言研究所考古史》（广西师范大学出版社2011年版）、徐坚《暗流：1949年之前安阳之外的中国考古学传统》（科学出版社2012年版）、岱峻《民国衣冠：风雨中研院》（北京联合出版公司2012年版）等。而陆续出版的《夏鼐日记》《曾昭燏文集·日记书信卷》，为我们考察二人的具体交往提供了许多重要的材料。

京学生近年生活之奢侈”，曾昭燏谓“英国学生不如此，恐美国亦未必如此”。[①] 这是《夏鼐日记》第一次提到曾昭燏。

夏鼐初抵伦敦，首先困扰他的一件事情是入学问题，当时他可以选择就读大学学院（University College）或考陶尔德研究所（Courtauld Institute），而选择的重点在于是否学习中国考古学[②]、是否拿学位。在此期间，比他先到伦敦的曾昭燏，给他提供了很多具体的建议和帮助。夏鼐做出抉择的过程前后，亦反映了曾昭燏对专业、学校的看法以及她的留学境况。

夏鼐赴英之前，在写给李济的信中就说到“同时注意汉时文献，因生将来或即专攻从事汉代方面之考古也”[③]。李济写给叶慈的推荐信中也提及“因为汉代是夏鼐的专长，他特别希望学习与将来工作有关的学科”[④]。当时曾昭燏已随叶慈学习“中国考古与艺术史”，夏鼐曾就入学问题咨询曾昭燏。1935 年 9 月 11 日，夏鼐收到曾昭燏的明信片，内云：

> 承询入学事，燏每日下午 2 时至 3 时半均在家，请于星期三或星期四来此一谈何如？如此两日不能来谈，请示知一时日，燏当在家相候也。如晤宪朴，祈为致意，燏与之久不通讯矣。专此敬复，即颂近祺　　曾昭燏 9 月 10 日　　此间最近之地道车站为 Notting Hill Gate，如坐地 District Line，大约直接可达。[⑤]

曾昭燏不仅告诉夏鼐自己的空余时间，亦告诉他乘车路线，非常热心地为初到伦敦的夏鼐提供帮助。次日，夏鼐即赴曾昭燏处，曾昭燏告诉他虽然“入大学学院，课程较佳”，但是“不知能否以中国题目作论文”，如入考陶尔德研究所则“毫无问题”[⑥]。9 月 17 日，夏鼐又收到曾昭燏的来信，信云：

---

① 《夏鼐日记》卷一，华东师范大学出版社，2011，1935 年 9 月 6 日，第 357 页。以下所引《夏鼐日记》皆为该版本。

② 按，当时该专业名称为“中国考古与艺术史”，指导老师为伦敦大学考陶尔德研究所的叶慈。夏鼐习惯上将该专业称为“中国考古学”，以与英国考古学、埃及考古学等相区别。

③ 《夏鼐致李济函》（1935 年 4 月 3 日），《史语所档案》：元 545 - 2。

④ 《史语所档案》：考 21 - 5 - 14。关于夏鼐在国内向傅斯年、李济、梁思永等人询问出国学校、专业选择事宜，可参见《夏鼐日记》1935 年上半年相关条目。

⑤ 《夏鼐日记》卷一，1935 年 9 月 11 日，第 359 页。

⑥ 《夏鼐日记》卷一，1935 年 9 月 12 日，第 360 页。撰写“中国题目”的学术论文，可以说是当时留学生的一种“常态”，除了曾昭燏、吴金鼎的例子外，韦卓民、钱锺书、费孝通等人留学期间也是以“中国题目”撰写论文，参见元青等《留学生与中国文化的海外传播：以 20 世纪上半期为中心的考察》，南开大学出版社，2014，第 76 ~ 78 页。

夏先生，大学学院接洽有头绪否？伦敦博物馆想尚未往，以燏之意，伦敦博物馆于我等恐不甚合宜，因纯为英国考古学，英国历史已不甚长久，况于我国无大关系，是否愿与 Prof. Yetts［叶慈教授］一谈后再决定，如欲与之一谈，燏当与之约定时日。盼赐复，敬颂旅祺

曾昭燏上 9 月 16 日①

如果夏鼐打算入考陶尔德研究所，曾昭燏愿意帮夏鼐向叶慈约定时间，不过此时夏鼐更倾向入大学学院学习。9 月 19 日，夏鼐在大学学院见到了高级教师所罗门先生，所罗门的意思是最好还是到东方语言学校，因为大学学院里的考古学偏重西方，须懂希腊语、埃及语等语言，与学成归国后研究中国考古学似不相宜。但夏鼐觉得留学的目的是得到一种训练，并且可以做小规模之研究工作，语言及文字方面可以补习。② 9 月 21 日，夏鼐与曾昭燏同赴叶慈处，曾昭燏劝他还是到研究所为佳，因为大学学院无中国考古学，夏鼐的意思仍偏向大学学院，因其设备较佳也。当夏鼐将李济的推荐信交给叶慈，他看后告诉夏鼐："你读汉代的东西，很好，我今年开中国铜器一班，明年预备开汉代遗物……如读俄文不读德文亦可通融"。夏鼐觉得此次跟叶慈谈话，他简直"没有说话的机会"，"告辞出来后，怔然不知如何做好"。③ 就在夏鼐踌躇之际，他于 9 月 24 日收到好友钟道铭的信，信中谈及关于入学问题的看法：

兄今日惠临，有失迎迓，甚以为歉！叶慈教授愿兄在研究所研究，颇为难得之事，兄如决定注重中国考古方面，自以从叶慈教授为宜。如兄拟先行研究西洋考古，再应用于中国方面，则不妨于阿什莫尔教授返伦后，再为斟酌情形，加以最后决定。反正两方入学均无困难，只在兄之选择耳。鄙见如此，不知兄意以为然否？21 日灯下④

后来夏鼐和吴金鼎谈及此事，吴金鼎说"在研究所注册可以到大学学院听课，不必另行出费"，当时夏鼐"已大致决定到研究所去"。⑤ 等到夏

① 《夏鼐日记》卷一，1935 年 9 月 17 日，第 363 页。按，［ ］里的内容为日记整理者所加，下同。

② 《夏鼐日记》卷一，1935 年 9 月 19 日，第 364 页。

③ 《夏鼐日记》卷一，1935 年 9 月 21 日，第 365 页。

④ 《夏鼐日记》卷一，1935 年 9 月 24 日，第 367 页。

⑤ 《夏鼐日记》卷一，1935 年 10 月 6 日，第 372 页。

鼐见到大学学院的阿什莫尔教授，他对于夏鼐的到来颇为欢迎，但是“此间所收者多为已有专长者，如埃及学、希腊罗马学、英国考古学。至于中国考古学仅有 Institute［研究所］一方面，可以从事”。夏鼐顺便请教他：“像我这样一个将来仅有机会从事于中国考古学的人，是先学西洋方面考古学以便将来作比较研究呢？还是即行从事中国考古学呢?”得到的答案是：“关于技术一方面，无所谓中西，自然可以共同学习。至于学识方面，似乎以即行从事中国方面的为佳，但可至此间听课。”① 整体而言，虽然夏鼐比较倾向学习外国考古学或比较考古学，得到一种“训练”，并在条件许可的情况下“做小规模之研究工作”。但是从他和曾昭燏、钟道铭、吴金鼎、叶慈、阿什莫尔的交流来看，他们大都建议他学习中国考古学，这些建议可以说是夏鼐选择在考陶尔德研究所注册学习的“促进因素”。

除此之外，是否准备拿学位也是当时夏鼐考虑的一个因素。关于学位问题，夏鼐出国前就和李济面谈过，李济的意思是“学位不关重要，可有可无。惟社会上做事，有学位者似稍占便宜耳”②。夏鼐抵英后，曾昭燏曾告诉他：“考陶尔德艺术学校入学必无问题，惟欲读 Phd［哲学博士］则必须经过一考试，系 6 月中举行，现已来不及，但可先读 M. A.［文学硕士］，明年再改为哲学博士，以二者年限皆为 2 年，明年考取后，再读 2 年亦可读哲学博士也”③。叶慈也告诉他：“你如果读学位，硕士的注册是没有问题。”④ 但是钟道铭劝夏鼐“不要读学位，谓以全部精神读书，效力较大，如读学位，必致多费工夫于不必要之处，导师对于正式生与 Research Student［研究生］待遇一律，如肯求教，定肯指导，惟对于正式生，如不勤勉，必加警戒！对于研究生则较为放任”，他觉得夏鼐能够自勉，因此不读学位实为较佳。夏鼐也曾考虑到这一层面，但是家人似乎颇希望他能读一学位，所以他颇想先拿一个文学硕士，如果有余款，再继续在英国自由研究一年。⑤ 在夏鼐心里，他还是很想拿到一个学位的，有此学位回国，在当时的社会环境下还是有很大益处的。这种心理暗示也是他选择在考陶尔德研究所学习的重要因素。他在考陶尔德研究所注册后不久，就反思自己并非不知大学学院和研究所“二者之优劣，只因为家庭方面的暗

① 《夏鼐日记》卷一，1935 年 10 月 7 日，第 373 页。
② 《夏鼐日记》卷一，1935 年 2 月 28 日，第 296 页。
③ 《夏鼐日记》卷一，1935 年 9 月 12 日，第 360 页。
④ 《夏鼐日记》卷一，1935 年 9 月 21 日，第 365 页。
⑤ 《夏鼐日记》卷一，1935 年 10 月 5 日，第 372 页。

示，使我极其为难，弄一个 M. A. 聊以娱亲"[①]。

基于以上两点，夏鼐决定在考陶尔德研究所跟随叶慈学习"中国考古学"，但这并非完全出自他本人的意愿，很大程度上是受外界环境所限，这种情况正如曾昭燏后来指出的夏鼐实际上"为环境包围"[②]。夏鼐给傅斯年、李济、梁思永写信时，说自己入研究所是"不得已的苦衷"[③]。当夏鼐听了叶慈叙述课程内容及讨论课程安排后觉得"很不舒服"，同时"开始懊悔了，懊悔不听钟君的劝告"，他觉得自己随叶慈读书是"酿了一个重大错误"。[④] 到了正式上课的时候，他觉得"到英国来读中国东西，殊堪痛心，我知道自己又是走错了路"[⑤]，并对叶慈的著作或演讲表示出不满，叶慈"关于文字考释方面，并未见佳"[⑥]，"其讲演亦未见如何了不得，惟利用幻灯片"，甚至"觉得西洋学者研究中国的东西，并未见如何高明，惟以其较富实验精神及文字方面之便利（此指其易参考西洋各国之著作而言，非指对于中国文字而言），有时所得较富"[⑦]，进而会怀疑"在这里读 Chinese Archeology［中国考古学］，对于自己的前途，是否适宜"[⑧]，也"越发觉得自己择校的错误"[⑨]。很快夏鼐便想离开叶慈"另找出路"，只

---

① 《夏鼐日记》卷一，1935 年 10 月 10 日，第 375 页。

② 《曾昭燏致傅斯年函》（1936 年 6 月 19 日），《傅斯年档案》Ⅱ：460。

③ 《夏鼐日记》卷一，1935 年 10 月 9 日，第 374 页。

④ 《夏鼐日记》卷一，1935 年 10 月 10 日，第 375 页。

⑤ 《夏鼐日记》卷一，1935 年 10 月 16 日，第 378 页。夏鼐初到伦敦，曾昭燏和他谈及上课的情形时，就曾表达过类似的状况，她说"中国人在外国读中国东西，殊觉滑稽，如霍雷尔之中国地理，仅足以教普通英国人，吾们所知道的比他还要多"，见《夏鼐日记》卷一，1935 年 9 月 12 日，第 360 页。后来夏鼐甚至认为叶慈"是个不懂中文，又不懂考古学的人，做起中国考古学教授，却有点滑稽"，见《夏鼐日记》卷二，1936 年末，第 84 页。后来曾昭燏甚至认为"根本而论，我们到外国来，应当学外国的东西，中国考古是无从学"，见《曾昭燏致傅斯年函》（1936 年 6 月 19 日），《傅斯年档案》Ⅱ：460。

⑥ 《夏鼐日记》卷一，1935 年 10 月 22 日，第 379 页。曾昭燏后来就指出，叶慈的"书不久便要出版了，关于考释文字方面，受她的助力不少"，见《夏鼐日记》卷二，1936 年 2 月 11 日，第 12 页。

⑦ 《夏鼐日记》卷一，1935 年 10 月 23 日，第 380 页。

⑧ 《夏鼐日记》卷一，1935 年 10 月 24 日，第 380 页。

⑨ 《夏鼐日记》卷一，1935 年 10 月 25 日，第 381 页。夏鼐后来还有此种感受，总觉得自己在叶慈那里"是入误途"了，见《夏鼐日记》卷二，1936 年 2 月 24 日，第 15 页。有一次他和叶慈讨论论文，"实则不过修改英文句子，询问我关于他所不知道的东西而已"，见《夏鼐日记》卷二，1936 年 6 月 12 日，第 48 页。更有甚者，叶慈曾允诺曾昭燏可以"减低学费一半，以襄助指导他人写论文为条件"，见《夏鼐日记》卷二，1936 年 11 月 8 日，第 78 页。

是“为了虚荣心的关系，又舍不得离开”，“这矛盾的心理”让他感到痛苦。[①] 他给友人王栻写信时，便诉说“这几天心境很不佳”，“看着窗外阴沉沉的天气，觉得自己的前途实在黯淡”[②]。没过多久，他便想起钟道铭的话“实属不错，不读学位比读学位的成绩一定要好”，并“等家中的来信，态度如何，以后决定”，他想“可先尽量阅览研究所中的关于考古学的书籍，明年暑假或转入埃及学或到爱丁堡去听比较考古学，似乎比困在此院中读学位为远胜矣”。[③] 当他听叶慈讲授“铭刻学与纹饰”，认为“并没有什么新奇的东西，不过足以骗外国人而已”，他“越想越有点气，怪自己为什么投他的门下为学生”，甚至“不敢再想下去，怕想得过度，成为神经病”。[④] 于是他给清华大学校长梅贻琦写信，询问读学位问题及转学问题。[⑤] 虽然在这一过程中，叶慈对他的论文也颇加称许，但夏鼐“改系之心仍未死”，他“自己为此事的矛盾，心理上颇为苦痛”。[⑥] 至此，夏鼐已经基本上决定转读埃及考古学或比较考古学，而这离他入研究所还不到2个月的时间。若以“后见之明”来看，夏鼐当时决定转系是颇为明智的。李济后来就非常赞同夏鼐转系之事，并向曾昭燏谈及他此后决不再推荐学生来跟叶慈念书了。[⑦]

1936年初，当曾昭燏谈起，叶慈曾咨询过她想了解夏鼐在研究所是否满意。夏鼐“发了大批牢骚，表示要离开此间”，曾昭燏说自己“也不满意，不过为了学位，又不得不屈就”，夏鼐甚至感慨“学位，学位，

---

① 《夏鼐日记》卷一，1935年10月31日，第383页。

② 《夏鼐日记》卷一，1935年11月2日，第384页。

③ 《夏鼐日记》卷一，1935年11月12日，第389页。后来夏鼐收到大哥家信，表达的意思与上引李济的话大致相同，可见当时大部分人对于学位的看法，此信云“至于学位，本无关问题，欲求高深学问，学位自可放弃，但洞悉个中情形甚少，或将谓欲求学位而未能。我为弟计，如能求博士固佳，否则亦必须求得硕士，以目前社会视学位仍属注重也”，见《夏鼐日记》卷一，1935年12月3日，第396页。即使夏鼐回国后仍觉得“以生数年来之经验，在中国社会中（尤其是偏僻地区）办事，有一国外学位，亦方便不少，而考古田野工作所常接触者，几皆为崇拜虚名或空学位之人物也”，见《夏鼐致傅斯年函》(1946年5月2日)，《傅斯年档案》Ⅱ：368－4。

④ 《夏鼐日记》卷一，1935年11月13日，第390页。

⑤ 《夏鼐日记》卷一，1935年11月18日，第391页。

⑥ 《夏鼐日记》卷一，1935年11月27日，第394页。之后夏鼐仍说自己“真想离开这儿，改学埃及学或史前考古学”，见《夏鼐日记》卷二，1936年1月17日，第5页。他更觉得叶慈所讲演的内容“有似 public guide［通俗讲解］，并没有新鲜的玩意儿”，见《夏鼐日记》卷二，1936年2月12日，第12页。

⑦ 《夏鼐日记》卷二，1937年5月21日，第110页。

你真害人不少。我想脱开你的毒手，不知能如愿否？”[①] 曾昭燏之后还跟他说“想到瑞典去跟高本汉学语言学，牛津的人类学以自然科学根柢过低，有点不敢去”[②]。曾昭燏说自己“本来去年暑假就可以转的，因为我一念的‘难为情’，同时时间太匆促，不容我有考虑和商量的余地，所以没有转”，她大约比夏鼐早到伦敦半年，当时“找不到人商量，经人介绍，糊里糊涂的就进了学校”[③]，我们虽不知她初入学校的经历和感受，但从她与夏鼐的交流来看，她对所在的学校、所选择的专业也是不大满意的。

夏鼐很快将自己的想法付诸实践，他和大学学院格兰维尔教授交谈，并写信给梅贻琦、傅斯年、李济，请求改学埃及考古学并且延长留学期限一年，很快就得到了傅、李二人的支持，而延长留学期限一年大体上也没有问题。[④] 关于询问转学之事，1936 年 5 月 8 日傅斯年复信夏鼐，除了对他的学业问题指导之外，信末还说“闻曾女士亦在 Yetts 处，弟意乞便中告之”[⑤]。傅斯年如何回复夏鼐，曾昭燏也甚为关心。1936 年 6 月 18 日，曾昭燏致信夏鼐：

> 傅［斯年］之信已回否，能否相假一阅。燏明日与惠勒博士谈后，即拟写信与傅，写后即奉还也。香港发见彩陶之文见于何处，祈相示为感。即请　学安。昭燏　星期四[⑥]

夏鼐将傅斯年的复信，转予曾昭燏阅知。6 月 19 日曾昭燏复信夏鼐：

> 承假傅之信及告香港发见彩陶一文，至感至感。傅之信即奉还，乞查收。下星期二想尚有课，冀于艺术研究所相见也。敬颂　学安。昭燏上 6 月 19 日

---

① 《夏鼐日记》卷二，1936 年 1 月 24 日，第 6 页。夏鼐稍后也提及“曾君谓接到牛津方面友人来信，劝其仍在此间弄一学位为佳，曾君有首肯之意”，见《夏鼐日记》卷二，1936 年 2 月 13 日，第 12 页。

② 《夏鼐日记》卷二，1936 年 2 月 11 日，第 12 页。

③ 《曾昭燏致傅斯年函》（1936 年 6 月 19 日），《傅斯年档案》Ⅱ：460。

④ 以上详见《夏鼐日记》1936 年 3～6 月相关条目；又见《夏鼐陈请梅贻琦校长准予延长留学年限的信函》，《清华大学学报》2002 年第 6 期。

⑤ 《傅斯年致夏鼐函》（1936 年 5 月 8 日），见《夏鼐陈请梅贻琦校长准予延长留学年限的信函》，《清华大学学报》2002 年第 6 期。

⑥ 《夏鼐日记》卷二，1936 年 6 月 19 日，第 49 页。

曾昭燏看到夏鼐申请转学的情况，再看看自己的境遇，也想有所转变。她看了傅斯年给夏鼐的复信后，于6月19日亦致信傅斯年，就自己的境况请教傅斯年。

傅斯年给夏鼐的回信中提到“随Yetts学，实无多少意义”，他和吴金鼎在叶慈那里“恐只备他顾问耳”，又指出“史前考古，中国已有多人，梁思永先生即其最著者”，因而不宜再学此专业，但“埃及学未如古代西方亚洲考古之与中国考古发生直接关系，然其意解与方法，可资取证者多矣”，他非常赞成夏鼐“舍Yetts而专学埃及学”，并告诉他“不必学有所成，即学到半途而返，犹有用处。古文字与语言之补习，暑中可自为之，不必全然了解，亦可上课”[①]，此语在专业选择、学位问题、语言学习等方面给予夏鼐非常明确、具体的建议，基本上坚定了夏鼐离开叶慈并跟随格兰维尔学习埃及考古学的想法。夏鼐曾和曾昭燏交流过，他建议曾昭燏“学‘近东’的一种，巴比伦或伊兰”，并劝曾昭燏“放弃一切科学的课程，如‘测量’、‘制图’、‘地质’、‘人类学’等……而专从事于‘文字’和‘历史’的研求，将来以近东的一种文字和文化发展的历史与中国的相比较，也是很有用处”，曾昭燏自己认为“也是这个方法最好”，因为她在国内的时候，“比较于文字和历史用功多，而于科学用功少”。[②] 就目前的材料来看，我们尚且不知傅斯年是如何答复曾昭燏的，但曾昭燏于9月30日再次致信傅斯年，感谢他在求学问题上提出的建议，信中说道：“前次承赐书，对于我求学的事，详细的指导，非常感谢”；“您所说的以‘博物馆学’为研究之目的，我想是最好的方法：一则中国于此道尚不甚发达，专学此者似尚无人，二则于我自己也较为方便；所以我决定向此方面进行，现在即在柏林两个博物馆做‘古物保存’的实验”[③]。曾昭燏之前也有转学的念头，只是觉得难为情且想得到一个学位而未实践之，而当她得到傅斯年的建议时，旋入柏林国家博物馆和慕尼黑博物院实习，在柏林等地参加田野考古发掘[④]，并把博物馆学当作自己学习、研究的专业，归国后

① 《傅斯年致夏鼐函》(1936年5月8日)，见《夏鼐陈请梅贻琦校长准予延长留学年限的信函》，《清华大学学报》2002年第6期。

② 《曾昭燏致傅斯年函》(1936年6月19日)，《傅斯年档案》Ⅱ：460。

③ 《曾昭燏致傅斯年函》(1936年9月30日)，《傅斯年档案》Ⅱ：460-1。

④ 曾昭燏“由德国返英，云在德国曾参加发掘，方法颇不差；又云已决定费半年功夫作一论文，以骗取一学位”，由此既可得学位，又可学习博物馆等相关技术及方法，可谓“一举两得”，见《夏鼐日记》卷二，1936年11月8日，第78页。

又做出了出色的成绩，成为我国博物馆学的重要先驱者。[①] 作为当时中国学术界领导人物之一的傅斯年能够明确指出中国考古学、博物馆学发展之前途，并给予夏鼐、曾昭燏切实的指导，这无疑是具有前瞻性的，也反映了他致力于建设、健全中国人文学科的责任感。甚至有学者指出“曾昭燏日后成为我国著名的博物馆学专家，对国家的贡献——如夏鼐氏，其关键在于：研究方向之确定，亦如夏鼐氏。两人均赖傅斯年一言以决之”[②]。

夏鼐和曾昭燏在专业抉择的过程中，除了向傅斯年、李济等人寻求帮助外，二人也经常彼此咨询，同时亦相互探讨学术问题。上述引文之中，就提到曾昭燏向夏鼐咨询“香港发见彩陶之文”。1935 年 12 月 28 日，夏鼐收到曾昭燏寄给他的明信片，内云：“伯希和所论唐人画一文已借得，然燏不谙法文，不能读，何时有暇来展览会或校中，能助燏一读否?”[③] 虽然不知此明信片具体写于何时，但估计离 12 月 28 日夏鼐收到的时间隔不了几日。夏鼐的法语是在清华大学读书期间就开始学习。12 月 31 日，曾昭燏就到夏鼐那里，将伯希和的《敦煌壁画和猷氏藏画》带来，此文原文为法文，夏鼐帮助她解读。“当时的中国留学生中以文博、考古事业为己任的人并不多的，共同的事业追求，使得他们在学术研究上多有切磋”[④]，二人也曾探讨过其他问题，反映了他们在伦敦留学时彼此交流、互相帮助的情形。1937 年 6 月 30 日，夏鼐想查阅法文杂志《音乐评论》，但在大学

---

① 此处需提及李济当时对中国博物馆事业的关注与支持。夏鼐出国前，李济曾说，就考古学的研究现状而论，中国所需之人才应有三种训练，“博物院保存古物之方法”就是其中一种，见《史语所档案》：元 545 - 3。在夏鼐转学埃及考古学之际，他也向夏鼐谈到“博物院学能留心更好。现博物院建筑已开始，开院时需要专门人才处尚甚多。并祈留心代为物色为盼”，见《李济致夏鼐函》（1936 年 5 月 9 日），《夏鼐陈请梅贻琦校长准予延长留学年限的信函》，《清华大学学报》2002 年第 6 期。由此看出李济对博物馆学的关注及这方面人才的渴求，虽然夏鼐未学此专业，但李济后来非常支持曾昭燏学习博物馆学，他 1937 年 4 月致函傅斯年就说到“曾女士事，弟完全同意兄之办法”，并“补助 15000 元，以一年为限”，“到德国学博物院陈列及保管古物方法”，“一年后回国服务”，见《济（李济）致孟真函》（1937 年 4 月 9 日），《傅斯年档案》Ⅲ：1397。曾昭燏在德国实习期间撰写了《博物馆》的书稿，归国修改后于 1943 年与李济合著出版。

② 李东华：《从往来书信看傅斯年与夏鼐的关系：两代学术领袖的相知与传承》，《古今论衡》（台北）2010 年第 21 期。又，徐坚指出“也许，吴金鼎的判断促使夏鼐决意彻底转入埃及考古学专业中”，见徐坚《暗流：1949 年之前安阳之外的中国考古学传统》，科学出版社，2012，第 79 页。

③ 《夏鼐日记》卷一，1935 年 12 月 28 日，第 401 页。

④ 张蔚星：《南京博物院藏曾昭燏师友书札考略（下）》，《收藏家》2010 年第 2 期。

学院没有查到，后函告曾昭燏，“以其后天即告赴法，拟于过法时购置也”①。1938 年 9 月 4 日，夏鼐与曾昭燏赴阿尔布斯街，参观罗马遗址。后来曾昭燏又与夏鼐交谈，“并观其照片画片等”②。因“欧洲局面，日益紧张”，夏鼐劝曾昭燏“早行返国，不必等候月底”③。9 月 19 日晚 8 时，夏鼐等人送曾昭燏至维多利亚车站，到车站后始知夜班车已于上星期停驶；次日早晨，夏鼐又送曾昭燏赴车站。④

夏鼐与曾昭燏留英期间交往的点滴，不仅为他们归国后的合作做了铺垫，也反映了傅斯年、李济等人对下一代学人的成长所产生的影响。二人的这段经历，映照出他们及吴金鼎、钟道铭等人留英期间的境况，这有助于理解当时中国留英学生的学习情况及心理状态。进而言之，胡适、李济等人当年留学时，也曾转过学校或者专业，我们或许可以由此思考中国留学生在外的学习情形。夏鼐、曾昭燏留学时的社会、时代背景均与胡适、李济留学时有很大的不同，但是他们遇到的“滑稽”之事、“矛盾”之事也许有相似之处，而在国外学习何种专业、选择何种题目撰写论文、毕业归国后又如何为国家做贡献等，可能又是不同社会时代背景下的中国留学生都要面对及解决的问题。

二　共事合作时期

1939 年 2 月，曾昭燏受聘于中央博物院筹备处，开始和吴金鼎等人于川、滇一带从事考古调查、发掘及研究工作。1939 年 6 月 21 日，曾昭燏收到夏鼐书信一封，信中提到夏鼐“下期不能归国”，曾昭燏等人颇为“失望”⑤。“失望”二字反映了曾昭燏等人对夏鼐回国的期待。当时中国留学生中以考古学、博物馆学为专业的人并不多的，再加上抗日战争等外界因素，使专门从事考古调查、发掘的人才十分缺乏，因此曾昭燏等人颇希望夏鼐能够早日学成归国为中国考古学的发展做贡献。

即使身处异国，夏鼐、曾昭燏仍以书信不断交流。1939 年 9 月 12 日，

① 《夏鼐日记》卷二，1937 年 6 月 30 日，第 115 页。

② 南京博物院编《曾昭燏文集·日记书信卷》，文物出版社，2013，1938 年 9 月 8 日，第 31 页。

③ 《夏鼐日记》卷二，1938 年 9 月 14 日，第 227 页。

④ 见《夏鼐日记》卷二，1938 年 9 月 20 日，第 227 页。

⑤ 南京博物院编《曾昭燏文集·日记书信卷》，1939 年 6 月 21 日，第 70 页。

曾昭燏收到夏鼐书信一封；9月15日，曾昭燏作书与夏鼐，“不知其尚在英否”①。11月26日，夏鼐收到“领署转递之曾昭燏君一函，乃国内9月15日所发者，竟废时两月有余，吴、曾二君现在大理，又发掘一遗址，邀吾前往”，他复信，“谓明年二三月间始能返国，以拟等候格兰维尔教授前来一晤”。② 曾昭燏邀请夏鼐参与发掘，夏鼐对此似乎“心向往之”③。1940年2月10日，曾昭燏收到夏鼐的来信，她“感念前事，惆怅不已”④，也许此时信中的每一个字，都会让曾昭燏想起她和夏鼐在英国留学的点滴。

1941年1月，夏鼐返回阔别五年半的祖国，24日抵达云南边境畹町，2月3日抵达昆明。3月19日夏鼐至李庄后，夏、曾二人同在中博院任职，因此经常见面。曾昭燏曾与吴金鼎、王介忱在云南大理苍山洱海地区进行考古调查、发掘，三人后撰成《云南苍洱境考古报告》初稿。1941年5月26、27日，夏鼐阅《云南苍洱境考古报告》稿本；28日，李济嘱托夏鼐“将关于《云南苍洱境考古报告》之意见写出来，以供修订时之参考”⑤；29日，夏鼐将《云南苍洱境考古报告》“书后”写完。该书列入“中央博物院专刊乙种之一”，分甲、乙两编于1942年出版，其中乙编由曾昭燏执笔。她在该书“后记”（写于1942年7月18日）不仅提到了出版缘起，对夏鼐亦表示感谢之情，她说：“本编原为一近十万字之报告，附地图七，插图六十三，表五十八，拓片百四十余片，照片三十七张，于民国廿九年十月写成。值博物院筹备处由滇迁川，未能付印。近因照相材料及印刷经费种种困难之故，奉筹备处主任李济先生命，重写为是编。……又原稿曾经夏鼐先生细读一过，承其指正多处，特此志谢。”这份考古报告，“揭开了云南地区古代历史新的一页，并为日后该地区的古史研究工作奠定了基

① 南京博物院编《曾昭燏文集·日记书信卷》，1939年9月15日，第77页。

② 《夏鼐日记》卷二，1939年11月26日，第273页。

③ 按，夏鼐曾收到友人李光宇的来信，“顷济之先生与傅孟真、梁思永两先生商妥，在本所或中博院，[给你] 留一适当位置”，夏鼐虽然“现下已答应此间勾留一年，无法即行返国，但心中甚喜”（见《夏鼐日记》卷二，1939年6月25日，第249页），因此当曾昭燏邀请夏鼐参与发掘时，夏鼐表达出自己愿意从事的心情，而此次邀请的背后可能也蕴含着时任中央博物院筹备处主任李济之意。后来夏鼐就收到李济从昆明的来信，“允许在中央博物院中安插一位置”，“又提及拟将四川之考古事业全盘相托”（见《夏鼐日记》卷二，1940年1月29日，第287页）。

④ 南京博物院编《曾昭燏文集·日记书信卷》，1940年2月10日，第87页。

⑤ 《夏鼐日记》卷二，1941年5月28日，第373页。

础”[①]。夏鼐审读原稿并撰写“意见”，为完善这份考古报告提供了参考与帮助。夏鼐除了审阅曾昭燏参与编写的《云南苍洱境考古报告》之外，曾昭燏的其他著作亦时常进入他的阅读视野。1941 年 7 月 16 日下午，夏鼐“在家中读曾昭燏小姐所草永元十四年墓发掘报告初稿”[②]；24 日，夏鼐“阅曾君所著之《博物馆概论》，乃应教育部之请而写也”[③]。曾昭燏深信，“以文字写的历史，是有限的、抽象的；必须参照实物，才能体会出具体的物象。所以，她考古研究之外，致力于博物馆学”[④]，她后来和李济撰成《博物馆》一书（重庆正中书局，1943），该书是我国较早且系统的博物馆基础理论的专著，在近代中国博物馆学发展史上具有重要地位。

1941 年 7 月，夏鼐由李庄出发，与曾昭燏等人在四川彭山王家沱进行崖墓发掘。在发掘现场，二人交流甚多，并对一些具体的田野工作问题进行探讨。如 7 月 24 日，“午后雨停”，夏鼐“与曾昭燏君赴王家沱视察崖墓，因连日天雨，故包工者未能工作，仅掘开墓道中表面一层，露出正方形之窗，但墓门未露。如天晴 28 日工人可以来掘开墓门，天雨则顺延”[⑤]；7 月 28 日上午，夏鼐“与曾昭燏、陈明达、王介忱三君携带应用器物赴王家沱，发掘 No. 666 墓”[⑥]；8 月 6 日，夏鼐与曾昭燏“谈及将来报告工作分配之拟议，及将来可能之纠纷”[⑦]；8 月 8 日，夏鼐“将登记表格拟就后，与吴禹铭、曾昭燏二君商酌，决定放弃写分墓小报告之计划，待发掘完工后再作报告”[⑧]；8 月 10 日，夏鼐“与曾昭燏、陈明达、王介忱三君前往发掘 No. 501 墓”[⑨]。后来夏鼐又与曾昭燏等人在豆芽房沟、寨子山发掘崖墓。9 月 29 日下午，夏鼐“与曾昭燏赴寨子山，拍几张照相。……归途中视察石厂所破坏之双羊斗拱墓（No. 460）”[⑩]；11 月 4 日上午，夏鼐

---

① 南京博物院编《曾昭燏文集·考古卷》，文物出版社，2009，“前言”第 2 页。

② 《夏鼐日记》卷二，1941 年 7 月 16 日，第 381 页。

③ 《夏鼐日记》卷二，1941 年 7 月 24 日，第 382 页。按，曾昭燏曾“作书寄李济之先生，将《博物馆》一书目次寄去，请其转寄教育部”，见南京博物院编《曾昭燏文集·日记书信卷》，1940 年 5 月 21 日，第 96 ~ 97 页。

④ 李又宁：《曾昭燏（1909 ~ 1964）——我国最杰出的女性考古学家及博物馆学家》，《近代中国妇女史研究》（台北）1993 年第 1 期。

⑤ 《夏鼐日记》卷二，1941 年 7 月 24 日，第 382 页。

⑥ 《夏鼐日记》卷二，1941 年 7 月 28 日，第 382 页。

⑦ 《夏鼐日记》卷二，1941 年 8 月 6 日，第 384 页。

⑧ 《夏鼐日记》卷二，1941 年 8 月 8 日，第 384 页。

⑨ 《夏鼐日记》卷二，1941 年 8 月 10 日，第 385 页。

⑩ 《夏鼐日记》卷二，1941 年 9 月 29 日，第 391 页。

“助曾昭燏君作 No. 166 门口浮雕（吹笛者）之模型”①。1939 年曾昭燏曾致信邀请夏鼐共同参加在云南的发掘，可惜当时夏鼐尚在国外，此事未能实现。此次他们在彭山共同发掘崖墓，使之前二人共同合作的期待变成现实，他们以当时英国乃至世界的田野工作水平为标准，按照近代田野考古的科学方法进行发掘，进一步提升了中国考古学者运用地层学和类型学进行田野考古工作的能力。抗战后期，曾昭燏便开始整理彭山汉代崖墓发掘材料；抗战胜利后，由于种种原因，彭山汉代崖墓正式发掘报告一直未能编写出来；后因曾昭燏的逝世，这些材料一时无人开箱整理。直到 20 世纪 80 年代，在南京博物院的积极组织下，《四川彭山汉代崖墓》才得以正式出版。彭山汉代崖墓的发掘，是夏鼐回国后的第一次田野实践，这段经历给他留下了深刻的印象。彭山崖墓有 6 座是夏鼐发掘的，“并留下了珍贵的原始发掘记录”，当得知南京博物院整理《四川彭山汉代崖墓》一书时，他非常“关心本书的编写工作”，并“打算为本书写篇序言”，“可惜未及写出就在 1985 年过早地逝世了”。②

彭山汉代崖墓发掘工作结束后，夏鼐由李庄启程，返乡探亲。1942 年，他在老家温州，继续撰写博士学位论文《古代埃及的串珠》③。1942 年 11 月 11 日，夏鼐“收到曾昭燏君 9 月 8 日发的航空信，谓 5 日间有格兰维尔教授由伦敦来的电报”，告知他博士论文的审查可推迟至 1943 年 6 月。④ 当时夏鼐希望尽快写完博士论文并寄往英国，以了却这件“心事”。1943 年 6 月，夏鼐返回李庄。7 月 22 日，他将博士论文全部写完。10 月 30 日，夏鼐托曾昭燏“赴渝之便，将余之英文论文设法由外交部航邮寄往英国，庶几此事告一段落”⑤。11 月 29 日，夏鼐收到“曾君来函，余之英文论文已托外交部中人寄往英京”⑥。邮寄博士论文，可以说是夏鼐当时的一件“大事”。他之所以托曾昭燏帮忙邮寄，除了因为曾昭燏时任中央博物院筹备处代理总干事，更重要的原因是他对曾昭燏的信任，而这份信任

① 《夏鼐日记》卷二，1941 年 9 月 29 日，第 391 页。

② 见赵青芳《四川彭山汉代崖墓·后记》，南京博物院编《四川彭山汉代崖墓》，文物出版社，1991，第 113 页。又，关于四川彭山汉代崖墓资料整理的工作，夏鼐还专门给赵青芳写过信函，详见南京博物院编《赵青芳文集·考古卷》，文物出版社，2012，第 93 页。

③ 按，1939 年秋，因第二次世界大战在欧洲爆发，夏鼐未撰写完博士论文便由英国经埃及先行返国。

④ 《夏鼐日记》卷三，1942 年 11 月 11 日，第 71 页。

⑤ 《夏鼐日记》卷三，1943 年 10 月 30 日，第 141 页。

⑥ 《夏鼐日记》卷三，1943 年 11 月 29 日，第 145 页。

可能源于他们当年共同的留英生活。1946 年 7 月，因夏鼐的情况比较特殊，伦敦大学决定免予答辩，授予他博士学位。1947 年 10 月 6 日，夏鼐“收到了伦敦大学的文凭（1946 年），此事总算是告一段落”①，此时夏鼐应当不会忘记当年曾昭燏帮他邮寄博士论文的“举手之劳”。

1942 年 10 月 14 日，夏鼐收到“中研院”院长朱家骅及李济发来的电报，邀他至历史语言研究所工作。1943 年 5 月 31 日，夏鼐抵达重庆时，获知“中研院”决定派他与向达二人，参加西北科学考察团历史考古组去甘肃河西走廊一带工作。1943 年 6 月 5 日，夏鼐刚到李庄，曾昭燏就向他“详述西北考察事”②。后来夏鼐至曾昭燏处，“观其为中博院所作之登记表及登记工作”，并“谈及中博院现下情形”③；曾昭燏还“将中博院所收藏之长沙出土漆器”，逐件取出给夏鼐看，“讨论有否保存之方法”④。1944 年 2 月 5 日，夏鼐与向达至傅斯年处，商谈西北考察事，曾昭燏亦在场参与商谈。1944 年春，夏鼐参加西北科学考察团历史考古组的考察工作，在甘肃省进行考古调查及发掘，历时两年。其间，因为一些发掘报告、经费等具体事宜，也曾与曾昭燏有过多次书信往来。

抗战胜利后，历史语言研究所、中央博物院筹备处陆续迁回南京，夏鼐、曾昭燏的工作性质有交叉的地方，他们因工作关系也多有来往。二人在学术问题上亦有探讨，比如 1947 年 10 月 4 日，夏鼐“阅曾昭燏君《论周至汉之首饰制度》”；10 月 5 日，“校改曾君之《论周至汉之首饰制度》”，10 月 7 日晚间，“曾君来取去《论周至汉之首饰制度》，并加讨论”。⑤

从 1941 年初夏鼐归国到 20 世纪 40 年代末，他与曾昭燏之间的交谊更多的是一种合作共事的关系。他们与吴金鼎等人共同发掘彭山汉代崖墓，成为后来考古学界不断称赞的一个“案例”。后来分别任职于历史语言研究所、中央博物院筹备处，他们亦保持着紧密的合作关系。“已经逝去的往事，它的证据永远不会保存完整，在有限的证据和无限的历史之间去探索真实，是考古学家的神圣使命、精神家园”⑥，二人将平生所学运用于具

① 《夏鼐日记》卷四，1947 年 10 月 6 日，第 146 页。

② 《夏鼐日记》卷三，1943 年 6 月 5 日，第 112 页。

③ 《夏鼐日记》卷三，1943 年 6 月 8 日，第 113 页。

④ 《夏鼐日记》卷三，1943 年 6 月 10 日，第 114 页。

⑤ 《夏鼐日记》卷四，1947 年 10 月 4、5、7 日，第 146 页。

⑥ 高怀珠：《冰心玉洁一枝斜：记女考古学家、博物馆学家曾昭燏女士》，《传记文学》（台北）2008 年第 93 卷第 5 期。

体实践以“探索真实”，不仅实现了他们各自的人生价值，更为新中国成立后考古学、博物馆学的发展奠定了坚实的基础。

三　余论

夏鼐、曾昭燏求学时都有“从文字转向器物，从案头转向田野”① 的经历，这份共同的经历是他们回国后共事且能够拥有深厚友谊的基础。考古学、博物馆学的研究都需要较为扎实的文献阅读及考证的能力，不管是从国文转向博物馆学，还是从历史学转向考古学，转换的是所学专业及研究领域，但讲求客观、严谨务实的治学精神并未改变。曾昭燏与夏鼐都是抗战期间回国的，“当时祖国大地上硝烟弥漫，人民正遭受着劫难，他们不留恋安适生活，学成后及时返回祖国，决心与人民共患难。这种精神是非常可贵的”②。可以说，他们的人生追求、他们为祖国做贡献的志向是相通的。

20 世纪 40 年代末，在“社会鼎革”之际，他们毅然决然地留在大陆，而后分别“执掌”中国考古学及博物馆学一北一南的研究“重镇”，为新中国考古学、博物馆学的学科发展乃至整体发展做出了重要贡献。新中国成立后的考古学，确实有很多突破和创新，可以说是我国人文学科中最扎实的一门，其诸多研究成果都被其他国家的学者所关注和认可，而夏鼐、曾昭燏等人的努力是促使这进展的一股重要力量。有学者曾评价，“在我国考古学界，流传有‘南曾北夏’的赞语”，公认曾昭燏和夏鼐“是南北两方的一对魁首”③。

1950 年 7 月，夏鼐至北京任中国科学院考古研究所副所长。1950 年 3 月，“国立中央博物院”更名为“国立南京博物院”，曾昭燏任副院长。此后二人一北一南，虽然见面机会不多，但他们“长期合作，为中国近代考古事业的发展做出了不可磨灭的贡献”④。1983 年，南京博物院建院五十周年之际，夏鼐作《往事》一首赠予南京博物院，“怀念四十年代初与南京博物院之一段鸿雪因缘”，诗作的字里行间亦流露出夏鼐与曾昭燏二人

① 岱峻：《民国衣冠：风雨中研院》，北京联合出版公司，2012，第 165 页。

② 赵青芳：《四川彭山汉代崖墓·后记》，南京博物院编《四川彭山汉代崖墓》，第 113 页。

③ 唐茂松：《遗爱在人间——纪念曾昭燏同志逝世二十周年》，《文博通讯》1986 年第 6 期。

④ 张蔚星：《南京博物院藏曾昭燏师友书札考略（下）》，《收藏家》2010 年第 2 期。又，有关夏鼐、曾昭燏在新中国成立以后的交谊，拟另文探讨。

的交谊，诗云：

离乡五载未能还，漂泊西南西北间，张氏祠堂濒绿水，彭亡古庙对青山。

深山礼佛登岩窟，大漠骑驼访玉关，四十年来浑似梦，梦犹未醒发已斑。[①]

① 《夏鼐日记》卷九，1983年3月28日，第228页。

当代学人研究

从探究会通思想到成就会通撰述：吴怀祺先生的史学研究之路

汪高鑫
（北京师范大学历史学院、史学理论与
史学史研究中心，北京　100875）

摘　要：吴怀祺先生的史学研究之路，是从最初的郑樵史学研究，到宋代史学思想史的梳理，再到贯通中国史学思想史的研究，最终完成了中国史学思想的会通撰述。郑樵研究于20世纪90年代先后出版《郑樵评传》、《郑樵文集》和《郑樵年谱》三书，最终于2010年以《郑樵研究》书名出版，郑樵的史学会通思想对先生一生治史产生了重要影响；由郑樵史学而进入宋代史学思想史研究，1992年出版的《宋代史学思想史》是学界关于中国史学思想史研究在断代上取得的首次大突破；由断而通，1996年出版的《中国史学思想史》则是学界第一部作为史学史分支学科史学思想史的贯通研究成果，它的问世对于中国史学思想史的研究和史学史学科的发展无疑都有重要影响；2002年至2005年先后出版的10卷本《中国史学思想通史》，是迄今为止学界第一部系统反映中国史学思想从远古传说时代到1949年以前整个发展过程的大型学术著作，展现了一种学术会通的精神；2011年出版的6卷本《中国史学思想通论》，则是从横向来专论中国史学思想的相关问题，由此构成对中国史学思想的多维研究。2017年，这两部大型学术著作又以《中国史学思想会通》为总书名出版，几十年的辛勤耕耘，终于完成了会通撰述。该书通过对中国史学思想的纵横论说，揭示了中国史学思想的民族特点。吴怀祺先生的史学研究不但成就斐然，而且学术思想深邃，同时对于学科建设、人才培养也做出了重要贡献。

关键词：史学思想史　会通思想　会通撰述　吴怀祺

吴怀祺先生为当代著名的史学家，师从我国老一辈史学家、历史教育家白寿彝先生。自1978年入白门伊始，先生便一直致力于中国史学史与史学思想史的研究。从最初的郑樵史学研究，到宋代史学思想史的梳理，再到贯通中国史学思想史研究，最终完成中国史学思想的会通撰述，大致反映了先生近五十年来所走过的史学研究之路。先生数十年的坚持不懈与学术创新，在中国史学史研究领域取得了前所未有的巨大成就。其主编的16卷本《中国史学思想会通》（福建人民出版社，2017）的问世，堪为中国史学思想研究的集大成之作。

一　初涉史学，探求会通之理

先生走向史学史研究之路，开始于跟随白先生读研时期。先生在史学史研究领域最早选择的研究课题，便是宋代大史学家郑樵。之所以会选择郑樵作为史学史研究的切入点，显然是被郑樵献身史学的精神所感动。诚如先生在《郑樵评传·前言》中所说的："郑樵完全是靠自己的奋斗而成长为大史学家的，由一个山林之中的布衣成长为大史学家，在那个时代，该是何等艰难！郑樵父亲是一位太学生，死的时候，郑樵才16岁。一个16岁的少年在夹漈山上结茅读书、治史，前后三十几年，其间的坎坎坷坷，非片言只语所能尽述。可以说，如果没有一种信念，一种追求，一种对学术的刻骨铭心的热爱，这一切是很难想象的。"

先生是学术界最早系统研究郑樵史学的学者。20世纪80年代，先生通过对郑樵史学的研究，陆续推出了一批研究成果，这些成果大部分发表在《史学史研究》刊物上，主要有《读〈通志〉札记》（1980年第6期）、《郑樵在历史编纂学上的成就》（1981年第4期）、《郑樵〈与景韦兄投宇文枢密书〉校补》（1982年第1期）、《郑樵的史学思想》（1983年第2期）、《〈通志〉的史学批评》（1988年第4期）等文。此外，《学术月刊》1980年第11期刊载了《郑樵"独切切于仕进"辨》一文。其间发表的一些文章如《史学思想与史学史研究》（《史学史研究》1986年第2期）等，内容也涉及了郑樵。总体来看，这些研究成果从历史编纂、史学思想、史学批评、史料整理等多重角度对郑樵展开了系统研究。

在对郑樵的研究过程中，先生一直注意收集、校补有关郑樵的材料。有鉴于郑樵诗文集《夹漈遗稿》收入不全，佚文较多，先生很早就留心于此。他在前人增补佚文的基础上，依据地方志、宋人文集以及《郑氏宗谱》等资料，对《夹漈遗稿》进行了系统比勘、校补，最终编成《郑樵文集》一书。诚如先生在该书《前言》中所说的，校补《夹漈遗稿》是其研究郑樵工作的一部分。1992 年，书目文献出版社将《郑樵文集》和同时编成的《郑樵年谱》合成一书出版。《文集》与《年谱》的关系，按照先生本人的说法，是“互为经纬”。不过《年谱》的编纂，还参引了《建炎以来系年要录》《宋史》《玉海》等大量文献。

1997 年，广西教育出版社出版了先生的《郑樵评传》，该书虽然部头不大，确是先生多年来研究郑樵心得的结晶，诚如《后记》所言：“这次出版的《郑樵评传》，绝不是过去成果简单的汇集、缩写，而是对郑樵研究的一次重新思考及视野上的拓展。”全书共分六章，第一章“从一介草民到大史学家”，详细梳理了郑樵求学与治史的过程。郑樵从夹漈山结茅而居开始，山林三十年，著书千余卷，学术涉及经旨、礼乐、文字、音韵、天文、地理、虫鱼草木、方志、图谱、校雠等，而贯穿其中的则是史学，最终在这些专门之学的基础上成就了通史巨著《通志》。第二章“《通志》：又一部通史巨制”，具体探讨了《通志》的会通精神、“二十略”总领天下学术条目的精旨、《通志》表谱体例的编纂价值以及全书彰显出的史家杰出的史识。第三章“冲破藩篱，独立思考”，主要讨论了郑樵的史学批评精神。郑樵批评中世纪中国学术的整体状况“‘经’既苟且，史又荒唐”，特别是对孔子、司马迁以来中国古代史学多持批评态度，认为这种史学因袭而缺乏创新，丢掉会通修史的精神，这样的史学批评是一种冲破藩篱的独立思考。第四章“实学主张、类例方法与自得之学”，顾名思义，是从史学目的论、方法论和学风等角度进行的论述，旨在总结郑樵史学精神遗产。第五章“史家当‘通百家之学’”，主要从校雠学、目录学以及科学精神等角度论述郑樵史学，肯定郑樵史学的巨大成就，与其广博的知识素养和开阔的学术视野密不可分，是“通百家之学”的结果。第六章“郑樵研究八百年”，主要对郑樵去世之后八百多年间人们关于郑樵研究做出了学术史回顾，涉及的内容主要有《宋史》、章学诚、梁启超、白寿彝关于郑樵的研究与评价，对当代包括作者在内的学术界关于郑樵史学研究情况进行了综述。

《郑樵评传》无疑是先生研究郑樵的总结性成果，然而先生对于郑樵的研究却并没有在这之后停住脚步。1998 年郑樵家乡福建莆田召开了一次全国性的郑樵学术讨论会，先生在会后写了一篇题为《重读郑樵，理解郑樵——首届郑樵学术讨论会侧记与断想》，刊登在《史学史研究》1998 年第 2 期上。这是一篇结合会议讨论内容撰写的文章，诚如文章题目所言，也是作者不断重读郑樵后的一种新理解。文章对郑樵事业上自强不息追求的精神，学术上提倡自得之学、破除陈旧思维的创新精神和实学思想，以及热爱人民的情操与会通思想反映出来的历史观念，结合时代精神进行了重新论述。2010 年，在陈支平教授和厦门大学出版社的支持下，《郑樵评传》《郑樵文集》《郑樵年谱》三书被合并为一书，以《郑樵研究》为书名重新出版。严格来说这是个修订版，作者对原书结构做了调整，增补了一些新的内容，并再次进行了一次校订。可以说，这是先生持续郑樵研究的新成果。

由上可知，先生关于郑樵研究前后持续三十年，而集中研究则主要是在 20 世纪八九十年代，这正好也是先生从事史学史研究的最初阶段。先生初涉史学，便将郑樵作为研究对象，郑樵的史学思想自然也会对先生毕生治史产生重要影响。先生如今在中国史学思想的研究上会通古今，独树一帜，在一定程度上是与郑樵的会通思想的影响分不开的。

郑樵的史学精神有多重表现，其中会通精神无疑是一个重要方面。《通志·总序》开宗明义，强调会通精神的重要性："百川异趋，必会于海，然后九州无浸淫之患；万国殊途，必通诸夏，然后八荒无壅滞之忧。会通之义大矣哉!"如何理解《通志》所谓的"会通"？简单地说就是八个字：会聚文献，贯通史事。所谓会聚文献，是要做到"会天下之书而修"，"集天下之书为一书"；所谓贯通史事，则是主张通史写作，旨在"极古今之变"。《通志·总序》认为孔子、司马迁的史学都讲究会通之义，说："自书契以来，立言者虽多，惟仲尼以天纵之圣，故总《诗》、《书》、《礼》、《乐》而会于一手，然后能同天下之文；贯二帝、三王而通为一家，然后能极古今之变。"《史记》"会《诗》、《书》、《左传》、《国语》、《世本》、《战国策》、《楚汉春秋》之言，通黄帝、尧、舜至于秦汉之世……六经之后，惟有此作"。对班固以下古代史学失去会通之义提出批评。

先生认为，郑樵《通志》即是本着会通之义编纂而成的通史巨著。郑樵明确提出"修书之本，不可不据仲尼、司马迁会通之法"①。从贯通史事

① 吴怀祺：《郑樵文集》卷三《上宰相书》，书目文献出版社，1992。

来讲，《通志》历史记述上起三皇，下至唐宋，是一部时间跨度最大的通史著作。从会聚文献来讲，《通志》的主要表现，一是体例之会。自班固整齐纪传体体例为纪、传、志、表之后，历代因袭而作，只是有些纪传体史书有缺失志、表的现象。郑樵《通志》的体例结构包括纪、世家、列传、载记、略、年谱六种，虽然皆非创新，却很完备，旨在以此六种体例全面反映史事。不足的是，体例之间尚未做到相互融合。二是史事之会。这是从记述内容上说的。如何会聚历代史书记述的史事？首先需要广泛地占有资料。《通志》不但重视历代正史资料，也重视各种野史、杂史资料，如对三国历史的叙述，就非常重视《三国志》传文与裴松之注文的结合。同时注意精选史料，“雅驯”可信者采用，“不典之言”只能备载篇后，荒诞不经之传说则不载。其次是扩大记述对象。《通志》中《二十略》最具代表性，已经将史事记载扩大到昆虫草木，从而大大拓展了历史记述的范围。

二　由断而通，展现发展过程

先生将郑樵研究作为史学史研究的切入点，同时也开始了宋代史学思想史的系统研究。按照先生自己的说法，他攻读研究生之后的十余年间，读书、写作的主要兴趣在三个方面：宋代史学、近代史学和史学理论。这期间，先生在此三个方面都发表了大量的文章。不过研究着力最多的还属于包括郑樵研究在内的宋代史学。按照先生的理解，“两宋史学是我国中古时期史学极盛时期，抓住这个关节突破，向两端扩展，向上溯先秦两汉至隋唐探源，向下往明清近代延伸，以求得中国史学思想发展的一以贯之的脉络，这对于认识整个中国史学思想的发展也是有益的”①。1992 年，先生在多年宋代史学与史学思想研究的基础上，撰成了《宋代史学思想史》一书，由黄山书社予以出版。

该书的出版，是当代学术界关于中国史学思想史研究在断代上取得的首次大突破。白寿彝先生在为该书所作的《序》文中，从中国史学史学科建设的高度，对该书取得的成就给予了充分肯定：“吴怀祺同志的这部《宋代史学思想史》，是史学史分支学科中的一部断代史，也是一部专史，正史适应分支学科的建设而作出的成果。”白先生认为，中国史学史作为

① 吴怀祺：《宋代史学思想史·后记》，安徽人民出版社，1992。

一个学科门类，包含了历史文献学、历史编纂学、历史教育、历史文学与史学思想等分支学科，《宋代史学思想史》即是史学思想这一分支学科研究的具体成果。同时白先生从学术研究上肯定该书的出版是作者“多年研究积累的成果”，又说“宋代史学著作繁富，抓出个头绪来很不容易，我祝贺怀祺同志取得的初步成果”。《序》文最后也对作者寄予了殷切的希望：“宋代史学研究还有一段很长的路程，希望怀祺同志能坚持下去，做长期不懈的努力，继续不断地获得新的成果。”

纵观《宋代史学思想史》的学术思想价值，主要表现在以下几个方面。

第一，注意把握宋代社会与史学思想的关系。先生认为，“宋代史学思想是宋代社会存在、社会矛盾在史学领域内的反映。宋代史学思想史的研究应当阐明宋代史学和社会现实的辩证联系”①。具体来讲，宋代社会始终充满着矛盾和严重的社会危机，需要史家做出思考，史鉴思想由此流行；宋代理学的应运而生，会为史家对历史过程做出理性思辨提供哲学依据；宋代频繁的民族交往、融合与重组，会影响史家的民族关系记述意识和民族观念的阐发，进而促成《春秋》学的流行。

第二，注意把握宋代理学思潮与史学思想的关系。宋代是理学兴起的时代，作为一种时代哲学思潮，理学对于宋代史学与史学思想有着非常重要的影响。一方面，史学思想中的历史观，本身就是哲学的组成部分；另一方面，哲学的基本观点会影响史家对于历史过程的认识，进而影响到史书的编纂，并且作用于史家对史学社会价值的认识。具体来讲，先生将宋代理学对于宋代史学与史学思想的影响概括为两个方面。其一是对历史认识的发展。理学求“理”的思维特征之一是通天通地，贯古贯今，这影响到宋代史学“通识”意识的发展，史家们重视贯通天人古今去思考历史。其二是对历史编纂学的影响。“这种效应体现在两个问题上，一是史法、史例，二是史书编纂体裁。”② 如在理学提倡下《春秋》学的兴盛，其《春秋》笔法、《春秋》义例、正统观念与编纂思想等，对这一时期史学与史学思想都产生了深远的影响。当然宋代史学思想的发展也会对理学的发展有重要意义，如理学“格物致知”离不开“考古今”，天理观念的宣扬离不开历史的解说。可以说，如果不借助于历史的说明，就无法建立起理

① 吴怀祺：《宋代史学思想史·绪论》，安徽人民出版社，1992。

② 吴怀祺：《宋代史学思想史·绪论》，安徽人民出版社，1992。

学的思想体系。

第三，系统梳理宋代史学思想发展脉络。诚如白先生所言："宋代史学著作繁富，抓出个头绪来很不容易。"先生《宋代史学思想史》的出版，总算是在宋代史学的千头万绪中理出个头绪来。纵观该书的写作特点，主要是以宋代史家及其史学思想为叙述对象的。叙述的史家主要有欧阳修、"二程"、邵雍、司马光、范祖禹、郑樵、朱熹、吕祖谦、王应麟、黄震、胡三省、马端临以及宋代地区性史学流派浙东史学、蜀中史学等。这样的叙述，大致反映了宋代主要史家的史学思想。值得注意的是，与以往的史学史著作有所不同，该书在叙述史家史学思想时，注意将其与宋代社会矛盾运动、学术思潮的发展联系起来，诚如作者所言，是"把宋代史学作为一个运动的过程来把握，避免把宋代史学当作一串史家、史著的毫不相干的集合体"①。

先生从研究郑樵史学、宋代史学思想出发，进而对中国史学思想的发展过程进行思考。1996 年，完成了《中国史学思想史》的撰写工作，由安徽人民出版社予以出版。这是先生长期以来对中国史学思想史进行贯通研究的成果结晶。

对于《中国史学思想史》的写作缘起，先生在该书的《后记》中作了详细说明。第一个因素是研究史学思想的社会价值。先生认为，"人们认识历史、社会，从事社会变革的活动，总是受一定的历史观点、史学思想的影响"。因此，关心史学思想的研究，应该是一个社会普遍问题。第二个因素是对包括西方在内的一些学者在此问题上的偏见做出回击。先生说："我们国家历史典籍丰富，恐怕谁也无法否认。但是要说中国史学有丰富的深邃的思想，就不是所有的人都认同这一点。"西方人认为只有他们能对历史提出高明的见解，如果是因读不懂文献而产生误解还可以理解，如果是以一种偏见来谈中国史学，"我们是不会同意的，我们要用自己的研究来抗争，展示中国史学思想宝库的珍宝"。第三个因素是要全面展现中国史学思想的成就。先生认为，造成西方人对中国史学的偏见还有个方法与视野问题，"西方人都爱把他们的哲学家关于历史的理论，和史学家的认识，放在一起，作为史学思想，这本不错；而我们还是按照传统目录学确定的天地，把历代思想家的作品，划到史学圈子外面去。留下来只有是史部中著作。要这样比，实在太不公平"。该书的旨趣之一，就是

① 吴怀祺：《宋代史学思想史·后记》，安徽人民出版社，1992。

要把中国历史上史学家和思想家放在一起来进行研究，要向世人全面地展现中国史学思想。

从这样一种撰述动机出发，撰成问世的《中国史学思想史》确实也很好地完成了预想要达到的目的。纵观该书论述的内容，白寿彝先生在为该书所作的《序》文中用了三个“论述了”进行了总结：“论述了中国史学思想的发展和有关各时期的不同特点，论述了史学和经学、玄学、理学、事功之学、经世之学、实学之间的关系，论述了近代史学思潮和马克思主义在中国的传播。”

首先，体现了中国史学思想史的发展过程与阶段性特点。该书关于中国史学思想史的叙述，上起原始时代的历史意识，下至近代史学思潮，将数千年中国史学思想的发展与演变进行了系统梳理，做出了充分展示。而这种梳理与展示，又是通过揭示不同历史阶段的不同史学思想特点得以实现的。全书共分五篇，其实也就是把中国史学思想发展史分成了五个阶段。第一个阶段为先秦，史学思想特点是从原始的历史意识到史学思想的萌生；第二个阶段为中世纪前期的汉晋，史学思想特点是史学思想的形成与发展；第三个阶段为中世纪后期的唐宋，史学思想的特点是史学思想的进一步发展和哲理化趋势；第四个阶段为明清，史学思想的特点是历史的批判和史学的求变；第五个阶段为近代，史学思想特点是爱国主义史学思潮、“新史学”思潮和唯物史观的兴起。这样一种阶段划分与特点叙述，反映了中国史学思想史的发展进程与思想特点。

其次，注重史学史与思想史的结合，探讨了史学与时代思潮的关系。史学思想的发生并不是孤立的，它不但与社会发展休戚相关，而且与时代思潮紧密相连。如关于先秦史学思想的论述，着重阐发“六经”与先秦诸子蕴含的历史思想；关于汉晋史学思想，具体论述了司马迁“成一家之言”的学术史背景、班固史学的“宣汉”与实录之二重性特征、魏晋南北朝史学思想的发展与玄学的密切关系；关于唐宋史学思想的论述，具体论述了史学理论的总结与史学批评的发展，史学与理学、史学与事功之学、史学与经世之学的相互关系；关于明清史学思想，具体论述了史学与实学思潮的相互关系、史学求变和史学理论的进一步发展；关于近代史学思想，论述了近代救亡图存的爱国主义思潮、西学东渐之后兴起的“新史学”思潮和唯物史观的传入，都深深打上了近代史学思想的时代烙印。这样的论述，反映了中国史学思想与哲学思潮的演变过程与相互关系，由此揭示了中国史学思想的民族特性。

《中国史学思想史》是中国学术界第一部作为史学史分支学科史学思想史的贯通研究成果，它的问世对于中国史学史学科的发展无疑有着重要的作用。白寿彝先生的《序》文对此作了充分肯定，认为“这书对中国史学史学科的建设有所推进”。

三 继承创新，成就会通撰述

先生治史伊始，便重视对郑樵史学的研究，探究其会通思想。他将郑樵史学的会通精神概括为四个字：继承创新。所谓继承，是指对孔子、司马迁治史中体现的会通精神的继承；所谓创新，则是指《通志》从编纂形式、记述内容到史学思想所彰显出的一种独断意识。几十年来，先生治史一直践行着郑樵的这种会通精神，不但重视汇聚文献以贯通史事，而且重视学术创新。10 卷本《中国史学思想通史》和 6 卷本《中国史学思想通论》的问世，即是先生学术生涯成就会通撰述的总结性巨著。

10 卷本《中国史学思想通史》由先生组织编纂，其中《总论·先秦卷》和《宋辽金卷》由先生亲自撰写（《总论·先秦卷》为合撰），秦汉、魏晋南北朝、隋唐、元代、明代、清代、近代前、近代后各卷则是在先生的指导下、按照先生的学术思想理路由及门或私淑弟子撰写而成。时间跨度上从传说时代到 1949 年，是一套大型通史著作，从 2002 年至 2005 年，由黄山书社陆续出版。

为何要编纂这样一套大型通史著作？先生在《总论篇》的《导言》中已经作了具体说明。

首先是弘扬中国传统史学、回应西方学人扭曲中国传统史学的需要。中国史学源远流长，史学思想丰富深邃。然而如何认识中国传统史学，中国和西方存在着很大的差异，很多西方史家以傲慢的态度鄙薄中国史学，否定中国传统史学的价值。如何回应？我们不能只是简单地去展示中国传统史学，而是需要从了解近代化过程中的西学涌入特点、从对中国民族史学特性的说明、从对民族史学丰富思想的叙述诸方面，去对西方学人的错误认识做出回应。

其次是加强对近代时期传统史学转型和史学近代化的认识的需要。一是要充分认识近代时期传统史学转型和近代化的必然性。这种转型后的近代史学，是传统史学与外来史学交接中催生出来的，因而与传统史学既有联系又有区别。二是要充分认识近代史学的基本特征，如进化史观，提倡民史、反对君史，提倡社会文化史、反对单一政治史，新史料大发现带来的史学门类的增多，历史编纂方法、表述方法与研究方法的推陈出新，各种历史分支学科与研究机构的出现，等等。三是要把握史学近代化的历程和近代史学主要流派。把握过程是为了彰显史学发展的阶段性特点，了解不同流派是为了认识史学近代化的途径和重新审视传统史学的必要性。

最后是把握史学的民族性与时代性的需要。史学的民族性有很多精华的东西需要我们去总结，如历史变化的“趋势说”，历史运动的通变观，天人相关的思想，历史盛衰论中的“见盛观衰”思想，认识历史兴衰的民为邦本与民贵君轻思想，风俗人心关乎国之盛衰的观点，关注历史前途的忧患意识，传统历史编纂理论与方法论，传统历史教育思想，等等。史学的时代性同样不可忽视。当前我们正处在全球化的时代，全球化要求我们的史学研究必须把中国史学与世界史学联系起来进行思考，讨论中国史学的进程，认识中国史学的发展大趋势，讨论历史学建设问题。因此，当今的史学，需要我们汲取外国史学与民族史学的精华。

从上可知，先生对编纂《中国史学思想通史》是有着系统而深刻的认识的，按照先生的说法：“《中国史学思想通史》的写作着眼于发展 21 世纪的史学。”[①] 这便是这部大型通史编纂旨趣的写照，也是先生治史气魄的展现。

纵观 10 卷本《中国史学思想通史》，它是迄今为止中国史学界第一部系统反映中国史学思想从远古传说时代到 1949 年以前整个发展过程的大型学术著作，展现了一种学术会通的精神。

其一是贯通性。中国史学思想史是一门新兴学科，研究还处在起步阶段。1996 年出版的《中国史学思想史》，按照先生自己的说法，已经是“尝试粗线条地钩出中国史学思想发展的过程”[②]。10 卷本则是通过对中国史学思想史进一步深入研究的具体成果，作为一种系统学术工程，它奠定了中国史学思想史研究的规模与基础；作为一项学术研究成果，它揭示了中国数千年史学思想史的发展过程。

其二是阶段性。中国史学思想在数千年的发展过程中，显示出阶段性的特点。如《先秦卷》关于先秦史官、“六经”、诸子文化与史学思想的关系，《秦汉卷》关于大一统背景下经史之学的发展与互动，《魏晋南北朝

① 吴怀祺：《中国史学思想通史·总论/先秦卷·导言》，黄山书社，2005。

② 吴怀祺：《中国史学思想通史·总论/先秦卷·导言》，黄山书社，2005。

卷》关于民族关系、门阀士族、玄学、佛教等对史学思想发展的影响，《隋唐卷》关于历史借鉴思想和史学理论的总结，《宋辽金卷》关于社会、学术与史学思想的关系，《元代卷》关于史学思想所表现出的理学观、民族观与世界意识，《明代卷》关于心学思潮对于史学思想发展的影响，《清代卷》关于汉学、宋学与史学思想的互动，《近代前卷》关于史学转型与史学思想的演变，《近代后卷》关于新史学思潮出现之后近代马克思主义以及各种新的史学思潮的涌现与发展等，显然都抓住了时代史学思想发展的主要特点。

其三是创新性。《中国史学思想通史》的创新，一是体现在研究对象上。在该书问世之前，学术界关于中国史学思想的研究还处于起步阶段。如前所说，先生1992年出版的《宋代史学思想史》是史学思想研究的第一部断代史专著，1996年出版的《中国史学思想史》则是第一部通史著作，10卷本《通史》的出版，是在更大时间跨度上对中国史学思想发展历程的总结，前所未有。二是研究内容上。该书以历代史学家与思想家的史学思想为研究内容，突破了以往只重视史学家的史学思想而忽视思想家的历史观念的研究倾向，从而更加准确、深刻地揭示了史学思想的发展及其规律，扩大了史学史学科的研究对象。

6卷本《中国史学思想通论》，2011年由福建人民出版社出版，包括总论、历史思维论、经史关系论、历史盛衰论、历史文献学思想与历史编纂学思想等，其中《总论卷》与《历史思维论卷》为一册，由先生撰写；其他4卷各为一册，分别由门弟子撰写。如果说《通史》是从纵向对中国史学思想展开研究的话，那么《通论》则是从横向来专论中国史学思想的相关问题，由此构成对中国史学思想的多维研究。

为何要编纂这部6卷本《中国史学思想通论》，先生在《总论卷》题记中作如是说："多年来，我们出版了《中国史学思想史》、多卷本《中国史学思想通史》，但我们深知，仅仅是从纵向上系统展示民族史学思想的发展路径和成绩，是不够的，还应当把历时性的研究和共时性的研究结合起来，从理论的高度上，概括出中国民族史学思想的特点与要义，并且结合时代的变化，从振兴民族文化的总目标出发，讨论民族史学走向世界，思考民族史学思想在当代的价值。正是从这一考虑出发，才有今天的多卷本《中国史学思想通论》的推出，我们的目的只有一个，是为了民族史学走向世界，让世界更多一点更好一点认识中国史学。"基于这样一个目标，该书撰写的总任务，一是要进一步总结中国民族史学与史学思想特点，二是要在中外史学与史学思想比较、跨文化研究中审视中国传统、当代史学与史学思想，三是要在史学与史学思想总结中提出我们的史学理论。

具体来说，《总论卷》为全书总纲，在总结各卷成果的基础上，对中国史学思想的发展趋势、走向与特点做出了论述。主要论述的内容包括史家修史的主体意识与修史理论，史学二重性与史书的编纂，四部文化与史学的关系，博学传统与史学思想，历史学的属性与功能，民族史学思想的时代价值和全球化趋势与民族史学，等等。

《历史思维卷》是从哲学思维的高度来探讨史学思想问题，揭示中国史学的思维特点。主要论述内容包括象思维和意象思维与历史的解喻，天人关联的整体思维与历史变化的思考，通变思维与历史大势说，“太极说：社会和谐的思维”，史学二重性思维的理路，致用的多样与历史思维的途径，“类例”思维的意义，兼综百家与成一家之言的求新思维，史学近代化与历史思维和全球视域下历史思维的发展，等等。

《经史关系论卷》旨在论说几千年中国经史的联结与变动，揭示时代主潮与史学思想的相互影响，从一个独特的视角反映中国史学思想发展的特点。主要论述的内容包括传统经史之学的历史观念，以经解史与以史证经，经学撰述与史书体裁，《春秋》笔法与史学求真，通经致用与史学经世以及近代化过程中经史关系的善变，等等。

《历史盛衰论卷》通过对历代历史盛衰论变化与发展的论述，展示了传统史学中丰富多彩的历史盛衰思想。主要论述的内容包括“‘究天人之际’：历史盛衰考察的总体观念”，“‘民惟邦本，本固邦宁’”：社稷安危之本的认识”，君主与天下治乱兴亡的关系，人才关乎事业的兴衰成败，历史发展延续的时势论和历史盛衰运动的通变论，等等。

《历史文献学思想》着重从思想上总结中国历史文献学的成就和具有的理论价值。中国不但有浩如烟海的历史文献，还有整理研究历史文献的悠久历史，并在过程中形成了丰富的历史文献学思想。本卷通过对历史文献概念、文献搜求和典藏思想、文献分类叙录理论、文献校勘观念、文献辨伪思想、文献阐释特色、金石学与文献考证以及数字化时代古籍整理的理论与方法等的梳理与论述，旨在揭示中国历史文献学思想的多样性与民族性。

《历史编纂学思想》着重从思想上总结中国历史上史书体裁、体例的创新与发展。主要论述的内容包括社会变迁与历史编纂学的变革、中国古代历史编纂学的二重性、中国古代历史编纂学的基本问题、《春秋》与传统编年体的史学观念，以及中国古代纪传体、典制体、纪事本末体、学案体、史注史评史考等蕴含的历史编纂学思想，近代以来历史编纂学的发展与变化，等等。

2017 年，福建人民出版社将 10 卷本《中国史学思想通史》和 6 卷本《中国史学思想通论》合并在一起进行再版，各卷作者趁再版之机，对原有内容作了一定程度的修订和补充。再版后的这部 16 卷本大型学术巨著，以《中国史学思想会通》为总书名。“会通”之名，充分体现了该书纵横论说中国史学思想的特点。作为总主编的吴怀祺先生，也从当年探究会通思想，经过几十年的学术辛勤耕耘，如今终于成就了会通撰述。

四　余论

史学思想史作为一门独立的学科被提出来，并且对其做出初步论述的，当数李大钊。1920 年，李大钊编印《史学思想史讲义》，并分别在北京大学、朝阳大学、师范大学、女子师范大学和中国大学等学校讲授了史学思想史课程。李大钊的《史学思想史讲义》一共有 11 个论题，它们是：《史观》、《今与古》、《鲍丹的历史思想》、《鲁雷（Louis Le Roy）的历史思想》、《孟德斯鸠（Montesquieu）的历史思想》、《韦柯（Giambattita Vico）及其历史思想》、《孔道西（Condorcet）的历史思想》、《桑西门（Saint Simon）的历史思想》、《马克思的历史哲学与理恺尔的历史哲学》、《唯物史观在现代史学上的价值》和《唯物史观在现代社会学上的价值》。李大钊关于史学思想史的研究，主要是考察了从文艺复兴到 20 世纪初欧洲一些思想家的历史观，同时也将中国古代史学思想史上的各种历史观与之作了初步比较。白寿彝先生认为，“李大钊同志著《史学思想史》，这是属于史学史范围，阐述历史观的第一部专著”①。在这以后直到 40 年代，一些与史学思想史相关的史学史、历史哲学等方面的著作不断问世，其中也不乏关于史学思想史的论述，如刘节的《中国史学史稿》，就比较注意讲史学思想。但是，专门论述史学思想史的著作没有出现。

1959 年，从 40 年代后期就开始出版的侯外庐先生主编的《中国思想通史》最终完成，这既是中国思想史研究的一件大事，也是中国史学史研究的一件大事。在这部思想通史巨著中，作者对中国史学史上的著名史家

① 白寿彝：《中国史学史》第 1 册，上海人民出版社，1986，第 167 页。

如司马迁、刘向、班固、杜佑、刘知幾、司马光、郑樵、马端临、黄宗羲、顾炎武、王夫之和章学诚等人的史学思想，都有专章或专节的论述；对一些思想家如董仲舒、王充等人的史学思想也有一定的论述，从而第一次将较为系统的史学思想史纳入中国思想通史之中，使之成为中国思想发展史的重要组成部分。

在20世纪老一辈史学家、思想家当中，对史学思想史学科研究贡献最大的还数白寿彝先生。白先生从40年代初期开始，就致力于中国史学史学科的研究工作。在他的早期论著当中，已经对史学思想史作了初步论述，其中以在侯外庐先生主编的《中国思想通史》中撰写的《刘知幾的进步的史学思想》和《元代马端临的进步的史学思想》两文为代表，它们其实已经对史学思想史研究的具体内涵作了论述，对史学思想史的研究方法作了示范。从60年代开始，白先生先后发表了一系列关于史学史学科理论建设方面的论文，主要代表作有《谈史学遗产》（1961年）和4篇《谈史学遗产答客问》（1981、1982年）等，出版了《中国史学史》第1册（1986年）。在这些论著中，白先生对作为史学史学科的分支学科史学思想史的若干基本理论问题作了进一步的明确论述，主要包括史学思想史研究的对象和意义，史学思想史与史学史的关系，史学思想史与史学史其他分支学科如历史文献学、历史编纂学、历史文学之间的关系等。

如果说20世纪80年代以前的史学思想史学科研究还只是受到少数史学家、思想家的关注的话，那么90年代以后，史学思想史的学科研究可以说是进入了一个重要的发展时期。一方面从事史学思想史研究的人员明显增多了，队伍大大扩大了，特别是不少中青年学者也参与到了研究的队伍中来；另一方面则是关于史学思想史研究的论文大量涌现，很多史学史专著也都重视关于史学思想内容的论述。其中最具有代表性的学者便是吴怀祺先生，他和他的弟子们成为这个学科研究的中坚力量。

吴怀祺先生是继白先生之后对史学思想研究用力最多、成就最大的学者。

从学科建设而言，先生的《宋代史学思想史》（1992年）是史学思想学科第一部断代史著作，《中国史学思想史》（1996年）则是该学科第一部通史著作。后者自1996年安徽人民出版社出版之后，2007年被指定为普通高校教育“十一五”国家级规划教材，由商务印书馆再版；2016年，又作为新世纪高等学校教材历史学系列教材，由北京师范大学出版社出版第3版。近年来，《中国史学思想史》已经成为全国高校中国史学史和中国史学思想史课程教学的主要教材，在全国历史教学中发挥了重要作用。

从学术成就而言，先生自1978年入白先生门读研究生开始，一直致力于中国史学思想史的研究。近50年间，出版了一大批重要的学术著作，如前所述，主要有专著《郑樵评传》、《宋代史学思想史》和《中国史学思想史》等；主编大型学术系列著作10卷本《中国史学思想通史》、6卷本《中国史学思想通论》；2017年两部系列著作合并再版，成为16卷本《中国史学思想会通》。这批学术著作，奠定了中国史学思想研究的基本规模，成为学界研究中国史学思想的基础，堪为世纪性的标志性成果。

从学术思想而言，先生长期从事史学思想史研究，对于史学思想史有着自己明确的认识，形成了一套系统的思想。如关于史学思想的研究对象，他归纳为两个部分："一是史家（包括思想家）对客观历史的认识，二是关于史学工作方面的认识。"[①] 基于对客观历史认识的需要，我们就必须要考察史学思想与社会的关系，史学思想与哲学思潮的关系，要将史学与经学、子学结合起来进行研究等。如关于史学思想的民族性、时代性与世界视野问题，不仅要总结出中国史学思想的民族特性，如通变思想、天人观念、史鉴思想、经世致用以及史学二重性等，要关注史学的近代化过程及其在当代的发展趋势，而且要有世界视野，要看到中西史学与史学思想的不同与互补的必要性，等等。

从人才培养而言，先生长期从事教学工作，培养了一批硕士、博士，这些门弟子如今绝大多数都已经在全国各个大学、科研机构与出版部门等从事史学史与史学思想史的教学与研究工作，其中相当一部分人已经晋升为高级职称，成为所在单位的中坚力量。前述先生主编的10卷本《中国史学思想通史》和6卷本《中国史学思想通论》，其中除去先生本人写作的部分外，大部分都是由弟子们完成的。除此之外，这些弟子们还有大量独自完成的学术成果，这些成果进一步促进了史学史与史学思想史的深入研究，推动了该学科的发展。可以这样说，先生门弟子作为一个研究史学史与史学思想史的学术团体已经基本形成，成为当前学术界推进该学科研究的重要力量。

① 吴怀祺：《宋代史学思想史·绪论》，安徽人民出版社，1992。

外国史学研究

西西里狄奥多鲁斯史学思想述评

余春江
（北京师范大学历史学院，北京　100875）

摘　要：西西里狄奥多鲁斯认为历史具有鉴古知今的镜鉴功能、引导人们崇真向善的教育功能、可以增强语言的力量。为最大限度地发挥历史的作用，他编纂了普世史巨著《历史集成》，以“记下全世界从远古至今的所有事件”，给人类带去最大的福祉。《历史集成》既是罗马大征服的时代产物，也是狄奥多鲁斯创新史学的成果。

关键词：狄奥多鲁斯　《历史集成》　史学思想

西西里狄奥多鲁斯（Diodorus Siculus）是罗马共和国时期的希腊史家，他编撰的《历史集成》（*Bibliotheca*），是西方史学史的重要代表作，被誉为“第一部具有世界通史特点的史作”。[①] 该书上起神话时代、探究人类世界的起源，下至高卢战争、揭示罗马帝国崛起的原因，记述了整个“有人类居住的世界”的历史。全书共40卷。该书既因辑录了大量业已失传的古典著作而受到学界普遍重视[②]，也被批评史料运用不够严谨、缺乏独立的史学思想。[③] 也有学者认为狄奥多鲁斯拥有自己的史学思想[④]，肯定其记

---

① 郭小凌：《古代史学史》，北京师范大学出版社，2011，第76页。

② 刘家和、廖学盛：《世界古代文明史研究导论》，北京师范大学出版社，2010，第168页。

③ 持此观点的学者有：Wachsmuth（*Diodorus' sklavische Abschreiberei*，1895，97）；Hornblower（his “slavish dependence on his sources，1981，28”）；Schwartz（详见 Catherine Rubincam，“Did Diodorus Siculus Take over Cross - References from His Sources？” *The American Journal of Philology*，Vol. 119，No. 1（Spring，1998），pp. 67 - 87）。

④ F. W. Walbank，“The Review of Diodorus Siculus and the First Century by K. S. Sacks”，*The Journal of Roman Studies*，Vol. 82（1992），pp. 250 - 251.

述的准确性。[①] 笔者拟在认真阅读《历史集成》的基础上，同时参考前辈学者研究成果，对狄奥多鲁斯的史学思想做一简要述评，以求教于学界同仁。

一　史学的功能：历史可以“造福整个人类社会”

编纂40卷本的《历史集成》是一项十分艰难的系统工程。狄奥多鲁斯为什么要编纂《历史集成》？是什么支撑他坚持30年不动摇？从其自述来分析，这主要源自他对史学功能、史学价值的高度认同。在《历史集成》中，他开篇便开宗明义做了说明：

> 毋庸置疑，所有人都应当深深感激那些编撰了普世史的作家们，因为他们立志凭一己之力，造福整个人类社会；因为他们通过展示历史事件的形式，提供了一种有益的教育，让读者不必历险便可获得极其精彩的体验……学习历史，了解他人的成败，可以让人不必亲历坎坷便深受教益……这是多么美好的事：能够以他人因无知犯下的错误为警示，纠正己过；能够在面临人生中的无常变化时，效法前人的成功经验而不必探究眼前正在发生的情况。毫无疑问，人们在寻求建议时都更愿意征求年长者而非年轻人的意见，因为前者的经验是在岁月的长河中积淀的。但不可否认的是，从历史中汲取的智慧更为宏富。因为，正如我们所知，历史包含着更多的事实。所以，一个人应当坚信，历史知识最有助于应对生活中的不测。历史赋予年轻人长者的智慧，让长者的经验成倍地增加；它让普通人具备领袖的资质，以不朽的荣誉激励领袖们从事最崇高的事业；它让士兵们为了牺牲后的颂赞而在保卫国家时更加奋勇，让奸恶之徒因惧怕遗臭万年而不敢妄动邪念。[②]

狄奥多鲁斯认为，前人经验可为后人借鉴，历史事件中蕴含着最为丰富的经验，历史著作通过记录和展示历史事件，可以教育和启发后人，避

---

① Anne Burton, *Diodorus Siculus*, *Book I*: *A Commentary*, Etudes Preliminaires aux Religions Orintales dans 1' Empire Romain, Vol. 29. , Leyden: E. J. Brill, 1972.

② Diodorus of Sicily, *The Library of History*, 1. 1. 本文所引狄奥多鲁斯《历史集成》皆引自洛布丛书（The Loeb Classical Library）。

免重蹈前人覆辙。他继承了修昔底德[①]等前辈史家的思想，肯定史学具有为人类活动提供参考的重要社会功能，并将这一功能置于史学价值的首位。在《历史集成》中，他注意及时总结、反思和提炼历史经验。比如，他从希波战争局势的逆转中认识到，“生活的反复无常总是令人困惑。好事总是伴随坏事，坏事也可能带来机遇”；[②] 从对叙拉古僭主频出的原因分析中得出“精英而非常人摧毁了民主”[③] 的精辟论断；从亚加亚同盟（Achaean League）的毁灭中反思希腊人为何从高度繁荣走向极端贫困，得出：“不能冒失地与罗马人作战”[④] 的教训。

同时，狄奥多鲁斯将史学的镜鉴功能与教育功能结合起来，认为历史可以记录和传播人的各种行为，会影响人生前与死后的名声，从而引导人们崇真向善。在记述毕达哥拉斯学派的代表人物及其德行后，他总结到：

> 记述过去的人的故事，是作家们的一项艰巨使命，对社会的益处却难以估量。因为这种记录可以直白地将罪恶的行径和高尚的德行都描述清楚，从而达到惩恶扬善的效果。有人会说，这种赞赏不过是空洞的荣誉而已，而这种谴责也不会让堕落的人承受实质性的惩罚。然而，很有必要让后人明白，人生在世选择的生活方式会被后人铭记。坚持这个原则至关重要，这样后人才知道，把自己的名字刻在石头上很快就会消失，而学习智慧、养成美德，则会被各地的人们交口称赞。时间会让其余一切都随风消散，但却会让美德永存于世，年代越是久远，他们的生命力就越是强劲。我们前面所讲的那些人就很好地证明了这一点，因为虽然他们生活的年代已经久远，但如今的人们还在谈论着他们，仿佛他们都活在今天一样。[⑤]

狄奥多鲁斯指出，历史作品记录的人的行为和品德，比其他纪念物更能长久保存和流传，故既可让伟人的丰功伟绩永垂不朽，也可让恶人的累累罪行遗臭万年。这对于今人和后世既是镜鉴，也是警示，能够劝诫人们选择正确的人生道路和生活方式，激励一些人去建立城邦，一些人去制定

---

① 刘家和：《中西古代历史、史学与理论比较研究》，北京师范大学出版社，2011，第277页。

② Diodorus of Sicily, *The Library of History*, 12. 1. 1.

③ Diodorus of Sicily, *The Library of History*, 19. 1. 1.

④ Diodorus of Sicily, *The Library of History*, 32. 26.

⑤ Diodorus of Sicily, *The Library of History*, 10. 12.

法律以给人们的社会生活提供保障，一些人去投身科学与艺术的创新以造福人类。因此，历史作品堪称“守护伟人崇高业绩的卫士，揭露卑鄙者丑恶罪行的证据，造福全人类的恩人。”[①] 正是基于这样的认识，狄奥多鲁斯在《历史集成》中对典型历史人物的事迹记述尤为翔实，写到动情处还直接发表评论，或称颂英雄的伟大、赞扬智者的睿智，或鞭挞暴君的残忍、批评愚者的贪婪。

狄奥多鲁斯还提出历史可以增强语言的力量。他把语言视为最高贵的事物，而历史语言更是最完美的语言。“正是语言，让希腊人强过外邦人，让文明之士强过无教养者。此外，仅仅凭借语言，一个人便能够力压众人。”在各种语言类别中，“诗歌带给人更多的是愉悦，而非实用；法律惩罚罪恶，但不引导众生。类似的，所有其他形式的语言要么不能给人快乐，要么利中有弊，甚至颠倒是非。唯有历史完美地结合了文字与事实，在表述中蕴含着其他同样有益的品质：教人公正，惩恶扬善。总之，为读者提供了一座巨大的经验宝库。”[②] 历史语言同时兼具多种语言的功能，能够同时从情感和理性两个方面让人受益。

综上所述，狄奥多鲁斯既继承和深化了希罗多德、修昔底德等前辈史家对史学功能的认识，又创新性地提出了历史可以增强语言的力量的观点，是对西方古代史学思想的丰富和创新。

二　著史的范围：“记下全世界从远古至今的所有事件”

记载和解释人类的活动，是西方史学最早和最基础的目的。无论是早期的记事家，还是希罗多德、修昔底德、色诺芬、波利比乌斯等著名史家，其作品都以记录历史事件为主要目的。狄奥多鲁斯在编撰《历史集成》前，广泛搜集和查阅了前辈史家的作品，既肯定前人成就，也立足自己的时代与视野，发现了前人的不足，找到了自己的创作方向。他在交代自己的创作动机时写道：

> 我们在关注先前的历史学家时，虽然对他们的志向深信不疑，但并不认为其作品在带给人类的福祉方面已尽善尽美。历史包含着不计

① Diodorus of Sicily, *The Library of History*, 1.2.1.

② Diodorus of Sicily, *The Library of History*, 1.2.6.

> 其数、丰富多彩的事件，并通过它们给读者以教益。然而，大多数作家仅仅记录了一个民族或一个城邦发起的孤立的战争，几乎没有谁记载从远古到他们所在的时代与所有民族息息相关的事件——有些作家要么没有将历史与当代的一些事件相联系，要么对异族的事迹视而不见；还有些作家由于在处理古代传说上遇到困难而对其一概否定；有的则命运不济，还未完成预定的写作计划便英年早逝。有些作家尝试着写作全人类的历史，但所记的事件在时间上都未跨过马其顿时代。他们撰述的内容，有的到腓力（Philip），有的到亚历山大（Alexander），有的到埃披戈诺伊（Epigoni）或者到亚历山大大帝的继承者们（Diadochi），在这之后直到当下的许多重要事件都付之阙如。由于工程浩大，还没有哪位历史学家尝试将这些内容都编撰在同一部作品中，因此这些事件发生的日期和过程都分散记录在不同作家卷帙浩繁的作品里，使得我们很难通晓、记住其相关知识。①

狄奥多鲁斯认为，历史包含不计其数、丰富多彩、可以给人教益的事件，历史著作的内容越丰富，给人们的益处就越大。但是，前辈史家的作品记述的时间范围和空间范围都有局限，许多事件分散记录在不同史家的作品中，无法最大限度地发挥史学的功能与价值。因此，“在考察了这些作家的每一部作品后，我们决心编撰一部给读者带去最大教益，同时造成最少困扰的历史作品……记下全世界从远古至今的所有事件”。② 故《历史集成》立足普世史的特点，在“通”和“广”两个方面实现了重大的创新与突破。在“通”的方面，他继承了埃弗鲁斯（Ephorus）、波利比乌斯等人将古今贯通、一直记述到自己所处时代的做法，但又前进了一步，不仅囊括了埃弗鲁斯未记述的神话时代，还将时间起点延伸到宇宙形成与生命起源这一初始性的时点。在空间上，他不仅仅局限于希腊、罗马或西地中海，而是扩展到了当时西方已知的整个人类世界，甚至包括罗马刚刚征服的不列颠，以“让所有那些以前无人知晓的海洋进入历史记载的范围”。③ 其视野与格局远超埃弗鲁斯、提麦俄斯（Timaeus）等前辈。在记述内容上，他既以人和事为中心，又关注到神灵与人的精神，同步构建了四个“世界”：“地理世界”（各地区的地理人文概况），“神话世界”（各

① Diodorus of Sicily, *The Library of History*, 1.4

② Diodorus of Sicily, *The Library of History*, 1.4

③ Diodorus of Sicily, *The Library of History*, 40.7

民族的神话传说与主神），“人类世界”（各民族的重大事件与重要人物），“精神世界”（神灵与人展现的精神品质）。这四个世界纵横交织，使狄奥多鲁斯认知和描绘的“世界历史”更加全面、立体和生动。

狄奥多鲁斯之所以产生创作一部“记下全世界从远古至今的所有事件”的普世史的构想，并最终完成《历史集成》，既是他个人热衷史学、创新史学的成果，更是罗马大征服的时代产物。一方面，地中海世界的首次统一使斯多葛学派提出的“世界城邦”（cosmopolis）正在成为现实，人们的“世界意识”进一步强化。客观世界的巨大变化，启发狄奥多鲁斯认识到各民族的普遍联系，并从更宽广的视野去认识和思考人类世界。另一方面，和平稳定的环境为学术创作提供了安全舒适的环境。狄奥多鲁斯等学者既可以在欧亚各地游历考察，也可以在书斋中安心写作。而且，罗马在对外征服中注重对先进文化的兼收并蓄，不仅邀请和吸引各地学者到罗马讲学，还收集和保存了大量文化作品，使狄奥多鲁斯身居罗马，便可知晓天下事，查阅天下书。① 正是狄奥多鲁斯发现和顺应了时代的需要，并通过个人的艰辛努力，《历史集成》这部普世史巨著才得以诞生。

三　狄奥多鲁斯史学创作的基本思想

狄奥多鲁斯并未专门系统阐述自己的著史原则与方法，但从散落在《历史集成》中的记录，我们可以归纳和提炼出其基本思想。

（一）力求历史记载的真实与准确

虽然学界对狄奥多鲁斯在史料运用与甄别上批评较多，但他本人并非没有求真求实的意识。首先他不伪造虚构历史。《历史集成》采用编年体方式，逐年记录了特洛伊战争之后1138年的历史，但对于特洛伊战争之前的时代，狄奥多鲁斯则坦诚，“因为我们没有找到可信的、记录有关内容的纪事年表，”并未划分严格的时间界限。其次，他坚持历史创作应当客观公正，不应因裹挟个人利益而背离真实原则。他批评提麦奥斯因曾被叙拉古僭主阿加托克利斯（Agathocles）流放，而故意对其过分贬低和诋毁，指责其“为了宣泄心中的仇恨和不满，抛弃了历史学家秉笔直书的原则”，

① Diodorus of Sicily, *The Library of History*, 1.4.4.

并拒绝参考其作品的后 5 卷。同样，他也谴责叙拉古的卡利亚斯（Callias），因收受了阿加托克利斯的金钱，便为雇主歌功颂德，把这位残暴的僭主描写得比任何人都虔诚和仁慈，“完全忽视了真实的原则”。[①] 此外，他认识到地理学对历史创作有重要影响，指出许多史家因忽视地理因素而犯错，强调要通过实地考察印证史料的可靠性，并称自己走访了亚洲和欧洲大部，亲眼考察所有重要的地区和尽可能多的地方。[②] 对于前人的著作，他在参考时并非照单全收，而会进行鉴别核实。他认识到，“为了迎合读者的需要，有人采用了错误的信息或是凭空捏造故事，这种信息不可信”。他在参考尼多斯（Cnidus）的阿加沙查得斯（Agatharchides）和以弗所（Ephesus）的忒弥多鲁斯（Artemidorus）关于埃及和埃塞俄比亚的记载前，就专门在埃及通过访问核实有关内容的准确性：

> 为了证明我们自己，在访问埃及时，我们联系了许多祭司，并且和许多埃塞俄比亚使者，以及当时在埃及的埃塞俄比亚人进行了交流。认真细致地询问他们每一件事情，核实每一位历史学家记载的故事，在与他们的意见完全一致的基础上，我们创作了自己的作品。[③]

（二）重点关注有价值的事件与人物

狄奥多鲁斯多次强调，我们只记述那些“在历史上占有一席之地的重要事实”[④]，或“值得记载”的事件、人物。反之，则只一笔带过。《历史集成》总体聚焦历史发展主线，突出重点地区、重点事、重点人。从总体布局看，除第一部分相对均衡地概述了各地区的地理人文情况外，第二、第三部分则明显以希腊人、罗马人的历史为重点，对其他地区（除与希腊、罗马的事件有重大关联），则只简述其国王更替等政情。从叙事重点看，狄奥多鲁斯主要聚焦希波战争、伯罗奔尼撒战争、亚历山大东征、迦太基战争等影响地中海历史进程的重大事件。[⑤] 从人物描写看，他重点关注和记录各民族在政治改革、军事斗争、道德、立法及学术研究等方面的

---

① Diodorus of Sicily, *The Library of History*, 21. 17.

② Diodorus of Sicily, *The Library of History*, 1. 4.

③ Diodorus of Sicily, *The Library of History*, 3. 11.

④ Diodorus of Sicily, *The Library of History*, 1. 44. 5.

⑤ 如第 11 卷主要记述希波战争，第 12～13 卷主要记述伯罗奔尼撒战争，第 23～27 卷主要记述迦太基战争等。

杰出人物。[①]

（三）强调历史叙述的完整性和时间顺序

狄奥多鲁斯认为，“在任何系统性的历史著作中，历史学家都应该把发生历史的国家情况或这个城邦自始至终国王的情况包括在内，因为只有这样，历史才更容易被读者所记忆和理解”[②]。而且，按照历史事件发生的时间顺序进行叙述更能真实地呈现历史。[③] 因此，狄奥多鲁斯采用编年体编纂《历史集成》，还创造性地同时采用雅典和罗马的执政官名年体系，兼用奥林匹亚赛会纪年方式。这样可以以时间为轴，纵向理清历史事件的发展脉络，横向对不同地区和民族进行对比；但也把许多时空跨度大的重大事件分割，使读者无法方便地了解其前因后果。而且，罗马执政官年与雅典执政官年的起始月份不同，其同一年的时间跨度实际并不完全一致。

（四）反对在叙述中加入过多辩论或演说

修昔底德等部分史家喜欢在作品中加入长篇演说或辩论，但狄奥多鲁斯并不赞同这种做法，并对此有着独到的见解：

> 人们有理由责备那些中途加入过长的辩论或经常引用演说的历史学家。因为不合时宜地加入演说，不仅会使叙述变得支离破碎，也会影响感兴趣的读者把握事件的全貌。当然，为了展示修辞学的功力，他们也可以自己虚构使者的演讲或谈话，诸如赞扬和责备一类。因为通过区分文学形式和对二者的详细阐述，他们也可能在两个领域都赢得赞扬。可是，有的作者过于强调修辞，以致历史学的艺术竟成了雄辩术的附属品。不仅那些干瘪的文辞让人生厌，即使那些一针见血的内容，在其他方面也与其特定的主题和场合风马牛不相及。因此，即使那些喜欢阅读此类作品的人们，也会跳过这些哪怕显得非常成功的演说辞。更有甚者，还会因为厌倦历史学家的多嘴与乏味，将整部作品弃之不读。这种态度并非没有道理，因为历史学的精髓就在于简单朴实、条理清晰而自成一体。如果其结构被拆分得支离破碎，它就会

---

① 如第16卷主要记述菲利普的崛起，第17卷几乎全卷记述亚历山大东征，第18～29卷主要记述安提柯、托勒密、卡山德之间的权力斗争等。

② Diodorus of Sicily, *The Library of History*, 16.1.

③ Diodorus of Sicily, *The Library of History*, 20.43.7.

变得索然无味。反之，如果它保持着整体的统一，又有恰到好处的补充，其整体就和谐一体，阅读起来也就显得愉悦清晰。[①]

狄奥多鲁斯强调历史叙述的简单朴实与清晰流畅，故反对加入辩论或演说破坏叙述的完整性和流畅性。当然，他并非完全否定使用演说词，《历史集成》中也收录了少量经典演说词[②]。“因为历史学也需要多种多样的修饰，在某些场合有必要加入演说词。”[③]

（五）不仅追求材料的丰富，还重视材料的安排

狄奥多鲁斯强调，“历史学家著书立传时，应特别注意保存各种有用材料，尤其需要注意对这些材料的安排。重视这种安排，不仅有利于那些计划积蓄财富的人精心管理，也为他们写作历史提供巨大便利。事实上，虽然有些历史学家写作风格和记录材料的丰富让人称赞，但他们对材料的安排并不妥当，所以读者赞扬他们勤奋与细致的同时，也会批评他们材料安排不合理”[④]。他以埃福罗斯为成功的典范，认同其每一卷都紧紧围绕一个主题展开的叙述方法。因此，《历史集成》也借鉴了这一方法，每一卷都围绕一个主题来叙述和展开。

综上可知，狄奥多鲁斯对历史创作有着自己独立的认识。他既认同史学创作应当求真求实、秉笔直书的基本原则，也提出历史记录应关注大局大势、聚焦重点事件与关键人物。他认识到时间顺序对记述和理解历史的重要性，并独创同时采用雅典和罗马的执政官名年体系。他追求历史叙述的完整流畅，强调史料的丰富可靠，还认识到了史料运用和组织的重要性。

西西里狄奥多鲁斯高度肯定历史的镜鉴功能和教育功能，认为只有“记下全世界从远古至今的所有事件”的普世史才能最大限度地造福人类社会。他由此产生了编纂《历史集成》的热忱与毅力。个人努力加上罗马大征服创造的统一和平的客观环境，使他成功完成了《历史集成》的编

① Diodorus of Sicily, *The Library of History*, 20. 1. 1

② 例如：公元前413年尼克拉斯（Nicolaus）与吉利普斯（Gylippus）就如何处置雅典战俘的辩论（13. 20～32），公元前410年斯巴达使者恩狄阿思（Endius）在雅典的求和演说（13. 52），公元前396年叙拉古人西奥多勒斯（Theodorus）对僭主狄奥尼修斯（Dionysius）的抨击（14. 64～70）等。

③ Diodorus of Sicily, *The Library of History*, 20. 2. 2.

④ Diodorus of Sicily, *The Library of History*, 5. 1.

纂。《历史集成》具有鲜明的时代特征，也集中体现了狄奥多鲁斯的史学思想。它“描述了当时人所了解的世界历史，展示了地中海地区众多民族的发展进程，描述了地中海地区众多民族发展的最后结局，论证了众流皆归罗马的必然，具有重要的史学价值。”[①] 狄奥多鲁斯以人类福祉为己任的境界，放眼整个人类世界的胸怀眼界，以及 30 年如一日坚持创作的专注精神，今天仍值得我们学习。

① 杨共乐：《罗马史学述评》，《史学理论与史学史学刊》2012 年第 12 期。

试论19世纪以来《希腊罗马名人传》的“史学”与“传记”研究传统

孙文栋

（北京师范大学历史学院，北京　100875）

摘　要： 19世纪之后西方学界对普鲁塔克《希腊罗马名人传》的研究大致可以20世纪中期为界分为前后两个阶段。前一阶段表现为“史学研究”与“传记研究”两种传统的对立：“史学研究”从“史学追求真实”的标准出发，认为《名人传》没有如实记述历史的真实情况，不能被视为历史著作，价值有限；“传记研究”站在“传记描述德性”的立场上称赞《名人传》是古典传记的集大成之作。20世纪中期之后“史学研究”和“传记研究”两种传统打破藩篱，取长补短，发展出“史料分析”与“写作方法”互相配合的《名人传》研究新路数。

关键词： 普鲁塔克　《希腊罗马名人传》　西方古代史学　西方古典传记

《希腊罗马名人传》（*The Lives of the Noble Grecians and Romans*，以下简称《名人传》）又名《普鲁塔克传记集》（*Plutarch's Lives*），[①] 是古代希腊作家普鲁塔克（Plutarch，约45～约120）的传世传记名作。19世纪以来

① 张元伟君《普鲁塔克著作的分类与命名传统》（《史学史研究》2015年第3期）一文论普鲁塔克著作文献流传情况甚详，颇有价值；论文以为不宜以“希腊罗马名人传”为名冠于普鲁塔克全部传记作品，窃以为《荀子·正名》所谓“名无固宜，约之以命，约定俗成谓之宜，异于约则谓之不宜”，学者敏于名实之辨使人叹服，然而书名既已约成，从俗为宜。

西方学术界围绕《名人传》发展出“史源批判”（source criticism）方法的“史学研究”与“一般性研究”（generally study）方法的“传记研究”两种研究传统；[①] 以20世纪中期为界，两种传统在不同时期各擅胜场，极大影响了世人对《名人传》的观点和态度。以下以19世纪以来西方《名人传》研究中“史学研究”与“传记研究”两种传统为线索，分析《名人传》研究的特点及其发展趋势。

一

19世纪初期德国大学建立起以“严格方法论”为特征的专业“历史科学”，[②] 专业史学家以“史源批判”方法对《名人传》做出了评价。

柏林大学历史学教授、罗马史专家巴托尔德·尼布尔（Barthold G. Niebuhr，1776～1831）是科学历史学的开创者，[③] 他“把处于从属地位的史学提高为一门尊严的科学”。[④] 尼布尔认为普鲁塔克是“波利比乌斯之后几百年中最为杰出的希腊作家”，[⑤] 但是他一味强调人物性格，对历史上的政治环境一无所知，[⑥] 没有辨别和批判原始材料，因此“总是受骗上当”，作为历史学家“只是次等”。[⑦] 尼布尔认为，追求史料的真实性是史学的重要特点，《名人传》在这方面颇有欠缺，所以只是“次等”的史学著作。在尼布尔看来，《名人传》的价值在于保存了很多已经散佚的史料，史学家的任务是找到这些材料的原主人，去伪存真，把材料中的真实信息洗练

---

① 关于西方古典传记研究中“史源批判”与“一般性研究”两种方法，参见 ArnaldoMomigliano, *The Development of Greek Biography*, expanded edition, Cambridge: Havard University Press, 1993, p. 10.

② 参见〔美〕格奥尔格·伊格尔斯《二十世纪的历史学：从科学的客观性到后现代的挑战》，何兆武译，山东大学出版社，2006，第102～103页。

③ cf. Stuart Macintyre, Juan Maiguashca, and Attila Pók eds. , *The Oxford History ofHistorical Writing*, Vol. 4: 1800－1945, Oxford: Oxford University Press, 2011, p. 41.

④ 〔英〕乔治·皮博迪·古奇：《十九世纪历史学与历史学家》，耿淡如译，商务印书馆，1997，第92页。

⑤ B. G. Niebuhr, *Neibuhr's Lectures on Roman History*, Vol. 3, translated by H. M. Chepmell and F. Demmler, London: Chatto & Windus, Piccadilly, 1875, p. 142.

⑥ B. G. Niebuhr, *Neibuhr's Lectures on Roman History*, Vol. 2, translated by H. M. Chepmell and F. Demmler, London: Chatto & Windus, Piccadilly, 1875, p. 191.

⑦ B. G. Niebuhr, *Neibuhr's Lectures on Roman History*, Vol. 1, translated by H. M. Chepmell and F. Demmler, London: Chatto & Windus, Piccadilly, 1875, pp. 59－60.

出来。作为“近代史学史中第一个有权威的人物”,[1] 尼布尔对普鲁塔克的评价影响很大，奠定了此后一百余年间西方史学界《名人传》研究的基调。他指出，要搜寻和分析普鲁塔克传记的史料来源。尼布尔的观点影响了几代史学家。[2]

德国希腊史专家、哈佛大学古代史教授爱德华·迈耶（Eduard Meyer，1855～1930）在《论西蒙》（1899）[3] 中发展了尼布尔的观点，认为普鲁塔克不具有史料批判能力，他的《西蒙传》中没有一手材料，所使用的都是经由他人之手编纂剪辑而成的二手材料，是那些“从公元前3和前2世纪学术研究的黄金时代积淀下来的、多少代人的博学作品……”[4] 这并不是说普鲁塔克没有阅读过古典作家的一手作品，“普鲁塔克当然十分了解伟大的古典作家希罗多德和修昔底德，他的知识如同沙中捡金，偶见宝光。但是他并没有使用他们……”[5] 迈耶区分了“了解”和“使用”两种方法，“了解他们”——阅读过希罗多德和修昔底德的作品，与“使用他们”——在研究写作中对古代历史著作里的材料在批判和辨别的基础上加以利用，存在根本区别。同尼布尔一样，迈耶强调史料的真实性原则，在他看来《名人传》因为在这一点上的失败而难以被称为史学著作。

德国古典学大师、哥廷根大学古典学教授乌尔里奇·冯·维拉莫维

---

① 古奇：《十九世纪历史学与历史学家》，耿淡如译，第92页。

② 相关研究难以尽数，德文研究情况参见 J. R. Hamilton, *Plutarch Alexander: A Commentary*, Oxford: Clarendon Press, 1969, p. xliii, n. 3. 英文研究搜之能及的有：A. Gudeman, “A New Source in Plutarch's Life of Cicero,” *Transactions of the American Philological Association* (1869 – 1896), Vol. 20 (1889), pp. 139 – 158; F. E. Adcock, “The Source of Plutarch: Solon XX. – XXIV,” *The Classical Review*, Vol. 28, No. 2 (Mar., 1914), pp. 38 – 40; F. R. B. Godolphin, “The Source of Plutarch's Thesis in the Lives of Galba and Otho,” *The American Journal of Philology*, Vol. 56, No. 4 (1935), pp. 324 – 328; H. D. Westlake, “The Sources of Plutarch's Timoleon,” *The Classical Quarterly*, Vol. 32, No. 2 (Apr., 1938), pp. 65 – 74; “The Sources of Plutarch's Pelopidas,” *The Classical Quarterly*, Vol. 33, No. 1 (Jan., 1939), pp. 11 – 22; J. Enoch Powell, “The Sources of Plutarch's Alexander,” *The Journal of Hellenic Studies*, Vol. 59, Part 2 (1939), pp. 229 – 240; R. E. Smith, “The Sources of Plutarch's Life of Titus Flamininus,” *The Classical Quarterly*, Vol. 38, No. 3/4 (Jul. – Oct., 1944), pp. 89 – 95; Waldo E. Sweet, “Sources of Plutarch's Demetrius,” *The Classical Weekly*, Vol. 44, No. 12 (Mar. 5, 1951), pp. 177 – 181; etc.

③ Eduard Meyer: “Die Biogrophie Kimons,” in *Forschungenzuralten Geschichte* II, Halle, 1899, pp. 1 – 87.

④ Ibid., p. 69.

⑤ Ibid., p. 68.

茨－莫伦道夫（Ulrich von Wilamowitz－Moellendorff，1848－1931）对《名人传》的评价愈发严厉，他在《希腊史学写作与阿波罗》（1908）[①] 中认为《名人传》“叙事的材料整个地来自其他历史学家和亚历山大里亚的汇编作家”[②]，普鲁塔克的贡献“除了迷人的文笔之外，只有作为一个道德主义者的批评以及图拉真王朝的政治气候而已”[③]，因此“几乎不能算作一个历史学家”[④]。维拉莫维茨后来在《作为传记作家的普鲁塔克》（1926）[⑤] 一文中重申了自己的观点，认为普鲁塔克不是史学家，而是传记家和哲学家。[⑥] 相较于尼布尔和迈耶，维拉莫维茨更加强调普鲁塔克传记家而非史学家的身份，认为《名人传》追求艺术性和道德性，并非真实性，所以它不是史学，而是传记。[⑦]

德国蒂宾根大学古代史教授沃德玛尔・乌斯库尔－吉伦班德（Woldemar G. Uxkull－Gyllenband，1898－1939）在《普鲁塔克与历史传记：普鲁塔克的公元前5世纪传记研究》[⑧] 中响应尼布尔号召去寻找普鲁塔克的史料来源，并在迈耶和维拉莫维茨的“二手材料说”基础上更进一步，提出普鲁塔克的几篇公元前5世纪希腊人物传记主要是根据公元前2和公元前1世纪某些佚名作家业已完成的颂词性传记抄袭而来，普鲁塔克在其基础上混入了自己从其他地方摘录、剪贴和听闻来的材料；吉伦班德分析之后认为普鲁塔克抄袭了帕尼提乌斯和波塞多尼乌斯。按照迈耶和吉伦班德等人的观点，普鲁塔克仅仅是一个“剪刀加糨糊”作家，《名人传》既没有真实性，也缺乏原创性，在史学“求真”与“直书”两个方面都失败了，根本就不能算作史学著作。

尼布尔、迈耶、维拉莫维茨和吉伦班德等人立足于历史科学，从“史

---

① Ulrich von Wilamowitz－Moellendorff, *Greek Historical Writing and Apollo*, trans. by Gilbert Murray, Oxford: Clarendon Press, 1908.

② Ibid., p. 4.

③ Ibid.

④ Ibid.

⑤ Ulrich von Wilamowitz－Mollendorff: “Plutarch als Biograph,” in *Reden und Vorträge*, 2. 4, Berlin, 1926, pp. 247－79, trans. by Juliane Kerkhecker, in Barbara Scardigli ed., *Essay on Plutarch's Lives*, Oxford: Clarendon Press, 1995.

⑥ Ibid., p. 58.

⑦ Ibid., p. 59－60.

⑧ Woldemar Graf Uxkull－Gyllenband, *Plutarch und die Griechische Biographie: Studienzu Plutarchischen Lebensbeschreibungen des V. Jahrhunderts*, Stuttgart, Verlag von W. Kohlhammer, 1927.

学追求真实”的观点出发，认为《名人传》没有辨别和批判史料，本身不能反映历史的真实情况，不具备作为古代史研究史料的价值；它不是史学作品，也罕能为史学所用，价值有限。这一观点和态度最后发展到近乎偏执的程度，连普鲁塔克本人的作品原创性也一并否认。他们的结论影响很大，伯里的《希腊历史学家》（1909）认为《名人传》的价值仅在于保存了许多已经散佚的古代史学作品材料，普鲁塔克算不上史学家；[①] 巴恩斯也在《历史著作史》（1937）中说《名人传》之所以传世在于其“趣味性”而非历史精确性；[②] 绍特维尔的《史学史导论》（1922）[③] 更加干脆，连专门介绍普鲁塔克和《名人传》的文字都没有；学者的看法还影响了社会大众对《名人传》的观感，汤普森的《历史著作史》（1942）就说：“很奇怪，普鲁塔克的著作在业已享受了极大的荣誉之后，今天却几乎无人问津。”[④]

相较于“史学研究”传统对《名人传》的批判和否定，西方“传记研究”传统在“一般性研究”方法上承认《名人传》作为传记的价值。

德国哥廷根大学古典学教授弗里德里希·列奥（Friedrich Leo，1851－1914）的专著《希腊罗马传记的文学形式》（1901）[⑤] 首开古典传记研究先河。列奥认为，古典传记是在亚里士多德哲学影响下产生的，旨在探究“德性”在人物言语与行动中的表现，它在文学形式上可以分为两种类型：“苏维托尼乌斯型”和“普鲁塔克型”。“苏维托尼乌斯型”传记把人物生平分成两部分，前半部分按照年代顺序叙述人物生平事迹，后半部分则分门别类地介绍人物德性，亚里山大里亚文法家用它记录文学家和艺术家生平，苏维托尼乌斯对其进行改造，用来写罗马皇帝；“普鲁塔克型”传记则把人物的生平事迹与德性合在一起按照年代顺序讲述，它是亚里士多德派哲学家的制品，适合讲述政治人物生平。与史学家的批判不同，列奥把《名人传》视为古典传记的典范。

上文提到的德国古典学家维拉莫维茨也从“传记研究”角度对《名人

① J. B. Bury, *The Ancient Greek Historians*, New York: the Macmilian Company, 1909, p. 154.

② Harry Elmer Barnes, *A History of Historical Writing*, second edition, New York: Dover Publications, Inc., 1963, p. 35.

③ James T. Shotwell, *An Introduction of the History of History*, New York: Columbia University Press, 1922.

④ 〔美〕J. W. 汤普森：《历史著作史》上卷，谢德风译，商务印书馆，1996，第160～161页。

⑤ Friedrich Leo, *Die griechisch－römische Biographie nach ihrer literarischen Form*, Leipzig: Duck und Verlag von B. G. Teubner, 1901.

传》进行了探讨，他不像迈耶和吉伦班德那样极端，还承认普鲁塔克本人的“优美文笔”和“作为道德主义者的批评”。如上文所述，他在《作为传记家的普鲁塔克》中认为普鲁塔克不是历史学家，而是传记家，也是哲学家，并说“明白这一点乃是理解并欣赏他作品的基础”。为什么普鲁塔克是哲学家？从维拉莫维茨的解释出发，我们试着这样理解：传记记叙的是人的生活，然而“生活”（life）与“生涯”（career）不同，指的是一种“生活的方式”。[①]《尼各马可伦理学》列举三种主要的生活方式：享乐的生活、公民大会或政治的生活、沉思的生活；[②] 每一种生活都在追求某种“善”，[③] 政治生活的善就是“德性”。[④] 亚里士多德派哲学家通过政治人物的言行研究德性，研究成果就是“传记”，维拉莫维茨认为他们是古典传记的开创者。[⑤] 既然写作传记是哲学家的工作，作为传记家的普鲁塔克自然也就是哲学家。

维拉莫维茨还指出：对“生涯”中具体事件的简单记录和排列不足以称为“传记”（bios），只能叫作“生平”（vita），“bios”和“vita”这两个希腊拉丁单词都能表示“传记”，但他们在本质上判若云泥，反映了希腊人和罗马人在文学水平上的悬殊差距。[⑥] 可以看出，在“传记描述德性”这一观点上维拉莫维茨对列奥既有继承又有深化：列奥认为亚里山大里亚文法家在编辑古代作家作品时附注的作家生平记录也是传记，是“苏维托尼乌斯型”传记的源头；维拉莫维茨则明确说，这些只关注人生具体事件的记录及其汇编压根算不上传记，只能叫作“生平”，只有《名人传》这种对人类一般生活类型的记叙才是“传记”。

阿道夫·魏茨泽克（Adolf Weizsäcker）的《普鲁塔克传记技巧研究》（1931）[⑦] 发展了列奥的形式划分方法，认为《名人传》文字中存在两种元素：“年代”（das Chronographiche）和“主题”（das Eidologische）；[⑧]

---

① Barbara Scardigli ed., *Essay on Plutarch's Lives*, p. 61.

② 〔古希腊〕亚里士多德：《尼各马可伦理学》，廖申白译注，商务印书馆，2003，第 11 页。

③ 同上，第 3 页。

④ 同上，第 12 页。

⑤ Barbara Scardigli ed., *Essay on Plutarch's Lives*, p. 61.

⑥ Ibid., p. 62.

⑦ Adolf Weizsäcker, *Untersuchungenüber Plutarchsbiographische Technik*, Berlin: Weidmannsche-Buchhandlung, 1931.

⑧ 这两个术语见于齐格勒对魏茨泽克著作的总结与批评，参见 Konrat Ziegler, *Plutarchos von Chaironeia*, Stuttgart - Waldsee: Alfred Druckenmüller Verlag, 1949, p. 907f.

“主题”文字旨在通过人物的言语行为描述德性，其中的信息不足以证明时间顺序，与上下文也没有年代关系；而“年代”文字则是一种按照年代顺序的记事，为传记提供一个结构框架，不具备描述德性的功能。魏茨泽克通过分析《伯利克里传》论证了自己的观点。

德国海德堡大学古典学教授阿尔布雷赫·迪勒（Albrecht Dihle，1923－?）在《希腊传记研究》（1956）[①] 里延续了“传记描述德性”的观点，把传记的起源上推到苏格拉底派，认为苏格拉底的德性与思想完全体现在他的日常生活中，他的弟子通过记录日常言行来保留他的思想德性，因此色诺芬的《回忆苏格拉底》和柏拉图的《申辩篇》就是最早的传记。[②] 迪勒的观点是对列奥和维拉莫维茨“传记源自亚里士多德派哲学家”观点的延伸，他辨别了亚里士多德派伦理学术语，诸如*ἦθος*（精神）、*πάθος*（激情）、*φύσις*（自然）、*πρᾶξις*（实践）等概念，以及*βίος ἀπολαυστικός*（享乐的生活）、*βίος πρακτικός*（实践的生活）、*βίος θεωρητικός*（沉思的生活）三种生活方式在希腊传记中的体现。迪勒给予《名人传》极高的评价，认为它是亚里士多德派哲学传记的典范之作，并以《克里奥米尼传》为样本，分析了普鲁塔克的个人创作风格以及他对原始材料的改编。魏茨泽克和迪勒的研究表现出“传记研究”传统走出泛泛而谈、向案例分析深入发展的趋势。

从列奥开始一直到迪勒，西方“传记研究”传统在“传记描述德性”的观点下对《名人传》的评价倾向于正面肯定，与“史学追求真实”的“史学研究”传统在方法和结论上大异其趣。在19世纪初至20世纪中期这段时间里“史学研究”传统占据优势，这在维拉莫维茨的评价中有所体现。虽然维拉莫维茨深刻理解普鲁塔克作为传记家、《名人传》作为传记的价值，但他终究还是偏向历史科学，他一边站在传记立场上认为用史源批判方法（Quellenforschung）研究《名人传》可能会徒劳无功，承认普鲁塔克的个人风格具有独特价值；[③] 但另一边他又站在史学立场上批判传记，认为古典传记没有察觉到历史人物的“差异性”和“性格的内在发展”，认为“心理学是一种哲学的、抽象的东西，而对历史的理解整体上归根结底是现实的”。[④] 维拉莫维茨独具慧眼，一语道破《名人传》“性格一致、

① Albrecht Dihle, *Studien zur griechischen Biographie*, Göttingen: Vandenhoeck & Ruprecht, 1956.

② Ibid., p. 33.

③ Barbara Scardigli ed., *Essay on Plutarch's Lives*, p. 68.

④ Ibid., pp. 69－70.

前后不变”的“实质主义”哲学特征,[①] 并从重视“个体性”与“发展性”的“历史主义”角度出发对其进行批评,[②] 从而在一个更为广阔的思想背景上把对《名人传》乃至全部古典传记的批评提升到了新的高度。

二

20世纪中期前后，西方《名人传》研究的氛围发生了变化：“史学研究”传统改变了对《名人传》的看法，逐渐转向肯定；“传记研究”传统发展了前者的积极成果，成为《名人传》研究的主流。

英国格拉斯哥大学希腊语教授阿诺德·戈姆（Arnold W. Gomme, 1886 - 1959）在《修昔底德历史评注》（1945）[③] 中对《名人传》的探讨标志着西方《名人传》研究重心的转向。戈姆继承并发展了维拉莫维茨在“史学研究”与“传记研究”两方面对《名人传》的分析，他一边承认“史学研究”传统，认为普鲁塔克不是一个“科学历史学家”,[④] 缺乏史料批判能力，无法建立正确的年代顺序，也无从理解历史的真实情况；[⑤] 另一边他又承认“传记研究”传统，认为普鲁塔克的目标不是追求真实的历史，而是“人物的真实性格”，所以他不是史学家，而是传记家。[⑥] 我们注意到，相较于维拉莫维茨，戈姆的观点重心已经从“史学研究”转向“传记研究”：他批评吉伦班德的“抄袭说”没有理解普鲁塔克的“天才和逻辑”，认为《名人传》是普鲁塔克在广泛阅读基础上独立创作的作品，并非抄袭之作；[⑦] 而魏茨泽克的“年代 - 主题说”则没能认识到描述德性是普鲁塔克一以贯之的目标，《名人传》中无论“年代”还是“主题”都为描述德性服务。[⑧] 戈姆在“史学研究”与“传记研究”两方面都愈发突出《名人传》的传记属性。

---

① 关于“实质主义”，参见〔英〕柯林武德《历史的观念》（增补版），何兆武、张文杰、陈新译，北京大学出版社，2010，第43～44页。

② 关于“历史主义”，参见黄进兴《历史主义与历史理论》，陕西师范大学出版社，2002，第6～7页。

③ A. W. Gomme, *A Historical Commentary on Thucydides*, Vol. I, Oxford: Clarendon Press, 1945.

④ Ibid., p. 84.

⑤ Ibid., pp. 58 - 59.

⑥ Ibid., pp. 54 - 55.

⑦ Ibid., pp. 81 - 2.

⑧ Ibid., p. 57.

同一时期德国古典学家康拉德·齐格勒（Konrat Ziegler，1884－1974）的《喀罗尼亚的普鲁塔克》（1949）[①] 是一本关于普鲁塔克的百科全书式专著，后来作为“普鲁塔克”词条加入《古典学专业百科全书》第21卷（1951）。齐格勒在书中全面系统地介绍了普鲁塔克的生平、著作和思想，他跟戈姆一样，认为《名人传》是普鲁塔克在广泛阅读古代作家著作基础上独立创作的作品，反映着作者本人的思想和方法，不同于寻章摘句地照搬照抄。[②]

20世纪中期以后“科学史学家”也改换了看待《名人传》的眼光。瑞典学者卡尔·特安德（Carl Theander）在长篇论文《普鲁塔克与历史》（1951）[③] 中就对《名人传》的史料可信性做出正面评价，认为普鲁塔克曾经四处游历，参观过大量历史古迹、雕像和纪念碑，记录了许多铭文刻字，这些无疑都是一手材料；普鲁塔克在引用前代历史学家著作的时候也并非毫无分析和批判，对于相互冲突的材料也会进行辨别、分析和求证，可以肯定《名人传》是普鲁塔克在广泛地直接阅读基础上进行的独立创作。

“史学研究”传统改变态度，承认《名人传》具有真实性，同时认识到普鲁塔克在传记方面的原创角色更为重要，与“传记研究”立场接近；而“传记研究”围绕“传记描述德性”的探讨也逐渐进入具体的案例分析阶段，“史学研究”在细节分析上的长处可以为其所用，两者互相借鉴，打开了《名人传》研究的新局面；研究重心转向“传记”一边，出现了新的“传记研究”方法。史塔特评价这一时期的变化说，传统的史源批判是“劳而无功的游戏，充满陷阱，注定失败”，[④] 五十年代之后研究者改变了方向，“关注作品本身的独特性……史源猎手的严格方法把作品切割得七零八碎，他们的方法被更为细致、更少破坏的方法取代，新方法旨在揭示普鲁塔克的精心设计和他对各个主题的精心建构”[⑤]。随着研究方法和态度的转变，普鲁塔克与《名人传》再次受到学术界重视，相关论著层出不

---

① Konrat Ziegler, *Plutarchos von Chaironeia*, Stuttgart－Waldsee: Alfred Druckenmüller Verlag, 1949.

② Ibid., pp. 277－291.

③ Carl Theander, “Plutarch und die Geschichte,” in *Bulletin de la Société Royale des Letters de Lund*, 1950－51, I, Lund: Gleerup, 1951, p. 86.

④ Philip A. Stadter, *A Commentary on Plutarch's Pericles*, Chapel Hill and London: The University of North Carolina Press, 1989, p. lii.

⑤ Philip A. Stadter, *Plutarch and The Historical Tradition*, London and New York: Routledge, 1992, p. 2.

穷，1987年世界范围内研究普鲁塔克著作的专门协会“普鲁塔克国际学会”（The International Plutarch Society，IPS）成立，把国际普鲁塔克与《名人传》研究推向了新的高潮。以下择要介绍20世纪中期以来西方《名人传》研究情况。

英国牛津大学古典学教授唐纳德·罗素（Donald A. Russell，1920－　）的论文《普鲁塔克的〈克里奥拉努斯传〉》（1963）[①] 是较早尝试新方法的作品之一，他认为《克里奥拉努斯传》的史料主要来自狄奥尼修《罗马古事纪》第四、第五章，普鲁塔克把狄奥尼修的历史叙事“转变”成了传记，转变成了一个关于克里奥拉努斯“愤怒”与“野心”的故事。[②] 转变的方法主要有四种：扩展、缩减、转换与重释，这四种写作方法都围绕着“展现性格”这一目标而展开。1966年罗素又发表论文《论阅读普鲁塔克的〈名人传〉》，[③] 强调不能用科学历史学解剖历史著作寻找“历史事实”的方式去“研究”《名人传》，应当在充分理解作者写作目标的前提下，通过“阅读”传记的行文编排，领会作者思想。罗素1972年出版的专著《普鲁塔克》[④] 在相关论述上基本继承了前两篇论文的思路，他的方法代表了英美此后三十年间《名人传》研究的方向。

汉密尔顿（J. R. Hamilton）的《普鲁塔克〈亚历山大传〉评注》（1969）[⑤] 是较早出现的《名人传》英文注释本，汉密尔顿注意从“传记研究”与“史学研究”两个方面分析《亚历山大传》文本，论述了普鲁塔克以各种主题和叙事建构亚历山大德性的多样化方法，并反驳戈姆“普鲁塔克无力批判史料”的观点，认为普鲁塔克有能力并且确实对史料进行了批判，《名人传》具有史学求真的成分。[⑥]

英国瑞丁大学古典学教授阿兰·沃德曼（AlanWardman）在1971年的论文《普鲁塔克的传记方法》[⑦] 中提出，普鲁塔克传记的写作目标是展现

---

① D. A. Russell, “Plutarch's Life of Coriolanus,” *The Journal of Roman Studies*, Vol. 53, Parts 1 and 2 (1963), pp. 21－28.

② Ibid., p. 22.

③ D. A. Russell, “On Reading Plutarch's ‘Lives’”, *Greece & Rome*, second series, Vol. 13, No. 2 (Oct., 1966), pp. 139－154.

④ D. A. Russell, *Plutarch*, London: Duckworth, 1973.

⑤ J. R. Hamilton, *Plutarch Alexander: A Commentary*, Oxford: The Clarendon Press, 1969.

⑥ Ibid., pp. xlxii－xlxiii.

⑦ A. E. Wardman, “Plutarch's Methods in the Lives,” *The Classical Quarterly*, New Series, Vol. 21, No. 1 (May, 1971), pp. 254－261.

人物的性格，所使用的手段就是普鲁塔克自己在《亚历山大传》1.2 中提出来的小事、言语与玩笑，这些“事实”对性格的体现作用是直接的。他后来在专著《普鲁塔克的〈名人传〉》（1974）[①] 中延续了这一观点，认为人物的性格与他们的历史意义“不能分离”，因此“普鲁塔克传记比他在《亚历山大传》1 中所说的更加接近于历史著作”。[②]

从 1979 年开始，罗素的学生、牛津大学钦定希腊语教授克里斯托弗·佩林（Christopher Pelling，1947 –　　）以《名人传》中罗马共和晚期人物传记为中心连续发表多篇论文。佩林继承了罗素“史料分析与传记方法互相配合”的研究路数，在《普鲁塔克罗马传记的写作方法》（1979）[③] 中提出普鲁塔克的八篇罗马共和晚期人物传记同出一个史料来源，可能是普鲁塔克搜集的关于这一时期历史的资料集；普鲁塔克根据这个资料集分别写作各篇传记，同时在传记写作过程中不断丰富这个资料集，所以这八篇传记的文本就表现出一种既相互联系又丰富程度前后不一的特点。佩林“同一史料来源”的观点可能来自维拉莫维茨。[④] 次年佩林又发表了《普鲁塔克对原始材料的改编》（1980），[⑤] 以前一篇论文的结论为基础，通过比较普鲁塔克在使用同一篇材料分别撰写八篇人物传记时表现出的差别，探讨普鲁塔克的传记写作方法：首先是简化法，包含事项合并、年代压缩、年代换置等；其次是扩充法，通常是对环境细节的虚构，或者是虚构上下文；再次是解释的差异法，由于各篇传记的写作目标和强调重点不一，所以对历史事件的解释也各不相同。佩林的方法是对罗素的细化和发展。

在 1990 年发表的《普鲁塔克传记的真实与虚构》[⑥] 中佩林确认了戈姆的观点，认为普鲁塔克的真实观念与历史科学不同，相较于“真实事实”

① A. E. Wardman, *Plutarch's Lives*, Berkeley and Los Angeles: University of California Press, 1974.

② Ibid., p. 3.

③ C. B. R. Pelling, "Plutarch's Method of Work in the Roman Lives," *The Journal of Hellenic Studies*, Vol. 99 (1979), pp. 74 – 96.

④ “共和晚期的罗马人物传记……似乎普鲁塔克对这一时期的材料来自一个庞大但无法确定其身份的史料来源……” cf. Barbara Scardigli ed., *Essay on Plutarch's Lives*, p. 59.

⑤ C. B. R. Pelling, "Plutarch's Adaptation of His Source – Material," *The Journal of Hellenic Studies*, Vol. 100, Centennary Issue (1980), pp. 127 – 140.

⑥ C. B. R. Pelling, "Truth and fiction in Plutarch's Lives," in D. A. Russell ed., *Antionine Literature*, Oxford: Oxford University Press, 1990, pp. 19 – 52.

更加重视人物的“真实性格”，并把普鲁塔克改编原始材料的技巧进一步归纳为四种：增加细节，打乱顺序，改变解释，修改事实。佩林认为普鲁塔克在改编材料的时候一方面是“牺牲真实”，另一方面又在“重构真实”，两者不能截然对立。

2002年佩林把自己过去三十年间与《名人传》相关的研究论文汇编成册，题名为《普鲁塔克与历史：十八论》[①] 出版，并于2012年再版。他并未就此停步，在2011年出版的注释本《普鲁塔克〈恺撒传〉》[②] 中佩林进一步把普鲁塔克的传记方法总结为六种：顺序改变、事项合并、年代压缩、行为换人、创造上下文、细节想象等，[③] 表现出学者进取不止的求索精神。

美国华盛顿大学圣路易斯分校古典学教授罗伯特·兰伯顿（Robert Lamberton，1943－）在专著《普鲁塔克》（2001）[④] 中把五十年代以后的新式“传记研究”方法反推回古代史研究领域，提出古代史学家与传记家区别不大，都在用一种“修辞”的方式写作，认为“修辞，尤其是关于赞颂和谴责的修辞，在很大程度上乃是古代历史写作的基础，它经常会弃我们所认为的事实于不顾”。[⑤] 可以认为，经过半世纪的发展，《名人传》研究中的“传记研究”转向又出现了更加前进的发展趋势。

英国华威大学古典学教授西蒙·斯维因（Simon Swain）自20世纪90年代初开始撰写多篇《名人传》相关论文，主要论述普鲁塔克传记中人物性格表现问题；他的长篇论文《普鲁塔克：偶然、天命与历史》[⑥] 探讨了普鲁塔克传记中德性之外的“偶然”与“天命”两种一般性观念，并把它与普鲁塔克本人的政治理想联系起来，非常富有启发性。

英国瑞丁大学希腊语教授蒂莫西·达夫（Timothy E. Duff）是21世纪较为活跃的《名人传》研究专家，自1996年以来发表《名人传》研究论文二十余篇。他在1999年出版的专著《普鲁塔克的〈名人传〉：善与恶的探索》系由博士论文改编而成，其中非常明确地以普鲁塔克写作中的“叙

① C. B. R. Pelling, *Plutarch and History: Eighteen Studies*, Swansea: Classical Press of Wales, 2011.

② Christopher Pelling, *Plutarch Caesar*, Oxford: Oxford University Press, 2011.

③ Ibid., pp. 56－7.

④ Robert Lamberton, *Plutarch*, New Haven and London: Yale University Press, 2001.

⑤ Ibid., p. 70.

⑥ Simon Swain, "Plutarch: Chance, Providence, and History," *The American Journal of Philology*, Vol. 110, No. 2 (Summer, 1989), pp. 272－302.

事建构”为研究目标。[①] 达夫在2011年发表的长篇论文《普鲁塔克传记的结构》[②] 中专门分析了“对比传记”的“卷书结构”，认为一卷“对比传记”中包含有序论、传记一、传记二、对比四个部分，每个部分也都有相应的内部结构；这篇论文厘清了长期以来学术界对普鲁塔克传记结构认识中的一些误区，对于从文本结构入手分析普鲁塔克的写作目标和修辞手法很有价值。

美国北卡罗来纳大学教会山分校古典学教授菲利普·史塔特（Philip A. Stadter，1936－ ）早在1965年就出版了专著《普鲁塔克的史学方法：〈妇女德性〉分析》，[③] 探讨了普鲁塔克《妇女德性》小书中的史学方法，他还在《普鲁塔克对伯里克利和费边的比较》（1975）[④] 中从“对比”的角度探究了普鲁塔克对两人共性的刻画；但是史塔特主要的《名人传》研究论著写成于90年代之后，并在2014年结集出版，题名为《普鲁塔克与他的罗马读者》，[⑤] 收入其中的论文大都围绕普鲁塔克著作与希腊罗马关系、罗马政治、普鲁塔克本人的政治意愿等方面的关系展开。史塔特的学生、威斯康星－麦迪逊大学古典学教授杰弗里·贝内克（Jeffrey Beneker）2012年出版的博士论文《狂热政治家：普鲁塔克〈名人传〉中的爱欲与政治》[⑥] 也从传记写作与哲学思想和政治背景的关系角度出发对《名人传》进行了探讨。

耶路撒冷希伯来大学古典学教授约瑟夫·盖戈（Joseph Geiger）曾在1985年出版的专著《考涅琉斯·奈波斯与罗马政治传记》[⑦] 中把古典传记分成两类：“政治传记”与“文学传记”，认为政治传记更加偏重事实，而文学传记中虚构成分更多。[⑧] 他在2014年为《普鲁塔克研究指南》撰写的

① 〔英〕达夫：《普鲁塔克的〈对比列传〉——探询德性与恶行》，万永奇译，华夏出版社，2017，第13页。

② Timothy E. Duff, "The Structure of the Plutarchan Book," *Classical Antiquity*, Vol. 30, No. 2 (October 2011), pp. 213－278.

③ Philip A. Stadter, *Plutarch's Historical Methods: An Analysis of the Mulierum Vitutes*, Cambridge: Havard University Press, 1965.

④ Philip A. Stadter, "Plutarch's Comparison of Pericles and Fabius Maximus," *Greek, Roman and Byzantine Studies*, 16 (1975), pp. 77－85.

⑤ Philip A. Stadter, *Plutarch and His Roman Readers*, Oxford: Oxford University Press, 2014.

⑥ Jeffrey Beneker, *The Passionate Statesman: Eros and Politics in Plutarch's Lives*, Oxford: Oxford University, 2012.

⑦ Joseph Geiger, *Cornelius Nepos and Ancient Political Biography*, Stuttgart: Franz Steiner, 1985.

⑧ Ibid., pp. 18－29.

专题论文《〈对比传记〉：普鲁塔克的传记概念》[①] 中相较于1985年的观点又进一步，提出普鲁塔克的《名人传》是在“实用”基础上对政治传记和文学传记的综合，他的道德目标对于理解《名人传》是不可或缺的。[②]

除以上综合性的研究专著和论文之外，20世纪50年代以来西方学术界还出版了许多普鲁塔克传记的注释性著作，除了上述汉密尔顿的《普鲁塔克〈亚历山大传〉评注》和佩林的《普鲁塔克〈恺撒传〉》外主要英文注释本还有：弗兰克·福斯特的《普鲁塔克的〈地米斯托克利传〉：史学评注》,[③] 佩林的《普鲁塔克的〈安东尼传〉》,[④] 菲利普·史塔特的《普鲁塔克〈伯利克里传〉评注》,[⑤] C. F. 康拉德的《普鲁塔克的〈塞多留传〉：史学评注》[⑥]，D. R. 希普利的《普鲁塔克的〈阿戈西劳斯传〉评注》,[⑦] 安德鲁·林托特的《普鲁塔克〈德摩斯梯尼—西塞罗传〉》[⑧]，等等。这些注释译本也都非常注意从史料来源和传记写法等方面对普鲁塔克传记进行分析。

此外，五十年代以后坚持“史学研究”传统的《名人传》和古典传记研究也不乏其书，但是在新的研究环境下出现了一些变化；有的与“传记研究”互为补充，如哈佛大学古典与历史学教授克里斯托弗·琼斯（Christopher P. Jones，1940－　）在《普鲁塔克著作年表》（1966）[⑨] 中使用分析考据方法论证了普鲁亚克著作的相对年代和前后顺序，为“传记研究”提供了有益的平台；他的专著《普鲁塔克与罗马》（1972）[⑩] 则从普鲁塔克著作出发，力图通过材料分析描绘普鲁塔克时代罗马帝国的面貌，

---

① Joseph Geiger, “The Project of the Parallel Lives: Plutarch's Conception of Biography,” in Mark Beck ed., *A Companion to Plutarch*, Chichester: Wiley Blackwell, 2014, pp. 292－303.

② Ibid., p. 296.

③ Frank J. Frost, *Plutarch's Themistocles: A Commentary*, Princeton: Princeton University press, 1980.

④ C. B. R. Pelling, *Plutarch Life of Antony*, Cambridge: Cambridge University Press, 1988.

⑤ Philip A. Stadter, *A Commentary on Plutarch's Pericles*, Chapel Hill and London: The University of North Carolina Press, 1989.

⑥ C. F. Konrad, *Plutarch's Sertorius: A Historical Commentary*, Chapel Hill and London: The University of North Carolina Press, 1994.

⑦ D. R. Shipley, *A Commentary on Plutarch's Life of Agesilaos*, Oxford: Clarendon Press, 1997

⑧ Andrew Lintott, *Plutarch Demosthenes and Cicero*, Oxford: Oxford University Press, 2013.

⑨ C. P. Jones, “Towards a Chronology of Plutarch's Works,” *The Journal of Roman Studies*, Vol. 56, Parts 1 and 2 (1966), pp. 61－74.

⑩ C. P. Jones, *Plutarch and Rome*, Oxford: Clarendon Press, 1971.

令人印象深刻。也有人固守传统的“史学研究”路数，反对“传记研究”，坚持用传统史学眼光看待传记，比如西方古典学名家、英国国王学院古典学教授阿纳尔多·莫米利亚诺（Arnaldo D. Momigliano，1908－1987）就在《希腊传记的发展》（1971）①中把传记定义为“对一个人从出生到死亡的一生的记叙”，并且这种记叙是“不加选择的”，②也就是不经过任何主观剪裁和编排的。如此一来莫米利亚诺的所谓“传记”就跟维拉莫维茨鄙夷有加的“生平”画上了等号，成了对人物生平事件的简单记录和汇集。莫米利亚诺把传记直接等同于传统“历史科学”，从他的观点出发，《名人传》不仅不是历史，而且也不是“传记”；他在书中把《名人传》这部希腊古典传记的集大成之作一笔带过，没有专门评论，可以想见他对《名人传》的态度。我们看到，莫米利亚诺试图用传统的“史学研究”方法，去探讨希腊传记的性质和发展等“传记研究”性质的问题，从他不得不把《名人传》排除在讨论范围之外这一点来看，他的尝试是不尽如人意的。

以上对19世纪至今西方《希腊罗马名人传》研究中“史学”与“传记”两种传统的线索分析旨在尽可能反映《名人传》研究发展趋向，以期有助于我们深入了解《名人传》、了解西方史学与传记研究的相关情况。

---

① Arnaldo Momigliano, *The Development of Greek Biography*, expanded edition, Cambridge: Havard University Press, 1993.

② Ibid., p. 11.

语境中的观念：迈克尔·本特利的历史叙事初探

张小忠
（江西师范大学历史系，江西南昌　330022）

摘　要： 作为政治史专家，迈克尔·本特利并未以编年方式撰述英国史学史，而是围绕史学现代性问题阐述辉格派史学向现代主义的转型。他重视史学叙事、思想脉络与政治情境间的关联，改造了“高端政治”派的理论与方法，积极回应历史解释的社会科学化，认为英国史学现代性植根于宏大叙事的“劝说”(persuasion)，主张传统认识论向历史“本真性”（authenticity）回归。他探讨史学史写作及理论反思、英国史学现代性、史学与政治关系等论题，借此构建语境中的历史叙事思想。本特利未建立一套系统的历史解释体系，但注重史学实践的理论反思，是一位兼容并蓄的现代主义史学家。

关键词： 辉格派史学　现代性　历史叙事　本真性　政治情境

美国史学史名家伊格尔斯（G. G. Iggers）指出，与欧美其他国家相比，英国现代化程度虽高，但史学职业化进程颇为滞后，史学的科学身份难以获得史家群体的共识。① 甚至英国被视为“毫无史学的地方”，这种悖谬现

---

① Georg. G. Iggers, "The Professionalization of Historical Studies and the Guiding Assumptions of Modern Historical Thought," Lloyd Kramer, Sarah Maza, eds. , *A Companion to Western Historcial Thought*, Blackwell Publishers, 2002, pp. 225 – 241.

象部分归咎于英国史家“较少关注自身学科的过去”，“对历史编纂学与历史哲学存在文化抗拒”。[①] 随着“档案革命”（archival revolution）的出现，大量官方纪录与私人收藏文献得以公开，英国史家借此契机修正了部分传统的历史解释，亦积极拓展新的研究领域，20 世纪 60 年代以来史学史的崛起则是明证。[②] 与此同时，社会科学理论与方法入侵史学领域，促使美国史家反思学科现代性问题。[③] 在史学理论方面，历史学的性质问题再次引发研究者的争议，旨在厘清实证主义传统及影响，并尝试构建英国现代史学的发展谱系。[④] 凯斯·詹京斯（Keith Jenkins）、艾伦·芒斯洛（Alun Munslow）则以后现代主义史学为主题撰述和编著了大量史论作品。[⑤] 随着全球史的发展，史家丹尼尔·沃尔夫（Danierl Woolf）召集了一批史学史研究者，主持编纂了五卷本的《牛津历史著作史》，[⑥] 其中收录了迈克尔·本特利（Michael Bentley）考察 1815 年以来英国史学发展的论文。此外，

---

① Peter Burke, ed. , *History and Historians in the Twentieth Century*, Oxford University Press, 2002, pp. 230 – 231.

② J. R. Hale, *The Evolution of British Historiography from Bacon to Namier* (1967)、J. W. Burrow, *A Liberal Descent: Victorican Historians and the English Past* (1981)、Joseph M. Levine, *Humanism and History: Origins of Modern English Historiography* (1985)、Christopher Parker, *The English Historical Tradition Since* 1850 (1990)、*The English Idea of History from Coleridge to Collingwood* (2000)、Reba Soffer, *Discipline and Power: the University, History, and the Making of an English Elite* (1994)、Walter L. Arnstein, ed. , *Recent Historians of Great Britain: Essays on the Post – 1945 Generation* (1990)。

③ Theodore S. Hamerow, *Reflections on History and Historian*, University of Wisconsin Press, 1987; Peter Novick, *That Noble Dream: The "Objectivity Question" and the American Historical Profession*, Cambridge University Press, 1988; Ernst Breisach, *American Progressive History: an Experiment in Modernization*, University of Chicago Press, 1993; Joyec Appleby, Lynn Hunt, *Telling the Truth About History*, W. W. Norton& Company, 1995; James M. Banner, *Being a Historian: an Introduction to the Professional World of History*, Cambridge University Press, 2012.

④ Christopher Parker, "English Historians and the Opposition to Positivism," *History and Theory*, Vol. 22, No. 2 (May, 1983), pp. 120 – 145.

⑤ Keith Jenkins, *Re – thinking History* (1991), *On "What is History?": From Carr and Elton to Rorty and White* (1995), *Why History? Ethics and Postmodernity* (1999), *Refiguring History: New Thoughts on an Old Dicipline* (2003); Alun Munslow, *Deconstructin History* (1997), *The New History* (2003), *A History of History* (2012)，等等；他们还共同编著了 *The Nature of History Reader* (2004)。

⑥ 沃尔夫认为，传统观点将史学史视为欧洲史的题材，为了挑战史学史的欧洲中心论及神学思想，他以编年方式“全球扫描”欧洲、非洲、美洲及亚洲等地域的史学状况，论题涉及广泛，是近年来集合众力撰述的一部全球史学史。Danierl Woolf, "Foreword", *The Oxford History of Historical Writing*, Oxford Universtiy Press, 2011, pp. ix – xii.

本特利还撰述了一部英国近百年（1870～1970）史学发展史的专著，述说了英国史学从浪漫主义到现代主义的历程，意图找到某种主导的叙事模式，引起了学者的诸多讨论。[①] 鉴于此，本文欲以本特利为考察对象，重点评析他对英国史学现代性、史学理论的反思，以及史学与政治实践之关系等问题的看法，据此理解其历史叙事思想。

一 生平与学术渊源

本特利1948年生于约克郡罗瑟勒姆，1969年毕业于谢菲尔德大学，获现代史与政治学硕士学位，其后，获得剑桥大学博士学位，早期执教谢菲尔德大学，后任圣安德鲁大学现代史教授，研究兴趣为19至20世纪英国政治史和欧洲史学史，尤其关注启蒙运动以来欧洲史学的历史比较。本特利的论著可分为两大类型：(1）政治史或政治思想史，主要包括《自由党的思想（1914～1929)》(1977)、《无民主的政治：英国政府的洞见与偏见（1815～1914)》(1984)、《自由政治的巅峰：英国自由主义的理论与实践（1868～1918)》(1987)、《索尔兹伯里勋爵的世界：英国维多利亚晚期的保守环境》(2001）等；(2）史学史及史学理论，主要包括《现代史学导论》(1999)、《英格兰过去的现代化：现代主义时代的英国史学》(2006)、《赫伯特·巴特菲尔德的生平与思想：历史、科学与圣灵》(2011）等。此外，本特利还编著了《公私教谕：莫里斯·考林的英国史

① Michael Bentley, *Modernizing England's Past: English Historiography in the Age of Modernism* (1870－1970), Cambridge University Press, 2005. 譬如，彼得·高希认为，此论著倘若未被推荐，但无论如何可视为本特利现代主义信仰的例证而受欢迎；研究路径遵从了“高端政治”的理论与方法，史学概念含糊，即便如此，该书表现了本特利思想的虔诚。Peter Ghosh, Review, “Modernizing England's Past: English Historiography in the Age of Modernism, 1870－1970”, *The English Historical Review*, Vol. 121, No. 494 (Dec., 2006), pp. 1509－1512. 彼得·斯塔斯基认为，该书虽然引证了大量论著、私信、档案等文献，是一部资料翔实的史学史作品；不过，该书鲜谈史学理论问题。Peter Stansky, Review, “Modernizing England's Past: English Historiography in the Age of Modernism (1870－1970)”, *The Journal of Interdisciplinary History*, Vol. 38, No. 3 (Winter, 2008), pp. 449－450. 同样，西蒙·古尼（Simon Gunn）指出，本特利虽然开拓了史学研究的重要领域，但现代主义的定义却异常含糊，较少关注现代主义的文化维度或学者的理论争议，社会史与马克思主义史学被轻描淡写地对待。Simon Gunn, Review, “Modernizing England's Past: English Historiography in the Age of Modernism (1870－1970),” *Journal of British Studies*, Vol. 46, No. 4 (Oct, 2007), pp. 990－992.

论集》(1993)、《历史研究手册》(1997) 等作品。

与之相应的是，本特利的史学思想渊源也分为两大类：在政治史方面，本特利深受考林（Maurice Cowling）、埃尔顿（G. R. Elton）等人的影响，作品倾向结构分析，叙事成分较少，重视政治组织的结构与制度要素，力求构建情境中的政治行为。本特利在考林指导下完成了第一部政治史论著《自由党的思想（1914～1929）》，该书秉承了20世纪60至70年代“高端政治”的理论与方法，[①] 阐述了自由党人由思想框架与政治活动编织的政治世界。由于考林、库克（A. B. Cooke）、文森特（J. R. Vincent）、安德鲁·琼斯（Andrew Jones）与克拉克（Jonathan Clark）等人治学旨趣趋近一致，史学界称其为“高端政治”派，[②] 此学派较重视少数政治精英或政治决策者，主张政治乃是行动的结构系统，而非随机个体之间的关系；政治决策亦非取决于意识形态原则，更多是基于政治利益，议会是阶级博弈的工具。在文献资料方面，该学派重视私人书信、备忘录及日记等。另外，此学派拒斥自下而上式的研究路径，认为史家仅仅研究底层民众的志趣，不可能理解高层人物的行为。在史学理论与方法方面，本特利深受社会科学理论与英国观念派历史哲学的影响，注重历史比较法，年鉴学派、历史叙事理论、巴特菲尔德（H. Butterfield）的历史伦理观和大卫·卡尔（David Carr）的时间现象学成为其倚重的思想资源。

二 史学史写作及理论反思

与普通撰史不同，本特利认为史学史写作遵循一套自我解说规则，不是对实际发生的过去做叙事性解释，而是阐明这种“解释”如何随时间发生变化。显然，史学史关注的是史家、史著和史学思想，兼有“历史编纂学”（Historiography）与“文献学”（Bibliography）的特征。为了讲述史学

---

① 克勒格尔（Don M. Cregier）认为，本特利是英国“高端政治派”（High Politics School）政治史专家，该派由剑桥大学考林创立，纳米尔是他们的教父。《自由党的思想》使用这项技巧有效地表明20世纪20年代自由党领袖的决策如何适得其反。Don M. Cregier, Review, “The Climax of Liberal Politics: British Liberalism in Theory and Practice, 1868－1918”, *Albion: A Quarterly Journal Concerned with British Studies*, Vol. 20, No. 3 (Autumn, 1996), pp. 504－505.

② Richard Brent, “Butterfield's Tories: ‘High Politics’ and the Writing of Modern British Politcial History,” *The Historcial Journal*, Vol. 30, No. 4 (Dec., 1987), pp. 943－954.

流变的故事，研究者需考虑史家修纂的过程，阐释其历史思想；为了获得确凿可信的资料，文本考证不可或缺，可以说是叙事与解释的结合。此外，史学史研究还需辨识“事件”与“事实”、“叙事”与“表现”等核心概念，探讨历史写作的适宜方法，这类研究活动不仅让从业者获得技艺、理性及自我意识，而且展示了多重的历史叙事，史学现代性的内涵得以丰富。①

在本特利看来，历史编纂并非止于订正过往史家著述的讹误，亦非为取悦读者而树碑立传，而是考察“在流变的思想与政治气候下如何研究历史著述”并激励学生“超越自身时代或论题，与思想表述的其他形式建立关联，深入勘察历史写作的发展状况”。② 换言之，“历史编纂学”不像“文献学”那般以编年顺序表述史学主题，更非把“历史研究视为一种消极的描述行为”，而是“一种召唤式的创造活动，旨在表明某个时期和某种文化情形下历史写作何以出现”，并“从那些主题或概述的视角来构建一系列叙事而非唯一的叙事”。③ 由此，他认为史学史的任务“并非对某个著者或某种学派做创造式的阅读或阐释；而是藉由某种综合记述来探询新颖的观点，从而找到关联性与可比较点，又不必担心超越历史主题之外去解释史家所思所为。与其说寻求叙事的深度，倒不如说追求叙事的宽度与圆通，藉此清晰阐述其发展过程”④。质言之，史学史研究不可能止步于提供“某种综合记述”，还需剖析史家、史著及学派之间的因果关系。就此而言，史学史是“历史编纂学”的重要组成部分，也是区分“文献学”的重要理据。此外，“历史编纂学”与“文献学”之所以关系暧昧，部分源于史家未能区分“事实”与“事件”的差异。本特利认为，现代主义如果回到过去是某种观察对象的意义上，那么历史思想将难以区分关键的方法论，并可能混淆现在与过去的界限，史家则被沦为某种颇具自信的时光旅客，但研究并未揭示这种自信。这就意味着史家一旦将自身定位于准确的观察者和事实的记录者，那么历史编纂学退居幕后，文献学则步入前台。由此，史学史绝不是文学批评的分支，而是阐释历史知识本质的一门学科，“史学史拥有一套独立的科学工序，研究者将超越文本去洞察既定故

① Michael Bentley, *Modern Historiography: An Introduction*, London: Routledge, 1999, p. 1.

② Michael Bentley, ed., *Companion to Historiography*, Routledge, 1997, p. ix.

③ Michael Bentley, *Modernizing England's Past: English Historiography in the Age of Modernism (1870 - 1970)*, p. 12.

④ Michael Bentley, *Modern Historiography: An Introduction*, p. vii.

事与制度、政府决策与教学主体，以及人类协作的成果。科学之所以关键源于这是一个科学的时代，无论从学科规制的变化抑或学科消长的特性来看，史学史与科学史的情形非常相似”。[①]

显然，本特利不把史学史研究对象看成可观察的事件，而是蕴含历史思想的事实。本特利这种看法颇似柯林武德倡导的历史学是心灵知识的观点。[②] 后者认为历史事件绝不是“单纯的现象”“单纯被人观赏的景观”，历史学家要“看透它们，以便识别其中的思想”。[③] 有所不同的是，柯林武德指出史学史研究旨在帮助研究者解决自身历史问题，借由复活过去的方案获得新的思想养分、确立某项研究的价值。[④] 由此，作为第二级的历史，史学史构成了历史研究的先决条件，是“历史学家思想自传”，“历史学家的意识”。[⑤] 故布歇（David Boucher）认为，史学史研究要理解历史表述或历史解释的逻辑，揭示历史研究所仰赖的基本假设或原理，“史学史旨在考虑史家能力范围内已从事的历史”[⑥]。显然，这种以史家为中心的撰述

---

① Michael Bentley, *The Life and Thought of Herbert Butterfield: History, Science and God*, Cambridge University Press, 2011, p. 304.

② 芮芭·索弗（Reba N. Soffer）指出，“二战”后英国史学存在一种有趣现象，新生代保守主义史家（譬如迈克尔·本特利、菲利普·威廉森）多受教于彼得豪斯（Peterhouse），他们恪守“高端政治”派的治学理念与方法，批评左派史家过多强调普通人、性别与话语的社会、经济及文化意涵，坚信这类研究形塑了当下及未来政策的务实评价；颇具反讽的是，这些保守主义史家却对左派政治和意识形态构建的政治世界置若罔闻。由此，索弗亦将出自彼得豪斯的“高端政治”学派部分成员称作“彼得豪斯史学派”。参见 Reba N. Soffer, *History, Historians and Conservatism in Britain and America: the Great War to Thatcher and Reagan*, Oxford University Press, 2009, p. 301. 不过，大卫·克雷格（David M. Crag）认为，两个学派存在方法论分歧，后者代表了一种“新政治史”的书写范式，“彼得豪斯史学派”与柯林武德、奥克肖特（M. Oakeshott）、马克·贝娄（Mark Bevir）之间存在更多的思想亲缘关系。参见 David M. Craig, “‘High Politics’ and the ‘New Political History’,” *The Historical Journal*, Vol. 53, No. 2 (June 2010), pp. 453 – 475. 同样，本特利则批评索弗用“激进的”、“保守主义”等术语任意概述英国史学，未免有失欠妥，因为单一的政治话语不足以展示像巴特菲尔德那般史家思想的复杂性；“与其说大多数英国史家维系保守主义传统，毋宁说恪守自由主义传统”。参见 Michael Bentley, Review. , “History, Historians and Conservatism in Britain and America: the Great War to Thatcher and Reagan,” *The English Historical Review*, Vol. 125, No. 514 (June 2010), pp. 784 – 785.

③ 柯林武德：《历史的观念》（增补版），何兆武、张文杰、陈新译，北京大学出版社，2010，第 212 页。

④ 柯林武德：《历史的观念》（增补版），第 374 页。

⑤ 柯林武德：《历史的观念》（增补版），第 448 页。

⑥ David Boucher, *Texts in Context: Revisionist Methods for Studying the History of Ideas*, Martinus Nijhoff Publishers, 1985, p. 10.

模式遭到约翰·布罗（John Burrow）的拒斥，后者抛弃了一种贫乏且狭隘的历史写作策略，反对“以20世纪专业共识为终点来建立一套史学史大叙事”，这种以现在为终点的宏大叙事遮蔽了历史写作中有趣且颇具启发性的问题。在布罗看来，史学史“不会也不该只是史家成就与优缺点的记录，也不是史家所属学派与传统的记载”，而是一种了解过去的有效方式，属于西方文化整体。由此，研究者要关注“史学史在广泛文化中的位置，文化与政治对它的影响，以及史学史如何培养、转变与传达文化与政治力量”①。质言之，布罗强调了史学的政治和文化功能，坚持史学史写作应置入欧洲的文化脉络内，据此揭橥史家的自我认同与文化记忆功能。

综合上述史家观点可知，在史学史性质方面，本特利与布罗虽然存在分歧，但他们都强调了史学史相同的社会功能，彰显了方法论的一致性。与布歇和柯林武德不同的是，本特利侧重从学科建制方面考察史学史研究的特点，凸显历史编纂学与文献学在研究对象、内容、性质及功能价值方面的区分。当然，历史编纂学不可能概括史学史研究的全貌，本特利还进一步反思了史学史学科的理论基础。

整体说来，本特利并未构建系统的史学理论，亦未展示史论家锐利的批评眼光，但他对各种理论门派持有兼容并蓄的胸怀，重视史学理论的实践基础及价值。在本特利看来，历史叙事离不开时间的形而上学思考，时间的“诗性洞察”为世人沉思历史性存在提供了先导。由此，本特利建议史学家接受基于时间意识的本真性，这种历史的本真性既不与鼓噪真理不可获得的后现代主义为伍，也不退回到恪守幼稚实在论的实证主义；而是赞同某种融叙事与想象为一体的“修辞的本真性”（persuasive authenticity），这就要求叙事文本尽可能贴近所描述的复杂变化，却无须向巴特（R. Barthes）或德里达（J. Derrida）借用神秘虚构的方式来“表现”世界。② 显然，在本特利看来，“叙事”（narrative）与“表现”（representation）在探询真理方面存在分歧：前者与档案证据及其阐释原则相关联，坚信历史认识的价值；后者坚信历史真实是由话语权力与意识形态构筑的幻象，审美或伦理占据了首要位置。相应的是，本特利区分了“诗学的”

---

① 约翰·布罗：《历史的历史：从远古到20世纪的历史书写》，黄煜文译，广西师范大学出版社，2012，第10页。

② Michael Bentley, *Modern Historiography: An Introduction*, pp. 159 - 160.

(poetic)和“阐释的”(expository)两种历史叙事真理。此外，本特利认为“修辞的本真性”存在浪漫主义叙事的思想源头。哈多克(B. A. Haddock)指出浪漫主义并非怀乡崇古的情感宣泄，而是多元文化观与历史技艺的整合，鼓励了政治辩论使用历史证据；即便如此，英国浪漫主义史学“始终没有与细致地改进历史方法结合起来”。[①] 就其积极意义而言，浪漫主义史家“试图超越扁平化的世界、长篇大论的报道，据此制作富含创造性、鲜活的和逆转价值无涉的历史”，[②] “浪漫主义史学的工具便是叙事，诉诸想象并克服以编年顺序来组织事件”，[③] “只有具备娴熟的文学才干的叙事才可能描述自由的真理，才可能将民族凝聚成一代人所向往所描画的新形式。此外，在述及过程或任何事情时，叙事具有某种解释的价值”。[④] 显然，本特利所理解的叙事是卡莱尔倡导的人类经验的集体传记，是一种人类自我理解的方式。从此意义上讲，“修辞的本真性”类似于大卫·卡尔倡导的叙事本体论。卡尔认为，“历史，以及讲述真理的其他形式或非虚构的叙事，譬如传记与自传，它们关注的是人类的现实世界，叙事之所以正当，是因为叙事结构已寓存于人类的现实世界”。[⑤] 由此，“作为本体论的观念，叙事不仅具有历史知识的特征，而且是它的对象。易言之，历史现实或人类自身的事迹(*res gestae*)”。[⑥] 显然，“叙事本体论”是建立在反思历史意识的基础上，作为历史性存在的人，时间意识在某种意义上等同于历史意识，由此，“修辞的本真性”要求对时间进行重新赋义，塑造一种新的时间观；这也意味着“修辞的本真性”与“叙事本体论”在时间现象的层面上趋近一致。

2006年，《历史与理论》刊发了一篇“重访历史本体论”的文章，本特利不仅检视了传统史论与方法的缺失，而且吐露了构建绵延、本真性、长时段等史学观念的抱负，可看作其治史理论的典型概括。本特利从“时间范型”(chronotype)的角度指出，传统史学不宜嫁接到现代科学，因为历史学难以接受时间空间化及价值中立的理论假设，过往30年历史认识论

---

① 哈多克：《历史思想导论》，王加丰译，华夏出版社，1989，第131～132页。

② Michael Bentley, *Modern Historiography: An Introduction*, p. 26.

③ Ibid., p. 27.

④ Ibid., p. 28.

⑤ David Carr, *Experience and History: Phenomenological Perspectives on the Historical World*, Oxford Universitiy Press, p. 209.

⑥ Ibid., p. 230.

的基础有必要修正；历史研究召唤一种延续的非固定化的“过去的在场”，从传统的认识论转向“本真性”（authenticity）在场论，这种“本真性”并非历史批评层面的真理宣称，而是包含时间本义、想象存在、有关过去决断与解释的限制等内涵。这就意味着基于事件史且不可逆的“编年的过去”（chronological past）成了亟须解决的问题，而超编年的时间需把分析、想象与理解的结构要素囊括在内，形成某种“时间情境”并过渡到荒诞的、持存到后来当下的“实质的过去”（substantive past），赋予时间新的内容及意义。这种新时间观为史学家寻求缺席的“过去的在场”提供了方法论理据，摈弃了“时代错置”（anachronism）的消极观念并接纳一种“长时段”（*chronism*）的积极观念，让过去呈现自身并建立以绵延为论题的历史解释逻辑，诉诸历史比较的结构分析。[①] 显然，本特利坚信由叙事构造的历史文本并不意味着真理的断裂，也不因历史想象丧失历史认知价值；相反，史学家援引证据讲述实际的过去，历史方法在某种程度上确保了史家能获得真理。

三 英国史学的现代性反思

一般而言，英国史学现代性可追溯到苏格兰启蒙时代。为了理解1603年的历史剧变，休谟、威廉·罗伯森、斯密等人探讨了社会、政治、经济问题，借此汲取历史教训。[②] 知识精英开始认真思考史学研究的任务、价值及性质等问题。19世纪下半叶，英国史学获得长足发展：1886年《英国历史评论》创刊，1871年取消了入学的宗教限制，高等教育有所改善，牛津与剑桥历史学派孕育而生，历史学科步入了职业化进程。一战前，英国史学无论组织机构，抑或研究学派及主题都有较大改观，但实证研究仍占据主导地位，史学理论与方法较少引起史家关注。究其根由，本特利归纳了下列要素：英国史学规范没受当时激进的影响广泛的经济史的挑战；颇具雄心的人物未能撼动职业史家的文化权威；社会科学并未像法国那般入侵人类研究领域；从业者难以获取研究基金的支持；英国史学的早熟使历史写作成了展示优秀史家个人事业的手段；这种史学遗产否弃了研究者

① Michael Bentley, "Past and 'Presence': Revisiting Historical Ontology," *History and Theory*, Vol. 45, No. 3 (Oct., 2006), pp. 349-361.

② 亚历山大·布罗迪编《苏格兰启蒙运动》，贾宁译，浙江大学出版社，2010，第248页。

关注史学方法论的必要性。①

在办刊方针与选题方面，英国的史学期刊也呈现缓慢发展的过程，保守思想贯穿其间。马克·高蒂（Mark Goldie）利用数据库研究了《历史杂志》50年的发展史，指出1958年是英国史学的分水岭。在此之前，英国史学尽管出现新景象：马克思主义史学发展到高潮，年鉴学派的影响如日中天，历史学与人类学、社会学之关系亲如手足，农业史、土地社会史、城市史、计量经济与人口史、性别史等分支学科纷纷出现，可是《剑桥历史杂志》仍仅限于自身小圈子，办刊理念与上述史学现象存在隔阂。其后，《剑桥历史杂志》更名为《历史杂志》并定位为大众期刊，论文选题趋向多元化，但由于冷战思维的影响，像《历史杂志》一样的刊物未能显示应有的社会反响。直到1978年，《历史杂志》才声称刊登史学研究的各类论文，政治研究、外交政策、政治思想或思想史等论题出现式微迹象，社会、宗教、帝国等话题呈上升趋势。另外，研究时段偏重于当下，域外研究集中于法、美、德等国家。② 显然，《历史杂志》的发展史见证了英国现代主义史学发展的现状。同样，创刊50年的《过去与现在》也回顾了自身发展历程，在坚持办刊方针不变的理念下，主张选题的多样性，社会史日渐为文化史所替代，世界史越来越受关注，激进的多元世界回归到以社会经济与政治变迁为主导的元叙事。③

另外，高等教育制度的改革无疑改变了英国史学研究的生态，史学现代性呈现出二律背反的现象。1963年英国颁布了《罗宾斯报告》，该份报告旨在推行高等教育的扩招计划，不同社会阶层的年轻人有机会挤入大学或科研机构、过一种较为体面的生活，这种向上的阶层流动激励了年轻人从事史学研究并推动了学科的创新发展。由此，大卫·康纳丁（David Cannadine）指出，20世纪40～70年代被誉为英国职业史学的黄金时代，史学成为稳固的学术工业，教职评聘急剧增加，《经济史评论》内容扩版，《过去与现在》挖掘了新的研究论题；不过，随着福利制度的调整和学生

① Michael Bentley, "Shape and Pattern in British Historcial Writing (1815 - 1945)," Stuart Macintyre, Juna Maiguashca, Attial Pók, eds., *The Oxford History of Historical Writing* (1800 - 1945), Oxford University Press, 2011, pp. 204 - 223.

② Mark Goldie, "Fifty Years of the 'Historical Journal'," *The Historical Journal*, Vol. 51, No. 4 (Dec., 2008), pp. 821 - 855.

③ Lyndal Roper and Chris Wickham, "Past and Present after Fifty Years," *Past & Present*, No. 176 (Aug., 2002), pp. 3 - 6.

人数的锐减，英国史学陷入了某种困境：职业化进程放慢、学科碎片化加剧、史学社会致用及公共形象严重受损。[①] 诚然，英国社会变迁影响了历史学的发展趋向，但本特利更希望构建一种阐释“辉格史学”向“现代主义史学”转型的叙事模式。由此，他认为英国史学现代性植根于宏大叙事的“劝说”（persuasion），渗入了辉格派和现代主义史家“诸多特质、性情禀赋、假说与激情的融合”。[②]

为了阐释英国史学的形态与模式，本特利借鉴了托马斯·库恩（T. Kuhn）的“范式转换”理论，认为英国史学职业的发展存在类似科学革命的结构，史学的不同阶段呈现为范式确立、反常、危机直至革命的情形。在库恩看来，处于危机的范式具有诸多潜在相互竞争的替代者，在转变期间，新旧范式在解决问题方面存在交集却不完全重叠，解谜的模式也存在差异；但“当转变完成时，专业的视野、方法和目标都将改变”[③] 本特利基于史学研究实践，指出新旧范式的转换过于激进，这种不可通约性难以解释辉格派史学向现代主义史学的转型。诚然，本特利将英国史学职业历程分为三阶段：浪漫主义与辉格阶段（1815～1870）、科学与帝国阶段（1870～1914）和战争与现代主义阶段（1914～1945），各个阶段似有“范式转换”的特征；不过，他对库恩的理论仍持保留的态度。本特利认为“辉格传统并未终结，因为它们的部分元素在 20 世纪最后几年将浴火重生”。[④] 其后，本特利将英国史学现代主义延伸到 1970 年，考察了英国战后社会政治变迁如何影响英国史学的发展，论述了剑桥学派与英国左派史家之间关于社会政治史的争论，评述了各派对社会转型要素的不同理解。此外，本特利还分析了撒切尔时代民族主义史学与国家认同危机等论题，“确定性的追求”的争议引发了史学观念的变革，人类学研究的新视

---

① 康纳丁指出，大学聘用教职数在 1900 年是 30 人、一战前为 200 人、1939 年不足 390 人，然到 1960 年上升至 1300 名全职教师、1970 年已达到 1700 人。David Cannadine, “British History: Past, Present—and Future?” *Past & Present*, No. 116 (Aug., 1987), pp. 169 - 191.

② Michael Bentley, *Modernizing England's Past: English Historiography in the Age of Modernism (1870 - 1970)*, p. 10.

③ 托马斯·库恩：《科学革命的结构》，金吾伦、胡新和译，北京大学出版社，2003，第 78 页。

④ Michael Bentley, *Modernizing England's Past: English Historiography in the Age of Modernism (1870 - 1970)*, p. 225.

角冲击了传统史学范式；故他建议英国史家宜面向公众，注重方法论反思。[①] 譬如，1964 年，莱斯特大学创立了地方史研究中心，《地方史学家》期刊随之诞生，政府出资刊印文献书籍，垄断组织也设立基金撰述历史。[②] 由此，拉蒂斯（J. A. Raftis）称地方史崛起为“英国史学去中心化”现象。[③] 随着解构思潮的深入，英国史学的研究重点、目标和方法出现了新变化，本特利将这一变化简单描述为，“1960 年大部分现代主义元素在英国史学中仍占据着主导，1970 年它们遭到挑战，而到 1980 年我们不再以正在思考的方式来支持现代主义的事业，某些事情已经改变甚至完全改变，没有什么事情比后现代主义的到来更显得陈腐不堪，而且往往毫无意义，它没法同样或同等程度上影响所有的现代主义者”。[④] 颇具兴味的是，20 世纪 80 年代后英国史学显示出新景象，史家正在争议四组论题，即“语言与后结构主义”，“文本性与叙事”，“妇女史的女权主义解读”，以及“新文化史”。

不过，后现代处境下的史学却存在某种撕裂：一方面职业史家纵然拓展了新的研究领域，但他们却恪守传统的治史理念与方法；另一方面新史家疲于应付史论战场，现代主义史学基础仍坚不可摧，终因过激的理论逻辑而背离了初衷。故本特利指出，“历史写作的传统模式仍在继续，即便学术圈外进行了缓慢变革，但怀揣现代主义乌托邦梦想的圈内人却极少赞同这些趋势”。[⑤] 后现代处境下英国史学引发了詹京斯的理论反思，“后现代性正是我们的处境：它是我们的命运（fate）”，“我们所处的社会形态，并没有为我们的信仰或行动的本体论、认识论，或伦理学之立场，提供任何合法性，以俾能超越终极自我参照（修辞的）交谈之处境”，[⑥] 詹京斯的言论尽管恳切，但并未说服本特利，后者亦没像帕克·乔伊斯（Patrick

① Michael Bentley, “British Historical Writing”, Axel Schneider, Daniel Woolf, eds., *The Oxford History of Historical Writing: 1945 to the Present*, Oxford University Press, 2011, pp. 219 - 310.

② 加尔金：《欧美近代现代史学史》（下卷），董进泉译，安徽教育出版社，1986，第 254 ~ 255 页。

③ J. A. Raftis “British Historiography Decentralizes,” *Journal of British Studies*, Vol. 9, No. 1 (Nov., 1969), pp. 143 - 151.

④ Michael Bentley, *Modernizing England's Past: English Historiography in the Age of Modernism (1870 - 1970)*, Cambridge University Press, 2006, p. 220.

⑤ Ibid., p. 139.

⑥ Keith Jenkins, *On "What is History?": From Carr and Elton to Rorty and White*, Routledge, 1995, pp. 6 - 7.

Joyce）那般史家欣然拥抱后现代主义观念，[①] 而是持审慎批评的立场并坚信后现代主义未能成功替换现代主义，甚至认为“后现代主义是一种私密化且不受欢迎的观念”[②]。他认为，“只要史家为抗拒理论问题感到特有的自信，现代主义观念的实用性仍将保持其十足吸引力，修正的现代主义观念在某种程度上依然兴盛不竭”[③]。显然，本特利与詹京斯之间的分歧立场诠释了“二战”后英国史学发展的状况。

在英国现代史学起源问题上，本特利并不像约翰·沃伦（John Warren）那般过分强调德国历史主义的域外影响。后者认为 1840 至 1950 年的英国史学主要遵循了兰克传统，并构建了从阿克顿、斯塔布斯（W. Stubbs）到纳米尔（L. Namier）、巴特菲尔德的谱系。沃伦指出，兰克传统成了英国治史的神圣律条或史学道统，“被视为一种正确且职业化的历史书写范式”，“在 20 世纪末至 21 世纪初，兰克传统被当作一种抗击来自方法论与认识论侵蚀史学的利器”。[④] 事实上，本特利并不否认兰克对早期辉格派史家的影响，譬如斯塔布斯、弗里曼（E. Freeman）、盖登纳（S. R. Gardiner）、弗鲁德（J. A. Froude）、西利（J. R. Seeley）等人自许为“浪漫辉格派的批判者而非信徒”，强调学术源于“德国而非他们本国”，[⑤] 甚至赞誉兰克为“方法论之父”，是“现代最具自我意识的历史书写者”；不过，兰克的治史主张却遭人误解且忽视了与“浪漫主义史学”的亲缘关系。[⑥] 质言之，本特利在此想挖掘英国本土浪漫主义史学的贡献，重申麦考莱、卡莱尔的传统叙事史。兰克传统的影响虽在，但英国史学却“走出了自己的路”，“辉格派”的历史叙事作品则是例证。除了褒奖本土史学之外，本特利也关注辉格派史学现代转型过程中的制度建设，强调期刊、学

---

① 在检视史家有关维多利亚时代的叙事时，本特利指出“语言转向”带给史学研究的冲击，叙事路径由结构转向后结构，这种路径挑明了文化的政治意涵，但需警惕后结构裹挟的亚文化和表面的非连续性，尤其单薄的历史叙事易营造丰富的幻觉和想象的语境。Michael Bentley, “Victorian Politcis and the Linguistic Turn,” *The Historical Jouranl*, Vol. 42, No. 3 (Sep, 1999), pp. 883 - 902.

② Michael Bentley, *Modernizing England's Past: English Historiography in the Age of Modernism (1870 - 1970)*, p. 228.

③ Ibid., p. 220.

④ Stefan Berger, Heiko Feldner, Kevin Passmor, *Writing History: Theory & Parctice*, Oxford University Press, 2003, p. 38.

⑤ Michael Bentley, *Modernizing England's Past: English Historiography in the Age of Modernism (1870 - 1970)*, p. 23.

⑥ Michael Bentley, *Modern Historiography: An Introduction*, pp. 39 - 40.

派、档案文献、治史方法、课程设置等要素。由此，他高度评价了波拉德（A. Pollard）创立的历史研究新标准和历史研究协会，褒奖图特（T. F. Tout）创建的曼切斯特学派，并强调后者对辉格派史学的改造之功。①

在本特利看来，18 世纪的英国研究为辉格派史学的现代转型提供了契机，并形成了以纳米尔与巴特菲尔德为代表的两大学派：前者包括 Romney Sedgwick 、Lucy Sutherland、Ian Christie、John Cannon、Jonathan Clark 等；后者为 Johan Elliott、John Pocock、Frank O' Gorman 等人。在理论与方法问题上，巴特菲尔德不满足事件的静态结构分析，而是偏好叙述跨时段的发展与变迁的故事，反思了史家如何看待文献档案及其局限性的问题。就历史观而言，巴特菲尔德构建了历史、科学与圣灵三维史观，坚持从“技术史”向伦理“价值论”转变。② 纳米尔则认为英国政治国家的研究是“非－欧几里得几何系统”思想的运用，史家分析资料时，概念或行话能提供“想象的上层建筑”，直线叙事则易造成误解，这也要求议会政治的研究者“对观念和心灵习惯做出基础性调整”；“在揭示重大差异方面，概括性解释或许为人理解，但不可能被完全接受。在有把握说出或确信理解它的语言之前，史家不得不将自身沉浸在某个时代的政治生活中”。③ 由此，纳米尔在分析政治结构时非常重视书信、日记、账册等文献资料，大量图表、数据、传记被用来处理政治问题。不过，他们或多或少亦卷入了20 世纪史学研究的意识形态问题，政治史争议抑或史家任务的言论回应了本特利如下结论：18 世纪英国研究充当了一种政治教育的方式，旨在塑造国家认同和史家应具备何种品格及应有的素养。④ 本特利尽管遵循了 20 世纪 60 至 70 年代史学社会化的理论，并力求捍卫和重塑历史学职业伦理规范；不过，威廉·斯塔弗德则批评了本特利忽略经济史，未讨论农业、工业革命及生活标准等论题，也较少关注英国“历史工作坊”运动，甚少涉

① Michael Bentley, *Modernizing England' s Past: English Historiography in the Age of Modernism* (1870 – 1970), pp. 204 – 205.

② Michael Bentley, "Herbert Butterfield and the Ethics of Historiography", *History and Theory*, Vol. 44, No. 1 (Feb., 2005), pp. 55 – 71.

③ Lewis Namier, The *Structure of Politics: At the Accession of George III*, The MaCmillam Press, 1957, pp. x – xi.

④ Michael Bentley, *Modernizing England' s Past: English Historiography in the Age of Modernism* (1870 – 1970), pp. 166 – 168.

及“自下而上”的现代史学，以及同印度、拉美地区相关的“庶民历史”。[①]

四 史学与政治的互动关系

上文述及，本特利早年治政治史研究崇尚“高端政治”路径，论题集中于政治行为与公共政策、政党组织、政治精英、观念与政治关系等，解释政治事件仰赖于历史社会学或选举学模型；这种路径实际上否认了事件与观念的唯一性，多元的阐释模式受到欢迎。20 世纪 80 年代后，本特利的作品稍微偏离了高端政治的方法，转向了历史传记叙事，用高希的话说：“本特利博士意识到高端政治的叙事倾向易‘堕落成某种系列’或‘另一种遭人责骂的事’，他的回应是每章小节部分引入传统的结构因素。如此，这些部分势必严重消融高端政治的方法。”[②] 尽管如此，本特利依然重视叙述政治精英的活动，强调政治事件的修辞特性，致力于剖析由档案、演讲、书信、日记等文献构筑的政治观念，进而展示事件与思想的连续性，这就要求将史学话语置入政治结构的情境中。譬如，在叙述现代主义史学时，本特利的历史叙事往往结合了拿破仑战争、欧洲革命、两次世界大战、大英帝国衰微、去殖民化运动、英国民族分离运动等重大政治事件，借此凸显史学的社会政治情境。

本特利上述思想的转变受到 20 世纪欧洲思想史研究范式变化的影响，尤其与 60 年代以来政治思想史家关于“方法论批判”相关联。丹尼尔·沃尔夫指出，1945 年欧洲思想史研究出现了方法论转向，思想史家之前只关注“伟人文本”，较少考虑他们的生活，更少讨论外部的社会与政治语境。这种路径存在如下缺失：思想体系的虚假融贯性被给予了个别思想家，构建了想象的思想谱系，特定文本而非观念被作为核心的研究主题。其后，洛夫乔伊（A. O. Lovejoy）《存在的巨链》的出版确立了以观念为中心的研究方法，引发了思想史家的“方法论批判”。[③] 同样，布歇指出斯金

---

① William Stafford, Review., "Companion to Historiography," *The English Historical Review*, Vol. 113, No. 452 (Jun, 1998), pp. 691 –692.

② P. R. Ghosh, Review., "Politics without Democary 1815 –1914: Perception and Preoccupation in British Government," *The English Historcial Review*, Vol. 102, No. 403 (Apr., 1987), pp. 518 –519.

③ D. R. Woolf, "The Writing of Early Modern European Intellectual History (1945 –1995)," Michael Bentley, ed., *Companion to Historiography*, pp. 295 –296.

纳（Q. Skinner）、波考克（J. G. A. Pocock）及格林利夫（W. H. Greenleaf）等人在“语言转向”的背景下，开始批评洛夫乔伊“观念－单元”的思想史方法，旨在清除历史研究中的科学解释或社会科学解释。他们倡导一种新的文本诠释方法，坚信政治文本不是有待证明真假的命题或假设，也不是孤立自足的存在；而是与之相关观念世界的分享，这种以语言为中心的指涉框架替代了事件的情境，考察历史事件变成了探究语境中的所指物。由此，政治话语是一种以言行事的行为，事件囊缩了人类的目的、意图及思想，观念世界为文本提供了语境，是现实的创造与合成。[①] 另外，《过去与现在》在1979和1980年先后刊发了劳伦斯·斯通（L. Stone）与霍布斯鲍姆的论文，前者倡导“叙事史的复兴”，后者则对此提出商榷，认为叙事与分析综合同等重要。[②] 鉴于此，《无民主的政治》在叙述19世纪英国由寡头政治向民主转型时，考察了议会政治、自由党、教会、经济压力、帝国、知识分子、政治精英等主题，据此履行“撰述叙事史”的使命、“引起严谨、认真的学生的关注而未顾及感兴趣的普通读者”。由此，本特利认为“无论如何，现代研究提供了自我补救措施，我在研究时充分利用了它们，以致本书的个性不至于沦为毫无血性的综合”。[③] 显然，本特利既赞同“语境中的思想”，又坚持叙事与分析综合共融的观念。

本特利早在评述自由党人的政治思想时，已流露出上述部分史学观念。用他自己的话说：“思想语境同思想内容一样至关重要，自由党人相信他们看待世界拥有一致的态度。对史家来说，观念在形成意义之前，它须置入由意图、计谋与手腕编织的复杂网内。当脱离语境研究思想时，如果做得好，这种研究仅存在风险；否则，将会愚蠢之至。另一方面，如果忽略思想，这种研究将缺乏活力毫无生气。“一战”期间及之后自由党的历史表明，这些方法的交叉一旦实现，人事与思想的连续性将得以呈现，那些把分析（将复杂事情分成简单要素的方法）看成历史解释唯一可接受的人将易于利用这种连续性。”[④] 显然，本特利的政治史研究重在分析由意

---

① David Boucher, *Texts in Context: Revisionist Methods for Studying the History of Ideas*, p. 93.

② Lawrence Stone, "The Revival of Narrative: Reflections on a New Old History," *Past & Present*, No. 85 (Nov., 1979), pp. 3 – 24. E. J. Hobsbawm, "The Revival of Narrative: Some Comments", *Past & Present*, No. 86 (Feb., 1979), pp. 3 – 8.

③ Michael Bentley, *Politics without Democracy: Great Britain*, 1815 – 1914, *Perception and Preoccupation in British Government*, Barnes & Noble Books, 1984, pp. 14 – 15.

④ Michael Bentley, *The Liberal Mind* (1914 – 1929), Cambridge University Press, 1977, p. 219.

图、计谋与手腕编织的复杂网，凸显人事与思想的连续性。

2001 年，本特利出版一部关于索尔兹伯里勋爵的政治传记，该传记不以编年顺序作为叙事主线，而是以主题贯穿论著的各个章节，这种写法概述了索尔兹伯里的精英圈子并打上保守主义的烙印。此外，该传记还考察了索尔兹伯里的个人心态，勾勒了保守主义的立场情境。由此，莉迪亚·默多克（Lydia Murdoch）指出，本特利革新了传记的方法，将研究主题置入他自身时代的情境中，规避传统的宏大叙事，并将索尔兹伯里的保守主义视为撒切尔政治的先声，尤其在论述财产和阶级问题方面；不过，本特利未能深入论述索尔兹伯里的外交政策，以及他同保守党不和谐的关系。① 显然，本特利重在叙述政治转型过程中精英人物的生活世界，剖析重大政治事变及党派理念对传主的影响。《索尔兹伯里勋爵的世界》不仅讲述了索尔兹伯里的生活与政治故事，还将其置于英国维多利亚晚期保守的政治文化中，评析索尔兹伯里关于国家、社会、财产、宗教、帝国、党派等问题的思考，利用经验类比和因果分析来展示其权力网络，洞察政治人物的复杂心态。譬如，在论及 19 世纪农业问题时，本特利既阐释了乡村社会与农业政治的关联，又叙述了土地经营方式的改变导致传统租佃关系转向近代资本商业的经济关系，并据此考察索尔兹伯里勋爵的土地财产观念，揭示他对自由党政府抗议的政治态度。② 就传记叙事而言，本特利难免夸大微小事件对个人生活史的影响，尤其这类回溯性叙事蕴含了强烈的道德目的论。不过，本特利意识到“情境式的历史叙事”存在方法论的缺失。诚如其言，政治领袖情境化的研究模式容易造成两种误解：（1）政治变迁被视为一个历程，嵌入了可识别的和可解释的结构特征；（2）自下而上式的政治人物研究隐含了一种恒久的偏见，其后果是“研究政治人物及其思想世界的历史学家将陷入某种心灵简单化与理论幼稚的困境”③。

本特利关于“辉格派的遗产”的叙述最能凸显史学与政治的关系，并选取了“宪制与民族”、“宗教与国家”、“帝国与战争”及“魂魄与昭示”四个相关问题予以研讨。不过，就“辉格派史学”内涵而言，他并未做出

① Lydia Murdoch, Review. , "Lord Salisbury's World: Conservative Environments in Late - Victorian Britain," *The Journal of Interdisciplinary History*, Vol. 34, No. 3 (Winter, 2004), pp. 456 - 458.

② Michael Bentley, *Lord Salisbury's World: Conservative Environments in Late - Victorian Britain*, Cambridge University Press, 2001, p. 105.

③ Ibid. , p. 3.

严格界定，而是借鉴了巴特菲尔德的部分观点，亦即辉格派史家“站在新教徒和辉格派一边撰写历史，赞美业已成功的革命，强调在过去出现的某些进步原则，编写出能够确认现实甚至美化现实的故事”①。此外，本特利认为“所谓的辉格派是以基督徒或圣公会教徒为主，是一群在思考现代英国起源时批判地研究宗教改革的思想家”②。由此，辉格派史学蕴含了如下维度：（1）英国的宪法史；（2）宪法观念下帝国史的书写；（3）各种形式的基督教信仰。有时，whiggery 也指“宏大叙事”。显然，本特利的“辉格派史学”一词具有鲜明的政治与宗教色彩，契合了奥克肖特所谓的“实践的过去”（practice past）。“这种实践的过去要服务于其中的一个主人：政治或宗教。”③ 历史话语一旦为当下目的寻求合法性，那么这种论证既掉入时代错置的陷井又掩盖了真实内容，即便不失其说服力。与奥克肖特理论不同的是，本特利倾向以事例述说史学的政治情境，同时强调政治情境影响了史家选题及论说内容。以移民史学家为例，本特利讲述了他们要么由于政见不同被迫流亡，譬如，保罗·维诺格拉多夫（Paul Vinogradoff）、纳米尔；要么因犹太血统见弃于纳粹法西斯主义，像莫米里亚诺（A. Momigliano）、卡尔·波普尔等人。用本特利的话说，“对每个竭力躲避迫害的史家而言，多数人选择抗议流亡、有些则在凶险无常的世道俯首臣服并继续工作”，“整体看来，1919 至 1945 年的历史书写显示为保守与激进共存”。④ 显然，这段“抑郁与放逐”的叙事不仅倾吐了这些史家苦痛的遭遇与身份认同的危机；而且促使他们选择政治现象作为研究论题，构建了史学与政治的互动关系。

结　语

综上所述，本特利是一位持开放心态的现代主义史学家，无论政治史的书写，抑或史学史理论的反思，无不显示其比较眼光和兼容并蓄的治史精神。在英国史学现代性问题上，本特利希望找到一种阐释“辉格史学”向“现代主义史学”转型的叙事模式，挖掘了英国本土浪漫主义史学叙事

① 赫伯特·巴特菲尔德：《历史的辉格解释》，张岳明、刘北成译，商务印书馆，2012，第1页。

② Michael Bentley, *Modern Historiography*: *An Introduction*, p. 66.

③ 迈克尔·奥克肖特：《经验及其模式》，吴玉军译，文津出版社，2004，第102页。

④ Michael Bentley, *Modern Historiography*: *An Introduction*, p. 126.

的特征，主张传统认识论向历史“本真性”（authenticity）回归；在叙述辉格派史学现代转型时，他强调了制度建设，期刊、学派、档案文献、治史方法、课程设置等要素。在反思史学史性质方面，本特利认为史学史写作遵循一套自我解说规则，不是对实际发生的过去做叙事性解释，而是阐明这种“解释”如何随时间发生变化，兼有“历史编纂学”与“文献学”的特征，历史解释倾向于思想史的情境分析，这套理性行动解释模式契合了历史学自主性论题。此外，本特利重视叙述政治精英的活动，强调政治事件的修辞特性，致力于剖析由档案、演讲、书信、日记等文献构筑的政治观念，进而展示事件与思想的连续性，凸显了史学思想与政治情境之间的互动关系。

历史文献学

朱希祖致朱遂翔信函考释*

朱乐川

（南京师范大学国际文化教育学院，南京　210097）

朱遂翔（1900～1967），浙江绍兴人，杭州抱经堂书局主人，在中国旧书业中，与北京孙殿起齐名，有“南朱北孙”之称，朱希祖与其多有交往。下面所整理之朱希祖致朱遂翔信函，来源于西泠印社拍卖有限公司2014年秋季十周年庆典拍卖会《杭州抱经堂上款书札选粹》图录。因该批信札大多只有月日而无年份，因此图录次序混乱，此次整理，力争按时间先后排列，并稍作考释。为方便起见，将这批信函分为北京大学时期、广州中山大学时期、南京中央大学时期。后两个时期的每封信函，均能推断出具体年份，而北京大学时期的则不能，故将此时期的信札分为两部分：可推定年份者与不能推定年份者。

又，信中提到的“菊人”，为朱遂翔之弟，也为旧书商，杭州经训堂主人。

北京大学时期

（可以推定年份者）

一

《烟草谱》，青浦陈琮辑，八卷，四本，洋三元。

《曹李尺牍合选》，二卷，四本，洋一元。

---

* 本文是南京师范大学引进人才科研启动项目“章门弟子小学著述提要”（184080H202）及南京师范大学哲学社会科学青年科研人才培育基金项目“章门弟子录整理与汇编”（16QNPY01）的阶段性成果。

《柳塘诗集》，吴祖修，康熙刊本，十二卷，六本，洋八元。

《栩庄诗集》，江左洪孝仪，康熙刊本，二本，洋二元。

《吴莲洋集》，吴雯，原刊白纸初印原装，二卷，四本，洋八元。

右五种望将全书由邮局寄来，书到即将款汇上，决不致误。此致抱经堂书局台照。

朱逷先启　七月十五日

此信写于“国立北平大学北大学院用笺”上，时间当为1929年7月15日。查《北京大学史料》第二卷上册①，北伐胜利后，国民政府实行大学区制，将北京的北京大学等几所国立高校及天津的北洋大学合并为北平大学，此举遭到北京大学师生极力反对，他们派学生到南京请愿，经李石增、蔡元培调解，决定保留北大称号，改为“国立北平大学北大学院”，此校名自1929年1月22日启用。但仅半年时间，大学区制停止执行，1929年6月27日，北京大学正式恢复旧名。

据此，“北平大学北大学院”不可能在1929年1月22日以前出现，虽此名称于当年6月27日废除，但信笺则可沿用，但沿用时日不会太长，所以此7月15日，以常理推之，估计为1929年的7月15日。

又：此信五种书中，《曹李尺牍合集》极为难得，因其被列入清代禁毁书目之中，故流传不广。

二

启者。日前承寄来书三种，其中两种不合意，兹特寄还。惟

《柳塘诗集》六本，洋八元

要买，今寄上洋八元，邮费二角。《吴莲洋集》四本、《栩庄诗集》二本，望收到后来一回片为荷。此请

朱遂翔先生台照

朱逷先启

下期如出新书目仍祈寄来。

此信写于“国立北平大学北大学院用笺”上，信末虽未署日期，但此信中所云《柳塘诗集》《吴莲洋集》《栩庄诗集》等书，正接上封信，故也当写于1929年。

---

① 王学珍、郭建荣主编，北京大学出版社，2000，第24～27页。

三

启者。承寄书目二册业已收到。兹拟购入之书开列其目于下：

《琅嬛文集》六卷，张岱著，皮纸印，六本，一元二角。

《茗斋百花诗》二卷，彭孙贻著，嘉庆刊本，二本，五元。

《璞斋集》六卷，诸可宝，二本，一元六角。

《金正希燕诒阁集》四卷，四本，二元。

《万青阁自订文集诗集》等，不分卷，赵吉士，康熙刊，三十二本，三十二元（愿出四十元）

《古照堂汇纂四六章甫卷》，陈仁锡，明刊，十二本，六元。

《刘子全书遗编》廿四卷，明刘念台著，十二本，二元。

《珠邨草堂集》，桐乡张千里，嘉庆抄本，四本，十六元。

《辛夸山房诗钞》，徐沅舲，稿本，四本，十六元。

《硖川诗续钞》十六卷续一卷，六本，二元四角。（笔者按：此行有删节符号）

《明季稗史八种》，旧钞本，八本，十二元。

《李日华全集》，明刊本，二十本，二十四元。

《洋川毓文书院志》八卷，洪亮吉著，二本，四元。

《湖墅小志》四卷，高鹏年辑，二本，五角。

《西域释地》祁韵士，一本，三角。

《异域录》二卷，图里琛，二本，一元。

《桐城方氏诗辑》，残本存，三十本，六元。

《郑延平年谱》，吴兴诗浩基辑，一本，三角。

《归顾朱三先生年谱》，垳观复堂稿，六本，二元四角。

《国语翼解》，嘉定陈瑑，六卷，二本，七角。

《虞阳说苑》，石印巾箱本，八本，四元。

《传经表补正》十三卷《博士表》一卷，一本，八角。

《兵迹》十二卷，宁都魏禧辑，四本，二元四角。（愿出四元）

《钱牧斋尺牍》三卷，康熙刊本，四本，四元。

《皇明诗人小传》，旧钞本，十二本，三十元。

《雄雉斋集选》六卷，顾书宣著，康熙刊本，四本，八元。

《后一捧雪》二卷，胡云壑填词，康熙刊本，四本，六元。

《颂天胪笔》廿四卷，金日升，明刊本，缺第六卷，四十本。

《甬上族望表》二卷，全祖望著，一本，一元。

《衢州府志》十六卷，明万历刊，少序目，十一本，三十二元。

《汉儒传经记》二卷《崇经记》一卷，赵继序编，四本，四元。

《前朱里纪略》，盛嫃著，嘉庆抄本，二本，四元。

《浙士解经录》五卷，阮元订，二本，二元。

《新安兵事考》，朱彝尊辑，抄本，一本，四元。

《向张二公传忠录》，向荣、张国梁，一本，三角。

《乾隆永顺府志》，张天如辑，十三本，五元。

《中倭战守始末记》四卷，石印，三本，二角。

《汉书地理志稽疑》，全祖望，嘉庆刊本，四本，八元。

以上所开书目，务望从速由邮局寄来，收到后立即汇款前来（笔者按：原文有着重号），决不致悮。前欠洋四元几角亦一并寄上。如书目之外有抄本希见之书及明末清初人集部、史部，亦望开列实价随时寄来。鄙人自己收藏之外，又代北京大学及中央研究院收买，故愿随时示知为盼。此请

遂翔先生台照

朱逷先启事　十二月廿八日

此信写于“国立北京大学用笺”上，时间当为 1929 年 12 月 28 日。此信中说：“如书目之外有抄本希见之书及明末清初人集部、史部亦望开列实价随时寄来。鄙人自己收藏之外，又代北京大学及中央研究院收买，故愿随时示知为盼。”中央研究院历史语言研究所于 1929 年迁至北京，其时，朱希祖为北京大学史学系主任兼中央研究院历史语言研究所特约研究员、史料组主任、明清史料编刊委员会委员，中央研究院历史博物馆筹备委员会常务委员长，故有既代北大购书，又代中央研究院历史语言研究所购书之责。

又：上所开列书单中有《茗斋百花诗》一部，查朱希祖 1930 年 2 月 7 日致张元济函[①]中有“前日新购得《茗斋百花诗》刻本一部”等语，故此信定当写于 1929 年 12 月 28 日。

四

《皇明留台奏议》二十卷，明刊，白皮纸，少十五卷，十五本，三十元。

《酿蜜集》二卷，梁溪邹慎斋，康熙精钞本，二本，八元。

---

① 《朱希祖书信集》，中华书局，2012，第 129 页。

《越中文献辑存书》，《绍兴公报》编，六本，三元。

《天一阁碑目》，海盐张燕昌，一本，二元。

《云间杂识》八卷，明李节云，明刊本，八本，十六元。

《一草亭读史漫笔》二卷，贵池吴孟坚，清初刊本，四本，四元。

《渔矶漫钞》十卷，云间雷琳，连史石印，四本，一元。

《百名家词钞》，存九十种，康熙刊本，卅二本，四十元。（按：此行有删节符号）

《歇庵集》二卷，附录一卷，明陶望龄，明刊本，二十本，四十八元。

右八种望各将全书寄来，收到后即当将款汇上。此请

遂翔先生台照

朱逷先启

回件仍寄　北平德胜门内草厂大坑二十一号。

此信写于“国立北京大学用笺”上，信末虽未书日期，但因此信所开列书单中有《一草亭读史漫笔》四本、《渔矶漫钞》四本，正与下封信所说吻合，故列于此。下一封信写于 1930 年 1 月 16 日，故此信当写于此前。

五

遂翔先生左右：前承寄来《读史漫笔》四本、《渔矶漫钞》四本，连邮费共洋四元六角三分，兹寄上四元六角、邮票三分，望查收销账。上月寄上书单一纸，开列书二十余种，未知能寄来若干种，寄到后即当将款汇上不悮。专此敬颂

时绥

朱逷先启事　十九年一月十六日

因邮局不寄零款，兹寄上五元，余三角存尊处。

此信写于“国立北京大学用笺”上，信末年月日为作者自书。

暂不能推定年代者

（虽不能推定年代，但尽量把内容相连者放在一起）

六

启者。日前接得来函并书十六中，照收无误。其中《百旻遗草》、

《灵护集》、《泽畔吟草》、《榆庄杂录》、《知载堂唱和诗》共五本（皆有刻本）并前次《青山堂集》四本（缺续集），今由邮局寄上退还。所留十二种连邮费共洋六十三元六角四分，今亦由邮局汇上，收到后即来回信。有好书仍祈随时示知。此请
遂翔先生台览。

朱遏先启　四月二十三日

七

启者。明版《赵忠义公集》共十二册照数收到，缺洋一角，兹特用邮票一角补上。

贵处有康熙刊《宁波府志》十六本洋八元，道光《宁波府志》十六本洋十元，康熙《徽州府志》十本十二元，《周文忠公集》二本八角，《鹤泉文钞》（二卷）、《续选》（九卷，戚学标）六本三元，《黄氏攟残集》（黄梨洲辑）二本五元，以上六种如无残缺，望将全书寄来，收到后即日将款汇上，决不误。此请
遂翔先生台照

朱遏先启事　四月二十八日

敝处有明嘉靖广东崇正书院本两汉书，白棉纸印甚佳，拟寄售，洋四百元。

《山草堂集》六卷，京山郝敬撰，明刊本，洋若干元，祈将头本寄来。明刻白棉纸释藏经细目，祈寄一册。

此信写于“国立北京大学用笺”（隶书）上。

八

启者。近因至天津作客，前日方回，乃见寄来之《宁波府志》、《徽州府志》。又见催问之信。《徽志》拟留，《宁波志》新近已购得一部，价较廉，只好寄还。前后汉书有四五十厚册，寄费太大，如有人要，先寄样本可也。兹寄上《宁波志》十六册，又精抄本《洪杨类纂史略》（此书请不要上《书目》）十二卷六册（此书无刊本）寄售，实洋三十元。收到祈付收条。此请
遂翔先生台鉴。

朱希祖启事

此信未署日期。

九

启者。前寄上《洪杨类纂史略》，定价洋三十元，未知已售去否？贵处有《本草选》六卷（张锡三撰，明刊本）、《本草从新》十八卷（吴洛仪撰，道光刊本），前一种六本洋八元，后一种三本洋五元，如未售去祈即寄来。如寄售之书已售，前次及此次书价望扣去。如未售，则示知后即将书款寄来不悮。专此即颂
遂翔先生台安。

朱逷先启事　九月七日

十

启者。手札已悉。《汤溪县志》祈代为购成寄下，兹寄上洋十元，邮票五角，收到后祈即将书寄来为盼。惟闻上海邮局罢工，恐延缓迟误，如购不成，即将该款立即寄还为要。新来书目内有宋朝《符合泉志》三编三本（一丰舍主人选，日本刊，皮纸）洋四元，此书如系讲古钱，望寄来，否则不要。敬请
遂翔先生台照

朱逷先启　五月廿三日

十一

《汤溪县志》十二册业已收到无误。此请
抱经堂台鉴。

朱逷先启　六月十三日

十二

来书已悉，书目亦已接到。兹开列所要书列下：
《上虞诗集二种》十六本，道光刊，十二元。
《青浦诗传》卅四卷，十六本，乾隆刊，十六元。
《石濂和尚诗三种》二本，康熙刊，五元。
《咸陟堂文集》廿五卷，十二本，旧刊，卅二元。
《谭友夏合集》廿三卷，十二本，明刊，卅元。
《水镜集诗余》三卷，康熙刊，三本，六元。
《申椒集》二卷，四本，孔传铎，乾隆刊，九元。
《逊国传疑辨》二卷，旧抄本，十六元。
《人琴集》七卷，谭元春，旧刊，六本，十二元。
以上各书如未售去，望各将全书寄来。此请

遂翔先生台照

朱逷先启　八月四日

此信写于“国立北京大学用笺”上。

十三

启者。日前承寄《历朝上虞诗集》八本，《国朝上虞诗集》八本，计洋十二元；又上次寄来《上虞县志》二十本，洋五元。两共洋十七元，邮费洋若干已忘其数目，今寄上洋十七元八角，想可清账，收到后祈来回信。前托购浙江县志数种，烦留意。其他明版地方志尤妙。专此即请

遂翔先生台鉴。

朱逷先启　九月十六日

此信写于“国立北京大学用笺”上。

十四

启者。前次有《午涯集》十本、《续锦里耆旧集》四本，今特寄还。《鄱阳县志》如二十元可卖，敝处可以留下，否则即行寄还。此次寄来之书留下六种，连邮费三十九元一角六分，上次余洋三十二元，应找七元一角六分，下次一并寄上。退回四种大都为丛书本，《一林荠山集》（知不足斋）、《苔石效颦集》（云自在龛）、《游传二先生集》（临川文献）、《罗鄂州小集》共十本，连前次两种，分作两包寄上，收下祈来回信。承寄书目一册，敝处拟选购十六种，可全部寄来，其款即可寄上不误。清华学校自当寄去，请他选购可也。附上书单二纸。即请

遂翔先生台照

朱逷先启　十二月十三日

《息园草》二卷，会稽姚次耕，康熙刊本，三本，二元。

《栖霞山人石室稿》廿二卷，温陵杨瞿崃，明刊本，廿二本，二十元。

《樗斋漫录六》四本，十二元。

《白沙子全集》六卷，康熙精刊本，六本，十二元。

《寒村诗文选全集》卅五卷，十二本，八元。

《乾隆绍兴府志》八十卷，卅二本，六十四元。

《怡怀集》二卷，王坛，康熙刊本，一本，三元。

《赏奇堂尺牍》四卷，武原陈遇奇，康熙刊本，四本，六元。

《婺源沱川余氏梅易世纪》二卷，康熙刊本，二本，三元。

《屠先生评释谋野集》四卷，王穉登，明刊本，四本，四元。

《蕙园丛书》山阴平氏校刊，八本，十二元。

《群书斠识》常庸，山阴平氏校刊，三本，五元。

《秀野山房诗草》附杂著二集，张世炜，康熙刊本，四本，三元。

《湖上集》十四卷，明徐师曾，万历刊本，三本，十六元。

《芜城集》三卷，江都史申义，康熙刊本，二本，五元。

《经鉏堂杂志》八卷，宋倪思正，明抄本，四本，二十元。

以上十六种书即朱希祖此封信中所言“敝处拟选购十六种”之书。

十五

启者。昨日寄上书一包，洋一百三十一元，想已收到。昨晚接到书目一册，兹又选八种，开列别纸，望即寄来为荷。此请

遂翔先生台照

朱逷先启　十二月三十日

《余灿云年谱》余鼒山，未刊稿本，一本，十元。

《古文尚书考》惠栋，乾隆刊本，二本，一元。

《洛如诗钞》朱竹坨选，康熙刊本，四本，十元。（笔者按：原文“如洛”二字有互乙符号。）

《叩钵斋应酬全书》十五卷《诗集》四卷，李静渊，十四本，十元。

《苏门集》蔡琳，康熙刊本，一本，五元。

《公余草就》明汪可进，万历刊本，三本，十二元。

《说雅二十种》魏裔介，康熙刊本，八本。二十元。

《栖霞山人石室稿》杨瞿崃，明刊本，廿二本，二十元。

此信写于“国立北京大学用笺”上。

又：此信所列书目中，《叩钵斋应酬全书》十分难得，其被列入清代四库禁毁书目，当时周作人亦想购得此书，周作人在致朱遂翔中言：“启者。二十日来信收到。所余之款请改寄（第十二期书目十八页）《赏奇堂

尺牍》。此书四本，定价六角，是否系六元之误，抑系粗本而碻是六角？请并示及。如系六角或此书亦已售去，则请改为《扬州画舫录》（目录十八页）或《叩钵斋应酬全书》……”（《杭州抱经堂上款书札选粹》23页）这足可见《叩钵斋应酬全书》之价值以及在当时之抢手。另外，在对读周作人致朱遂翔的信札中，我们会发现周氏除了《叩钵斋应酬全书》以外，亦有不少想购之书是与朱希祖相同的，如编号“三”信中的《钱牧斋尺牍》，编号“十四”信中的《屠先生评释谋野集》、《赏奇堂尺牍》，编号“二十一”信中的《武林失守杂感诗百首》等。可见朱、周二人学术旨趣之相同点。

十六

启者。一月三日来函已悉。前次所购之书因《绍兴府志》有抄配，故请让价；别有四五种因未装订，故亦请稍让。其他尚有四五种书完整，则并未减价，非每部皆请让价也。所少二十一元，另谓再寄十二元销讫。鄙意以为此十二元仍请让去，以后购书决不再减价可也，且从前有时不但不减价，而且加价，如赵吉士《万青阁集》，亦偶有之，故以前之款，不必再行计较。《芜城集》及《经钽堂杂志》拟照原价留用，待《古文尚书考》（二本）、《洛如诗钞》（四本）、《扣钵斋应酬全书》（十四本）、《苏门集》（一本）寄来后，其款约合五十一元，当一并寄上不悮。随时收到之书，仍祈开单先行寄示，以便先得，较可多购，价决不再让。此请

遂翔先生台照

朱遏先启　一月十八日

此信写于“国立北京大学用笺”上。

十七

《大义觉迷录》四卷，乾隆刊本，四本，八元。

《钱氏表忠谱》康熙刊本，二本，十二元。

《吴江县志》四十六卷，郭琇，康熙甲子，十六本，六十四元。

《乾隆至德县志》十卷，吴鼎科，钞本，四本，八元。

《乾隆盛湖志》二卷，周霈[illegible]，二本，六元。（笔者按：原文“[illegible]”难以释读，另，“周霈”当作“仲周霈”）

《硖川续志》二十卷，嘉庆刊本，六本，六元。

《光绪平望志》十八卷《续志》十二卷，十本，五元。

《会稽钱氏武肃王祠堂志》二卷，一本，六角。

《海龙事迹》铅印，二本，八角。

《藚渔杂著》稿本，四本，十二元。

《钟谭同声录》旧抄本，二本，一元二角。

以上十一种望各将全书寄来为盼。此请

遂翔先生台照

朱逿先启　五月二日

十八

启者。前日接得来书三种照收无悮。兹将《江震两学题名录》四本退还，因此书已有排印本也。顷又接得贵局第十四期临时书目，中有

《常州府志》三十八卷（光绪本，活字本）二十一本，二十元。

此书祈即全部寄下为荷。前款俟校款发出后（已三月不发）即寄来不悮。此请

遂翔先生台照

朱逿先启　十月廿三日

《谷湖联吟》（海盐顾升诰撰）一本，五元，亦祈寄下。

十九

启者。日前寄来一信，业已收到。前欠洋八十四元六角四分，因下半年来日本入寇之故，薪水已欠五个月，此后更不知何日发薪，故不得已将明刊本《见闻日纪》十二册退还，洋四十元；又康熙刻《弘艺录》十二册，洋三十元，亦暂退还，（明年寄款来取，如有人要，售去为妙），兹由邮局寄上。又寄上洋十二元六角四分，祈暂清账销册。此次外患关系，迫于经费困难，学校欠我之款达三四千元，旧欠尚不在内，故无法还书款，伏祈原谅。明年如有转机，仍当现款交易。北平图书馆购宝号所售《康熙嘉兴县志》、《康熙桐乡县志》两种，计洋九十六元，已归我买，款亦付清。专此敬请

遂翔先生台照

朱逿先启　一月二十七日

广州中山大学时期

二十

启者。鄙人现在担任广东中山大学教授，住在广州百子路中山大学第一医院校长住宅，以后通信可寄此处。宝号最新书目及新得好书未上书目者，望寄一二册来，朋友买书颇多，可任介绍。近接舍间来信，知有《寿昌县志》八册，洋十二元，其书望寄北平舍间，款亦由北平汇来不悮。此请

遂翔先生台照

朱逷先启　十一月六日

附上经训堂一信，祈转交为讬。

此信写于“国立中山大学医学院用笺”上，时间为1932年11月6日。1932年秋，朱希祖应广州中山大学之聘，于10月15日到任，暂住中山大学原校长戴季陶、朱家骅曾住之所，地点在中山大学第一医院；12月11日租定圭岗三马路二十号，接家眷来粤同住。朱希祖1932年11月7日日记[①]云：“写杭州抱经堂、经训堂二书店信，购浙江地志二种。”

二十一

启者。承寄书目二册，已收到。兹开上书单五纸，祈将全书寄来，拟为敝研究所购买，书到其款即可汇寄。其中亦有鄙人自购者不过数种。此请

抱经堂台照

文史研究所主任朱逷先启　二月十二日

回信寄广州中山大学文史研究所。

《许文穆公皇华集》明刊本，一本，三元。

《响泉集》二十卷，顾光旭，四本，六元。

《吴江人著述稿本十五种》，十五本，四十元。

《云卧山房集》二卷，年谱传附，道光刊本，二本，一元。

《真有益斋文编》五卷，黄安涛，道光刊本，四本，三元。

---

① 《朱希祖日记》上册，中华书局，2012，第172页。

《幽华诗略》二卷，范锴，道光刊本，二本，二元。

《尊闻居士集》八卷，罗有高，道光刊本（非道光本不要），二本，三元。

《修本堂稿》五卷，附《月亭诗抄》，林同伯，道光刊本，二本，八角。（笔者按："林同伯"当作"林伯桐"。）

《南献遗征笺》，范希曾，一本，四角。

《明诸王宗室列传》，旧抄本，二本，八元。

《嘉靖东南平倭通录》，一本，八角。

《孙氏世乘》三卷，明刊本，六本，十二元。

《延州笔记》四卷，唐覲，嘉靖刊本，一本，四元。

《闲辟录》十卷，程瞳，嘉靖刊本，四本，十二元。

《恸余录》，姜兆祥，稿本，一本，一元六角。

《为可堂初集》十卷，朱一是，二本，四元。

《邃雅堂文集》十卷，附续编，姚文田，道光刊本，八本，四元。

《新溪文述》八卷，桐乡郑之章辑，铅印，二本，一元六角。

《梅里诗钞》二十卷，李光基，康熙刊本，十本，二十元。

《竹溪诗略》十八卷，沈树本，八本，八元。

《国朝天台诗存》十四卷补遗附，金文田，活字本，四本，六元。

《玉琴斋词》，余怀，四本，三元。

《六代小舞别名》附跳舞图，旧抄本，一本，八元。

《国朝名家诗余十二种》，康熙刊本，廿四本，六十四元。

《闽漳高维桧四种》，康熙刊本，八本，十二元。

《韩诗内传征》四卷，宋绵初，乾隆刊本，三本，十二元。

《禹贡分笺》七卷，附节训，方溶，嘉庆刊本，三本，三元。

《博雅备考》二十七卷，张彦琦，雍正刊本，八本，廿四元。

《涛江集》四卷，柯煜，康熙刊本，二本，五元。

《考辨随笔》二卷，黄定宜，道光刊，二本，一元二角。

《多识录》九卷，石韫玉，道光刊本，二本，六元。

《读书杂述》十卷，山阳李恺，康熙刊本，六本，八元。

《行余集》二卷，海盐张邦庆，道光刊本，一本，二元。

《海盐张鼎未定稿》，精抄本，三种，四本，廿四元。

《溆水新志》十二卷，清方溶，旧抄本，十二本，百二十元。

《墨王楼钱谱》，管庭芬拓本，十二本，四十八元。

《癖泉臆说》六卷，高焕文，二本，二元。

《治经堂集》二十卷外集四卷，道光刊本，九本，四元八角。

《治经堂诗集》十二卷，朱锦琮，道光刊本，四本，十二元。

《武林失守杂感诗百首》，绿石山樵，抄本，一本，三元。

此信写于“国立中山大学文史研究所用笺”上，时间为1933年2月12日。1932年11月，中山大学校长邹鲁聘朱希祖为文史研究所主任。朱希祖1933年2月12日日记①云：“是日发抱经堂及中国书店信。”

二十二

启者。前寄来各书，决定购者如下：

《梅里诗钞》，二十元。

《高维桧四稿》，十二元。

《邃雅堂文集》，四元。

《新溪文述》，一元六角。

《东南平倭录》，八角。

《南献遗笺》，四角。

两次邮费，二元三角。共洋四十一元一角。《天台诗存》四本，《玉琴斋词》四本，今由邮局寄还。

《澉水新志》（缺首卷图序，目录上有）

《张鼎铭稿》

二种合洋一百元。

因为《澉水新志》并非原稿，亦非孤本，浙江图书馆亦藏一部，若托他抄一部，不过洋三十元。今寄上洋一百元四十一元，如愿售即请销账；如不愿售，可将洋一百元寄回，当将两书寄还不悮。此请

遂翔先生台照

朱逷先启　四月二十四日

此信写于“国立中山大学文史研究所用笺”上，时间为1933年4月24日。朱希祖1933年4月26日日记②云：“本日寄还杭州抱经堂《澉水新志》一部，因索价太昂，且浙江图书馆亦有钞本一部，他日可传抄也。”

① 《朱希祖日记》上册，中华书局，2012，第211页。

② 《朱希祖日记》上册，中华书局，2012，第256页。

二十三

启者。前月来函已收到，抄本《玄珠密语》六册洋二十元本早可寄上，因此间银票发生停兑风潮，故尔迟迟。今特由中国银行汇上洋式拾元，收到后祈来收条。《续澉水志》、《澉水新志》定价太贵，故尔少寄，乞销账，将来补长（笔者按：原字如此）。专此敬请

抱经堂台照

朱逷先启　民国廿二年十二月廿一日

此信写于“国立中山大学用笺”上。信末年月日，为作者填在固定格式中。

南京中央大学时期

二十四

遂翔先生左右：前日奉上一函想早收到。《康熙浙江通志》如已装订完毕，请与他书一并寄来。兹更有托者：

一、杭州府学内南宋石经请托碑帖店代为精拓十分，先请同去一看，估价示知，以便定夺。

一、王绶珊处有《镇江府志》二部，请代商将次等一部定价若干示知，敝处当以云南、广西等处难得志书以相当价值若干种交换。

又，王先生所藏地方志目录在尊处所抄一册，可否赐借一星期，以便择要录出其所无者，敝处及敝友所藏有可出让者，当抄目寄来，托君代售。一星期后定当奉还。此颂

时绥

朱逷先启　四月十五日

菊人先生信乞代转。

宋版五经已去装订，热河、山海关志头本不日即可寄至敝处，如要可寄来。

此信写于“国立中央大学用笺”上，时间为1934年4月15日。朱希祖1934年4月15日日记[①]云：“又寄……朱遂翔、菊人信。”

又：信中“热河、山海关志”云云，此两部书，为广州藏书家徐信符

① 《朱希祖日记》上册，中华书局，2012，第340页。

所藏。朱希祖1934年4月11日日记[①]云："写徐信符信，商购《嘉庆山海关志》及《乾隆热河志》。"

又：1934年4月29日朱希祖致张元济信[②]云："此间有初印《乾隆热河志》一部三十六册、嘉庆本《山海关志》十卷四册，两种实价共洋一千二百元，前年北平东方图书馆得一钞本《热河志》，洋八百元，以此衡之，尚不算贵，惜无力购也。"

又：王绶珊（1873～1938），浙江绍兴人，清末秀才，以经营盐业起家，嗜典籍，藏书甚富。朱遂翔为其打理藏书，帮王氏搜到大量珍本，仅浙江一省之地方志，其目达236种。

二十五

遂翔先生鉴：昨日自庐山回，始拆阅来信，并寄来《镇江府志》四本，此书究系抄配，定价二百元未免太贵，若减至一百六十元则请留下。敝处有开化纸嘉庆《泾县志》三十二卷，洪亮吉撰，十六册，不衬纸，写刻甚精，本子亦大，实价一百六十元，可与《镇江府志》交换。如不愿交换，望即示知，当寄还《镇江府志》可也。前托售地志之款，除扣去尊处欠款外，应存洋十四元。来信云仅存六元数角，恐未将退还之《双桥居诗钞》码洋八元除去，望再一查。敝处又有要（笔者按：此处有一"要"字，字略小，并在旁边画一圈，不知何意）广西《道光滨州志》六册（实价六十元）、广东《光绪赤溪县志》五册（八元）、道光刊《浙江砖录》四册（冯登府撰，少见，二十元）、《乾隆龙虎山志》六册（三十二元），祈代介绍售去，费神之处容后图报。专此敬颂

时绥

朱逷先启　八月十七日

令弟处寄去购书信久不见寄，祈一问。

此信写于"国立中央大学用笺"上，时间当为1934年8月7日。此信中"寄来《镇江府志》四本"云云，与下一封信中"寄还《镇江府志》四本"先后正相吻合。

---

① 《朱希祖日记》上册，中华书局，2012，第338页。

② 《朱希祖书信集》，中华书局，2012，第131页

二十六

启者。日前寄上样本五种，已据贵书局来信言已收到。现在未知接洽何如，祈早示知。兹寄上洋二十三元（由中国银行寄来），又托售书款中尚存贵处洋十四元，祈取十二元，合今日寄来之款，共三十五元，另邮票二角七分，附信一封，祈代转交金氏豸华堂金元达君为荷，并代嘱其来一收条。余存二元作为补贴百三十元书款折扣，如此则所退《双桥居诗钞》仅作五元二角算。此请

遂翔先生台照。

朱逷先启　九月三日

此信写于“国立中央大学用笺”上，时间为1934年9月3日。朱希祖1934年9月3日日记[①]云：“晨写抱经堂书局、金氏豸华堂……信。”

二十七

启者。日前来函言有《康熙德清县志》、《嘉庆德清县志》，敝处拟购，望即寄来。前日寄还《镇江府志》四本、《赤溪县志》一本，想已收到。此请

抱经堂书局台照

朱逷先启　九月廿八日

此信写丁“国立中央人学用笺”上，时间为1934年9月28日。朱希祖1934年9月24日日记[②]云：“是日寄还抱经堂《康熙镇江府志》四册。”

二十八

启者。昨接来函并《康熙德清县志》十本、《嘉庆德清县志》六本，照收无误，其款稍迟日余即当寄上不悮。此请

抱经堂书局台照

朱逷先启 十月七日

此信写于“国立中央大学用笺”上，时间为1934年10月7日。朱希祖1934年10月5日日记[③]云：“本日接抱经堂书二种：《康熙德清县志》

① 《朱希祖日记》上册，中华书局，2012，第397页。
② 《朱希祖日记》上册，中华书局，2012年，405页。
③ 《朱希祖日记》上册，中华书局，2012，第412页。

十卷（侯元棐修，陈后方等纂，康熙十二年刻本）十册，48 元；《嘉庆德清县志》十卷（周绍廉修，徐养原等辑，嘉庆十三年刻本）六册，24 元。”

二十九

遂翔先生鉴：前承代王绶珊先生询问敝处所藏明版地方志，今特开列书目寄上；又有清初及希见地方志百数十种（此票地志皆不衬纸，多系原来装订），亦开一目录一并寄上，如王先生要，可一并出让。烦按照目录一查，如王先生已有者圈出，其余拟一票共售，不再分拆。惟此项地志，系由全份中抽出，价须稍贵，且亦并不急欲脱手也。此颂

时绥

朱逷先启　十一月十四日

此信写于“国立中央大学用笺”上，时间为 1934 年 11 月 14 日。朱希祖 1934 年 11 月 14 日日记①云：“上午写……朱遂翔信……朱信中附地方志善本目录。”

三十

启者。来函均悉。《德清县志》两部，价七十二元，除去前存洋六元九角九分作七元算，兹寄上洋六十五元正。望清账并来收条为荷。此请

抱经堂台照

朱逷先启　一月二十四日

此信写于“国立中央大学用笺”上，时间为 1935 年 1 月 24 日。朱希祖 1935 年 1 月 24 日日记②云：“上午写抱经堂及中国书店信……午后至中国银行汇抱经堂书款银六十五元。”

整理后记

朱希祖是著名历史学家，也是著名的藏书家。苏精先生在《近代藏书

① 《朱希祖日记》上册，中华书局，2012，第 430 页。

② 《朱希祖日记》中册，中华书局，2012，第 475 页。

三十家》中说朱希祖先生是“读书的藏书家”。从这三十封信来看，朱希祖先生购书主要包含四个方面：南明史料、地方志、明清人的文集、家乡海盐（亦扩展到浙江）的文献。注重稿本、钞本、初印本，且稿本要“原”，钞本要“旧”。这一切都是为了他的历史研究尤其是南明史研究服务的。正如先生自己提出的作史三期之所：搜罗务期广博，考订务期精审，去取务权轻重。从这三十封信所开书单来看，朱希祖先生真正做到了“搜罗务期广博”。陈寅恪先生曾说，朱先生“关于近代史的知识既极其丰长，而十余年所集之此项史料在国内亦无出其右者”。①

作为藏书家的朱希祖，其友周作人说“连书业专门的人有时也弄不过他”。周先生在《知堂回想录》中是这样讲的：

> 他的普遍的绰号乃是“朱胡子”，这是上下皆知的，尤其是旧书业的人们中间，提起“朱胡子”来，几乎无人不知，而且有点敬远的神气。因为朱君多收藏古书，对于此道很是精明，听见人说珍本旧抄，便揎袖攘臂，连说“吾要”，连书业专门的人有时也弄不过他。所以朋友们有时也叫他作“吾要”，这是浙西的方音，里面也含有幽默的意思。

上述三十封信函，为周先生所谓“连书业专门的人有时也弄不过他”提供了许多生动的细节。

过去在旧书店买书是可以讨价还价的，这讨价还价是有门道的，如果门道不精是会被宰的。朱希祖于此非常精道。在编号“二十二”信中，谈到一部《澉水新志》，此书朱遂翔开价一百二十元，另有一部《海盐张鼎未定稿》，朱遂翔开价二十四元。这两部书都是海盐重要文献，作为海盐人，朱希祖当然想得到，但他觉得开价太昂，朱希祖只愿出一百元而得两部书。于是去信云：“因为《澉水新志》并非原稿，亦非孤本，浙江图书馆亦藏一部，若托他抄一部，不过洋三十元。今寄上洋一百元四十一元（笔者按：另四十一元是买另外几本书的钱），如愿售即请销账；如不愿售，可将洋一百元寄回，当将两书寄还不悞。”

再如编号“二十五”信商购《镇江府志》，此书朱遂翔开价二百，朱希祖还价一百六。朱希祖去信：“寄来《镇江府志》四本，此书究系抄配，

① 《历史语言研究所十九年度下届第一次所务会议》，载《国立“中央”研究院院务月报》1931 年第 2 卷第 7 期。

定价二百元未免太贵，若减至一百六十元则请留下。如不愿……当寄还《镇江府志》可也。”看后面几封信，这次讨价还价似乎没有成功。

讨价还价不成功，是书市的常态。笔者见过一封张元济致朱遂翔的信函：

> 遂翔仁兄阁下：奉十月十二日（旧历）手教，谨诵悉。前购之书恳祈核减，未蒙俯允，殊为失望。惟书已寄到，若再退上，殊伤感情，只可照收……①

看来这张元济在讨价还价方面，不如朱希祖能拉得下脸来。

不过，朱希祖也不是一味还价，有时也会主动加价。如在编号“三”信中，朱希祖开一拟购书单，有两部书就是主动加价。一为《万青阁自订文集诗集》，一为《兵迹》。前者，朱遂翔开价三十六元，朱希祖加价到四十元；后者朱遂翔开价二元四角，朱希祖加价到四元。可见精于此道的朱希祖也不蒙人，所谓业界良心是也。

朱希祖有时也会将自己多余的或者淘汰的书籍在朱遂翔那儿寄售，如编号“七”“八”“九”“二十四”“二十五”等信，都提到寄售书籍一事，不过这寄售之款都存在店中用来买书。如编号“九”信云：“前寄上《洪杨类纂史略》定价洋三十元，未知已售去否？……如寄售之书已售，前次及此次书价望扣去。”

大学者有时也会“分分计较”，这在这三十封信中也有所体现。如编号“二十五”信云：“前托售地志之款，除扣去尊处欠款外，应存洋十四元。来信云仅存六元数角，恐未将退还之《双桥居诗钞》码洋八元除去，望再一查。”再如编号“三十”信：“《德清县志》两部，价七十二元，除去前存洋六元九角九分作七元算，兹寄上洋六十五元正。望清账并来收条为荷。”这“六元九角九分作七元算”，真是生动又传神。

伦哲如在其《辛亥以来藏书纪事诗》中说朱希祖“购书力最豪，遇当意者不吝值。尝岁晚携巨金周历书店，左右采掇，悉付以现。又尝预付值书店，俟取偿于书，故君所得多佳本”。伦君所言多有夸张，就这批书信看，朱希祖就有赊欠之事。如编号“十八”信中说：“前款俟校款发出后（已三月不发）即寄来不悮。”编号“十九”信中说：“此次外患关系，学校欠我之款达三四千元，旧欠尚不在内，故无法还书款，伏祈原谅。明年

① 《杭州抱经堂上款书札选粹》，第106页。

如有转机，仍当现款交易。”上述虽然是特例，不过书款拖几个月也是有的，如编号“二十八”信云：“昨接来函并《康熙德清县志》十本、《嘉庆德清县志》六本，照收无悮，其款稍迟日余即当寄上不悮。”此信为1934年10月7日所写，结果到了1935年1月24日才把书款寄去（见编号“二十九”信）。

在这批信中，还可见一些有趣的现象。那时书籍买卖，都是书到付款，在《杭州抱经堂上款书札选粹》图录中，所有人都是如此，凭的是信用。还有，那时书店是不包邮费的，所有寄费均由买主出，于是买主在汇钱时，都特别说明邮费若干。这就为邮票带来了一种妙用——拿邮票抵零钱，如编号“五”信云：“连邮费共洋四元六角三分，兹寄上四元六角，邮票三分。”编号“十”信云：“兹寄上洋十元，邮票五角。”再如周作人致朱遂翔信云：“前承寄下书五部已照收到。今送上汇洋十三元七角又邮票四分，乞赐察收，销账为荷。”①

这批信函，真是既可当史料读，也可当笔记读。作为史料，它真实可靠；作为笔记，它生动传神。

① 《杭州抱经堂上款书札选粹》，第48页。

邓广铭先生书信选释

聂文华
（重庆师范大学历史与社会学院，重庆市　400030）

摘　要：邓广铭先生是二十世纪著名的宋史学者，梳理他一生的学术轨迹，对了解二十世纪的宋史研究及学术史很有帮助。书信即是其中的重要材料，但现存书信多为来信，往函征集尚不足，且时段分布不均。故本文仅就恭三先生治学三个阶段（以1949、1978年为界所做的大致区分）各择一二封代表性书札，对它的内容和意义稍加阐释，以便大家理解他的学术发展历程及学术特色，同时也为学界提供新的学术史材料。

关键词：邓广铭　胡适　傅斯年　杨志玖　刘子健

邓广铭先生（1907～1998），字恭三，北京大学历史学系教授，著名宋史学者，被称为“二十世纪海内外宋史研究第一人”（周一良先生语）。十多年前出版的《邓广铭全集》收录了邓先生大部分论著，为学界了解他的学术面貌提供了很大方便。当时，限于条件未能及时整理出版他的书信集，来呈现他学术研究背后的“故事”。兹从邓先生的来往书信中选录几封关于其治学和行实的重要书信，并略加考释，希稍能弥补此缺憾。

一　致胡适先生

适之先生：

前读何炳松先生《浙东学派溯源》，觉其立论颇多牵强过甚之处，嗣即对此问题加以注意，并以之作为毕业论文题目。现因选定“传记文学实习”，又愿缩小范围，先尽力为陈龙川个人作一传，然后再及其他诸人。但前曾作《浙东学派探源》短文一篇，系对浙东各人学问作总括的叙述者，又系专为针对何炳松先生的书而发，其中支离处所及差谬处所必甚多，且当时为缩短文章之篇幅计，故所讲陈龙川也很简单。兹将该文呈奉，敬祈先生加以教正，庶在为龙川作传时得有所依据为祷。

谨此敬祝

教安

学生邓广铭敬上　十月十四日[①]

按：现存邓先生致胡适先生的书信大致有6封，其中有2封收入《胡适来往书信选》中，其余均收入耿云志主编的《胡适遗稿及秘藏书信》，此函即属其中之一。

从信中所说“毕业论文”及“选定传记文学实习”看，此信应写于邓先生大学四年级（1935～1936）刚开始选课之际。信中又提及他曾作《浙东学派探源》一文，批评何炳松的《浙东学派溯源》一书的观点，而此文发表在1935年8月29日的天津《益世报·读书周刊》上。综上，可以确定此信写于1935年10月14日。

据此信的说法，邓先生之前曾关注过何炳松《浙东学派溯源》一书，注意到何氏立论多谬误不经之说，所以他毕业论文打算对浙东学派做一整体通贯性的研究。而这学期北大文学院开设的课程中正好有胡适的“传记文学实习”，其备选人物中就有浙东学派的陈亮，所以他愿意再缩小研究范围，以《陈亮传》作他的毕业论文。

不过，10月19号的《北京大学周刊》公布的史学系四年级毕业论文信息中，邓先生的题目仍是浙东学派研究，指导老师却为钱穆先生。[②] 根据史学系的新规定，“本年度四年级学生，于上学期注册截止后一星期，须将论文题目交齐”。又据国立北京大学二十四年度学历，是年9月9日开学注册，14日旧生缴费注册截止，16日正式上课（《国立北京大学一览——民国二十四年度》）。也就是说最晚在9月21日，邓先生即已提交了他的毕业论文题目。指导老师的选定，可以参照学年论文的相关规定：“须各就前二年肄业兴趣所近，拟定研究题目，交呈教授会审查。教授会

① 《胡适遗稿及秘藏书信》第40册，黄山书社，1994，第207～208页。

② 《史学系布告（二）》，《北京大学周刊》第137号，1935年10月19日，第2版。

审定研究题目后，即就题目性质，推定教员担任导师。”①

邓先生是为了调整毕业论文题目和选择导师，特意给胡适先生写了此信。此信是邓先生宋史研究发端的一个重要说明，他的宋史研究是从浙东学派研究开始的，经由胡适先生“传记文学实习”中陈龙川传的训练，找到了宋代杰出人物的谱传研究之路。而他对浙东学派的兴趣还能追溯至他大三时（1934～1935）选修蒙文通先生宋史课程之影响。②

二 致傅斯年先生

（一）

孟真吾师尊鉴：

手教及赐假之《稼轩集抄存》均已先后收到。生近日唯泛观南宋各家诗文集，期能将稼轩生平及其素所交游之朋辈，尽量加以钩稽。虽亦稍稍有所得，然尚无大量之发见也。

《抄存》本中所收诗文，当即遵照来教所示各点，向《播芳大全》、《铁网珊瑚》诸书中逐一为之查对。《播芳大全》一书，此间北平图书馆中有之，可就该馆之善本阅览室中一校，所中之一部自不必寄下矣。

对于稼轩词之注释及今后之编制，亦全当遵照示谕所云，将其与时事有关者尽量为之搜考阐释，其它纯为修辞关系而使用之典实则一概不注。因稼轩之词既所谓“胸有万卷，笔无点尘”，而生则所读古今诗文专集甚少，且亦不熟，又正所谓“胸无稼轩一字”者，对其用典使事之处，有不知其为用典使事者，有知之而不能查得其出处何在者，结果势将挂一漏万，概不加注尚可免于出丑也。

来教谓词之编制可一仍旧本，不知是否指四卷本而言。生意以为凡四卷本所收之四百余首，次序当一仍其旧，其为四卷本所未收者之二百余首，即依王氏四印斋本之次序补入。其中年代之可以考知者，则编为一表，列于卷端或卷末，以便稽览。

又，《稼轩年谱》现时方具雏形，追编完之后，为量恐亦无多，

① 国立北京大学编《国立北京大学一览·史学系课程指导书》，1935，第128页。

② 参考聂文华《邓广铭宋史研究学术渊源考——以蒙文通的宋史课程讲授为中心》，《史学月刊》2015年第3期。

拟使单行于词集之外，于其下附入现存之稼轩诗文诸作，以及其朋辈与稼轩往还各作，以使卷帙稍多，且以补正《抄存》本中杂录部分之缺误（如所收韩驹之《上辛太尉》一诗，疑为上辛次膺而非上稼轩者）。倘可如此办理，则《抄存》本似可不必重印，不知吾师意下如何也。谨此敬祝

道安

学生邓广铭敬上　四月廿二日

按：此信系傅斯年图书馆所保存的邓先生致傅斯年先生的二十七封书信之一（编号：I798），写于1937年，是关于邓先生辛稼轩研究的重要文献。

邓先生因其毕业论文《陈龙川传》的研究，进而注意到辛弃疾，但辛氏更多被视为豪放派词人的代表，他在南宋政治上的作为学界是不甚措意的。正好此时中华教育文化基金会（简称中基会）开始资助社会科学方面的研究，邓先生在胡适先生的鼓励下，即以《辛稼轩集研究》作了申请。而为了证明他有研究此问题的实力，邓先生根据当时收集到的材料，就辛稼轩生平中的关键问题，对辛启泰、梁启超兄弟、陈思诸人所编的稼轩年谱和辛词疏证，作了一番梳理，于1937年2月在《国闻周报》上发表长文《〈辛稼轩年谱〉及〈稼轩词疏证〉总辨正》。此文在当时影响甚大，深得胡适、陈寅恪、夏承焘等硕学大师的赞赏。这对邓先生顺利申请到中基会的研究补助应起了关键性作用。不过，直至5月1日，《申报》上才公布此次申请的结果，邓先生填写的指导人是胡适和姚从吾。[①] 不过，远在南京史语所的傅斯年先生对他亦有所指导，此信即是明证，确定了他整理研究的基本思路。但在他研究过程中，给予具体指导，主要还是对词学有专门研究的赵万里和夏承焘两位先生。

邓先生的辛稼轩集研究应分为三部分，一是稼轩诗文的辑录，在嘉庆十六年（1811）辛启泰所编《稼轩诗文钞存》基础上，进行增补删订；二是在泛观南宋诸家文集的基础上重编一份可靠的辛稼轩年谱；三是对稼轩词重新进行编年和笺注。

辑佚是需要翻阅大量的珍本书籍的，邓先生当时除可从北大图书馆和北平图书馆借阅外，史语所的善本书籍亦能为他所借用。据此信，他增订

---

① 《申报》1937年5月1日，第19版，上海书店影印本，1983～1985。

《辛稼轩诗文存》所用的底本即是傅斯年先生所“赐假”。《钞存》中的辛稼轩诗文，有辑自类书《播芳大全》《铁网珊瑚》者，自然也要取之复核的，傅斯年先生甚至主动提出借阅不易得的《播芳大全》一书给他。

傅斯年先生还对稼轩词应如何笺注编年，提出了他的建议。据邓先生回忆：“业师傅斯年先生曾告诫我说，最好能把书名中的‘笺注’改为‘笺证’，亦即只把涉及稼轩词本事的时、地、人等等考索清楚，把写作的背景烘托清楚即足；对于典故的出处则可斟酌其关系之重要与否，有选择地注出，而不必一一遍加钩稽；至其脱化于前人诗词之词句，则注之不可胜注，自以一概不注为宜；各词写作年月，其明确易知者固可为编定，却不应曲事牵合，强为系年，以免或失鲁莽，或失穿凿。傅先生还郑重地向我说道，千万不能把此书作成仇兆鳌《杜诗详注》那样。”① 邓先生的回忆与信中内容很吻合，也可见他的辛稼轩词笺注自始即是史学研究的路数。

稼轩词的通行版本，有光绪年间王鹏运四印斋重刻元大德广信书院的十二卷本《稼轩长短句》，源自汲古阁影宋钞本的四卷本《稼轩词》。二者编纂原则不同，收录亦有多寡之分，梁启超认为四卷本词的编排具有编年性质。故邓先生主张以四卷本为底本，所阙的二百余阕词则依四印斋本顺序补入，另把可编年的词列表编列在书前或书后，形成一部新的稼轩词集。不过，后来出版的《稼轩词编年笺注》并未按此编纂，而改以编年分卷，不可考其编年者则附之于卷末。

信中邓先生还就辛稼轩年谱材料收集情况和将来大致的规模做了汇报。邓先生受吴廷燮《南宋制抚年表》的启发，从《四库总目提要》了解到南宋文集的情况，进而“泛观南宋各家诗文集，期能将稼轩生平及其素所交游之朋辈，尽量加以钩稽”，但“虽亦稍稍有所得，然尚无大量之发见也”，故对年谱的规模估计不足，希望能够在年谱中收录辛稼轩的诗文及其友朋相关文章，不另外单行《稼轩诗文钞存》了。

对于辛稼轩研究的后续工作情况，邓先生在 1938 年 11 月 30 日给胡适先生的信中说道：“学生于事变后并未离平，中基会方面的研究题目也照旧进行，只因旧日师友大都它往，图书之阅览通假也都格外不便，研究工作之进行，随亦时时感到困难。年余以来，所赖以解决疑难、通假书册者，唯赵斐云先生（北平图书馆善本部的赵万里——编者注）一人而已

① 《〈稼轩词编年笺注〉增订三版题记》，《邓广铭全集》第 4 册，河北教育出版社，2005，第 4 页。

(现辑得稼轩佚诗佚文，为辛启泰本所失收者，凡四五十首，赵先生助力为多)。《稼轩年谱》已于春间完成，经赵先生审阅指正之后，已将清稿寄存会中。词集笺注工作，本春方在开始，因短期内不能作完，遂又向基金会声请续予资助，因吾师与姚从吾先生均在远方，研究导师乃改由赵斐云先生担任。中经孟真、从吾二师之帮助，续请事已蒙允准。全部工作，预计于明年春假前即可毕事。”[①] 1938年春，邓先生完成《辛稼轩年谱》后，开始着力于《辛词笺注》的工作，他估计1939年春假期间就能够结束。另外，“七七事变”后，他能继续在北平研究辛弃疾，则受惠于中基会的资助。

辛稼轩研究是邓先生早期（1936~1939）学术研究的一大重心，通过辛稼轩的研究，他不但熟悉了南宋一代的文献，而且形成了以校勘、辑佚等文献考证为特色的学术特点，从而奠定了他在文史学界的地位。虽然，邓先生关于辛稼轩的研究成果多出版于抗战结束后，但其成绩此前就已为学界所推崇了。而他在书中所呈现出史学研究方法的示范意义，却并未受到大家的重视。80年代，普林斯顿大学的刘子健先生就曾对邓先生说：“研究部新生，例须略修方法，即用大著稼轩词”，并称“细释《笺注》之功力，非近年学者所能”，但“日本、西方甚至不解笺注之渊博”。[②]

(二)

孟真先生吾师尊鉴：

前闻尊体欠安，嗣复陆续由贞一、乐焕、彦堂诸先生（指史语所的劳榦、傅乐焕、董作宾——编者注）处得知医疗情形良好，近更闻已康复如常，至深欣慰。

生今春为欲校读《宋史》列传部份，拟借取《琬琰集》及《名臣奏议》二书以资勘对，于时曾有一函奉呈，嗣知二书不能借阅，乃改变计划，取《宋会要》、《文献通考》、《续通鉴长编》、《系年要录》、《朝野杂记》等书与《宋史》各志雠对。《通考》一书，本为便射策而作，以此而常为世人所轻诋，乃不料《宋史》各志竟多从该书盗袭而来，而以《职官志》及《食货志》中之大部份为尤然。《通

① 此信已收入中国社会科学院近代史研究所中华民国史组编《胡适来往书信选》（中）（中华书局，1979，第388~390页），今据《胡适遗稿及秘藏书信》（第40册，第209~212页）影印件校正。

② 《刘子健致邓广铭》，1982年11月8日，北京大学中国古代史研究中心藏，下同。

考》为私人著述，体例容有不甚谨严处，如同记一人之事而前后称谓多不同，或称名，或称字，或称谥号，《宋史》则亦漫不加察而一仍其旧。其更甚者，《通考》初刻讹误之处，如王误为黄、薛误为许、兵部误为工部之类，苟就它书稍加检照即可得所是正，而《宋史》亦唯以讹传讹。间有欲掩盖其盗窃之迹而取《通考》之文稍加颠倒删润者，则又多以卤莽灭裂而致背失本真，疏漏纰谬，所在而有，遂先取《职官》、《食货》二志为之条分件析，逐一向《通考》、《会要》各书中抉本探原，误者正之，阙者补之，未晰者诠释之。有时读《宋史》一卷，须翻读《会要》十数册，因而经常之速率，每须十日左右方可了得一卷，如是则单论《宋史》各志一百六十二卷，即绝非三二年内之所可理董毕事者，并《本纪》、《列传》、《世家》（案：《宋史》无《世家》之分类，此应指《宰辅表》及《宗室世系表》）等计之，势须视为毕生之业矣。现札记之已经写出者为《职官志考校》约十万字，《食货志考校》方成四万余字，全部写完后亦可得十万字左右，预期八月末或可成。其列传部份亦曾写就四五万字。然关于各志者须更就《山堂考索》等书中细为参稽，方可成为定稿。而《山堂考索》亦为善本之一，校读亦仍多不便，故一时尚不能缮为清本呈缴于中英庚款会中。且各稿内容，亦校勘、亦考订，亦疏通、亦证明，又复贪多务得，饾饤破碎，琐细庞杂，不成条贯，故对之极少自信，此亦须俟吾师返还此间，呈乞批示之后，方可通盘改写以徐谋刊行或呈缴也。

生于离平赴滇之后，迄于来川，中间将及年半，置身于役隶之间，积罪于应对之仪，既人人得而奴仆命之，马牛呼之，亦遂甘自暴欺，不思振奋，自分固将为奴仆马牛以终其身矣，更何读书写作云哉。故虽对中英庚款会亦缴有研究计划，而每届缴纳报告之期，则唯支吾其词以事搪塞，既有负于庚款会之资助，更大有负吾师期望之殷，此固夙夜扪心而不胜其内省之疚者也。

洎来川之后，稍得自由勾当其身心，爰于图书开箱之后，颇思尽半年之力以补足前此一年有半所应作而未作之工作。就今日所已作就之各项而论，固未能尽如所期，然此三五月之时光未再如曩昔之虚掷，则稍可告慰吾师者耳。

兹者中英庚款会之协款又届年度终了之时，既已认整理《宋史》为毕生所应从事之大业，在生之意，固极愿能继续受其协助，以便在此极平静安闲之环境中依次进行其工作，且月薪一百八十元，外加米贴五十元，以生之才学，此种待遇已为太优，似闻庚款会对协助各人下年度更有酌量普遍提高之说，则生亦或更可多得三数十元矣。然所不免于踌躇者，则生须兼顾家属数人之赡养，是实无法解决之一大问题。

生上有老母，中有妻室，下有子女，而家无恒产，均须赖生以为活，故自抵滇以来，每月均按期汇寄百元。初期寄费尚少，及去年秋每汇百元便须贴水三四十元，然其时昆明之生活程度，每月汇平所余之六七十元亦足供生一人之脚用。近半年来则以伪币之搅乱，由沪上拨款百元至平，即另须一百十元之汇水，由此间直接汇兑，则须缴纳贰百叁拾余元，在平方可收得百元，是则每月罄生之所得尚不足以使家中得款百元，而生在此间每月所缴大厨房之火食费现已达百零五元之数，洗衣理发及日常用品每月又须数十元（案：原有“之消耗”三字，后删），顾身顾家势难两全，而不得不求其两全，如此则每月所需之最低限度已不下四百元矣。庚款会既不能如中央机关津贴家属之办法，则虽提高待遇恐亦绝难达此巨额。即或可能，亦绝非生之所配领受者。闻之重庆友人则云现时政府职员所领受之直系亲属米贴，每口几及百元，米贴之数常有超过正薪数倍者，此说如确，则恰可解决生之难题，苟能谋得一政府职员之位置，即使最低之一级，每月正薪百来元，而五口之家可得米贴四五百元，亦可藉此以济一时之穷，仕非为贫也，而今则正所以为贫。然在此既无人可以商决，复恐此意不为吾师所允纳，何去何从，徘徊莫定，一切唯盼吾师能明以相教也。专此奉陈，敬祝

教安

学生邓广铭敬上　七 八

按：此信是邓先生写给傅斯年先生的现存二十七封书信中篇幅最长的一函（编号：I1473），作于1941年的四川李庄，对学界了解40年代他在昆明、李庄的研究情况帮助甚大，也是一窥抗战时后方学人生活、心态的重要史料。原信未曾分段，现据信中所论事情的性质略作分疏如下。

邓先生于1939年8月在北平完成《稼轩词编年笺注》和《稼轩诗文钞存》后，即只身南下，途经上海、香港、越南，于10月上旬抵达昆明，仍任北大文科研究所的助教。1940年11月，他随史语所迁至四川南溪李

庄。1942年2月，因家累离开李庄去重庆另谋出路，暂为中国文化服务社主编《读书通讯》。1943年秋，经傅斯年、张道藩先生介绍，得以在迁至重庆北培的国立复旦大学史学系任教。这是邓先生这几年大致的行迹。

对于此阶段邓先生的学术研究情况，以往学界引用最多的是陈寅恪为《〈宋史·职官志〉考正》所作的序文："邓恭三先生广铭，夙治宋史，欲著《宋史校正》一书，先以《宋史职官志考证》一篇，刊布于世。其用力之勤，持论之慎，并世治宋史者，未能或之先也。寅恪前居旧京时，获读先生考辨辛稼轩事迹之文，深服其精博，愿得一见为幸。"陈先生也对邓先生甚为称赞，说"其神思之缜密，志愿之果毅，逾越等伦。他日新宋学之建立，先生当为最有功之一人，可以无疑也"。而中间的"及南来后，同寓昆明青园学舍，而寅恪病榻呻吟，救死不暇，固难与之论学论史，但亦见先生当时甚为尘俗琐杂所困，疑其必鲜余力可以从事著述"[①] 多被忽略。陈先生注意到邓先生当时"甚为尘俗琐杂所困"，这种情绪在此信中表达得更为激烈："生于离平赴滇之后，迄于来川，中间将及年半，置身于役隶之间，积罪于应对之仪，既人人得而奴仆命之，马牛呼之，亦遂甘自暴欺，不思振奋，自分固将为奴仆马牛以终其身矣，更何读书写作云哉。"可见邓先生在昆明心态之一般。内中详情虽已不可考，推测应是在他担任北大文研所唯一的助教时，因被杂事所缠绕，不得"自由勾当其身心"于学术。而他之前在北平虽也曾担任此助教，但因为他后来申请到中基会的补助，按规定不得再从原单位领取薪给，也不得再担任原单位的工作，只能从该会支用这项资助金，并专力从事这项研究课题，也就未有此等烦恼了。序文最末说："惧其羁泊西南，胸次或如稼轩之郁郁，因并论古今世变及功名学术之异同，以慰释之。"陈先生为人作序，多是别有幽怀，而此序字里行间充溢对邓先生鼓励理解之情，这在陈先生所写序文中是很特别的。

信中说他在昆明时"虽对中英庚款会亦缴有研究计划，而每届缴纳报告之期，则唯支吾其词以事搪塞"，此事亦须稍做说明。邓先生到达昆明后，即获得中英庚款会所补助的研究协助金及津贴[②]，这与傅斯年先生时任中英庚款会学术研究补助金评议员有极大关系。而他当时提交的研究题

---

① 《金明馆丛稿二编》，三联书店，2001，第277~278页。

② 《傅斯年致管理中英庚款董事会》，1939年11月4日，载王汎森等主编《傅斯年遗札》第2卷，社会科学文献出版社，2014，第785~786页。

目应是1944年出版的《韩世忠年谱》，据《序例》，“本谱草创于两年前寓居昆明之时，中间作辍无常”，迄1942年春“方得完稿于四川南溪之板栗坳”。此书主要以“辑本《宋会要》，徐梦莘《三朝北盟会编》，熊克《中兴小历》，李心传《建炎以来系年要录》、杜大珪《名臣碑传琬琰集》、李幼蒸《名臣言行录》，及《宋朝南渡十将传》、《宋史》等书为主要取材之所”①，比之辛稼轩年谱的编撰，难度自不足言，但在抗战的时代背景之下，这种选题倾向也容易理解。此外，他在昆明期间，仅发表了一篇评论1940年商务印书馆影印汲古阁影宋钞《稼轩词》四卷本的书评，未能开展新的题目，所以才会“不胜其内省之疚者”。

在李庄，邓先生的研究从之前的陈亮、辛稼轩等人物研究，转向了《宋史》的校正，《宋史校正》成了他在1941～1943年的研究重心。而此转变首先与抗战期间图书借阅制度有关，北京大学和历史语言研究所的图书借阅远不如战前方便，所以需要查阅大量材料的题目只能暂时放弃。其次，与《宋会要辑稿》的购置有关。在昆明，傅斯年先生极力劝导他购置一部上海北平图书办所存大东书局影印的《宋会要》，坚定了他研究宋史的志向。即使史语所迁至四川南溪的李庄，图书开箱借阅仍有诸多不便，如邓先生原本计划先校阅《宋史》诸传，“拟借取《琬琰集》及《名臣奏议》二书”，但“二书不能借阅”，不得不改变计划，“取《宋会要》、《文献通考》、《续通鉴长编》、《系年要录》、《朝野杂记》等书与《宋史》各志雠对”，终成《职官志考正》和《刑法志考正》二编，从而奠定了他在宋代职官制度研究中的地位。

此信也是了解邓先生《宋史》校正计划的重要文献。他的工作程序大致是先以百衲本为底本进行点校，再以《宋会要》《文献通考》等相关材料校对，用小字批注异同于其上，并做出初步判断，然后再据此批注，抄录相关条文详加考订，进而“写出”文稿。信中开头所介绍的《宋史·职官志》史源的初步印象，与后来发表的《〈宋史·职官志〉抉原匡谬》、《〈宋史·职官志〉考正》自序与凡例，所论大致相同。而信中关于他《宋史》诸志校正情况的说明，如“现札记之已经写出者为《职官志考校》约十万字，《食货志考校》方成（有涂改，原作“足”）四万余字，全部写完后亦可得十万字左右，预期八月末或可成。其列传部份亦曾写就四五万字”。说明他此时的校正重心是《宋史》的《职官志》和《食货

① 《韩世忠年谱·序例》，载《邓广铭全集》第1册，第303、301页。

志》，但后来只出版了《职官志考正》和《刑法志考正》，他去世后刊载的《宋史札记（列传部分）》也应属于此时的作品，而《食货志》却未曾整理出版过。

对于李庄的研究环境，邓先生是甚为眷恋的。他“既已认整理《宋史》为毕生所应从事之大业”，“固极愿能继续受其（中英庚款会）协助，以便在此极平静安闲之环境中依次进行其工作”，但由于家累，“所不免于踌躇者，则生须兼顾家属数人之赡养”，却不得不离开这一学术圣地，去重庆谋求一职员之位。从信中亦可知后方学者的生活压力和学术研究间的两难，而邓先生与傅斯年先生之间的师生情谊亦让人深为动容。对他此时“顾身顾家势难两全”的处境，傅先生也是极力想办法帮他解决。

傅斯年先生在写给好友组织部长朱家骅的一封推荐信中，不仅大力称赞邓先生的研究能力：“此君天资聪颖，学力亦有根抵，所治为史学，著有《辛稼轩词笺证》、《宋史职官志考》等书。毕业后在中华基金会（美庚款）受津贴研治史学。抗战后，南来为中英庚款之科学补助人员，卓有成绩。”对其办事能力亦甚为赏识，“其人资致既高，亦颇经历世事也”。而且“此君甚聪颖，能做文章，史学根抵甚佳”。但因“彼之小家在北平”，“又以此间无法接洽向北平互兑款，故颇思改业，往重庆服务。论其学力，如此亦可惜，弟亦曾劝之，然彼心境如此”，希望朱家骅“能在组织部或考试院为之位置”。① 此事后未能成，傅先生又请主持中英庚款会的杭立武先生帮他介绍工作，终因离邓先生要求太远而未果，这些在其余书信中多有记载。

另外，关于陈寅恪先生序文，尚有“故事”值得澄清。荣新江在《邓恭三与陈寅恪》一文中说，此序在《史语所集刊》发表时，邓先生见序中称其为“先生”，曾请求陈先生将来收入文集时改为“君”，而蒋天枢编辑的陈寅恪论文集仍作“先生”，邓先生曾去信说明此事，蒋先生告之陈先生原稿如此，不敢改动。② 但此序实先发表在1943年3月16日邓先生主编的《读书通讯》第62期“图书评介”上，而非《史语所集刊》第十本上，序文中均写作“君”，故邓先生此处回忆应有误。而之所以会有这种误记，其实是另有“故事”的。

这就涉及40年代初期邓先生与金毓黻先生在宋史研究中的学术竞争。

---

① 《傅斯年致朱家骅》，1942年1月15日，载《傅斯年遗札》第3卷，第911页。

② 张世林主编《想念邓广铭》，新世界出版社，2012，第187页。

时在东北大学、中央大学任教的金毓黻先生在40年代初也很关注宋辽金史，撰有《宋辽金史》一书和多篇宋代制度史的论文。他的《静晤室日记》有大量阅读宋史史料及其心得的记载，如1941年9月21日“日来勤于读书”，“阅《宋会要·职官类》五十余册，《兵类》二十余册，以《职官类》所得最多，而《兵类》则否，以其残缺耳。”10月2日“《宋史》诸志脱落极多，且首尾不甚串贯，如就《会要》、《通考》、《长编》三书寻得资料之来源，则可校正《宋志》之脱误，而使之文从字顺，一览无余。从事于此，须有相当之岁月，并非一蹴可几”①。其基本思路、做法实与邓先生的《宋史》诸志校正类似，而他们关注宋代职官制度的时间也难分先后。

邓先生1942年去重庆谋职之后，6月初曾特意去中央大学拜访过金毓黻先生，相信他们对彼此的研究都有所了解。他在给傅斯年先生的信中说：“生上周往访金静安先生（金毓黻字静安），当时渠以急于参加校内之某项会议，未得多谈。渠之《宋代官制研究》一稿，现已交《文史杂志》陆续发表，其作法不尽与生之《职官志校稿》相同，然亦间有略相似者。”② 已经注意到金先生的宋代职官制度研究与其相似性。邓先生的《〈宋史·职官志〉抉原匡谬》虽已在1942年4月份的《文史杂志》第2卷第4期发表，但毕竟只是就《宋史·职官志》的问题稍作“匡谬”，不足以窥见他全部的研究内容。所以他希望能在《史语所集刊》上早日刊登此文，如因正文太长，“只盼《序》、《例》能早日印出，以免它日有抄袭金先生著作之嫌”。7月15日，他致傅斯年先生信中又说，“生之稿件，当即再作删削，期正文不超过八万字为度。……《集刊》中如能分期编入，自所深盼，否则只需印出《序》、《例》，得后日免于抄袭某公某书之嫌，则正文暂置不印，亦无甚要紧也”③。后来，邓先生在重庆负责《史语所集刊》第十本三四分诸文的校对，其文即已收入第十本四分中。

陈寅恪先生的序文作于1943年1月27日桂林的广西大学，可能原本也是准备在《集刊》上发表的，但《集刊》第十本四分迟至1943年7月10日才由中央文化驿站出版，自于邓先生之焦灼不称。故可能在征得陈先生的同意，在他所主编的《读书通讯》上先行发表陈先生序文和他的《自

① 金毓黻：《静晤室日记》第6册，辽沈书社，1993，第4801、4811页。
② 《邓广铭致傅斯年函》，1942年6月12日，傅斯年图书馆藏傅斯年档案，编号：I1478。
③ 《邓广铭致傅斯年函》，1942年7月15日，傅斯年图书馆藏傅斯年档案，编号：I1482。

序》，并在末尾加了按语，说他的《宋史职官志考正》即将在《集刊》第十本四分刊布，而陈先生原稿应作“先生”，发表时据邓先生请求改为“君”。不过，陈先生为人作序，似乎只有他的学生才被称为“君”，其余多称“先生”。另外，陈先生所写序文，有五篇之多就发表在《读书通讯》上，这应与邓先生主编此刊有关。笔者推测情形大致如此，邓先生的回忆之误亦有所因。

三 致杨志玖先生

佩之学长：

来书奉悉。

《王安石》第七页引用宋太宗的话，和《纲要》中册第十三页引用的宋太宗的话，所注出处都有问题，而这两处的问题全都是由我制造出来的。当编写《纲要》时，最初一概未注出处，后来决定补填，而且事出匆忙，当时手头正无《长编》，只因记得《宋绶传》中也有类似的一段记载，也来不及再加核对，便把宋传作为出典了。在写《王安石》时，又觉得《长编》所载宋太宗的这段话，似不及《杨文公谈苑》所载之原始而且明确，于是就从《皇朝事实类苑》中转引了《谈苑》中的那段记载。但谈话时间却只有《长编》可据，于是文字虽抄用《谈苑》，发言年月则照《长编》标出。今承指出，拟即待此书再印时，在引文之后加括号注明“字句全据《谈苑》”云云一句，以补救这一疏失。

王安石画像下突然提出王安上之名，确实容易引致人的怀疑。在京友朋即有不少人与我当面提及此事。此亦当于再版时加以补救。

方腊对“是法平等，无有高下”的读法，我们也是采用庄季裕《鸡肋编》所载，把“无”字属上句，用以表明起义群众对宋王朝和佛教所订立的“法”，是只有高下之分而并无平等的。“平等”之说虽较流行，但如此解释，想也不至遭受批评吧。

宋江问题目前确不易处理。来信说我们这里对此事有看法，那是在七四年评论《水浒》刚开始时候的事。那时我们只根据《折可存墓志铭》和《桂林方氏宗谱·方庚传》中所载，以为历史上的宋江应与《水浒》上的宋江分别看待。但同时也以为，评论《水浒》这一运动，其主攻方向在于宋江的一心想受招安。若提出历史上的宋江并未受招安之说，便不免混淆了视听，干扰了运动的大方向，所以以后便不再谈此事。我们所编写的教材初稿中，对此事是采取了避而不谈的办法。我目前尚未改到此段，在我的考虑中是想在方腊起义之下，只笼统地叙述一下北方人民反抗北宋王朝的斗争，而不提具体领导人，不知这样做妥当否？（有的提为“梁山泊农民起义”，似乎不太合适，而且与历史事实并不符合。）

专此布复，顺致

敬礼！并问嫂夫人好！弟邓广铭　六月廿七日

按：杨志玖先生（1915～2002），字佩之，南开大学历史学系教授，长于隋唐史和蒙元史。1934 年从山东考入北京大学史学系，1939 年考入北大文科研究所。邓先生 1932 年已考入北大，1939 年时已任文研所的助教。信中称“佩之学长”，这是前人书信往来的一种礼节，不能据此认为杨先生是邓先生的“师兄”。

《王安石》是邓先生的代表作之一，前后写过四次（1953、1972、1979、1997），此为第二次改写后的情况。信中说《王安石》第七页引宋太宗论内忧外患的材料和王安石画像下的说明文字均有问题，查唯有 1975 年 7 月人民出版社印行的《王安石：中国十一世纪时的改革家》与此合，1979 年版的《王安石》已经做了更改。而此信尚留有信封，邮戳时间作 1976 年。故此信只能写于 1976 年 6 月 27 日。杨先生记为 1974～1975 年间①，实有误。从邓先生关于一条史料出处的检讨中，也能看出即便是在无法从事正常学术活动的特殊年代，老辈学者对史料的认真态度也未曾改变。

农民战争史是新中国建立后历史研究中的“五朵金花”之一，吸引了众多学者参与讨论，北宋末期的宋江和方腊起义是其中重要组成部分。但关于宋江和方腊起义的史料不多且有歧义，这样就不免产生争论。而毛泽东对《水浒传》的评论意见，确定了讨论宋江起义问题的基调。如何在不违背史料所记载的“历史事实”情况下，又不触犯当时的“政治指示”，是当时学者经常遇到的难题，避而不谈或大而化之是他们常用的一种应对之策。

---

① 杨志玖《对学长的追念》，载《仰止集——纪念邓广铭先生》，河北教育出版社，1999，第 48 页。此信末尾有“75？（邮戳是 1976）”，应是杨先生在寄给邓家时记下的困惑。

对于方腊和宋江问题的处理，邓先生既要坚持取信于当时的史料，又为了避免“遭受批评”“混淆视听”“干扰运动大方向”，对可能会触犯政治方面的问题进行了自我审查和淡化处理。此信是了解“文革”时期学者的心态和研究状况的重要文献。

四　致刘子健先生

子健先生：

顷接手示，具知蒙以影印本《续通鉴长编》、《长编人名索引》等书见贻，十分感激。来信复提及，今后还可以陆续买寄有关图书，盛情关怀，难以言谢。然屡蒙惠赠，未免却之不恭，受之有愧，是否今后您多以大作见示，坊间刻本、国内易购置者即不宜再劳您费神、破费了。至于公家之间的图书数据的交换，国内设法筹款赠书等事宜，且俟与校方领导计议后再做较为具体的答复，此事或许需略拖若干时日。但您一番美意，我一定及时向校方领导转达。

关于唐宋研究中心与国外相应学术机构建立联系事，来信提出了很好的设想。你对于唐宋史研究的重要意义，做了极扼要的论述，我完全同意。您想把研究中国史的真正中心，而且是现代化的中心，重新在国内建立起来的良好愿望，我十分钦敬。（编者按：原有“我愿意大力尽自己全副力量加以支持”，后删）依照前嘱，我即将向周培源校长转达您的建议。诚如来信所说，中美建交，两国签订科技和文化协议，已为两国学术交流开创了有利的条件，今后社科方面和文化交流活动也一定会频繁起来。前景如此，“唐宋研究中心”似宜在具体项目上，例如，哪些项目可以中外配合，甚至在哪些项目可以分工合作等等，先有所考虑，然后再向有关领导提出与国外建立联系的具体方案。这有助于做到来信中所说的“筹备之较有把握”。然而，今年国外关于唐宋史方面的研究情况，国内仅有大致了解，如贵校东亚研究中心所出之《宋代研究通讯》（Sung Studies Newsletter），法国巴黎高等研究所出之《欧洲研究中国联系中心会刊》（Bulletin de liaison pour les études chinoises en Europe），国内卷帙不全，因而对国外研究唐宋的具体人、具体工作不尽清楚，因而一时难以提出具体考虑。您个人能事先提供某些学习性质的数据，当对促进今后中外学术联系上起莫大作用。至于异日“唐宋研究中心”与国外有关学术机构的建立联系的集体重任，自然更需您鼎力相助。

您的大作发表后，当尽快寄上。专此布复，顺颂

安吉！

按：刘子健先生（1919～1993），美国普林斯顿大学东亚系教授，著名宋史学者。改革之初，他即利用其身份和社会关系积极推动海峡两岸和香港之间及大陆与海外的学术交流。刘先生 1979 年 3 月 9 日来信开头即说“顷奉三月一日来信”，又说及“《续长编》全部收到，好极”，与此信内容相合，知此信写于 1979 年 3 月 1 日，但应属于邓先生之底稿。

此信写于“文革”结束后不久，中国学术界正是百废待兴。邓先生当时已出任北京大学历史系主任，他最为急迫的任务，除了整顿北大历史系，振兴北大的教学与学术研究外，如何提高国内宋史学界的研究水平、建立海内外的学术联系也是他极为关心的。

刘先生在 1978 年夏天回国之际，就曾建议邓先生是否在北大成立一个“唐宋研究中心”，因为“中国史书的绝大分水岭、划期的演变是唐宋时代”。并且提出愿意做个“在外友好”，“先向美国、德国、日本各研究中心，做铺路的任务，使北大的‘唐宋研究中心’立即取得国际上的重视，交往和合作，把研究中国史的真正的中心重新在国内树立起来！而且是现代化的中心。”（《刘子健致邓广铭》，1979 年 1 月 29 日）1982 年，北大历史系中国中古史研究中心的成立，在某种程度上可视为这一设想的实现，刘子健先生的发起之功是不应被忽视的。

刘先生不仅馈赠北大国内稀见的台湾、日本出版的史籍和工具书，而且极力推动美国唐宋史学界组团访华，以促进中外学术交流。在他的积极奔走之下，举办了一系列具有标志性意义的学术会议，如 1980 年秋在中国社会科学院召开的“1000 至 1900 中国社会和经济史”中美学术会议，1984 年在香港中文大学召开的第一届国际宋史研讨会等，逐渐打破中外学术界长期封闭隔离下形成的隔膜。

邓先生后来对此评价道：“久居国外的历史学家，第一个回到大陆，把欧美历史学界的各种流派、各种思潮，向我们作了简要介绍的，也正是子健先生。”① 刘先生不仅对国内史学界的发展进言献策，而且积极寻求在国内学术期刊上刊布其论著，来就教国内学界。邓先生与刘先生作为中外

① 《〈刘子健博士颂寿纪念宋史研究论集〉前言》，载《邓广铭全集》第 10 册，第 165 页。

宋史研究的领袖人物，他们的书信往来，不仅关涉个人的学术研究，更影响到整个宋史学界，甚至整个史学界。可惜目前只有刘子健先生致邓先生信，邓先生的往函尚未能收集到，此信是唯一的一封往函底稿，故弥足珍贵。

附记：文中所引傅斯年档案中的信函，均已获得史语所傅斯年图书馆的授权，谨致谢意。

书　评

兼高明而尚沉潜

——《瞿林东文集》评介

曲柄睿

（北京师范大学历史学院、史学理论与史学史

研究中心，北京　100875）

北京师范大学资深教授瞿林东先生的《瞿林东文集》，由北京师范大学出版社于 2017 年 9 月出版。全书共分 10 卷，分别是：第 1 卷《中国史学的理论遗产：从过去到现在和未来的传承》，第 2 卷《中国古代史学批评纵横》（外一种），第 3 卷《史学在社会中的位置》（外一种），第 4 卷《中国史学史纲》，第 5 卷《中华史学志》，第 6 卷《魏晋南北朝隋唐史学》，第 7 卷《唐代史学论稿》（增订本），第 8 卷《20 世纪中国史学论集》，第 9 卷《白寿彝与 20 世纪中国史学》，第 10 卷《走进我们共有的精神家园——近三十年史学演讲录》。

《瞿林东文集》（以下称《文集》）是作者四十年来学术研究的主要成果，主要体现了四个方向的学术旨趣：一是研究中国史学的理论遗产，包括关于中国古代史学批评的研究；二是研究中国史学史，包括通论的、断代的和 20 世纪的中国史学；三是论述史学与国家、史学与社会、史学与人生修养的关系；四是论述史学师承。各个方向的成果各自独立又互相联系，各有特色又交相辉映。《文集》是瞿林东先生多年治学思考的结晶，也是史学理论与中国史学史领域在学科建设上取得的重要成果。

《文集》反映出了作者明确的治学宗旨，即：第一，尊重史学遗产，努力发掘和继承史学遗产中的优秀成果，在继承的基础上不断开拓新的研究领域；第二，继承中国史学的通史家风和白寿彝先生的“主通”的史学思想，在通叙中国史学史发展的历程及其成就方面，做出自己的努力；第

三，继承并发扬刘知幾、杜佑、司马光、顾炎武等古代史学家关于史学经世致用的史学思想，和白寿彝先生强调历史感与时代感相结合的治史理念，贯彻史学有用于世的学风，推动史学走向社会、走向大众。

瞿林东先生数十年的学术研究经历，与中国史学史学科的发展兴盛密不可分。《文集》几乎涵盖了中国史学史学科的各个方面的问题。《文史通义·答客问中》提到“高明者多独断之学，沉潜者尚考索之功”，以之形容作者的工作，以及其代表性成果——《瞿林东文集》，再恰当不过了。阅读、学习、研究本书，既能了解瞿林东先生的学术生涯，又能由此了解中国史学史学科的演化历程、经典问题和前沿热点。

一　考辨精详的专家之学

瞿林东先生的史学史研究之路，始于唐代史学。从1978年到1988年，他陆续撰写了二十余篇关于唐代史学的文章，形成《唐代史学论稿》，即《文集》第7卷的基础。十年的学术生涯，用作者的话说，是“窗前、灯下、酷暑、严寒，不敢懈怠，并非是很轻松地度过来的”。[①] 正因为经过如此艰苦的探索，这部书奠定了作者在中国史学史领域的学术地位，也为他继续在更广的范围及更深的领域探索中国史学史，打下了坚实的基础。可以这样说，要了解瞿林东先生的学术之路，体会他的史学观点和史学史方法，都应该从这部著作入手。

《唐代史学论稿》体现了作者精深的文献功底和史学素养。众多文章无论是涉及史家生平、史籍真伪，还是史体交替、史学流变，都考辨精详，言而有据。

《论吴兢——纪念吴兢逝世1230周年》一文，考察了吴兢生平与《贞观政要》的特点，指出吴兢史学上的长处是“叙事简赅”和“直书不讳”。《贞观政要》的成书年代，自宋代陈振孙以来，结论就模糊不清。作者分别从吴兢历官，书中提到同时代人以及进书年代等角度反复考证，得出“《贞观政要》的成书，当在唐玄宗开元后期，或在开元、天宝之际”这一结论。[②]

---

① 瞿林东：《唐代史学论稿（增订本）·自序》，《瞿林东文集》第7卷，北京师范大学出版社，2017，第5页。

② 瞿林东：《唐代史学论稿（增订本）》，《瞿林东文集》第7卷，第358～361页。

《论〈通典〉在历史编纂上的创新》就《通典》而发，详细考证通典历史编纂上的三个特点，“主会通”“立分门”“重议论”，对当时学界一些看法做了辩驳。针对李宗邺提出的“在唐朝初期，就盛行编纂典制书及类书”，并举《唐六典》《稽典》《唐典》《太宗政典》为例的观点，[①] 作者逐一回应。他认为《稽典》《唐典》《太宗政典》等书，很难说是典制史著作。因为《旧唐书·王彦威传》记载“（彦威）纂集国初（以）来至贞元帝代功臣，如《左氏传》，号曰《唐典》”，[②] 说明《唐典》是编年体史书，而非“典制书”。且王彦威活动于唐宪宗至武宗年间，其书晚于《通典》，不可能成为《通典》的史源。又《新唐书·艺文志》将《稽典》和《太宗政典》归入乙部“杂史类”，而将《通典》《政典》归入丙部“类书类”，说明各书在体裁上有区别。作者又举何之元《梁典》、元行冲《魏典》、王逸《齐典》等书为例，强调“唐以及唐以前的史家，以‘典’名其书者不乏其人，但它们所以名‘典’者并不都是‘典制书’”，[③] 考辨精当。在此基础上，作者论述《通典》的史源和特点，就更具有说服力了。

此外，《〈帝王略论〉——唐初史论的杰作》《说〈通历〉》《韩愈与〈顺宗实录〉》等文章，或涉及佚文辑补，或涉及文本比勘，或涉及史事考订，表现出作者深厚的历史文献学功底。凡此，都可以视作瞿林东先生对史学遗产的重视。白寿彝先生曾著有《谈史学遗产》，强调要重视研究“史料学”“历史编纂学”及“史学家和史学著作”。[④] 广泛搜求史料、考辨史料的真伪，在此基础上讨论史籍的形成与史家见解，应该是研治史学史的基本路径。北京师范大学的学者一贯重视史料。老校长陈垣先生“竭泽而渔”式地占有史料，已经广为学界所知。而更应该注意的是：只有在广泛占有史料，精当地考辨史料的基础上，才可能做出准确的判断，才可能提出具有更长时段和更广范围内的结论。陈寅恪先生《陈垣元西域人华化考序》评价陈垣先生“材料丰实，条理明辨”，而后及“分析与综合二者俱极其工力”，[⑤] 正是此意。

---

① 李宗邺：《中国历史要籍介绍》，上海古籍出版社，1982，第308页。

② 《旧唐书》卷一五七《王彦威传》，中华书局，1975，第4157页。

③ 瞿林东：《唐代史学论稿（增订本）》，《瞿林东文集》第7卷，第394页。

④ 原刊《学步集》，引自白寿彝主编《中国史学史》（第1卷），上海人民出版社，2006，第257、260页。

⑤ 陈寅恪：《陈垣元西域人华化考序》，载《金明馆丛稿二编》，生活·读书·新知三联书店，2015，第270页。

二 体大精深的贯通之学

瞿林东先生特别重视史学和社会之间的关系。《唐代史学论稿》（增订本）的《唐代谱学和唐代社会》一文，最能体现上述特点。文中，他考察了唐代重要的谱学家和谱学著作，认为唐代谱学和唐代的士庶斗争有密不可分的联系。经过分析唐代不同阶段对待谱学的不同态度，瞿林东先生得出结论："唐代的谱系之学（特别是官修谱牒）是政治斗争的工具，是为最高统治集团加强中央集权、调整地主阶级各阶层相互关系（主要通过提高庶族地主地位、限制士族地主势力发展以造成士、庶合流的新关系）服务的。"[①] 在此基础上，他提出带有一般性认识的结论，即"中国封建（社会）史学固然有其基本的、一般的发展规律；但它在每一个发展阶段上，却往往会显示出某些不同于其他阶段的特征。例如，谱系之学就是魏晋至隋唐这一时期封建（社会）史学的重要特征之一"。这一观点，无疑已经突破了唐代史学的范畴，上升到中国古代史学发展整体规律的层面上了。准此，对于作者提出的一些具有贯通性意义的观点，也应该引起读者的重视。

《唐代史学论稿》（增订本）的前三篇论文，《盛唐史学的总结性工作》《中唐史学发展的几种趋势》《晚唐史学的特点与成就》，分别讨论盛唐、中唐、晚唐史学发展的情况。作者认为，盛唐时代对史学的重视，首先体现在唐高祖《修六代史诏》、唐太宗《修〈晋书〉诏》和唐高宗《简择史官诏》对史学社会作用的认识上。此后，盛唐时代纪传体史书编纂取得了很多成就。盛唐形成的纪传体史书对少数民族政权、南北关系，以及历史经验都形成了与盛唐社会环境相匹配的观点。[②] 讨论中唐史学发展的几种趋势时，作者特别注意到了中唐时期通史撰述上的新成就。[③] 讨论晚唐史学的特点与成就时，作者注意到了晚唐史家为人立传的价值标准是重视功名善恶，"同盛唐时期刘知幾所强调的'君子'与'小人'的区别有很大的不同，同中唐时期杜佑所赞成的'黎庶'与'权贵'的界限也有相异之处"[④]。此论大有意境，值得反复琢磨。史学体裁方面，作者也注意到

---

① 瞿林东：《唐代史学论稿》（增订本），《瞿林东文集》第7卷，第158页。

② 瞿林东：《唐代史学论稿》（增订本），《瞿林东文集》第7卷，第13～23页。

③ 瞿林东：《唐代史学论稿》（增订本），《瞿林东文集》第7卷，第35～41页。

④ 瞿林东：《唐代史学论稿》（增订本），《瞿林东文集》第7卷，第48页。

了编年体史书在晚唐取得了突出成就。上述观点，有助于学者了解唐代史学的发展态势，并在此基础上形成自己的见解。

以唐代史学研究为基础，瞿林东先生的通史视野上溯至魏晋南北朝史学，其具体代表就是《魏晋南北朝隋唐史学》。是书原为白寿彝先生主编6卷本《中国史学史》第3卷，于2006年出版。自《唐代史学论稿》出版以后，瞿林东先生在魏晋隋唐史学领域继续耕耘，向上贯通，积十余年之功，形成了一部视野更为开阔、内容更加翔实的力作。

《魏晋南北朝隋唐史学》在史学撰述的角度讨论了正史，通史、地方史和民族史，谱牒之学，起居注、实录、国史及会要，《史通》与《通典》，历史文献学等问题；在史学思想的角度讨论了历史思想的特点及主要成就，史学思想和史学方法等问题。举凡魏晋南北朝隋唐史学的主要问题，是书均有所涉及。关于范晔《后汉书》，关于《汉书》学，关于苏冕《会要》，作者多发精彩之论。而最值得重视的是，是书开篇即概括魏晋南北朝隋唐时期的历史形势与史学发展的特点，给读者提供了贯通性的历史解释。作者认为这一历史时期的史学发展，经历了三个阶段：第一阶段是魏晋南北朝时期，其特点是“私人著史之风大盛”；第二阶段起于唐初议修前朝史及正式设立史馆主管修史事宜，迄于唐玄宗开元初年撰成《姓族系录》，其特点是“官修史书显示出优势”；第三阶段起于玄宗年间重修礼书，迄于唐末，其特点是礼书和制度史撰写活跃①。作者总结出魏晋南北朝史学发展的特点：“从私人撰史的兴盛到官府修史的发达”“史书种类与数量的迅速发展”“‘正史’地位的突出”“家史、谱牒和别传”“佛教史学的兴盛”“地方史、民族史位置的日益提高”以及“创新意识与批评意识的增强”②。以上见解，既是在掌握这一时间段史学全貌后做出的概括，又是凝结作者思考的结晶，有较强的原创性。

在全面展示魏晋南北朝隋唐史学特点的同时，作者将“通史”的态度又推进到史学理论的层面。这项工作，可以看作自《唐代史学论稿》酝酿期间，至《魏晋南北朝隋唐史学》形成之间逐步进行的。

在《魏晋南北朝隋唐史学》一书中，作者设立《历史思想的特点及主要成就》与《史学思想和史学方法》两章，展示魏晋南北朝隋唐时期的历

① 瞿林东：《魏晋南北朝隋唐史学》，《瞿林东文集》第6卷，第13~24页。

② 瞿林东：《魏晋南北朝隋唐史学》，《瞿林东文集》第6卷，第24~37页。

史思想和史学思想的特点及发展趋势。在历史思想部分，瞿林东先生主要关注这一时期的天人关系、历史人物评价、君主评价、历史认识与治国论、兴亡之辩、民族观及朴素的历史进化思想、关于国家起源和历史进程等问题。在史学思想部分，他又将目光侧重于史学的经世作用、史学批评意识、体裁与求真、历史比较方法的运用等问题。一系列主题的设计，是对魏晋南北朝史学发展理论上的贯通性的展示。

此后，瞿林东先生又完成了《中国史学史纲》（《瞿林东文集》第 4 卷），作为他全面研究中国史学史的成果。是书在体例上，继承了白寿彝先生对中国史学史的认识，包括："史学的兴起——先秦史学""正史的创立——秦汉史学""史学的多途发展——魏晋南北朝史学""史学在发展中的转折与创新——隋唐五代史学""历史意识与史学意识的深化——宋辽金史学""多民族史学的进一步发展——元代史学""史学走向社会深层——明代史学""史学的总结与嬗变——清代前期史学""史学在社会大变动中的分化——清代后期史学""史学的深刻变革——近百年来中国史学发展主要趋势"。重视不同历史时期史学的发展特色，展示中国史学发展的全貌，是此书最显著的特点。正因为如此，是书自 1999 年出版以后，又印行了三次，成为内地和台湾一些高校历史系的中国史学史课程教材或必读参考书。

实际上，在思考魏晋南北朝隋唐史学的具体问题时，瞿林东先生已经将目光投射至整个中国古代史学，并形成了一系列有分量的学术成果。其间，固然有许多具体的史学问题，但是更主要的是以理论问题带动具有一般性意义的研究。如要更全面地认识瞿林东先生的贯通之学，就必须进入他的理论体系内部。

三　中国史学史的理论建设

瞿林东先生对中国史学史学科的理论建设，着重体现在《文集》第 1 卷、第 2 卷、第 5 卷，即《中国史学的理论遗产：从过去到现在和未来的传承》（2005 年初版）、《中国古代史学批评纵横》（1994 年初版）、《中华史学志》（1998 年初版）。从出版的先后顺序能够看出，瞿林东先生中国史学史学科理论体系的建立过程。

瞿林东先生受陈启能研究员的启发，最早在 1987 年就开始关注"史学理论"与"历史理论"的区别，其代表作就是《史学理论与历史理论》

一文。[1] 通过此文，他试图区分“史学理论”和“历史理论”概念的内涵。他认为“历史理论”是“人们在研究宏观历史过程中积累和概括出来的理论，如历史发展的阶段性、规律性、统一性、多样性，历史发展的趋向，以及对重大历史现象和众多历史人物的评价的原则与方法”。“史学理论”是“人们在研究史家、史书、史学流派、史学思潮等史学活动和史学现象过程中积累和概括出来的理论，如史学的目的、史家的修养、史书的编著、史学发展的阶段性和规律性、史学在社会实践中的作用”。[2] 不过，这篇短文纯粹从理论角度讨论两种概念的不同，抽象性很强，例证却很少。表明作者对于概念的研究，尚处于初步阶段。在文末，作者提出进一步的研究重点应放在：“史学理论研究的内容是什么？历史理论研究的内容是什么?”意即讨论两种概念的外延。作者未来的研究，确实是从此发端的。

到了《中国古代史学批评纵横》一书，瞿林东先生开篇就提出了“中国古代史学批评是中国古代史学理论的一个组成部分，史学批评的发展在很大程度上推动了史学理论的发展”[3]。因而，是书可以视作作者开始尝试用中国史学的材料解答“史学理论”研究内容的范围。“史学理论”，是作者理论探索的最初着眼点。

在《中国古代史学批评纵横》中，作者讨论了“直笔与曲笔”“采撰的得失”“史法和史意”“天与人及天人之际”“人意·时势·事理”“会通与断代”“读史当观大治乱得失”“史学的审美”“史论的艺术”“心术与名教”“国史·野史·家史的是非”“比较与批评”“时有古今、述有体要”“素养·职责·成就”“鉴识和探赜”“史学批评家的历史命运”“史学批评的社会意义”等问题。举凡史学领域的重要议题，无不囊括其中。而史学批评的工作，体现了作者对“史学理论”这一概念外延的深入思考。

《中国古代史学批评纵横》的《导论》部分，出自瞿林东先生的《中国古代史学理论发展大势》一文。[4] 在原文中，作者初步提到“史学理论”指“史家对于史学自身的认识”，而“历史理论”则是“史家对于历史的

① 瞿林东：《史学理论与历史理论》，《史学理论》1987 年第 1 期。

② 此文亦收入瞿林东《中国古代史学批评纵横》（外一种），《瞿林东文集》第 2 卷，第 302 页。

③ 瞿林东：《中国古代史学批评纵横》（外一种），《瞿林东文集》第 2 卷，第 3 页。

④ 瞿林东：《中国古代史学理论发展大势》，《历史研究》1992 年第 2 期。

认识”。[①] 虽然如此，全文的重点仍然在“史学理论”方面。文中，瞿林东先生系统论述了中国古代史学理论的发展演化过程。进而他认为，系统的史学批评理论的提出，标志着中国古代史学理论的形成。魏晋南北朝时期，史学家、文学家、政治家都提出了一些史学理论上的认识。举其中重要者，有三点：第一，关于史书体例的认识，代表者是杜预的《春秋左氏传序》；第二，关于历史评论的认识，代表者是范晔的“精意深旨”“笔势纵放”的要求，以及认为史论的“正一代得失”的作用；第三，提出了一些史学批评原则，代表者是《文心雕龙·史传》。同时，有三种主要的史学批评方法：第一，比较的方法。如张辅、范晔论司马迁、班固优劣；第二，连类列举的方法，如袁宏《后汉纪序》提到的“言行趣舍，各以类书”；第三，考异的方法，如裴松之《三国志》注。[②] 经过如上的积累，出现了系统的史学理论著作，即刘知幾的《史通》。瞿林东先生概括，刘知幾系统的史学批评理论主要有以下五点：第一，关于史书内容的范围；第二，关于撰史原则；第三，关于史书的体裁、体例；第四，关于史书的文字表述；第五，关于史家作史的态度。他认为，刘知幾的《史通》“标志着古代史学理论的形成，也是古代史学发展的新阶段”，与之相表里的“史才三长”，是“史学家自我意识的新发展，精神境界的新的升华”。[③] 可以说，关于“史学理论”的各个外延，瞿林东先生基本都找到了中国古代史的例证加以说明，使得这一概念不再停留在设计层面，而是有了实践的意义。

瞿林东先生从史学批评的角度认识中国古代的史学理论，是作者从历史研究向史学研究转向的关键一步。经由此，作者过去针对魏晋隋唐史学的专题式的讨论，升华为针对整个中国古代史学理论的讨论。也正是由此，作者开始进一步辨析“历史理论”和“史学理论”的区别。

在《中国古代史学批评纵横》的附论部分《中国史学发展概说》中，瞿林东先生又提出了“历史意识”和“史学意识”的区别。他总结历史意识包括“认识到历史、现实、未来的联系”，“认识到历史是变化的”，“肯定历史在变化中的进步”，以及“认为历史可以为现实提供借鉴的思想”。作者讨论的史学意识主要限定在先秦时期，主要内容则包括“重视

① 瞿林东：《中国古代史学理论发展大势》，《历史研究》1992年第2期。

② 瞿林东：《中国古代史学批评纵横》（外一种），《瞿林东文集》第2卷，第11~12页。

③ 瞿林东：《中国古代史学批评纵横》（外一种），《瞿林东文集》第2卷，第14页。

史书的结构和文辞”，“重视史家对史事的评价”，“推崇‘书法不隐’的精神”，“提出了史学发展同历史发展的关系的初步认识”“提出了对历史撰述的社会条件、社会目的和社会作用的认识”，以及“提出了事、文、义这三个史学上的重要范畴”。司马迁又表达了史学不应中断的自觉的史学发展意识。[①] “历史意识”和“史学意识”的相互区别，可以视作自史学批评催生的，作者对历史理论和史学理论相互区别的新观点。他已经注意到，在理论体系内部，可以按照研究对象的不同，做出更为具体的区分。

在《中华史学志》一书中，瞿林东先生进一步明确了“历史意识”和“史学意识”的概念。“历史意识”是“人类在文明发展过程中产生出来的对自身历史的记忆和描述，并在求真求实的基础上从中总结经验、汲取智慧，进而以其用于现实生活的一种观念和要求”。[②] “史学意识”则是“人们（尤其是史学家们）对史家的活动和思想、史书的撰写及其与社会的关系，以及对这些活动、思想、撰述、关系等方面的历史过程与经验积累的认识和评价”。[③] 很明显，“历史意识”是在客观历史的基础上形成的，“史学意识”则是在主观史学活动的基础上形成的。二者的形成基础和适用范围并不相同，讨论的问题也自然有所区别。

在“历史意识”和“史学意识”的基础上，瞿林东先生又提出了“历史观念”与“史学理论”两个概念，他特别通过这两个概念的研究范畴，标识二者的区别。

“历史观念”的基本范畴与主要问题大致有：

——天命与人事的关系，人意、时势、事理的作用，这些是关于历史变动的原因及探求其中内在之“理”的观念；

——古与今的关系，循环与变化的关系，这些是关于历史与现实之联系，以及历史是否在变动中不断进化的问题；

——人君、将相和其他各种人物及民众在历史变动中的作用，这是涉及杰出人物和人民群众之历史地位的评价问题；

——历史鉴戒思想和多民族同源共祖观念。[④]

“历史观念”包含的内容，已经具备了瞿林东先生日后“历史理论”

① 瞿林东：《中国古代史学批评纵横》（外一种），《瞿林东文集》第 2 卷，第 183 ~ 190 页。

② 瞿林东：《中华史学志》，《瞿林东文集》第 5 卷，第 318 页。

③ 瞿林东：《中华史学志》，《瞿林东文集》第 5 卷，第 321 页。

④ 瞿林东：《中华史学志》，《瞿林东文集》第 5 卷，第 205 页。

讨论范畴的基本雏形。此前在《中国古代史学批评纵横》中出现的本属于“史学理论”范畴的“天与人及天人之际”“人意·时势·事理”，被归入“历史”范畴了。作者的观点进一步深化、凝练。

“史学理论”的基本范畴主要体现为刘知幾提出的“史才、史学、史识”，章学诚提出的“史德”，以及章学诚区分他与刘知幾所提出的“史法和史意”。① 围绕“史学理论”，瞿林东先生设定了几个具体的讨论问题，包括“书法和信史”，“采撰与历史事实”，“史论艺术与历史见识”，“史文表达与美学要求”，“史学的社会功能”，“史学批评的标准和史学批评方法论”等等。②

至此，“历史”和“史学”，客观与主观的界限越来越清晰，各自讨论的范畴也越来越明确。而后，《中国史学的理论遗产：从过去到现在和未来的传承》的出版，标志着瞿林东先生“历史理论”和“史学理论”概念的正式形成，他对于中国史学史学科理论建设也就此发展成熟。

《中国史学的理论遗产：从过去到现在和未来的传承》中《中国古代历史理论发展大势》一文，原发表于《河北学刊》2011 年第 6 期。此前作者更有《略论中国古代历史理论的特点》（《学术研究》2004 年第 1 期）一文，即收入《中国史学的理论遗产：从过去到现在和未来的传承》中“中国古代历史理论的特点”一节。两篇文章互相关联，共同展示了作者对中国古代历史理论发展脉络的认识。

在《中国古代历史理论的特点》亦即《略论中国古代历史理论的特点》中，作者提出：“中国古代史学的理论遗产包含两大部分，一个部分是人们关于对客观历史的理论性认识，这就是本文所说的历史理论；还有一个部分是人们关于对历史学的理论性认识，我们称之为史学理论。”③ 之后，作者举兴亡论、君主论和封建论等为例，简单讨论了历史理论的基本范畴。此外，作者还提到天人关系、古今关系、地理条件与社会发展的关系以及民族、国家等问题，也是历史理论问题。④“历史理论”的概念、基本范畴，已经较此前的“历史意识”更为全面具体了。

---

① 瞿林东：《中华史学志》，《瞿林东文集》第 5 卷，第 325 ~ 336 页。

② 瞿林东：《中华史学志》，《瞿林东文集》第 5 卷，第 336 ~ 395 页。

③ 瞿林东：《中国史学的理论遗产：从过去到现在和未来的传承》，《瞿林东文集》第 1 卷，第 56 页。瞿林东：《略论中国古代历史理论的特点》，《学术研究》2004 年第 1 期。

④ 瞿林东：《中国史学的理论遗产：从过去到现在和未来的传承》，《瞿林东文集》第 1 卷，第 60 ~ 66 页。瞿林东：《略论中国古代历史理论的特点》，《学术研究》2004 年第 1 期。

到了《中国古代历史理论发展大势》中，作者讨论了自先秦至明清各个时代，中国古代历史理论形成、发展、繁荣的过程。按照《中国古代历史理论的特点》等文中提及的“历史理论”的基本范畴，结合不同时代的特点，做出具体论述。

自提出“历史理论”的概念以后，瞿林东先生基于自身的史学研究实践，经过反复的摸索，经过“历史意识”“历史观念”等尝试性讨论，终于确定了它的内涵和外延。至此，这一概念具备了和“史学理论”对等地位的理论意义。

中国古代的“历史理论”和“史学理论”两个相互区别又相互关联的概念的出现，是瞿林东先生对此前史学遗产整理及理论建设的全面总结。更重要的是，他构建的理论体系，具有非常强的适用性，可以为其他学者探索中国古代不同时代的史学观念、史学实践和史学特点提供指导。瞿林东先生的理论构建，是他为中国史学史学科做出的具有典范意义的贡献。[①]

四 《瞿林东文集》在中国史学史之史上的坐标

以《瞿林东文集》为标志的瞿林东先生的学术工作，在当代中国史学史中有着重要意义。

近代以来的中国史学史学科建设，始自梁启超。他在《中国历史研究法补编》中提出：“中国史学史，最少应对于下列各部分特别注意：一、史官，二、史家，三、史学的成立及发展，四、最近史学的趋势。”[②] 此说确定了中国史学史研究的学科任务和基本范畴，影响极大。而其不足也非常明显。第一，梁启超提出的史学史学科体系难以反映史学发展的阶段性；第二，以史家为线索，很容易把史学史写成史家传记，或史著的解题式介绍。[③]

---

① 此后，瞿林东先生带领学术团队，完成的三卷本《中国古代历史理论》（安徽人民出版社，2011），可以看作“历史理论”作为理论工具用于学术实践的最佳范例。王学典评价，“历史理论”和“史学理论”的区分“现在在学界早已成为大家的共识，成为研究讨论中默认的前提”。王学典：《从“历史理论”到“史学理论”——新时期以来中国史学理论研究的回顾与展望》，《江西社会科学》2005年第6期。

② 梁启超：《中国历史研究法补编》，载《中国历史研究法》（外二种），河北教育出版社，2000，第327～328页。

③ 周文玖：《从梁启超到白寿彝：中国史学史学科发展的学术系谱》，《回族研究》2005年第2期。

中国近代史学家也关注发掘中国古代史学理论，包括“对通史撰述理论异常关注”，“非常看重古代史家关于记注与撰述的理论”，“肯定‘六经皆史’说的积极意义”，“充分重视古代史家提出的德、才、学、识等史家自身修养的理论”。他们还结合新的历史环境，借鉴西方史学来探讨中国古代史学理论。① 不过这些研究，还是缺乏系统性。早在三十多年前，陈光崇就评价近代史家“对于研究史学发展的规律注意得不够”，② 这个意见颇为准确。

新中国成立后至20世纪80年代以前，史学史研究一定程度上突破了梁启超设计的学科任务和基本范畴，但是新的学科任务和基本范畴应该是什么，也并没有明确。施丁评述其为“最终还是系列地介绍史学家生平与史籍要点”。③ 这一情况在20世纪80年代以后逐步得到了扭转。其代表人物是白寿彝先生。

白寿彝先生在《中国史学史》（第1册）中明确中国史学史的研究范围为“中国史学本身的发展，中国史学在发展中跟其他学科的关系，中国史学在发展中所反映的时代特点，以及中国史学的各种成果在社会上的影响”。④ 白寿彝先生的主张，以梁启超的理论设想、中国史学史传统以及马克思主义理论为学术基础，以他的个人实践和中国史学界的集体实践为现实基础，是对中国史学史学科发展的一次总结。⑤ 学者指出，从历史发展的时代特点来审视史学自身的发展过程，促使史学史研究者能够从史家、史书中将研究视野扩展开来，对历史学的发展节奏与特点、整体脉络作宏观分析。“史学史的研究内容得以延伸，史学史的研究目的得以深化”。⑥

基于白寿彝先生的主张，中国史学遗产和中国史学在发展中所反映的时代特点，是中国史学史研究中两个最为关键的基本点。史学遗产，即中国史学的基本内容，是中国史学史研究的素材和对象。史学在发展中所反映的时代特点，是如何看待中国史学的演化历程的问题。想要回答这一问

① 张越：《20世纪前半期中国史家对古代史学理论的总结与认识》，《人文杂志》2006年第5期。

② 陈光崇：《中国史学史研究的回顾与展望》，《史学史研究》1985年第2期。

③ 施丁：《成一家之言——评白寿彝著〈中国史学史〉第1册》，《历史研究》1987年第2期。

④ 白寿彝：《中国史学史》（第1册），上海人民出版社，1986，第29页。

⑤ 曲柄睿：《温故知新与继承发展——写在白寿彝先生〈中国史学史〉（第一册）出版三十周年之际》，《史学史研究》2016年第4期。

⑥ 张越：《史学史：学科建设与研究方向》，《史学理论研究》2009年第3期。

题，就需要科学的历史观的指导。前者具有一定客观性，后者具有一定主观性。白寿彝先生的主张，其实是建议所有中国史学史的研究者，尽力处理好研究对象和自己研究观念，使后者与前者相协调配适，实现揭示历史发展规律的目的。

瞿林东先生作为白寿彝先生的学生，在研究史学遗产和揭示史学在发展中所反映的时代特点两个方面，都做出了卓有成效的贡献。在此基础上，他归纳、概括的“历史理论”和“史学理论”的区别，则是具有个人特色的理论总结。

特别值得一提的是，“历史理论”和“史学理论”的提出，有着非常鲜明的民族体认和马克思主义史学特色。瞿林东先生是这样陈述他研究中国古代史学理论的起因：“有一种看法认为，中国古代史学是‘记述的史学’，没有理论。这是1986年我在一次史学研讨会上首次听到的。我想这种看法可能反映了史学界一些同行的认识。作为一个中国史学史研究者，尽管我表明不能赞同这种说法，但又不能举出充分的事实来论证自己的观点，十分惭愧。也就是从那个时候起，我开始注意在中国史学史的研究方面努力发掘其中的理论成果，进而把这些成果的脉络梳理清楚，做出恰当的说明。”① 这项工作，是作者将马克思主义史学中国化的努力，并将其形容为“马克思主义史学进一步取得民族形式的过程，也是毛泽东说的‘中国作风’‘中国气派’”②。

瞿林东先生的理论实践，既是对中国史学遗产的提炼与升华，又是将马克思主义史学理论应用于中国史学史的一次成功尝试；既是对白寿彝先生学术观点的继承，又是他自己理论构建的成果，有着宝贵的开创性意义。从这个角度来说，瞿林东先生的工作，将中国史学史学科的发展提升到了一个新的境界。

---

① 瞿林东：《中国史学的理论遗产：从过去到现在和未来的传承·序》，《瞿林东文集》第1卷，第6~7页。

② 瞿林东：《瞿林东文集·总序》，《瞿林东文集》第1卷，第10~11页。瞿林东先生的工作明确了“历史唯物主义和历史学的理论”的关系，即“历史唯物主义不能完全代替或包含历史学的全部理论，历史学除了以历史唯物主义作为指导，还有广阔的理论空间”；“历史唯物主义与历史学的理论是有密切联系的，但二者又不能做等同的看待：前者是基本的或指导的理论，而后者则有较广泛的内容和空间”。瞿林东：《中国史学的理论遗产：从过去到现在和未来的传承·序》，《瞿林东文集》第1卷，第1~3页。

唯物史观指导下的理论创新

——瞿林东《20 世纪中国史学论集》读后

李　珍

（中央文献研究室第一编研部，北京　100017）

摘　要：《瞿林东文集》第 8 卷《20 世纪中国史学论集》，为推进 20 世纪中国史学研究，做出了重要贡献。《论集》始终围绕从理论上总结成就、概括经验、揭示规律、反思教训展开研究，成为高度概括、科学总结 20 世纪史学的理论著作，体现出高度自觉的理论意识；《论集》坚持以唯物史观指导历史研究，在它的指导下进行新的理论创造，并就进行理论创新的途径、要求作了阐述，回应了学界对唯物史观的“辩难”；《论集》提出了 20 世纪中国史学的基本研究方法、基本趋势及发展规律等一系列基本问题、基本认识，提纲挈领地描述了 20 世纪史学总相，是具有创新意义的学术成果；《论集》的史家研究，注重总结史家理论成就，维护马克思主义史家的历史地位，秉持历史主义方法，立论允当，评价客观，且有强烈的现实针对性，与《论集》的研究主题、主旨相互呼应，形成了 20 世纪中国史学研究宏观与微观、理论与实践的有机结合。

关键词：瞿林东　《20 世纪中国史学论集》　唯物史观　理论创新

在中国史学发展历程中，20 世纪史学无疑占有非常重要的地位。无论总结中国古代史学成就，还是展望当代史学发展走向，都离不开对这 100 年史学的根本性进步和辉煌成就的深入研究。因此，反映、探讨 20 世纪中国史学，是近年来备受关注的学术话题。同时，由于20世纪刚过去不久，对一些问题的认识，还需要进一步探讨，或有待社会与史学发展的检验，因而，这又是一个有着很大研究空间的课题。在推进这个课题进展上，瞿林东教授做出了重要贡献。自20世纪80年代初起，他坚持在唯物史观指导下开展研究，陆续撰写一系列理论文章，提出、解决了这个领域的许多基本问题，形成了有鲜明特色的理论创新成果，产生了很大学术影响。2009年，这些成果以《20世纪中国史学散论》为名结集出版。2017年9月，这部书被稍作调整，更名为《20世纪中国史学论集》（以下简称《论集》），作为第8卷收入北京师范大学出版社出版的10卷本《瞿林东文集》（以下简称《文集》）中。时隔近十年，结合《文集》中其他关于20世纪史学的论述重读这部书，更深切地体会到它的理论创新的普遍意义与长久生命力。

一　高度自觉的理论意识

注重阐释历史和史学当中包含的道理与趋势，以总结过去，服务现实，贻鉴将来，是中国史学的优良传统。这个优良传统在当代中国马克思主义史学中得到继承、发展，逐渐体现为密切联系的两个方面：一是重视发挥史学的社会功用，二是重理论，重“通识”。透过复杂的历史现象归纳经验、把握规律，是新中国史学奋力向前，不断取得新成就的重要动力，也是马克思主义史家的自觉追求。这种自觉意识，在瞿林东先生的20世纪史学研究中，更有着突出的反映。

瞿先生曾经说过，自己对20世纪中国史学的研究，是对研究领域“通”的继续，更重要的是为了表明“史学史的学习与研究应当以关注现实的历史运动与现实的史学发展为出发点和归宿”。所以，“研究20世纪的中国历史和中国史学，是史学工作者的一个艰巨而神圣的使命”①。承担、完成这个使命，对于我们坚持马克思主义史学的正确方向，进一步明确我们的研究任务，以促进中国史学的发展，谱写中国马克思主义史学的新篇章，意义重大。可见，正如系统挖掘中国史学理论遗产，是为了回应“中国史学缺乏系统理论”的学术挑战一样，他把大量时间、精力放在20世纪史学研究上，也是受彰往察来的强烈使命感所驱使。

这种强烈的使命感，使瞿先生在致力于中国古代史学理论和史学史研

① 瞿林东：《中国史学史纲·自序》，北京出版社，1999，第6页。

究的同时，始终密切关注近现代史学发展。他在《论集》序言中专门谈到，自己涉足20世纪中国史学，是在进入史学理论和史学史研究领域后不久的事情。1982年，他在导师白寿彝先生指导下，起草了《马克思主义史学在中国的传播和发展——纪念马克思逝世一百周年》一文。此文是较早对中国马克思主义史学做出概括性评价的专文。这篇产生了较大影响的文章，使瞿先生从理论上概括总结20世纪中国史学的工作，一开始就站在了很高的起点上。

此后的几十年中，瞿先生的20世纪中国史学研究，始终是围绕着从理论上总结成就、概括经验、揭示规律、反思教训的治学宗旨展开的。《论集》所收20余篇文章，分为“史学总相”“理论探索”“史家研究”“彰往察来”四个部分。由这个总体分类即可看出，《论集》着力于从一般规律、一般意义上挖掘20世纪史学的重要地位，而非仅限于对史学发展脉络与成果的梳理与展现。《论集》中的“史家研究”部分虽然专门探讨史家个体的成就，但其对研究对象、研究角度的选择，依然是从理论角度出发的。

重视理论，还体现在《论集》对开展研究的指导思想的明确要求。瞿先生不赞成那种不要指导思想的所谓“纯粹客观”的研究态度，认为这事实上会损害历史学的科学性。他反复强调，认识、分析20世纪中国史学，首先要解决的就是理论和方法问题。“理论，是指用什么样的思想做指导观察20世纪中国史学。方法，是指用什么样的方式（形式）来反映这种观察所得。”① 这里的理论和方法，指的就是唯物史观和唯物辩证法。这种鲜明的立场和态度，对于保证20世纪中国史学研究的科学性、客观性，保证中国史学未来发展的正确方向、正确道路，都至关重要。因而，《论集》以“理论探索”部分，专门讨论正确开展研究的思想“钥匙”问题。

“通识”是中国史学一直追求的极高要求。它既表现为在研究领域、研究视野上的前后连贯、上下贯通，同时也表现为在思想观念、研究方法上的概括提炼。因而，追求“通识”，必然重视理论；理论要取得进展，必然要具有对研究对象的“通识”。这是密切联系的两个方面。《论集》的“通识”，首先体现在把20世纪中国史学放在史学发展自古至今的长时段来看待。瞿先生说，“20世纪中国史学，不是我研究的重点。但中国史学

① 瞿林东：《20世纪的中国史学》，载《20世纪中国史学论集》，北京师范大学出版社，2017，第4页。

史作为一门专史，尤其是作为历史学学科的一门专史，自应努力做到上下贯通。对于我来说，尽管难以达到通识的境界，还是应当把古今贯通作为努力的目标”①。《论集》对20世纪史学的研究，也体现出鲜明的“通识”特征。书中对整个20世纪中国史学的趋势、特点、规律的总体把握，对史学思潮、史学成就、史家思想的系统评介，对21世纪史学的科学展望，都是从普遍联系的、发展变化的角度出发的。

对理论研究的强烈自觉，使《论集》重点突出、清晰简洁地展现了20世纪史学的脉络与成就，同时更凸显了其理论成就和现实借鉴作用，从而既成为20世纪中国史学的总结者，又成为20世纪中国史学的重要参与者、推动者，对它产生了重要推动作用。

二　坚持和发展科学的历史观

进行20世纪中国史学研究，必须要有一定的科学理论和方法的指导。那么，什么样的理论和方法是科学的？在20世纪不断发生的历史性巨变中，传统与现代、中国与外国的激烈碰撞，使得传统史学、资产阶级新史学、马克思主义史学同时存在、此消彼长。因而，从不同的立场、观念出发，史家们的回答并不相同。而这些回答，也都不同程度地影响了20世纪中国史学的发展历程与面貌。

从20世纪社会历史和史学自身发展的内在规律来看，以唯物史观为指导进行学术研究，是中国近代以来社会历史运动和学术思想演进共同作用的必然结果，也是中国传统文化革故鼎新、浴火重生的必由之途。中国马克思主义史学的产生、发展，逐步在中国史学中占据主导地位，与中国无产阶级力量的壮大、新中国的诞生所提供的现实政治支撑有着密切关联，同时，也与学界各派对中国社会性质、中国革命前途深入论战、反复探讨所提供的思想认识基础直接相关。这一点，在很长时间里一直是学界的共识。但是，伴随着改革开放以来逐步显现的利益诉求和价值取向多元化情况，史学思想领域产生了淡化甚至歪曲、否定唯物史观指导作用的倾向，马克思主义史学的正当性、科学性受到怀疑，其历史地位受到贬损。对此，瞿林东先生始终立场坚定、观点鲜明。他说，治学当有宗旨，这个宗旨就是坚持以唯物史观指导历史研究，并在它的指导下进行新的理论

① 瞿林东：《20世纪中国史学论集·自序》，第1~2页。

创造。

在《20 世纪的中国史学》《百年史学断想》等文章中，他明确指出，20 世纪中国史学最显著的进步是历史观的进步。唯物史观的引入，从根本上改变了旧史学的面貌，加快了中国史学发展的步伐，大大推动了中国史学的科学化进程。有了唯物史观，新中国史学才具有了历史、理论建设的基本前提。尽管在马克思主义史学发展过程中有曲折、有失误，但唯物史观并未过时，“其重要的历史地位，不会因为事隔一个半世纪而发生变化；其科学的理论体系，也不会因为过去和现在存在着种种内容、性质不同的社会思潮和历史观念而黯然失色”[①]。21 世纪中国史学要想取得更大成就，重要前提与根本任务就是坚持和丰富唯物史观，在它的指导下再创辉煌。可以说，贯穿《论集》的认识基础与理论底色，就是对马克思主义唯物史观的科学理解、运用，就是对“马克思主义史学中国化”这一根本目标的不懈追求。

当然，坚持唯物史观的指导作用，不等于把它当作研究问题的现成结论，不能教条主义地搬用马克思主义的个别词句和具体结论，而是要结合中国史学的实际，对它做出新的理论创造。《论集》在这个问题上的贡献，一是指出了在唯物史观指导下进行理论创造的基本途径，即既要准确地掌握唯物史观的基本理论，又要对自己的研究对象有明确的界定，从这二者结合的研究中提出新的认识。这样就可能有新的创造，也一定会有新的创造。在这个结合的过程中，我们不仅要认识到马克思主义史学是科学历史观指导下的史学，还要认识到中国古代史学的优秀遗产可以用来丰富中国马克思主义史学；二是指出了马克思主义史学进行新的理论创造的重要条件，即要有气度，要有吸收其他有益的理论和方法的雅量与勇气，使自己变得更加丰富、厚重。但是，在吸收、借鉴外国学者的积极成果的同时，不能失去自我；三是指出了学习、坚持和发展唯物史观的基本态度，即要严肃、谨慎地对待这项艰苦的、创造性的科学工作，要经过反复探讨、长期积累和思考，不能随心所欲地下结论。[②]

除了在《论集》中坚持和发展唯物史观，瞿先生还把这一治学宗旨贯穿到所有学术活动当中。他对中国古代史学的理论遗产的系统梳理、对中

---

① 瞿林东：《关于坚持唯物史观的几点思考》，载《20 世纪中国史学论集》，第 112 ~ 113 页。

② 参见《论集》所收《唯物史观与中国史学发展》《关于坚持唯物史观的几点思考》《前提和路径——关于中国史学进一步走向世界的思考》等文。

国古代史学批评研究的基本框架与基本方法的构建，都是马克思主义指导下的史学理论与史学史研究的开拓性工作。瞿先生多年来的学术坚持与学术主张，得到越来越多的认同。《文集》所收《中国古代史学批评纵横》被称为中国古代史学批评的开山之作，《中国史学史纲》《唐代史学论稿》等在海内外产生了广泛影响，成为我国此类著作的代表性著作，都说明了这些成果的重要学术价值。

对学界关于唯物史观的种种疑虑，瞿先生没有简单加以否定，而是以唯物史观为工具，作了科学的分析。他说，这些现象的出现，“是可以理解的，或者说，是可以根据一定的历史条件来加以说明的”。在这些疑虑当中，“有合理的方面，如关于今后应如何更全面地来理解和运用唯物史观、如何发展唯物史观等”；但“也有不尽合理甚至有不同程度偏颇的方面，如认为唯物史观容易导致教条主义、唯物史观本身存在着‘严重的理论缺陷’等”①。这两种情况，性质不同，但在表现形式上，或在对待某些具体历史问题上，又往往有相同之处。为了回答这些疑虑，他对唯物史观的科学性、真理性，对唯物史观指导下的中国史学所发生的根本性变化，作了系统介绍。对于中国马克思主义史学发展中曾经出现过把唯物史观错误地理解为教条的做法，他提出，这并不能说明，唯物史观本身就是教条，“不是运用唯物史观就必然导致教条主义，这是两件不同的事情，两个不同的概念”②。

瞿先生还以柯林武德《历史的观念》一书为例，对关于唯物史观的“辩难”作了认真的“辩难”。《历史的观念》自20世纪80年代传入国内以来，一方面活跃了史学界对历史理论的讨论，另一方面也在某种程度上导致了对唯物史观的误解或曲解。因而，对书中所提出的问题，如马克思是不是认为在社会历史发展中的“每一点上都仅仅是基本经济事实的反映”，马克思的历史观是不是比起黑格尔的是一种“倒退”等，一一做出回答，对于唯物史观的认识、研究上的正本清源，无疑会起到重要的推动作用。而且，这种积极的“辩难”所涉及的一些相关重要理论问题探讨，对于中国马克思主义史学的科学发展，也极有意义。比如，近年学界非常关注恩格斯晚年的著作和言论，认为他“反对暴力革命”，“和平长入新社会”，“放弃共产主义理想”的观点颇有市场。对此，瞿先生明确提出，关

① 瞿林东：《关于坚持唯物史观的几点思考》，载《20世纪中国史学论集》，第109页。

② 瞿林东：《关于坚持唯物史观的几点思考》，载《20世纪中国史学论集》，第120页。

注晚年恩格斯的思想和言论，这本身无可挑剔，但是，“恩格斯晚年关于唯物史观的许多精辟论述，却没有得到应有的重视”。“这一点，应当引起关注唯物史观历史命运的人们的注意。我们仅仅从恩格斯在19世纪90年代写给他人的一些书信中，就可以看到他是怎样坚定地捍卫着唯物史观的尊严，是怎样反复阐明唯物史观的真谛的。”① 这个认识，为我们客观看待晚年恩格斯的思想和理论，更深入地认识马克思主义普遍真理，提供了重要启示。

不难看出，《论集》在对唯物史观的坚持、运用上，体现了开阔的理论视野和鲜明的时代气息。把握与解决自身面临的关键理论问题，是中国马克思主义史学深入发展的必要前提。在中国史学迈入21世纪门槛之际，紧紧围绕“唯物史观的坚持和发展”进行理论思考、开展学术研究，无疑抓住了决定未来史学发展的核心要素，必将产生深远的历史影响。

三　科学总结20世纪中国史学总相

20世纪中国史学经历了从传统史学到资产阶级新史学，再到马克思主义史学的巨大转折。在这个过程中，中国史学的指导思想、研究方法、撰述内容、表现形式、研究领域等方面，都随之发生了历史性变化，取得了空前丰厚的成果。因而，科学、恰当地反映这些变化和成就，并非易事。在这个问题上，《论集》是从把握20世纪史学发展的总相入手的，从而避免了就事论事所可能带来的局限性。

《论集》所收《20世纪的中国史学》《百年史学断想》等文，集中提出了20世纪中国史学的基本研究方法、基本趋势及发展规律等一系列基本问题、基本认识，提纲挈领地概括了20世纪史学总相。这些理论成果，都是具有创新意义的。

《论集》认为，坚持历史主义原则，不脱离对于20世纪中国历史的正确认识，这是20世纪中国史学研究基本的出发点和基本的研究方法。20世纪中国历史不仅是史学发展的基本条件，而且也决定了前者发展的面貌。20世纪重大的事变或转折，如变法维新、辛亥革命、五四运动、中国共产党领导的国内革命战争和抗日战争、新中国的成立、十年“文革”、改革开放等等，都深刻地影响了当时的思想和学术文化的发展及面貌。对

① 瞿林东：《关于坚持唯物史观的几点思考》，载《20世纪中国史学论集》，第118页。

20世纪中国历史的认识，直接影响着对20世纪中国史学的认识。史学工作者应当尽力使关于史学的认识符合于产生它的客观历史条件，并合理地阐述它们之间的关系。

具体到怎样开展20世纪史学研究，《论集》提出了两个方面的基本原则：一是要努力总揽其发展趋势，揭示其基本规律，力求把握总相和实质，以避免产生局限和偏颇；二是要在全面考察中尽可能突出重点，而不是面面俱到地一般罗列。所谓重点，是指在20世纪史学发展方向上和主要成就上，占有突出的位置，以及对21世纪中国史学发展有重要借鉴意义的思想遗产、经验教训。

关于20世纪中国史学的主要趋势，《论集》做出了三点概括：一是近代化和科学化逐步深入的趋势；二是社会化和大众化逐步扩大的趋势；三是逐步自觉面向世界的趋势。这个概括，反映了贯穿整个20世纪中国史学的一般特点及发展方向，凸显了史学自身发展的内在脉络及思想理路。

《论集》还提出了关于20世纪中国史学的基本规律的认识：第一，20世纪中国史学具有突出的时代精神和现实借鉴意义；第二，20世纪中国史学有突出的民族特色；第三，中国马克思主义史学在发展中经受了曲折和考验，证明它具有顽强的生命力。这三点，分别从史学与历史的互动、史学的民族风格与民族传承、史学的科学化进程等方面，说明了决定20世纪中国史学面貌、走向的内在规律。

分析20世纪史学总相，还有一个重要的视角，那就是总结经验，对它做出总体评价。《论集》提出，20世纪中国史学最显著的进步是历史观的进步，最主要的成就是中国通史编纂的成就，最重要的经验是史学和社会的结合，最严重的教训是史学不能失去自己的独立品格。这四个“最”，简洁明了地概括了20世纪史学的全部历史，表现出统揽全局的突出史识。

基本方法、主要趋势、基本规律、总体评价，这几方面问题的提出及科学回答，提供了20世纪中国史学研究的新思路、新视角、新认识，确立了深入研究的理论前提与基础。

与此同时，《论集》在对20世纪史学发展中的重要问题作深入探讨方面，也提出了许多独到见解。其荦荦大者，可以概括为如下几个方面。

其一，系统归纳20世纪中国史学的基本成就。《论集》把20世纪中国史学发展的多方面成就，归纳为史学理论及方法论、历史撰述、历史编纂学、历史文献学、研究和继承中国史学遗产、研究和借鉴外国史学、考古发掘和考古成就、普及历史知识进行历史教育等八个方面，并一一进行评述。

其二，科学评析20世纪中国史学思潮。《论集》认为，20世纪前50年思潮迭起，或接踵而兴，或齐流并进，先后出现了“新史学”思潮、新历史考据学派思潮、马克思主义史学思潮，推动着史学的发展。新中国成立后，马克思主义史学思潮成为中国史学思潮的主流；后50年则思潮时隐时现，似无却有，前述几种思潮受社会历史和学术自身发展的双重影响，均取得了新的面貌与成就，使当代史学发展呈现出空前活跃的新局面。这些认识，区别于那种把“当代新史学”置于当代史学思潮主流地位的看法，强调了“马克思主义史学仍然居于主流地位”的判断。这对于客观认识当代中国史学，科学展望未来史学的走向，显然至关重要。

其三，提出20世纪中国史学三次重要的理论反省。《论集》认为，通观中国史学发展史，曾经发生过五次重要的思想理论反省。第一次出现在唐代，以刘知幾和他的《史通》为界标；第二次发生在清前期，以章学诚和他的《文史通义》为界标；第三次是在近代，以梁启超和他的《新史学》为界标；第四次发生在“五四”以后，以李大钊和他的《史学要论》为界标；第五次是以党的十一届三中全会为标志，史学界提出了一些重要问题。20世纪所发生的三次反省中，尤以第五次最为深刻，是中国马克思主义史学走上健康发展道路的主要标志。

其四，提出正确评价20世纪中国史学的尺度和方法。《论集》提出，评价的尺度可以概括为一个总认识，即看其是否在认识历史和认识史学方面有所创新，是否在某些方面突破了前人的成就；同时，看其是否对社会产生了积极的影响。评价的方法，主要有四个方面：坚持全面地看问题，看本质，看主流；坚持历史主义的方法；坚持辩证的方法；谨慎对待和分析史学与政治的关系。①

这些讨论，使《论集》关于20世纪史学总相的探讨建立在扎实的史学理论和史学史研究基础之上，从而更为深入了。

从历史学所应承担的社会责任出发，《论集》还对21世纪中国史学发展相关问题作了展望。这些展望，把理论性和现实性、历史感和时代感更加紧密地结合起来，是瞿先生20世纪中国史学研究的自然延伸，也是他透辟把握中国史学发展规律的必然结果。

关于21世纪中国史学的指导思想和发展目标，指出未来中国史学要取

---

① 瞿林东：《深入研究20世纪中国史学》，载《20世纪中国史学论集》，第263～264页。

得更大的成就，仍然要坚持唯物史观的指导。21 世纪史学的发展目标，是建设具有中国作风和中国气派的历史学。[①]

关于 21 世纪中国史学如何处理好史学与社会这对最重要的关系，提出要继续发扬史学经世致用的宝贵经验，建立起自身的科学性和社会性相统一的原则。

关于 21 世纪中国史学如何对待中国古代史学遗产，认为对于中国古代史学遗产的研究和批判继承，对中国史学民族特色的阐扬，必将成为 21 世纪中国马克思主义史学的重要组成部分，取得令人瞩目的成就。

关于 21 世纪中国史学的学风建设，提出学风问题是根本性问题，不端正学风，不提倡和建设起优良的学风，我们的历史科学以至整个哲学社会科学要去攀登 21 世纪的高峰，是十分困难的，甚至是不可能的。

关于 21 世纪中国史学进一步走向世界，提出中国史学取得更大进展，进而扩大世界影响，是一个必然趋势。我们要做好各方面准备，包括培养有较高的马克思主义理论修养的新型史学家，提高学术品格，推进中外史家的对话，加强中外史学的比较研究，促进优秀的史学成果走出国门，等等。

四　深入挖掘 20 世纪中国史家的理论成就

史家研究是史学理论和史学史研究的基本内容。在这个重要领域取得新进展，是 20 世纪中国史学研究深化、提高的重要标志。《论集》关于史家研究的内容，大略地分为三部分：一是讨论了梁启超、章太炎这两位“新史学”的前驱代表人物的史学；二是探讨了李大钊、郭沫若、侯外庐、尹达等几位马克思主义史学家的成就与特点及其史学地位；三是回顾和整理了何兹全、赵光贤、白寿彝[②]等几位老师的学术经历、学术风格与研究领域。这些史家研究，与《论集》的研究主题、主旨相互呼应，形成了 20 世纪中国史学研究宏观与微观、理论与实践的有机结合。

---

① 瞿林东：《理性地对待过去，坚定地面向未来》，载《走进我们共有的精神家园：近三十年史学演讲录》，北京师范大学出版社，2017，第 316 页。

② 《20 世纪中国史学散论》中收录的《白寿彝先生的学术思想和史学成就》一文，在《瞿林东文集》出版时，被移入第 9 卷《白寿彝与 20 世纪中国史学》。从学术发展史的角度看，关于白寿彝先生的史学思想、史学成就的探讨，无疑也应是 20 世纪中国史学研究的组成部分。

《论集》的史家研究，在系统梳理史家史学贡献的基础上，更着重探讨他们在历史理论和史学理论上所取得的成就。这是因为，在影响20世纪史学发展进程的诸多因素中，历史观的变革、思想方法的变革无疑是最具根本意义的。梁启超所说“叙述人群进化之现象而求得其公理公例者也”[①]，李大钊所言“历史的解释方法不求其原因于心的势力，而求之于物的势力”[②]，都是史学变革的核心要求与旨归。这一时期史家的学术成就及其影响，都应当结合这一根本性变革来看待。史家及其史学实践在多大程度上适应了、推动了乃至引领了这种变革，决定着他在20世纪中国史学中的历史地位。正是基于这一认识，《论集》所研究的史家，或是在史观变革的“关节点”上起了重要作用，或是在马克思主义史学发展过程中做出了重要贡献，都是引领、推动史学进步的代表性人物。

《论集》的史家研究，秉持历史主义方法，立论允当，评价客观。用白寿彝先生的话说，就是既不“一般地捧场”，也不“挑眼”[③]。在《论集》中，这一科学方法更多表现在对研究对象的历史局限性的客观评价上。如在谈到何兹全先生早年接触到的并非“纯正的马克思主义”时，《论集》说，何先生在中国思想界非常活跃也非常混乱的时期开始其治学道路，在形形色色、真真假假的唯物史观、唯物主义中，接受了考茨基关于基督教社会基础研究的理论和方法，有其客观原因。再如，《论集》在将梁启超、章太炎的史学思想作比较时指出，梁启超主张史界革命，但在政治上是改良主义者；章太炎对“中学”的论点更近于平实，但在政治上是革命民主主义者。之所以出现这种似乎自相矛盾的情况，是由于梁启超在史学方法上的“错位”。从历史与史学发展的长时段来看，正是这种错综复杂的局面，使资产阶级史学家没有建立起完整的“新史学”理论体系，没有写出反映“新史学”这一目标的权威性著作。这些认识，不仅科学说明了史家思想与社会历史运动之间不适应、不相符的学术原因，而且，看到了史学与社会之间更深层的互动，以及这种互动在史学发展中的深刻影响。这些认识问题的思路和方法，对于我们从更丰富、更贴切的角度看待20世纪史家及其思想，无疑提供了科学的范本。

《论集》的史家研究，坚守理论定力，维护马克思主义史家的历史地

---

① 梁启超：《新史学》，载《饮冰室合集》第1册，中华书局，1989，第10页。

② 李大钊：《唯物史观在现代史学上的价值》，载《李大钊文集》下册，人民出版社，1984，第362页。

③ 瞿林东：《白寿彝史学的理论风格》，河南大学出版社，2001，第26～27页。

位。这个特点，突出表现在对郭沫若的评价上。近年来，伴随着所谓“新启蒙”思潮的涌动，马克思主义史学及史家的历史功绩、历史地位受到怀疑、消解，其中尤以郭沫若受到的非议、责难最为集中。对此，瞿先生旗帜鲜明地表达了自己的看法。1992 年，在郭沫若诞辰 100 周年之际，瞿先生专门写作《郭沫若在中国史学上的地位》一文，全面评介他在中国史学发展中的巨大成就，热情赞颂他是“中国史学上杰出史学家中的一位伟大的代表”，“是一位博大精深、才华横溢的史学大师”，“是一位以马克思主义为指导研究历史并且取得了辉煌成果的史学大师”，“是一位可以仰追马、班而贻泽后世的史学大师”，“在中国史学发展上，司马迁是古代史学的伟大奠基者，郭沫若是现代史学的伟大奠基者”。[①] 这样鲜明的态度、这种坚定的论断，充分体现了瞿先生尊重历史，尊重科学，实事求是地评价中国马克思主义史家历史功绩的高度自信与自觉。

《论集》的史家研究，还有强烈的现实针对性。《论集》从不讳言史学的社会功用，始终践行为社会、为现实服务的宗旨。比如，瞿先生多年来致力于对白寿彝先生史学思想和治学道路的研究、宣传，固然有其传承“家学”的考虑，但是，正如他自己所说，这也是当代史学工作者应当承担的学术使命。从史学发展的长远眼光来看，白先生所一贯倡导的在唯物史观指导下进行新的理论创造、要重视中国史学遗产的理论研究等，都有重要指导意义，需要在新时期史学中得到继承，发扬光大。再如，在介绍赵光贤先生的学术思想时，着重强调他“和通行的一般人看法不大相同”[②] 的观点，强调他“不赞成儒学现代化的说法”，认为“孔学能自成体系，独立存在，用不着现代化。如果勉强要把它现代化，反倒成了四不象，等于取消了孔学。”[③] 这个介绍，实际上已经深入到思想史领域，是对当前影响颇广的“新儒家”思潮的有力回应了。这种突出的现实针对性，使《论集》的史家研究在视野上、深度上都大大拓展了。

---

① 瞿林东：《郭沫若在中国史学上的地位》，载《20 世纪中国史学论集》，第 193 页。

② 赵光贤：《孔学新论》，巴蜀书社，1992，第 166 页。

③ 赵光贤：《孔学新论》，第 9 页。

探索通向中国史学的理论遗产的路径

——读《瞿林东文集》第一卷

胡楚清

（北京师范大学历史学院，北京　100875）

摘　要：《中国史学的理论遗产：从过去到现在和未来的传承》是《瞿林东文集》第一卷，全书分问题、史家、史书三篇，三者相互交叉融合，旨在阐述中国史学遗产中的理论遗产问题，即历史理论与史学理论存在形式及主要成就，对中国史学的理论遗产的探索具有开创意义。本书汇集了瞿林东先生四十年来关于历史学的理论研究的诸多成果，体现出作者主“通”的治学宗旨，可以视作对中国史学的理论遗产作系统研究、论述的开山之作。

关键词：《瞿林东文集》　中国史学　理论遗产　历史理论　史学理论　主“通”宗旨

10 卷本《瞿林东文集》（北京师范大学出版社 2017 年 9 月版）汇集了瞿林东先生四十年来关于历史学的理论与中国史学史的诸多研究成果：第 1～3 卷以阐说历史学的理论为主，第 4～9 卷以论述中国史学史为重点，而第 10 卷是作者一部分有关史学的演讲录。

《瞿林东文集》（以下简称《文集》）第 1 卷名为《中国史学的理论遗产：从过去到现在和未来的传承》，顾名思义，旨在讨论中国史学的理论遗产问题。作者置本书于 10 卷之首，表明对这一研究领域的重视。

《中国史学的理论遗产：从过去到现在和未来的传承》2005 年出版，2006 年第 2 次印刷，2013 年第 2 版增收论文 12 篇，并加副标题《从过去到现在和未来的传承》。此次新版收录论文 28 篇，附《我和中国史学史研究》小传。[①] 第 2 版中所加上的副标题，表明作者对学术传承、发展的格外关注。瞿先生认为：“史家对历史的观察和思考，往往都是出于时代的启迪、激励和需要，从而使这种观察、思考、撰述在不同程度上反映了时代的要求。”[②] 瞿先生作为当代著名史学家，在他看来，这一论断也适用于对史学的研究、思考和撰述。

我以敬佩之心阅读《中国史学的理论遗产：从过去到现在和未来的传承》（以下简称《理论遗产》）一书，收益良多，这里有几点粗浅的认识，表述如下，一则向瞿先生“汇报”，再则向前辈请教。

一 本书结构：关于问题、史家、史书三者的关系

本书是作者讨论中国史学的理论遗产的相关论文的结集，共收录论文 28 篇，分为三个部分：上篇以问题为中心，中篇和下篇分别以史家、史书为中心，对理论问题的讨论贯穿于全书。这就是，阐说理论不脱离史家、史书，而评论史家、史书则突出思想和理论，使理论、史家、史书三者互相交融，显示出理论有血有肉，史家、史书各具“灵魂”，反映了“未尝离事而言理”[③] 的史学遗风。这可以看作本书的一个特点。

举例来说，如作者在《中国史学上的早期民族观和民族史观》一文中，讨论先民对有关“民族”的看法时，主要引用了《左传》《史记》的记载，同时也多处涉及司马迁的有关评论。[④] 作者在《中国古代史家怎样对待史书体裁》一文中，论述中国古代史家重视史书体裁的优良传统时，涉及了更多的史家和史书。[⑤]

又如作者在叙述“司马迁怎样总结秦汉之际的历史经验”的思考和撰述过程时，其深层含义则在于揭示历史中蕴含着丰富的经验、智慧这一重

① 参见瞿林东《中国史学的理论遗产：从过去到现在和未来的传承》卷末“出版说明”，北京师范大学出版社，2017，第 449 页。

② 瞿林东：《中国古代史学的优良传统》，载《瞿林东文集》第 1 卷，北京师范大学出版社，2017，第 193 页。

③ 章学诚：《文史通义·易教上》，叶瑛校注本，中华书局，1994，第 1 页。

④ 参见瞿林东《中国史学上的早期民族观和民族史观》，载《瞿林东文集》第 1 卷，第 174 ~ 187 页。

⑤ 参见瞿林东《中国古代史家怎样对待史书体裁》，载《瞿林东文集》第 1 卷，第 246 ~ 259 页。

大意义。[①] 而作者评论明人卜大有《史家要义》一书的特点和价值，旨在彰显此书在中国古代史学理论发展史上的地位，指出：

> 古往今来，不少治史者对于历史（或曰史事）与史学的区分不甚关注，这颇有碍于对史学理论的探讨。本书的理论价值在于，辑者十分明确地把握了关于“史学”自身方面的问题，并把它概括为“要义”。我们从书中所辑诸文可以看到，卜大有受到刘向、《隋书·经籍志》《史通》、曾巩、郑樵、马端临等史家、史书的启发颇多。可以认为，《史学要义》大致上勾画出了上起西汉、下迄明代人们关于史学之认识的轨迹。如果说在此之前，唐代史家刘知幾的《史通》是以作者自己的评论来描绘唐初以前的这一轨迹的话，那么卜大有的《史学要义》则是以诸家所论来铺筑汉、明间的这一轨迹。二书的识见和影响自有高下之分，但其旨趣确有相通之处。从这个意义上说，《史学要义》在中国古代史学思想史上是应当占有一席之地的。[②]

这一段论述，对人们很少关注的卜大有所集《史学要义》一书在史学理论发展史上的地位作了明确的肯定和评价。

总之，不论是从讨论问题入手，还是从评论史家、史书入手，作者都把阐说理论问题贯穿其中，这就是本书书名所高度概括的“中国史学的理论遗产”。

二　对史学遗产的关注和思考

说到中国史学的理论遗产，必然要考虑到它是中国史学遗产的一个重要部分。在白寿彝先生于20世纪60年代和80年代发表的六篇谈史学遗产的文章[③]的影响下，瞿林东先生对史学遗产表现出了极大的关注。1982年，瞿先生在《人民日报》上发表题为《怎样对待史学遗产》的短评，评介白寿彝先生谈史学遗产的系列文章[④]；同时，在《史学史研究》杂志上发表长篇评论文章《史学遗产和史学研究——读〈谈史学遗产答客问〉书后》，文中指出，白寿彝先生“关于史学遗产的诸多见解，对推进我们的史学研

① 参见瞿林东《司马迁怎样总结秦汉之际的历史经验》，《瞿林东文集》第1卷，第325～340页。
② 见瞿林东《〈史学要义〉的特点与价值》，《瞿林东文集》第1卷，第414页。
③ 参见白寿彝《白寿彝史学论集》（上），北京师范大学出版社，1994。
④ 瞿林东：《白寿彝与20世纪中国史学》，载《瞿林东文集》第9卷，第314页。

究工作来说，是很重要的”[①]，并就“历史遗产和史学遗产”“继承传统和开创新路”“专长之才和通识之才”三个问题做了阐述，表现出作者对史学遗产的关注与思考。

二十多年后，即2004年，瞿林东先生把白先生谈史学遗产的六篇文章编辑成册，定名为《史学遗产六讲》，并在“前言”中写道：“中国是一个史学大国，拥有连续不断的和丰富厚重的史学遗产。”进而分析道：

> 把史学遗产从历史遗产中“分离”出来，并把它作为一个专门的学术问题和理论问题提出来进行研究，白寿彝先生的这几篇文章不仅开其先河，而且从理论上和研究对象上奠定了探讨这一领域的学术基础，因而产生了较大的学术影响。[②]

这一段话是作者在经历了二十多年的学术生涯后，对史学遗产进行深入研究后所产生的对史学遗产更深刻的理解。

值得关注的是，瞿林东先生在“《瞿林东文集》新书发布暨学术研讨会”上的发言中说，几十年来，他“始终围绕中国史学遗产这一重要对象进行探索”[③]，而他研究的重点是史学遗产中蕴含的理论遗产，包括历史理论遗产和史学理论遗产以及史学批评的遗产。

在《中国史学的遗产、传统和当前发展趋势》一文中，作者把史学遗产作了进一步概括，“一般来说，史学遗产可以理解为历史上遗传下来的前人在史学活动中的创造和积累”[④]，并且指出，中国的史学遗产有四个特点：一是撰述内容丰富，二是表现形式多样，三是历史理论积累深厚，四是史学理论成就巨大。[⑤] 这一概括，把史学遗产的内容、形式和重点作了新的表述，也更易于理解和接受，有益于促进关于史学遗产的研究。

作者在探索通向史学遗产的理论宝藏的路径上，既有艰辛，也有创获。

三 探索通向中国史学之理论遗产的路径

瞿先生站在历史学研究的前沿，提出了史学遗产中的理论遗产这一重

---

① 瞿林东：《白寿彝与20世纪中国史学》，载《瞿林东文集》第9卷，第293页。

② 瞿林东：《〈史学遗产六讲〉前言》，载《瞿林东文集》第9卷，第315页。

③ 户华为：《〈瞿林东文集〉新书发布暨学术研讨会召开》，《光明日报》2017年11月6日。

④ 瞿林东：《中国史学的遗产、传统和当前发展趋势》，载《瞿林东文集》第1卷，第26页。

⑤ 参见瞿林东《中国史学的遗产、传统和当前发展趋势》，载《瞿林东文集》第1卷，第27页。

要问题，并做了一系列的论述。四十年来，瞿先生致力于此，着重对史学遗产中历史理论与史学理论的问题，如其发展大势、主要特点，以及两者之间的关系等方面进行了一系列的梳理和探讨。他的这些研究对史学的理论遗产的探索具有开创意义。概括说来，推动瞿先生致力于中国史学的理论遗产的研究有两个原因，一是受白寿彝先生关于史学遗产论述的影响和启发，二是受到“中国古代史学是记述的史学，没有理论”① 这一说法的“刺激”②。在这样两个“主动”与“被动”的双重原因的推动下，瞿先生决心探索中国史学的理论遗产的存在与价值。

学术发展本有其必然性因素，而这种必然则寓于偶然之中。1986 年，陈启能研究员发表《历史理论与史学理论》一文，提出应区别“历史理论”与“史学理论”的问题。③ 瞿先生为呼应陈启能研究员的文章，同时受《史学理论》杂志之约，于 1987 年撰写并发表题为《史学理论与历史理论》的文章。④ 对于瞿先生来说，正是这篇文章，在理论上明确了中国史学的理论遗产之两种存在形式，在学术研究上确定了探索中国史学的理论遗产之具体路向。⑤

从学术史的观点来看，瞿先生的这篇文章的理论价值体现在以下三点。

第一，划定了历史理论与史学理论的基本界限，即历史理论是“宏观

---

① 据《瞿林东文集·第一卷序》一文中记载，瞿先生在 1986 年的一次史学研讨会上，首次听到此说法。参见瞿林东《瞿林东文集》第 1 卷，第 6 页。

② 见瞿林东《瞿林东文集》第一卷，第 6 页。

③ 陈启能：《历史理论与史学理论》，《光明日报》1986 年 12 月 20 日。

④ 见瞿林东《史学理论与历史理论》，《瞿林东文集》第 2 卷，第 302 页。

⑤ 2006 年，瞿林东先生在题为《尹达和中国马克思主义史学的理论研究》一文中作了这样的说明：“在 20 世纪 80 年代，尹达是较早提出把历史理论和史学理论加以区分的史学家。他在阐述了加强马克思主义历史理论研究的同时，还提出了要重视史学理论研究的问题。他指出：‘在加强马克思主义历史理论研究的同时，我们还应当对历史学这门学科的理论探讨给予充分的重视。我国历史学发展的历史告诉我们，重视史学理论是我国史学的优良传统。刘知幾、章学诚、梁启超在对历史学这门学科的理论总结方面都做出过有重要影响的贡献。我们今天，在马克思主义理论指导下，应该写出超越《史通》、《文史通义》、《新史学》和《中国历史研究法》等的史学理论论著，在这方面做出更大的贡献。’依我个人的看法，这段话可以做这样的理解：第一，历史理论同史学理论是有区别的，尹达所提出的‘唯物史观的发展史’、‘原始社会论’、‘奴隶社会论’、‘封建社会论’、‘半殖民地半封建社会论’等，都是历史理论问题。而他说的‘对历史这门学科的理论探讨’，则是史学理论问题。第二，指出了中国史学有重视史学理论的传统，刘知幾、章学诚、梁启超等在这方面都做出了有重要影响的贡献。”（《瞿林东文集》第八卷，北京师范大学出版社，2017，第 213 ~ 214 页）瞿先生的这一说明，意在表明尹达先生是较早提出历史理论与史学理论之间区别的史学家。

历史过程中积累和概括出来的理论，如历史发展的阶段性、规律性，统一性、多样性，历史发展的趋向，以及对重大历史现象和众多历史人物的评价的原则与方法，等等”。史学理论是指：“人们在研究史家、史书、史学流派、史学思潮等史学活动和史学现象过程中积累和概括出来的理论，如史学的目的、史家的修养、史书的编著、史学发展的阶段性和规律性，史学在社会实践中的作用，等等。这是它们的区别所在。”① 内涵的不同，确定了各自的研究路向。

第二，指出了历史理论与史学理论虽有不同的内涵，但“同时，它们又是互相联系、互相渗透的：从历史的观点来看，史学活动也是一种历史活动，它也应当被包含在历史理论所概括的一切历史现象之内；从史学的观点来看，史学家乃至一切从事社会实践的人对历史的研究、评论，也都在史学理论所应当总结和概括的范围之内。唯其如此，作为一个史学工作者，似不应脱离对于客观历史的研究而只致力于史学的研究；同样，似亦不应只停留在对于客观历史的研究，而不涉足于史学的研究，对自己的工作做自觉的反省，而应当把这二者结合起来。当然，这种结合不必也不可能是‘平分秋色’，可以各有所重”②。这是指出了“不同”之中仍有联系。

第三，强调了史学理论与历史理论的分途和联系的辩证关系：“史学发展的历史表明，史学理论与历史理论的分途，是在历史学发展到相当高的水平之后才出现的；它们在分途之后虽仍有不可截然隔断的联系，然其各自内涵的不同则是显而易见的。”③ 这是从理论上强调了“分途与联系”的辩证关系。

上述三点概括，在关于中国史学的理论研究方面，具有重要意义，即不仅对于研究中国史学的理论遗产有直接的指导意义，而且对推进当代历史学的理论建设也有重要的启发和参考价值。④

瞿林东先生根据上述认识，在两个方面展开深入研究：一方面是不断发表相关论著，丰富已有的认识；另一方面是循着这一认识致力于历史文献的整理工作。在前一个方面，除发表个人独立撰写的论著外，还有作者

---

① 见瞿林东《史学理论与历史理论》，载《瞿林东文集》第 2 卷，第 302 页。

② 瞿林东：《史学理论与历史理论》，载《瞿林东文集》第 2 卷，第 302 页。

③ 瞿林东：《史学理论与历史理论》，载《瞿林东文集》第 2 卷，第 301 页。

④ 1999 年，何兆武先生主编的《历史理论与史学理论——近现代西方史学著作选》由商务印书馆出版，有力地支持了这一判断。

主编的重要论著。如由作者主编的3卷本《中国古代历史理论》的出版（安徽人民出版社，2011年），填补了中国史学在理论建设上的一个空白，受到史学界的高度评价。又如作者在《文史知识》上连载、后由中华书局汇集出版的《中国古代史学批评纵横》一书（1994年出版，2000年重印，2015年重庆出版社出版增订本），开辟了关于中国古代史学批评的研究，受到史学界以至学术界的高度关注，有学者评论认为，此书为开展当代史学批评提供了重要借鉴。

在后一个方面，作者循着在理论上取得的创获，创造性地用以指导古籍整理的重大工程。20世纪90年代中期，瞿林东先生和龚书铎先生承担主编《中华大典·历史典·史学理论与史学史分典》的编纂工作。瞿先生根据"中华大典"总的编纂要求，结合中国史学在历史理论、史学理论与史学史方面的深厚积累，制定出历史理论、史学理论、史学史三个总类，为的是"纲举目张"。在子目方面，以类区分，历史理论总类制定出12个目，即论天人部、论古今部、论地理部、论时势部、论华夷部、论国家部、论正统部、论分封部、论兴亡部、论风俗部以及论人物部；史学理论总类制定出4个目，即史学功用部、史家修养部、史学方法部、史学批评部；史学史总类制定出36个目，即史学通览部、先秦史学部、编年体史书部、纪传体史书部、纪事本末体史书部、典制体史书部、起居注部、时政记部、日历部、实录部、国史部、会要部、训诰部、方略部、传记部、谱牒部、方志部、民族史部、地理书部、边疆史地部、域外史地部、历史蒙求部、杂史部、笔记部、学术史部、史论部、史注部、史考部、史表部、史官部、史馆部、史钞部、类书部、目录部、史评部以及史家传记部。子目之下，又有若干细目，以便归类和检索。毫不夸张地说，这是从理论上的创获走向以理论指导学术工作的一个飞跃。《中华大典·历史典·史学理论与史学史分典》历经13个年头的编纂、审定，在上海古籍出版社的密切配合、支持下，于2007年出版，全书凡三册，600万字。① 在文献整理上，这是一个重大创获，不论是在类例思想上，还是在具体检索上，都受到专业工作者的好评。

以上事实表明，瞿先生对中国史学遗产的重视和研究，开辟了探索史学遗产中理论宝藏的道路，并以其关于历史理论与史学理论之划分的学术

① 龚书铎、瞿林东主编《中华大典·历史典·史学理论与史学史分典》，上海古籍出版社，2007。

见解和方法，梳理出中国史学遗产中历史理论与史学理论的基本脉络，在理论阐说与具体研究方面获得的新成果，表明他的探索中国史学的理论遗产之路，是一条成功之路，也是一条创新之路，对推动历史学的理论建设产生了突出的积极影响。

四 推动当今中国史学的理论建设

瞿林东先生在中国史学的理论遗产的研究中所提出的一些独立见解和重大问题，对推动当前中国史学的理论研究和学科建设，具有突出的学术价值和借鉴意义。

瞿先生从学科建设和学科发展出发，提出了史学遗产中的理论遗产这一概念及其所涵盖的研究领域，并做了一系列的相关论述。这些论述，将历史理论与史学理论进行了界定与区分，将中国史学上历史理论与史学理论的论述进行了理论的分析与梳理，这是中国史学史研究中从未有过的一些论断。

在《中国古代史学的优良传统》一文中，作者认为：中国史学上历来存在继承和创新的传统，这种继承和创新反映在史学发展的各个方面。如在直观方面，它反映在“史书内容和形式的发展”，“史书文字表述之美学形式的发展”，“历史文献的研究和整理”，以及深层次的“历史观点的进步和史学批评的发展”①。作者进而认为，中国古代史学具备的这种继承与创新的活力，来源于“客观历史发展中提出的要求”和“中国史学悠久的历史”，更重要的是“史家不断增强起来的自觉精神”。而这一传统，对于中国史学发展的意义在于：“一是促使史书的内容不断丰富、形式不断多样化；二是使每一个大的时期内史学都不同程度地反映出时代的特点。”②

“在传承中不断创新，在创新中包含着继承”，这不仅是作者的撰述思想，也是本书编撰过程中的指导思想之一。本书所论是史学的理论遗产，书中所论皆依前代史家对历史理论与史学理论的相关论述而起，承白先生对史学遗产所述，是对中国史学的理论遗产的一次梳理与总结。而本书又不仅如此，更是开史学理论与历史理论分别详论之先河，所论内容多为前人所未及，实为对中国史学传承与创新的典范之一。

---

① 瞿林东：《中国古代史学的优良传统》，载《瞿林东文集》第1卷，第202页。

② 以上均见瞿林东《中国古代史学的优良传统》，载《瞿林东文集》第1卷，第206页。

以具体篇目为例，如：《中国古代历史理论发展大势》和《中国古代史学理论发展大势》二文，在撰写时间上虽然相隔十余年，但它们却是姊妹篇。① 这两篇文章，首次对两个不同领域的成果作了系统的梳理，解释了中国古代史学中历史理论与史学理论的存在形式及其成就，为人们研究这两个领域开辟了路径、提供了参考。在《中国古代历史理论发展大势》一文中作者梳理了中国古代历史理论发展的趋势，认为中国古代历史理论的发展可分为三个阶段。第一阶段是先秦、秦汉时期，第二个阶段是魏晋南北朝隋唐时期，第三个阶段是五代宋辽金元以及明清时期。先秦、秦汉之时，中国古代历史理论经历了“先秦史学中若干历史观点的提出和两汉时期史学中历史理论体系的初步形成”两个阶段，产生了具有标志性的成果。逮至魏晋南北朝隋唐之时，史学进入了多途发展、门阀意识增强、出现转折创新趋势的时期。至五代宋辽金元以及明清时期，历史理论“一方面出现了繁荣的景象，另一方面是于繁荣之中显示出嬗变的趋势”②。

《中国古代历史理论的特点》一文，从四个方面阐述了中国古代历史理论的主要特点：一是多种存在形式，即“第一种形式，是作为史书之构成的一个部分的‘史论’；第二种形式，是独立的历史评论专篇；第三种形式，是历史评论专书”，此外还有一些其他的存在形式。二是深入探索的连续性，这同样表现在三个方面，分别是“兴亡论、君主论、封建论等一般理论层面”，天人关系与古今关系等较高理论层面，以及关于“时”“势”的讨论等的范畴概念层面。三是“未尝离事而言理”，即“‘事’中有‘理’，‘理’不离‘事’，在阐明事实的基础上论述道理”。四是名篇名著的魅力。③ 总的来看，这几个方面构成了中国古代历史理论的中国特点、中国风格、中国气派。这是在中国历史发展的连续性和中国史学发展的连续性的基础上形成的，是中华文明独有的风貌之一。

《天人古今时势理道——中国古代历史观念的几个重要问题》④ 一文，反映了作者以宏大的气势和高度概括的笔触，对中国古代历史观念中的几

---

① 见瞿林东《中国古代历史理论发展大势》，载《瞿林东文集》第 1 卷，第 78 ~ 100 页，127 ~ 149 页。

② 以上三个方面参见瞿林东《中国古代历史理论发展大势》，载《瞿林东文集》第 1 卷，北京师范大学出版社，2017，第 99 页。

③ 瞿林东：《中国古代历史理论的特点》，载《瞿林东文集》第 1 卷，第 56 ~ 77 页。

④ 瞿林东：《天人古今时势理道——中国古代历史观念的几个重要问题》，载《瞿林东文集》第 1 卷，第 101 ~ 114 页。

个重要范畴作了精炼的解说，在一定的意义上解释了中国古代历史理论中的基本问题。

以上这些创新的见解，推进了史学理论与史学史学科的理论建设和学科发展，也为这方面的继续研究创造了更好的前提条件。

在《历史理论的本质性变革——确立人在历史进程中的中心位置》一文中，作者指出“《春秋》重人事”的特点和“《史记》确立了人在历史进程中的中心位置”①，进而指出中国古代史学具有人本主义的优良传统。在《地理条件与中国历史进程》一文中，作者详细分析了“地理条件的复杂性和经济发展的不平衡性”，以及“地理条件之局部的独立性和整体的同一性及其与历史上政治统治的关系”② 等。作者对这些历史理论中的重大问题提出了独到的见解。

又如：在《从认识史学到认识历史——中国古代史学观的理性发展》一文中③，作者指出“人们从史学而认识历史”的这一往往被人们忽略的基本事实，这一基本事实的重要表明人们只有（或主要是）通过史书的学习、研读才能认识历史，才有可能从历史中获得真知、经验和智慧，进而强调这一“理性发展”的重要意义。在《古代史家史学批评的辩证方法》一文中，作者结合古代史学批评的历史，揭示出史学家们在以下一些问题的评论上的有益见解：怎样看待同一史事的不同评论，怎样看待不同史书体裁的长短，怎样看待历史撰述中诸因素的关系，怎样看待史书的内容、形式及历史条件，怎样看待不同类型史书的得失等。④ 作者概括这些有益见解的产生是“史学批评自觉意识的新发展”。这种对中国古代史学批评优良传统的总结，是对中国古代史学理论的丰富，也为当今史学批评提供了方法论上的启示。

五　主“通”的治史宗旨

瞿林东先生在中国史学的理论遗产这一研究领域取得的这些成就，同

① 瞿林东：《历史理论的本质性变革——确立人在历史进程中的中心位置》，载《瞿林东文集》第 1 卷，第 115 ~ 127 页。

② 瞿林东：《地理条件与中国历史进程》，载《瞿林东文集》第 1 卷，第 150 ~ 173 页

③ 瞿林东：《从认识史学到认识历史——中国古代史学观的理性发展》，载《瞿林东文集》第 1 卷，第 288 ~ 301 页。

④ 见瞿林东《古代史家史学批评的辨证方法》，载《瞿林东文集》第 1 卷，第 271 ~ 287 页。

他的治史宗旨有密切的关系。

瞿先生十分关注历代史家对于“通”的认识。在《〈通志〉的“会通”与“自得”》一文中，作者认为郑樵的“会通”思想可以概括成两点，一是重视古今“相因之义”，“贯通历史的联系”，二是重视历代损益，揭示“古今之变”①。即他所认为的“通”，一是在历史认识上认识到历史的连续性，博闻而后将其融会贯通，全面的认识历史；二是基于史学功用所提出的“通古今之变”，考其兴亡成败之理、究其得失之由的历史借鉴思想。而在《〈文献通考〉的理论价值》② 一文中，作者关注于马端临提出的“会通因仍之道”，认为这其中包含了两方面的含义，即观察历朝历代“理乱兴衰”之故与自古以来“典章经制”的历史演变。作者在此文结尾处总结道：

> 要之，后人以《通典》《通志》《通考》称为“三通”，固有一定的道理，但追本溯源，《通志》意在继承司马迁事业，而《通考》则是《通典》业绩的光大。从总的方面看，《通志》和《通考》在历史思想上都赶不上《史记》和《通典》，但它们和《通典》一样，在继承、发展中国史学的“通史家风”方面，成就和影响都是很大的。③

尽管这几部书在“通”的内涵和形式上有所差别，但它们的共同特点，都以“通”见长。

瞿林东先生重视历代史家“通”的思想，以此作为自己的治学宗旨。瞿林东先生在“《瞿林东文集》新书发布暨学术研讨会”上的讲话中指出，他的治学宗旨是遵循白寿彝先生主“通”的治学旨趣，他力图继承中国史学上的“会通”思想和“通史家风”。④ 他在《我和中国史学史研究》一文中，将他的治学路径分为三个阶段，其中，第一个阶段是“从研究断代史学入手，以便取得一个研究上的立足点”。第二个阶段便是“着意于‘通’的追求，以便对中国史学史有一个比较完整的认识，这是向着研究工作的深度、广度发展的前提”。第三个阶段是，“向理论方面提高，探索

---

① 瞿林东：《〈通志〉的“会通”与“自得”》，载《瞿林东文集》第1卷，第202页。

② 参见瞿林东《〈文献通考〉的理论价值》，载《瞿林东文集》第1卷，第399~408页。

③ 瞿林东：《〈文献通考〉的理论价值》，载《瞿林东文集》第1卷，第408页。

④ 户华为：《〈瞿林东文集〉新书发布暨学术研讨会召开》，《光明日报》2017年11月6日，第14版。

学科建设的重大问题”①。

通观十卷本《瞿林东文集》反映出来的这一主“通”的治学宗旨，也清晰可见。

首先，从本书整体来看，在纵向上，从古代史学论到近现代史学和马克思主义史学，涉及史学家司马迁、范晔、郑樵、马端临；卜大有、梁启超、李大钊、郭沫若、范文澜、侯外庐等。在横向上，从历史论到史学和理论，相互交融。内容涉及广泛，包含了史学理论和历史理论中诸多重大问题。如关于史学理论方面，除《中国古代史学理论发展大势》外，还有《中国古代的史学评论》《古代史家史学批评的辩证方法》等多篇文章；关于历史理论方面，除《中国古代历史理论发展大势》《中国古代历史理论特点》外，还有《唯物史观与中国史学发展》《中国史学上的早期民族观和民族史观》等文章。

其次，从独立的单篇论文来看，如《中国古代历史理论发展大势》《中国古代史学理论发展大势》《中国史学的遗产、传统和当前发展趋势》等，都是贯通之论。在《中国史学的遗产、传统和当前发展趋势》一文中，作者既对史学的基本规律和优良传统作了分析，又对中国史学当前发展趋势作了论述，时间界限由古及今，表现出作者对中国史学的宽阔视野和适当的宏观把握。在《中国古代历史理论发展大势》和《中国古代史学理论发展大势》两篇文章中，作者通论了中国古代历史理论和史学理论的发展过程，从先秦论到清代，旁征博引，表现出对于中国古代史学之理论的深刻认识。

应当特别关注的是，正是由于作者追求这种多方面的“通”，才能构成本书拥有某种“立体”感和厚重感。这一方面使人读来产生诸多联想和启发，另一方面也给读者在治学上提供了借鉴。

* * *

本书是关于中国史学的理论遗产研究的重要成果，作者认为历史学的理论研究的发展应当是：“在唯物史观基本原理的指导下，总结和吸收中国古代史学、近代史学的理论遗产，继承中国马克思主义史学的理论创造，借鉴外国史学的理论成果，结合丰富的历史事实，用中国的风格、语

① 瞿林东：《我和中国史学史研究》，载《瞿林东文集》第1卷，第435~437页。

言，撰写出多种形式的理论著作，把中国历史学的理论研究推向新的阶段。”[①] 这段话也可以说是对本书宗旨与价值的概括。瞿先生还表明，今后，他将“致力于两个方面的研究：一个方面是关于20世纪中国史学的发展，再一个是关于中国古代史学的理论成就”。同时，也正如作者所呼吁和期待的“希望有更多的同仁予以关注”[②] 那样，自瞿先生致力于史学遗产中的理论遗产，开创对于历史理论、史学批评理论等领域的研究以来，学界对于历史理论、史学批评理论的关注日渐增多，产生了一些相关的著作。可以这么说，本书不仅是瞿林东先生数十年来关于史学遗产中理论问题研究的总结，也可以视作对中国史学的理论遗产作系统研究、论述的开山之作，自亦有益于学林。

---

① 瞿林东：《瞿林东文集》第1卷序，北京师范大学出版社，2017，第8页。

② 瞿林东：《我和中国史学史研究》，载《瞿林东文集》第1卷，第218页。

附录一　北京师范大学史学理论与史学史研究中心大事记

（2016 年 9 月至 2017 年 8 月）

李　艳

（北京师范大学史学理论与史学史研究中心　北京　100876）

2016 年

9 月

▲ 我中心在 2016 年学校教师节表彰中喜获佳绩

9 月 9 日下午，学校隆重举行庆祝第 32 个教师节暨建校 114 周年表彰大会。会议对 2015 - 2016 学年度获得国家级、省部级以及市级重要奖项的教师和单位进行了表彰。

我中心在本次表彰活动中成绩突出。龚书铎教授（已故）主编的《中国文化发展史》荣获“第七届高等学校科学研究优秀成果奖（人文社会科学）一等奖”，瞿林东教授主编的《历史文化认同与中国统一多民族国家》荣获“第七届高等学校科学研究优秀成果奖（人文社会科学）二等奖”，刘家和教授主编的《中西古代历史、史学与理论比较研究》和晁福林教授所著《上博简〈诗论〉研究》荣获“第七届高等学校科学研究优秀成果奖（人文社会科学）三等奖”。侯树栋教授荣获“第十二届北京师范大学教学名师奖”。诸位教授受到学校的隆重表彰。今后，我中心教师将继续努力，以更加饱满的热情，创作出更多的学术精品，为学校、为社会做出新的更大的贡献。

▲我中心师生参加“红军不怕远征难”——纪念红军长征胜利 80 周年大型声乐套曲《长征组歌》展演活动

9 月 19 日晚，我中心师生参加了历史学院、本科生工作处联合主办，北京新四军研究会协办，江西省于都县长征源合唱团出演的“红军不怕远征难”——纪念红军长征胜利80周年大型声乐套曲《长征组歌》展演活动。北京市委宣传部巡视员崔耀中，北京市社科联党组书记、常务副主席韩凯，北京新四军研究会副会长乔泰阳，北京师范大学副校长张凯、陈丽，我中心教授陈其泰，中心主任杨共乐，学校相关职能部门负责人和广大师生共计700余人观看展演活动。

晚会开场，北京新四军研究会合唱团表演大合唱《长征》。接着，由历史学院本科生、研究生代表讲述《长征故事》。此后，江西省于都县“长征源”合唱团登台表演，为我们带来了大型声乐套曲《长征组歌》。本次晚会的表演中，“长征源”合唱团为我们完整展现了这首套曲的十首大合唱。他们通过歌声，讲述了红军离别时的伤感、突破封锁线时的惨烈、遵义会议时的重现转机、四渡赤水时的巧妙行军、飞跃大渡河和过雪山草地时的艰苦卓绝以及到达陕北后的欢欣鼓舞，使其中蕴含的长征精神拥有了更加感人的力量。晚会在全场齐唱《歌唱祖国》的歌声中圆满落幕。

10月

▲ 瞿林东先生应邀在武汉大学讲学

2016年10月16日上午，我中心教授瞿林东先生应邀在武汉大学历史学院做了题为“史论与论史及其他”的学术讲座。讲座由谢贵安教授和杨华教授主持。第三届珞珈史学博士论坛的青年学人、武汉大学师生150多人聆听了讲座。瞿先生将自己近年来关于中国古代“史论”和“论史”的最新思考，分三个层面进行了系统报告：一是中国丰富的“史论”遗产及其特点；二中国古代“论史”观念的提出及其理论意义；三是论“论史”与史学批评。瞿先生在梳理中国古代史学批评的思想遗产时，呼吁青年学者重视传世文献中的史学理论资料，在研究具体问题时注重理论关照。他希望大家，根据天人关系、古今关系、时势关系和理道关系等范畴，构建中国的史学理论话语。瞿先生此次讲座受到武汉大学师生的欢迎。

▲ 中心侯树栋、刘林海教授参加“中世纪中国与欧洲的社会治理”国际学术研讨会

2016年10月22~23日，由北京师范大学历史学院世界古代史研究中心与中国古代史研究中心举办的“中世纪中国与欧洲的社会治理”国际学术研讨会在北京召开。来自匈牙利中欧大学、厄特沃什·罗兰大学、奥地利萨尔斯堡大学、北京大学、清华大学、中国人民大学、中国社会科学院、东北师范大学、北京师范大学等高校和科研机构的40多位专家学者参

加了此次大会。

北京师范大学宁欣教授主持大会开幕仪式。我中心侯树栋教授主持主题报告会。东北师范大学徐家玲教授、中欧大学贝拉教授和艾丽斯教授、中央民族大学李鸿宾教授分别做了主题报告。内容涉及君士坦丁堡城市的管理理念、中世纪欧洲的建筑规模、唐代国家权力对墓志铭书写模式的影响等方面。随后，研讨会进行了分组报告和讨论。学者们立足中世纪中国与欧洲的社会治理这一主题，从多角度、多方位探讨了相关问题，主要涉及法律、制度、经济社会、文明或跨区域交流等方面的内容。其中既有具体问题研究，也有理论思考；既有对旧问题的新认识，又有新理论和新领域的新成果；既有立足中国或欧洲的单向研究，又有中西之间的比较研究。最后，我中心刘林海教授做了大会总结并致闭幕辞。此次学术研讨会，与会学者踊跃发言，积极讨论，不时提出新的观点和新的问题，深化了对于中世纪中国和欧洲社会治理的认识，达到了预期效果。

11 月

▲ 刘家和先生给青年学子谈治史经验

2016 年 11 月 1 日，刘家和先生为中心和历史学院的青年学子作学术讲座。讲座由中心主任杨共乐教授主持。刘先生从 20 世纪 40 年代末自己上大学的经历谈起，讲述学习历史的原因，阐释学习历史的意义，并与大家分享了学好历史的关键要素。他指出：学历史，第一，要有使命感、责任感。每一位学习历史的人都应该带着兴趣、好奇心进行“自我充电”；第二，学历史要懂得“理解地记忆”，把具体的历史事件放入特定的时空坐标中去，将自己从事的事业“变苦为乐”。刘先生对青年学子提出了殷切希望。他相信，在年轻的学子中，一定会出现各行各业的杰出人才。

▲ 瞿林东先生所著《我的史学人生》出版

11 月初，瞿林东先生所著《我的史学人生》由中华书局出版。全书分上、中、下三编，共收录 27 篇文章。上编“领略师辈风范”，所辑文章，内容皆是关于瞿先生的老师一辈的学者；中编“品评史书旨趣”，是“根据不同的风格和特点之古今论著而予以品评的文章”；下编“探究史学底蕴”，主要是关于史学思想层面的文章。此书集中反映了瞿先生治史的情怀和追求，对于广大青年学人有重要的启发和指导作用。

▲ 周文玖、汪高鑫教授应邀参加第五届“汉化·胡化·洋化：传统社会的挑战与回应”学术研讨会

11 月 3 ~7 日，我中心周文玖、汪高鑫教授与历史学院李帆、董立河

等教授应邀赴台湾中正大学，参加第五届“汉化·胡化·洋化：传统社会的挑战与回应”学术研讨会。本次会议由中正大学历史系和北京师范大学历史学院共同主办，共收到来自大陆、台湾、香港等地以及日本、新加坡等国学者的23篇论文，内容涉及政治史、经济史、文化史、军事史等方面。论文作者对各自的成果作了详细报告。与会学者对我中心两位教授的报告产生了浓厚兴趣，并展开了深入探讨。

▲ 汪高鑫教授所申报项目获准立项

11月3日，教育部社科司下发通知，汪高鑫教授所申报的课题“中国古代历史教育与文化传承”，被正式批准为2016年度教育部人文社会科学重点研究基地重大项目，项目批准号为：16JJD770007，经费额度为80万元。汪教授所申报课题获准立项，将有助于进一步拓展我中心的研究领域。

▲ 中心诸位教授参加“尹达先生诞辰110周年中国史学史学科建设与发展座谈会”

11月12日，商务印书馆和中国社会科学院历史研究所马克思主义史学理论史学史研究室，联合举办“尹达先生诞辰110周年中国史学史学科建设与发展座谈会”。我中心瞿林东、陈其泰、吴怀祺、张越、王志刚等教授应邀参会并发表重要学术观点，引起了与会学者的高度关注。

▲ 西南大学徐松岩教授来我中心作学术讲座

11月17日下午，受我中心刘林海教授的邀请，西南大学教授、中国世界古代史研究会副会长徐松岩教授在主楼600会议室做了题为“从‘同盟’到‘帝国’——公元前5世纪雅典海外扩张与东地中海国际关系探略”的学术讲座。我中心杨共乐教授、刘林海教授以及相关专业的研究生参加了讲座。徐教授在讲座中主要探讨了雅典同盟的建立及其组织结构；雅典同盟的演变；雅典在军事、行政、法制、宗教等方面的强化措施，民主政治、民众法庭的作用及雅典人海洋意识的形成。在提问环节，徐教授与同学们进行了热烈的互动和交流。同学们表示获益匪浅。

12月

▲ 张越教授应邀赴河南师范大学讲学

12月6日下午，我中心张越教授应邀在河南师范大学新五五四楼401教室做了“中国近代史学的发展走向”的专题讲座。张越教授在讲座中阐述了中国近代史学的形成和发展历程，详细讲解了近代史学家怎样对待旧史学，如何处理新旧史学的关系，以及“新史学”所开辟的近代中国史学的研究路径，并耐心地解答了同学们提出的有关中国近代史学的问题。

▲ 第一届北京师范大学史学理论与史学史研究生论坛成功举办

2016 年 12 月 10 日，第一届北京师范大学史学理论与史学史研究生论坛在北京师范大学主楼 600 会议室隆重开幕。本届论坛由北京师范大学历史学院主办。北京师范大学资深教授瞿林东先生，我中心主任、历史学院院长杨共乐教授，历史学院董立河教授，历史学院顾晓伟和曲柄睿老师以及来自全国各院校、科研单位的 60 余名参会同学出席了开幕式。在开幕式上，杨共乐教授致欢迎词，瞿林东先生就本次论坛主题发表了讲话。

本届论坛共收到在读研究生投稿百余篇，最终有 60 篇论文入选。论坛设置三个分会场，分两个时段讨论。各分会场的主持人分别由北京师范大学历史学院汪高鑫老师、张越老师、董立河老师、顾晓伟老师、曲柄睿老师担任。与会同学积极参与讨论，在互动过程中，对参会论文所论述的史学理论与史学史学科的相关问题各抒己见。大家增长了学识，锻炼了能力，收获了友谊。经过一天紧张而热烈的讨论，第一届北京师范大学史学理论与史学史研究生论坛于当天下午 5 时 30 分闭幕。在闭幕式上，历史学院副院长李帆教授对论坛的成功举办表示祝贺，史学研究所副所长周文玖教授代表论坛组委会致答谢词。

北京师范大学史学理论与史学史研究生论坛旨在为史学理论与史学史专业的研究生提供一个研讨、交流的平台，以拓宽学术视野，提高研究水平。本次论坛来稿数量颇丰，稿件质量较高，参会同学围绕论坛主题相互交流，学术讨论气氛十分活跃，取得了良好的效果，受到老师和同学们的一致好评。

▲ 我中心成员参加“中华优秀传统文化的继承与发展”学术研讨会

12 月 17 日上午，由北京市社会科学界联合会和北京市历史学会联合主办的 2016 学术前沿论坛历史专场——“中华优秀传统文化的继承与发展”学术研讨会在我校召开。我中心周文玖、汪高鑫、刘林海、张昭军等教授出席了本次研讨会。研讨会由刘林海教授主持。汪高鑫教授做了“天人之际——传统史学的整体性特征”的学术报告。他强调了整体性思维和二重性思维的重要性。张昭军教授以“礼在近代的失落与转生”为题发言，所讲内容体现出他对中国传统文化现实价值的思考。周文玖教授对其发言做了详细点评。他认为思考中国传统文化的现实价值十分必要，并期望张昭军教授能在“礼的转生”方面进行更深层次的研究。刘林海教授对刘丹忱副教授的“中国的天下观与西方的世界秩序观”报告予以高度赞扬，指出这种比较型观点不仅新颖，而且实用价值很大。最后，与会专家学者，以及聆听报告的研究生都有针对性地积极提问，各位教授对所提问题耐心地一一解答。本次大会获得圆满成功。

▲ 第三届全国影像史学学术研讨会成功召开

2016年12月17～18日，由我中心、北京师范大学历史影像研究中心、历史影像实验室联合举办的“文本·影像·历史”第三届全国影像史学学术研讨会在北京师范大学召开。来自中国社会科学院、中国国家博物馆、北京师范大学、南京大学、南开大学、兰州大学、中国传媒大学、陕西师范大学、南京师范大学、宁波大学、中国电影资料馆、中国摄影出版社等20余所高校和机构的学者参会。会议由影像史学教研室主任吴琼主持，历史学院副院长姜海军代表学院致开幕词。

本届会议共收到35篇论文，有19篇入选会议论文集。研讨会分“文本与影像”“影像与历史”“影像史学研究动态”三个论题。17日下午，会议围绕“文本与影像”论题展开研讨，中国社会科学院刘萍对近四十年影像史料的出版状况进行了全面系统的介绍。南京师范大学范国平就《美国国家档案馆馆藏中国抗战历史影像全集》与大家进行了交流。南开大学侯杰分析了《支那事变画报》中的女性形象。山东画报社傅光中论述了《支那事变画报》翻译出版的价值与意义。中国社会科学院李学通就《图说中国》的影像，阐释了影像史学视野下的晚清社会状况。

18日上午，会议围绕“影像与史学”主题展开。南京大学韩从耀回顾了中华图像文化的历史渊源与文化传统，并就《中华图像文化史》的构想、书写与出版发表了见解。陕西师范大学郭海文从形象史学的视角探讨了大唐公主饮食生活。南京大学贾登红就图像史研究中的“碎”与“通”的问题阐述了自己的观点。中国国家图书馆罗永明以西方记者卡尔·迈当斯为个案，考察西方记者摄影报道对中国抗战的影响。18日下午，会议讨论“影像史学研究动态”，宁波大学钱茂伟将影像史学与公共史学联系起来，提出影像记录是公共影像史学发展的方向。南京大学王灿主要论述了历史影视与历史真实的关系。北京师范大学吴琼宣读了论文《从历史影像实验到影像史学研究》，并结合近年来北师大历史影像实验教学的建设和经验，分析了影像史学的构成基础，提出了适应高校教学与研究的发展路径和学术规范。

会议期间，与会学者参观了北京师范大学历史学院历史影像研究中心、实验室，对影像史学的学科发展和学生培养等问题进行了交流，高度评价了北京师范大学历史学院在影像史学学科建设和教学科研方面取得的成绩。

▲ 我中心成员参加“古代世界的宗教与教派”学术讨论会

12 月 24 日，由北京师范大学历史学院世界古代史研究中心举办的“古代世界的宗教与教派”学术讨论会在英东学术会堂召开。来自中国社会科学院、北京大学、中国人民大学、复旦大学、山东大学、中央民族大学、陕西师范大学、北京师范大学、商务印书馆、世界历史编辑部等高校和科研机构的 30 余位专家学者参加了此次会议。研讨会由我中心侯树栋教授主持。本次会议重点探讨古代世界的宗教及教派，涉及佛教、犹太教、基督教及古典宗教信仰等问题。与会学者从个案研究或理论等角度，分析不同宗教、文明的特点，探讨宗教或文明之间的交流与共存等问题。我中心刘家和先生做了题为“佛教之传入中国与基督教之传播于罗马”的重要发言。他从历史背景、进程和影响等方面分析了二者的异同及原因。刘先生对佛教传入中国的史料进行了考证和梳理，还探讨了早期佛教与中国传统文化的冲突与交融问题。刘先生的发言引起了与会学者的高度关注。

2017 年

2 月

▲ 杨共乐教授总主编的《〈史学史研究〉文选》出版

2017 年 2 月，杨共乐教授总主编的《〈史学史研究〉文选》由华夏出版社出版。此文选是编委会在认真研读《史学史研究》全部刊文的基础上，精心分类选辑的成果。其内容包括董立河教授主编的《史学理论》，汪高鑫、向燕南教授主编的《中国古代史学》（上、下），周文玖教授主编的《中国近现代史学》，易宁教授主编的《外国史学》和汪高鑫教授主编的《人物志》（上、下），共七卷。在《史学史研究》创办五十五周年之际，编委会精心出版《〈史学史研究〉文选》，旨在展示五十五年来史学理论与史学史研究的主要成果，反映五十五年来史学理论与史学史研究的理论探索历程。

3 月

▲ 中国社会科学院近代史所马忠文研究员来我中心作学术讲座

3 月 29 日下午，应我中心张昭军教授的邀请，中国社会科学院近代史所马忠文研究员来中心做了题为“如何从人物入手研究晚清政治史”的学术讲座。讲座由张昭军教授主持。马忠文研究员指出，关于某一人物的资料相对便于搜集，研究者可以从某一人物入手，进而探讨当时社会情况。因此，人物研究常常是专业历史研究的起点，可被看作进入史学研究的捷径。与此同时，人物研究由于预设某一历史人物为主角，容易出现夸大人物作用、视野局限于人物生平的问题，这需研究者尽量避免。他以宗族制度、科举制度、京官生活等主题为例，说明人物研究需要从个人的生活史出发，来把握人物所处时代的制度、文化和风俗。人物群体、派系及其演变也是一个值得研究的领域，其中包含亲缘、地缘、年谊等方面的内容。研究历史人物，往往要对其做出评价。马文忠研究员认为，评价历史人物一定要结合具体历史问题，这样才有意义。此外，研究者须注意，道德评价不能代替历史评价。讲座结束前，马研究员与同学们进行了交流，热情地解答了同学们提出的问题。此次讲座深化了同学们对晚清人物研究和政治史研究的认识，同学们表示很受教益。

4月

▲ 汪高鑫教授所著《中国经史关系史》出版

4月初，汪高鑫教授所著《中国经史关系史》由黄山出版社出版。此书系汪教授所主持教育部人文社会科学重点研究基地重大项目“经史流变探源”（项目批准号：11JJD770014）的结项成果。《中国经史关系史》详细阐述了“六经”的史籍属性与历史思维、汉代经学的兴起与史学的崇经意识、魏晋南北朝经学的玄化与史学的玄化倾向、唐代经史总结与疑古惑经中的经史关系、宋元经学的理学化思潮与史学的义理化倾向、明代经学转变与史学的新变化、清前中期经史之学嬗变中的经史关系、晚清经史之学的转向与新史学的出现等具体内容，旨在准确把握经史流变的时代原因、特点、基本走向等内容，以揭示中国经史之学的发展规律。此书具有加强传统经史关系研究的薄弱环节、填补学术空白的重大意义。

▲“人文学科与世界一流大学建设”高端学术论坛在我校召开

2017年4月7日上午，由北京师范大学史学理论与史学史研究中心、北京师范大学历史学院共同举办的“人文学科与世界一流大学建设”高端学术论坛在主楼600会议室隆重召开。北京师范大学资深教授刘家和、瞿林东，史学理论与史学史研究中心、历史学院教授郑师渠、晁福林、陈其泰，北京大学历史学系教授高岱，宁夏师范学院副校长钟正平，北京师范大学民俗典籍文字研究中心主任李国英及来自《人民日报》、中国社会科学杂志社等单位的21名专家学者出席了论坛。

论坛由北京师范大学历史学院分党委书记郭家宏主持，我中心主任、历史学院院长杨共乐首先致词。与会的各位专家学者就“人文学科与世界一流大学建设”这一主题进行了热烈讨论。刘家和先生首先发言。他指出，世界一流大学必然是有特点的大学，而一个大学的特点来自深厚的历史积淀。北京师范大学的人文学科就具有深厚的学科基础，具备成为世界一流大学、一流学科的条件。我们必须发扬这一传统，为建设一流大学、一流学科而努力。瞿林东先生对刘家和先生的观点表示赞同，同时结合习近平总书记关于建设中国特色哲学社会科学的三点要求，做了进一步论述。他还指出，建设世界一流大学必须做到古今结合，有民族性，有中国特色。郑师渠先生为建设世界一流大学提出了一些建议，如高度重视人文学科的价值、高度重视师范院校的价值等。晁福林先生认为，“双一流”建设是一项顶天立地的事业，具有全局意义，我们应抓住机遇，使我们的研究走在世界前沿。陈其泰先生认为，应充分认识人文学科与理工学科具有同等重要性，北师大人文学科在“双一流”建设中大有可为，应积极抓住机遇。北京大学历史学系教授高岱先生以北大人文学科为实例，指出了人文学科的特殊性、重要性，提出“双一流”的建设不应以评估标准为指挥棒，应有自己的思想、特色。宁夏师范学院副校长、北京师范大学挂职校长助理钟正平教授充分肯定了北京师范大学人文学科取得的成绩，认为北师大的人文学科在“双一流”建设中必然有一席之地。李国英先生认为，一流大学一定要有人文精神，建设一流大学一定要立足传统、鲜明特色、推进创新。

本次会议是为响应党中央、国务院统筹推进“双一流”大学建设而召开的。在将近三个小时的研讨中，与会专家踊跃发言，纷纷提出新观点和新问题，进一步深化了对人文学科与世界一流大学建设关系的认识，对促进我校人文学科的发展，推动我校建设世界一流大学，有十分积极的意义。

▲《中国社会科学报》整版报道我中心“人文学科与世界一流大学建设”高端学术论坛

4 月下旬，《中国社会科学报》整版报道了由我中心和北京师范大学历史学院于 4 月 7 日共同举办的“人文学科与世界一流大学建设”高端学术论坛。这体现了我中心的学术影响力。

5 月

▲ 张越教授所著《近现代中国史学史论略》出版

5 月初，张越教授所著《近现代中国史学史论略》由商务印书馆出版。

本书以研究中国近现代史学发展和史学家为主要内容。其中，专题研究包括“社会史大论战”“五朵金花”问题、近代以来民族精神与历史文化认同问题等内容。人物研究包括郭沫若、顾颉刚以及新中国建立后“十七年时期”史家群体等内容。本书还收录了民国史学史和新中国史学史两个专题。此外，书中还包括了与当代中国史学发展趋向直接相关的若干访谈、评论文章。张越教授此著，对唯物史观史学中的一些关键性问题提出了独到的见解，对研究较为薄弱的新中国“十七年时期”史学和当代中国史学做了全面的梳理和研究，对当前中国史学发展中的主要趋向和存在的问题进行了剖析和评价。

▲ 张越教授应邀赴台湾参加学术会议

5月25~29日，台湾“中央”大学举办“反思中国传统史学”学术会议，中心副主任张越教授应邀参会，并作大会主题发言。张越教授的报告“近代中国史家对传统史学的重新审视”，受到与会学者的广泛关注，扩大了我中心的学术影响力。

6月

▲ 杨共乐教授所著《通向世界的丝绸之路》出版

6月，杨共乐教授所著《通向世界的丝绸之路》由北京师范大学出版社出版。此著包含丝绸之路综合篇、丝绸之路疑难问题解读辨析篇（上、下）和西方古代文献中的丝绸世界及附录“古代中国的一个罗马城”几个部分。综合篇立足于宏观与中观的阐述，为读者提供了一个通贯性的视角；疑难问题解读辨析篇以核心材料为依据，在严密论证的基础上，对丝绸之路研究中所产生的疑难问题提出作者自己的看法。作者尽力做到论从史出，给读者提供了言之成理、持之有据的观点。

▲ 黎巴嫩巴拉曼大学阿莱克斯·雷蒙教授在我中心作“黎巴嫩的历史与现状”专题讲座

6月15日下午，黎巴嫩巴拉曼大学历史系教授阿莱克斯·雷蒙（Alex Raymond）在主楼600会议室做了题为“黎巴嫩的历史与现状”的学术讲座。讲座由我中心刘林海教授主持。吴琼老师、江天岳老师及相关方向的研究生参加了此次学术活动。雷蒙教授重点梳理了黎巴嫩历史发展的脉络和特点，探讨了历史上黎巴嫩在东西方经济、文化交流中的重要作用，并与同学们进行了热烈的交流。最后，刘林海教授对本次讲座进行了点评。他指出，东西方交汇的地理位置是黎巴嫩地区的重要特征，这不仅使该地拥有文明交流的悠久历史，也为这一地区的发展带来了机遇与挑战。在目前国家推进“一带一路”战略的时代背景下，我们更要重视文化交流史研究，为促进沿线国家政治互信、经济融合、文化包容提供历史借鉴。

7 月

▲侯树栋教授赴伯明翰大学进行学术交流

7 月 1 日，侯树栋教授赴英国伯明翰大学就西欧中世纪史学方面的问题进行为期 3 个月的学术交流。这有利于加强我中心与国外大学的学术联系，扩大中心的学术影响力。

▲瞿林东先生参加“纪念金毓黻先生诞辰 130 周年”学术研讨会

7 月 17 ~ 18 日，长春出版社与长春师范大学在长春松苑宾馆联合举办了“纪念金毓黻先生诞辰 130 周年学术研讨会”。瞿林东先生、周文玖教授应邀参会。在研讨会上，瞿先生高度赞扬金先生在“史学寻找自己”方面的草创之功。他指出，金毓黻先生所著《中国史学史》一书可谓“中国史学史这门学科或这门专门史草创时期的代表性著作”，此书不仅为后人的研究提供了丰富的资料，而且其中的见解很有启发意义，至今仍有重要的参考价值。周文玖教授在发言中论述了金毓黻先生的民族气节，以及他在 20 世纪中国史学中的地位。他们的发言在与会学者中引起了很大反响。

8 月

▲张越教授应邀参加“商务印书馆与中国现代文化的兴起”国际学术研讨会

8 月 13 ~ 14 日，“商务印书馆与中国现代文化的兴起”国际学术研讨会在京举行。来自海内外高校、科研机构、文博及出版等单位的 70 余位学者共聚一堂，就商务印书馆企业历史与文化、商务印书馆出版物研究、商务印书馆与现代文化教育等主题展开研讨。我中心副主任张越教授应邀参会，担任小组研讨主持人，发表题为“商务印书馆与中国近代历史学”学术报告。

附录二　史学理论与史学史论著要目

（2016 年 9 月至 2017 年 8 月）

况明祺

一　论文要目

（一）史学理论与中国史学史论文要目

白丽杰、郑春颖：《金毓黻〈宋辽金史〉校勘拾零》，《长春师范大学学报》2016 年第 11 期。

白羽：《关于书法史分期的思考》，《内蒙古师大学报》（哲学社会科学汉文版）2016 年第 6 期。

白云：《中国古代历史编纂学的二重性特征》，《云南大学学报》（社会科学版）2017 年第 4 期。

曹娜：《论"文胜质则史"之"史"》，《安阳师范学院学报》2017 年 4 期。

曹鹏程：《张栻的史学思想》，《中华文化论坛》2017 年第 1 期。

陈得媛、李传印：《〈荀氏家传〉的史学价值探微》，《史学史研究》2016 年第 3 期。

陈得媛：《刘知幾〈史通〉对于唐初撰修〈晋书〉的批评》，《郑州大学学报》（哲学社会科学版）2017 年第 1 期。

陈广华：《傅斯年史学思想与历史语言研究所学术传统的构建》，《学术探索》2017 年第 4 期。

陈科：《"一切都是当代史"的史学思考》，《读与写：教育教学刊》2017 年第 1 期。

陈光鑫：《"屯田"与"乡遂"——试述于省吾、杨宽的史学论辩》，

《史学理论与史学史学刊》2017 年上卷。

陈其泰：《章学诚：“道”的探索与历史编纂的革新》，《华夏文化论坛》2016 年第 2 期。

陈其泰：《浓墨重彩：班固与武帝时期历史的书写》，《陕西师范大学学报》（哲学社会科学版）2016 年第 5 期。

陈其泰：《彰善瘅恶：班固笔下以儒学进身而志节迥异的人物》，《经济社会史评论》2017 年第 1 期。

陈其泰、屈宁：《关于 20 世纪中国史学发展道路的对话》，《社会科学文摘》2017 年第 1 期。

陈其泰：《〈汉书·王莽传〉：人物传记与记述新朝大事的精致结合》，《求是学刊》2017 年第 2 期。

陈其泰：《高悬目标 执着追求——白寿彝先生的学术创新精神》，《西北大学学报》（哲学社会科学版）2017 年第 4 期。

陈全黎：《见证的危机：口述历史的证据问题》，《史学理论与史学史学刊》2017 年上卷。

戴磊：《论冯家昇的〈辽史〉校勘》，《史学史研究》2016 年第 4 期。

邓锐：《从“摒秦”论看董仲舒历史时间观的对立与统一》，《史学理论研究》2017 年第 3 期。

董恩强：《专精和考据：新考据学派的治学取向——兼与史观学派比较》，《郑州大学学报》（哲学社会科学版）2017 年第 3 期。

董根明：《方苞史学思想初探》，《史学史研究》2016 年第 4 期。

董根明：《钱澄之史学思想初探》，《安徽史学》2017 年第 4 期。

董立河：《中国古典史学中的“求真”问题》，《史学史研究》2016 年第 4 期。

窦禄军：《唐代三史科名实考辨——兼答“傅璇琮之问”》，《史学理论与史学史学刊》2017 年上卷。

杜望：《雷礼〈国朝列卿纪〉初探》，《史学史研究》2017 年第 1 期。

段志强：《“中区”与王夫之的中国观》，《中国文化研究》2016 年第 4 期。

范静静、张伟：《20 世纪初“中国无史说”论争的两种声音——关于〈史学通论〉与〈中国无史辨〉的微观考察》，《枣庄学院学报》2017 年第 1 期。

房小捷：《马克思“人与自然对象性关系”概念对环境史研究的意

义》，《史学理论研究》2016 年第 4 期。

冯婵：《王叔岷的学术道路与治学风范》，《史学理论与史学史学刊》2016 年下卷。

谷玛利：《孔子史学思想评述》，《江苏社会科学》2017 年第 1 期。

顾少华：《〈资治通鉴纲目〉作者问题新探》，《史学史研究》2017 年第 1 期。

顾少华：《清末“历史哲学”概念的创制》，《学术月刊》2017 年 7 期。

顾晓伟：《在“交流”与“对话”之间重建“家学”——以章学诚研究的接受史为例》，《国际汉学》2017 年第 1 期。

郭静云：《古史研究主题、史料及方法刍议》，《学术研究》2016 年第 9 期。

郭蔚然：《从“二善”说到“史德”论：明清时期史家修养论的总结》，《学习与探索》2016 年第 10 期。

郝虹：《曹操的“异端”历史认识》，《史学理论与史学史学刊》2016 年下卷。

郝平、张玮：《商业明信片及其史料价值——以 20 世纪二十年代山西寿阳谦瑞益商号为例》，《史学史研究》2017 年第 3 期。

何刚：《现代史学批评的另一面相——民国学人日记中的唯物史观史学》，《史学史研究》2017 年第 2 期。

胡大雷：《“文胜质则史”论——兼论史书“书、志”体例的生成的文体学意义》，《中山大学学报》（社会科学版）2016 年第 6 期。

胡耀飞：《试论缪荃孙的五代史研究：以〈补五代史方镇表〉为中心》，《史学理论与史学史学刊》2017 年上卷。

黄惠运：《疑古惑经与经世致用的史家风范——欧阳修的历史观与治史方法》，《阜阳师范学院学报》（社会科学版）2016 年第 3 期。

黄旭峰：《梁启超的史料观对乾嘉学派的继承与突破》，《语文学刊》2016 年第 10 期。

贾红霞：《民国时期金毓黻在国史馆的修史活动述论》，《史学理论与史学史学刊》2017 年上卷。

江湄：《历史的无意义与意义——论章太炎〈易〉学、〈春秋〉学中的历史观》，《史学理论研究》2016 年第 4 期。

姜海军：《宋代浙东学派经史兼重观念的形成、内涵及其影响》，《史学史研究》2017 年第 3 期。

姜海军：《司马迁对六经的推尊、诠释与思想》，《史学理论与史学史学刊》2017 年上卷。

姜南：《从〈中国历史研究法〉看梁启超的新史学思想》，《大众文艺》2017 年第 11 期。

蒋泽枫、李春祥：《〈三国史记〉与“春秋笔法”》，《湖南社会科学》2017 年第 3 期。

金仁义：《南朝官方史职机构建设述论》，《安庆师范学院学报》（社会科学版）2016 年第 5 期。

焦雨楠、王先明：《史学建构中文学化与科学化趋向平议——以史景迁的史著为例》，《福建论坛》（人文社会科学版）2017 年第 8 期。

琚小飞：《〈四库全书考证〉的版本及校勘价值述略》，《史学史研究》2017 年第 2 期。

雷戈：《史家形象的自我重塑——对黄仁宇自传和何炳棣自传的史学史解释》，《天津社会科学》2016 年第 5 期。

李长莉：《中国近代城市生活史研究热点与缺陷》，《武汉大学学报》（人文科学版）2017 年第 1 期。

李长银：《古史辨“抄袭”公案新探——兼与廖名春、吴锐两位先生商榷》，《史学月刊》2016 年第 5 期。

李长银：《“重建”成就“疑古”：傅斯年与“古史辨运动”》，《兰州学刊》2017 年第 1 期。

李长银：《西方汉学与“古史辨运动”》，《史学理论研究》2017 年第2 期。

李超：《朱维铮：当代中国史学史研究奠基人》，《文化学刊》2017 年第 1 期。

李春保：《王锺翰学术研究路径转变析论》，《史学史研究》2017 年 1 期。

李东辉：《“史德”的践履——以〈治史三书〉为中心的考察》，《长江师范学院学报》2017 年第 4 期。

李桂芳：《论杨慎的史学思想》，《中华文化论坛》2017 年第 7 期。

李寒光：《论顾炎武对“无二尊”礼学原则的强调》，《中国典籍与文化》2016 年第 4 期。

李琳：《朱希祖的学术经历与史学思想》，《法制与社会》，2017 年第

5 期。

李巧：《明代〈嘉隆疏钞〉的编撰特点与史学价值》，《文史博览（理论）》2016 年第 9 期。

李孝迁：《印象与真相：柳诒徵史学新论——从新发现〈史学研究法〉未刊讲义说起》，《史林》2017 年第 4 期。

李孝迁：《革命与历史：中国左派历史读物》，《中共党史研究》2017 年第 5 期。

李学勤：《读梁启超〈中国上古史〉为何不感“陈旧”》，《博览群书》2016 年第 9 期。

李雅馨、郭宝军：《〈管锥编〉史学思想研究》，《乐山师范学院学报》2017 年第 2 期。

李玉君、张新朝：《金毓黻先生与辽金史研究》，《史学史研究》2016 年第 3 期。

李玉莉：《崔述的〈论语〉考辨述论》，《史学理论与史学史学刊》2016 年下卷。

李育民：《马克思主义史学理论与近代中外条约研究》，《红旗文稿》2017 年第 5 期。

李渊：《〈左传〉中的楚庄王事迹与楚人的华夏认同意识》，《史学史研究》2017 年 1 期。

李欣然：《文明竞争思路的开启——郭嵩焘西洋立国本于政教说的时代语境与历史意义》，《清华大学学报》（哲学社会科学版）2017 年第 05 期。

李哲：《论苏轼的史学成就》，《南昌师范学院学报》2016 年第 5 期。

李政君：《“始善终隙”：顾颉刚与胡适关系再审视》，《史学月刊》2016 年第 12 期。

李政君：《唯物史观与抗战时期的中国通史书写》，《北京党史》2017 年第 4 期。

林锋：《“重事”：章学诚的文史统合之道》，《中南大学学报》（社会科学版）2017 年第 3 期。

林磊：《“民族主义”与近代中国新史学的命运——以抗战时期的傅斯年为中心》，《中国文化研究》2016 年第 4 期。

刘超：《西学东渐与新史学“三变”——兼论新史学的国际流变及中国学人的民族主体性诉求》，《清华大学学报》（哲学社会科学版）2016 年第 5 期。

刘晗：《宏阔精微 别开生面——读乔治忠著〈清代官方史学与私家史学相互关系研究〉》，《史学理论与史学史学刊》2017 年上卷。

刘开军：《中国史学批评史研究的兴起与发展趋势》，《中国史研究动态》2016 年第 5 期。

刘开军：《新旧之争：晚清中国史学话语体系变迁述论》，《郑州大学学报》（哲学社会科学版）2017 年第 3 期。

刘玲：《赵翼〈廿二史札记〉的历史考证特点》，《史学史研究》2017 年第 2 期。

刘雄伟：《“六经皆史”的近现代误读》，《天津社会科学》2017 年第 2 期。

刘璇：《笔记体史料初探》，《西部学刊》2017 年第 7 期。

刘文瑞：《略论侯外庐在史学理论方面的两个贡献》，《中国史研究动态》2016 年第 6 期。

龙坡涛：《〈文献通考·帝系考〉疑误考释》，《晋图学刊》2017 年第 3 期。

卢鹏程：《“宣汉”意识与南北朝时期本朝史撰写》，《安庆师范大学学报》（社会科学版）2017 年第 3 期。

罗志田：《飞鸟之影：浅议历史研究中的以静观动》，《文史哲》2016 年第 6 期。

吕振纲：《从朝贡文书看清代的朝贡体系——兼评何新华〈清代朝贡文书研究〉》，《史学理论研究》2017 年第 1 期。

吕壮、向燕南：《有关“秦记”的几个问题》，《史学史研究》2016 年第 4 期。

马俊亚：《史实的构建：历史真理与理性差序》，《社会科学文摘》2016 年第 9 期。

娜日苏：《蒙古文史著〈金念珠〉汉文史源考》，《史学理论与史学史学刊》2017 年上卷。

牛润珍、卢鹏程：《金代修史机构与史注纂辑》，《史学史研究》2017 年第 1 期。

牛润珍：《〈汉代外交体制〉与古典外交学的构建》，《史学理论与史学史学刊》2017 年上卷。

潘捷军：《历史主义及对当代史志研究的借鉴意义》，《观察与思考》

2017年第8期。

潘务正：《"疽发背而死"与中国史学传统》，《文史哲》2016年第6期。

彭锋：《从世俗之言到国史之论：试论〈宋史·李全传〉的史料来源》，《史学史研究》2016年第4期。

彭玉平、赵婵媛：《朝代更迭与张岱文史创作之体性关联》，《四川师范大学学报》（社会科学版）2016年第5期。

钱云：《从"四夷"到"外国"：正史周边叙事的模式演变》，《社会科学文摘》2017年第5期。

乔治忠：《试论史学理论学术体系的建设》，《中国史研究》2017年第2期。

乔治忠：《清朝〈四库全书〉馆隐没图书的另类手段——以三种史籍的遭际为例》，《史学理论与史学史学刊》2017年上卷。

秦文：《何炳松历史写作方法论》，《社科纵横》2016年第9期。

邱靖嘉：《王鹗修金史及其〈金史稿〉探赜》，《史学史研究》2016第4期。

瞿林东：《侯外庐在史学理论与学科建设上的贡献》，《北京师范大学学报》（社会科学版）2016年第5期。

瞿林东：《史学批评怎样促进史学发展》，《人文杂志》2016年第10期。

瞿林东：《再谈史学理论与历史理论》，《学习与探索》2016年第12期。

瞿林东：《理论研究与学科体系》，《史学理论研究》2017年第2期。

瞿林东：《读〈史通〉札记》，《廊坊师范学院学报》（社会科学版）2017年第2期。

单磊：《赵翼的"唐宋史学变革"思想及其对内藤湖南的影响》，《史学史研究》2017年3期。

申斌、杨培娜：《数字技术与史学观念——中国历史数据库与史学理念方法关系探析》，《史学理论研究》2017年第2期。

谌大笑：《〈中国史学名著〉与〈史籍举要〉比较研究——外表相似下的差异性》，《琼州学院学报》2016年第6期。

史雷：《清代徐松学术转向研究》，《伊犁师范学院学报》（社会科学版）2016年第3期。

时培磊：《〈新元史〉辨析三题》，《史学史研究》2017年第1期。

时培磊、李建武：《柯劭忞史学思想浅析——以〈新元史〉与〈元史〉之比较为中心》，《商丘师范学院学报》2017年第8期。

孙晓喜、吕洋：《唐代叙事史学的发展与史学叙事思想的创新》，《人文杂志》2016年第11期。

孙旭红：《柳诒徵的〈春秋〉学研究》，《山东师范大学学报》（人文社会科学版）2016年第5期。

孙卫国：《〈郑天挺明史讲义〉的学术特色》，《史学史研究》2017年第2期。

孙炜冉：《〈三国史记〉高句丽始祖神话与建国神话的文献史源》，《史学史研究》2017年第3期。

孙颖涛：《司马光儒门史学实践的内在冲突——兼论程颐、朱熹与司马光史观之差异》，《史学月刊》2016年第11期。

汤勤福、李日升：《〈资治通鉴〉梁纪纠误举例》，《史学史研究》2017年第1期。

唐世农：《浅析国际视域中的中国史学史研究》，《黑河学刊》2017年第3期。

涂成林：《历史阐释中的历史事实和历史评价问题——基于马克思唯物史观的基本理论和方法》，《中国社会科学》2017年第8期。

王爱卫：《朱希祖的史学史研究及其〈中国史学通论〉》，《德州学院学报》2016第5期。

汪兵：《“胡绳学派”与中共党史研究述论》，《湖南工业大学学报（社会科学版）》2017年第2期。

王冰青：《观念与体例：新史学思想与民国地方志纂修》，《开封教育学院学报》2017年第6期。

王川、马正辉：《区域史学史研究的新成果——赣版〈庐陵史学〉一书论衡》，《史学理论与史学史学刊》2017年上卷。

王成军：《同与异的对立与统一——论视域融合与历史比较的关联与融通》，《北京师范大学学报》（社会科学版）2016年第6期。

汪高鑫：《传统史学天人合一思维的形成与演变》，《史学史研究》2016年第4期。

汪高鑫：《从“素心”说到“三长”论：晋唐间史家修养论的形成》，《学习与探索》2016年第10期。

王红霞：《现代史学语境下的经学认知——顾颉刚的经学批评探析》，《安徽史学》2017年第5期。

王记录：《论“史钞”》，《史学史研究》2016年第3期。

王记录：《在官方史学和私家史学之间——从清代学者的活动看官、私史学的联系与冲突》，《史学理论与史学史学刊》2017年上卷。

王嘉川：《郭孔延〈史通评释〉编纂考》，《扬州大学学报》（人文社会科学版）2017年第1期。

王强：《论纪传体史书的人物断代：以萧懿为例》，《史学理论研究》2017年第1期。

王晴佳、胡箫白：《中国史学的元叙述：以“文化中国”说考察正统论之意涵》，《江海学刊》2017年第1期。

王舒琳：《从“整理”到“批判”——20世纪20至40年代蔡尚思儒学研究理路的变迁》，《史学理论与史学史学刊》2016年下卷。

王潇洋：《中西史学结合的典范——〈通史新义〉述评》，《学理论》2017年第3期。

王兴：《民国时期夏鼐对考古学的认识》，《史学理论研究》2017年第2期。

王杨红：《清末民国时期中国世界（史学）史的兴衰——以泰国华裔国王郑信研究为例（1905—1949）》，《兰台世界》2016年第23期。

王云燕：《内藤湖南与赵翼史学关联考述》，《史学理论与史学史学刊》2016年第2期。

王云燕：《论传统史学的近代传承——以三家新通史与赵翼史学关联为中心》，《郑州大学学报》（哲学社会科学版）2016年第6期。

吾淳：《“连续”与“突破”：张光直历史理论的要义、贡献及问题》，《人文杂志》2017年第5期。

吴怀祺：《史学文化民族精神的求索》，《中国史研究动态》2017年第2期。

吴琼：《从历史影像实验到“影像史学”研究——兼论“影像史学”的学术内涵与研究路径》，《史学理论与史学史学刊》2017年上卷。

吴淑惠：《前四史中的“隐形史家”（上）》，《史学理论与史学史学刊》2016年下卷。

吴淑惠：《前四史中的“隐形史家”（下）》，《史学理论与史学史学刊》2017年上卷。

夏金娇：《钱穆〈国史大纲〉“洪杨之乱”平议》，《理论观察》2017年第2期。

向燕南：《20世纪前期新史学郑樵接受史之分析》，《史学月刊》2017年第8期。

肖宏发：《对现代历史学结构体系的构想》，《贵州大学学报》（社会科学版）2016年第5期。

肖永明、戴书宏：《训诂即义理：钱大昕在义理和义理之学上的权宜之计》，《中国哲学史》2017年第1期。

谢保成：《史学史学科建设理论与创新的思考》，《中国史研究动态》2017年第2期。

谢贵安：《明清史学与中国史学近代转型研究刍议》，《人文杂志》2017年第6期。

徐国利：《新考据派史家胡适、傅斯年的宋学观与方法论述评》，《史学理论研究》2017年第2期。

许曾会：《清末民初桐城派的中国史编撰》，《安徽史学》2017年第4期。

颜克成、陈勇：《“新史学”视域中的缪凤林学术——兼与梁启超〈中国历史研究法〉之比较》，《史学史研究》2017年第3期。

燕永成：《宋代修史机构的变动及其修史成》，《史学史研究》2017年第1期。

杨博：《裁繁御简：〈系年〉所见战国史书的编纂》，《历史研究》2017年第3期。

杨俊光：《周予同的史学评论及历史教育思想》，《史学理论与史学史学刊》2016年第2期。

杨树坤：《帝王心事：南宋御书石经政治意图举隅》，《史学理论与史学史学刊》2017年上卷。

杨永康、杨洁：《“无道主”与“小尧舜”——论金实录对海陵庶人、金世宗形象的塑造》，《史学史研究》2017年第2期。

杨玉莹、张辉：《“通而不通”——略论刘知几史学批评的矛盾之处》，《成都大学学报》（社会科学版）2016年第5期。

尤学工、余康：《论章太炎的明史研究》，《史学史研究》2016年第4期。

尤学工：《重塑科学性：“文化大革命”后中国马克思主义史学的转

向》，《史学理论研究》2017 年第 3 期。

张邦炜：《体系意识：以唐宋变革与南宋认知为例》，《史学集刊》2017 年第 3 期。

张博：《王尔敏中国近代史治学取向探究》，《才智》2017 年第 24 期。

张呈忠：《近三百年来西方学者眼中的王安石》，《史学理论研究》2016 年第 4 期。

张帆：《“科学”流变与晚清中学“科学化”路径的探索——以近代史学为中心》，《杭州师范大学学报》（社会科学版）2017 年第 2 期。

张分田：《中国学术界一个集体性的重大历史事实误判》，《史学月刊》2016 年第 9 期。

张峰：《历史语言研究所学术群体治史风格述论》，《史学史研究》2016 年第 3 期。

张峰：《〈魏书〉的编纂特色与史学价值》，《求是学刊》2017 年第 1 期。

张峰：《〈周书〉历史编纂学成就简论》，《淮阴师范学院学报》（哲学社会科学版），2017 年第 4 期。

张泓林、张越：《邵循正史学探析》，《天津社会科学》2017 年第 3 期。

张焕玲：《论宋代理学思想背景下的咏史诗创作》，《遵义师范学院学报》2017 年第 1 期。

张舰戈、张升：《论〈永乐大典〉之复原》，《史学理论与史学史学刊》2016 年下卷。

张凯：《“浙东学派”与民国新史学：何炳松“浙东学派”论之旨趣》，《学术研究》2017 年第 4 期。

张开正：《从〈日本国志〉看黄遵宪的史学思想》，《黑龙江生态工程职业学院学报》2017 年第 1 期。

张黎黎：《〈史记〉“八书”结构辨析》，《古籍整理研究学刊》2017 年第 1 期。

张立芹、周文玖：《王韬史学成就及其在中国近代史学上的地位》，《四川师范大学学报》（社会科学版）2017 年第 1 期。

张立群：《“艾青传”书写的现状考察——兼及一类史料的应用》，《天津社会科学》2017 年第 1 期。

张荣明：《思想史研究指要》，《天津师范大学学报》（社会科学版）

2017 年第 3 期。

张晓婧：《论清代安徽书院与桐城派的传衍——以清代安徽三大书院为例》，《淮南师范学院学报》2017 年第 1 期。

张文静：《近代中日史学者对〈禹贡〉“九州”名称由来的辨析——以白鸟库吉与顾颉刚为中心》，《重庆大学学报》（社会科学版）2016 年第 5 期。

张文生：《关于李大钊论历史学性质问题的探析》，《唐山学院学报》2016 年第 5 期。

张文涛：《史学史视野下的〈竹书纪年〉辨析》，《郑州大学学报》（哲学社会科学版）2016 年第 6 期。

张欣：《〈汉旧仪注〉及相关问题考辨》，《史学史研究》2017 年第 3 期。

张学锋：《“宫崎史学”的东西交通视野》，《江海学刊》2016 年第 5 期。

张勇：《两种“兴味”与“晚年定论”——试说梁任公〈中国近三百年学术史〉的著述由来与意旨》，《清华大学学报》（哲学社会科学版）2016 年第 5 期。

张宇：《宋代历史评论研究综述》，《中国史研究动态》2017 年第 1 期。

张越：《评谢保成著〈增订中国史学史〉》，《中国史研究动态》2017 年第 3 期。

张昭军：《20 世纪上半期清学史研究的正反合》，《北京师范大学学报》（社会科学版）2017 年第 5 期。

赵锋：《论〈史微〉的学术思想兼及学术史张尔田现象的反思》，《廊坊师范学院学报》（社会科学版）2016 年第 3 期。

赵国华：《中国马克思主义史学论析》，《史学理论研究》2017 年第 3 期。

赵骞：《白寿彝先生对马端临的研究述论》，《辽东学院学报》（社会科学版）2016 年第 5 期。

郑大华：《历史教育与民族复兴：抗战时期学术界对历史教育于民族复兴之意义的认识》，《史学理论研究》2017 年第 3 期。

周国林、邱亚：《张舜徽先生未刊稿〈中国封建社会之分析〉述论》，《湖南大学学报》（社会科学版）2016 年第 6 期。

周少川：《陈垣史学思想的风格与情怀》，《史学史研究》2017年第1期。

周书灿：《改革开放初期学术界对郭沫若古史分期理论的论辩》，《史学理论研究》2017年第1期。

周文玖：《执着的追求 卓越的成就——论张荫麟的中国通史撰述》，《史学理论与史学史学刊》2016年下卷。

周文玖：《严耕望的治史风格及史学评论》，《史学史研究》2017年第1期。

周文玖：《章太炎研究史实辨析三题》，《史学理论与史学史学刊》2017年上卷。

周毅：《从康熙六十年〈安庆府志·列女传〉看地方志女性历史书写的模式化》，《史学史研究》2017年第3期。

邹兆辰：《史学史研究为什么要转换视角？——评陈其泰先生从文化视角研究史学》，《淮阴师范学院学报》（哲学社会科学版）2016年第5期。

邹兆辰：《"白寿彝学派"学人的理论追求》，《湖北社会科学》2016年第10期。

邹兆辰：《现当代史学史视野下的李大钊史学论著》，《唐山学院学报》2017年第4期。

朱发建：《"六经皆史料"："六经皆史"论的近代诠释及其意蕴》，《湖南师范大学社会科学学报》2016年第5期。

朱浩：《试论章太炎的"信史观"》，《史学理论与史学史学刊》2017年上卷。

朱继军：《后现代主义史学的"冲击"与"反应"——以〈怀柔远人：马嘎尔尼使华的中英礼仪冲突〉一书为讨论中心》，《历史教学》（中学版）2016年第10期。

朱季康、胡金平：《民国教育史学史的小微样本：学前教育史学史》，《武汉大学学报》（人文科学版）2017年第3期。

朱露川：《试论唐人的史学批评与"良史"观念》，《人文杂志》2016年第10期。

朱茉丽：《徘徊在科学化追求与民族情感之间——李济学术思想探析》，《史学史研究》2017年第2期。

朱文哲：《清末民初的纪年变革与历史时间的重构》，《史学理论研究》

2016年第4期。

竹元规人：《顾颉刚在厦门大学的〈尚书〉讲义——兼论顾颉刚“王肃伪造说”的学术史背景和意义》，《史学史研究》2017年第2期。

庄丹：《黄道周、朱熹史学思想异同论》，《丽水学院学报》2017年第1期。

卓立：《傅斯年历史理论思想之现代哲学前提考释》，《史学理论研究》2017年第2期。

（二）史学理论与西方史学史论文要目

陈恒：《西方史学史的发展及其在中国的传播》，《社会科学文摘》2016年第9期。

陈思伟：《古典时代阿提卡演说辞的史料价值初探》，《史学史研究》2017年第2期。

陈素娟：《尼特哈德〈历史〉中的古典史学传统》，《淮北师范大学学报》（哲学社会科学版）2016年第6期。

陈莹雪：《修昔底德与现代希腊的古典文化复兴（1790—1830）》，《史学理论研究》2017年第3期。

崔丽娜：《荷马和赫西俄德对“冥界”的构建》，《史学理论与史学史学刊》2016年下卷。

戴丹：《从实证主义到形式分析——维也纳艺术史学派的形成》，《南京艺术学院学报》（美术与设计）2017年第4期。

樊江宏：《法国年鉴学派在中国的两种对立形象》，《扬州大学学报》（人文社会科学版）2017年第1期。

方志强：《“欧洲的孔子”——威尔森对于卡莱尔形象的塑造》，《史学史研究》2017年第1期。

付杰：《试析犹太史学传统对约瑟夫斯作品的影响》，《史学理论与史学史学刊》2016年下卷。

顾晓伟：《西方柯林武德研究述评》，《史学月刊》2017年第2期。

郭超：《论奥古斯丁的神学目的论历史观及其嬗变》，《内蒙古民族大学学报》（社会科学版）2017第4期。

郭涛：《在历史和文学之间：希罗多德historia的体裁》，《史学史研究》2017年第3期。

黄艳红：《制度、表象与社会：罗兰·穆尼埃的史学研究评介》，《贵州社会科学》2017 年第 7 期。

李晨、徐良：《埃里克·方纳自由主义史学思想述论》，《哈尔滨师范大学社会科学学报》2016 年第 6 期。

李凤丹：《继承与发展——英国马克思主义历史学与马克思主义历史学的关系阐释》，《江汉大学学报》（社会科学版）2016 年第 5 期。

李俊姝：《马歇尔·霍奇森的文明研究》，《史学理论研究》2017 年第 3 期。

李艳辉：《评阿忒奈奥斯对柏拉图叙事可信性的批判——以苏格拉底军旅生涯史实为例》，《史学史研究》2016 年第 4 期。

李永刚：《论兰克历史主义的二重性》，《北方论丛》2016 年第 5 期。

梁道远：《古代阿拉伯史学史的分期及其特点》，《史学理论研究》2017 年第 1 期。

刘小枫：《布克哈特对启蒙史学的颠转》，《安徽大学学报》（哲学社会科学版）2017 年第 1 期。

刘艳虹：《浅析赫伯特·巴特菲尔德科学反“辉格”史观》，《赤子》（上中旬）2017 年第 4 期。

柳雨：《试论普罗可比〈秘史〉及其对查士丁尼的评述》，《湖北科技学院学报》2017 年第 4 期。

罗振：《近代西方旧历史观的理性化过程及其悖论》，《史学月刊》2017 年第 4 期。

吕超：《宫崎市定东洋史观的形成——青壮年期的经历及其影响》，《国际汉学》2017 年第 1 期。

吕宏山：《论孔多塞的历史观》，《史学理论与史学史学刊》2016 年下卷

马学军、应星：《福柯权力思想中的史观、史识与史法》，《人文杂志》2016 年第 10 期。

孟钟捷：《魏玛德国“历史传记之争”及其史学启示》，《历史研究》2017 年第 3 期。

秦丽：《章学诚与柯林武德史学思想比较之再思考——兼评余英时〈章实斋与柯灵乌的历史思想〉一文》，《史学理论研究》2017 年第 1 期。

尚菁：《雅各布·布克哈特对历史考察的文化方向》，《哈尔滨学院学报》2017 年第 8 期。

施华辉、周巩固：《书写帝国——西利、卢卡斯、艾格顿与英帝国

史》,《史学史研究》2017 年第 2 期。

孙立新:《关于近代中德关系史研究的新思考》,《史学理论研究》2017 年第 1 期。

王剑武:《沃尔什历史哲学客观性思想述评》,《红河学院学报》2017 年第 1 期。

王利红、王丰收:《试论柯林武德的“一切历史都是史学史”》,《史学理论研究》2016 年第 4 期。

王晴佳:《新文化史的兴起与史学的转向》,《河北学刊》2017 年第 2 期。

王荣江:《库恩与科学史》,《自然辩证法通讯》2016 年第 5 期。

王瑞:《“中国中心观”与美国的中国学研究》,《史学理论研究》2017 年第 2 期。

王涛、邓荣秀:《川田顺造比较史学述论》,《史学理论研究》2017 第 3 期。

王新:《兰克客观主义史学与后现代主义史学的比较分析》,《文教资料》2017 年第 15 期。

王旭东:《应当厘清公众史学与公共史学的区别》,《徐州工程学院学报》(社会科学版)2017 年第 2 期。

王印:《何为冉森派?——冉森派史学研究梳理与思考》,《史林》2017 年第 2 期。

王羽飞:《Aletheia 与古希腊史学的求真传统——以希罗多德、修昔底德和波利比乌斯为中心的讨论》,《史学史研究》2017 年第 3 期。

王剑:《西方翻译史研究理论话语述评(1964—2014)》,《上海翻译》2017 年第 2 期。

尉佩云:《德国与欧洲的当代历史书写——斯特凡·贝格尔教授访谈》,《史学理论研究》2017 年第 2 期。

魏涛:《大西洋视野下的美国早期史——马库斯·雷迪克访谈录》,《史学理论研究》2017 年第 3 期。

吴晓群:《基督教史学传统下的希罗多德解读模式》,《北京师范大学学报》(社会科学版)2017 年第 4 期。

肖文超:《西方物质文化史研究的兴起及其影响》,《史学理论研究》2017 年第 3 期。

邢来顺:《德国通史编撰的全球史转向——以格布哈特〈德意志史手

册〉为例》,《史学理论研究》2017 年第 1 期。

邢媛媛:《20 世纪 90 年代初“过渡时期”的俄罗斯史学》,《史学理论研究》2016 年第 4 期。

徐嘉:《伦敦塔、录事与恺撒:〈理查三世〉的历史书写》,《外国文学评论》2017 年第 3 期。

徐璟玮:《论德国与法国的历史叙述发展演进》,《社会科学家》2017 年第 3 期。

杨共乐:《修昔底德撰史特点新探》,《北京师范大学学报》(社会科学版)2017 年第 4 期。

杨洋:《奥克肖特论政治思想史研究》,《史学月刊》2017 年第 4 期。

易宁、王羽飞:《J. B. 伯里的历史偶然性观念》,《史学史研究》2016 年第 4 期。

裔昭印:《当代史学变革中的西方古典性史研究》,《历史研究》2017 年第 3 期。

张广智:《汤因比史学的当代意义》,《云南大学学报》(社会科学版)2017 年第 2 期。

张乃和:《现代英美传记学的兴起及其启示》,《史学集刊》2017 年第 4 期。

张炜:《阎宗临与法国汉学》,《史学理论研究》2017 年第 2 期。

张小忠:《势与释:柯林武德的历史因果论》,《阜阳师范学院学报》(社会科学版)2016 年第 6 期。

张岩:《柯文“中国中心观”述评》,《吉林广播电视大学学报》2016 年第 12 期。

张艳茹:《日本史学史上的“昭和史论争”》,《史学理论研究》2017 年第 2 期。

赵北平:《论李维的求真思想》,《史学史研究》2017 年第 2 期。

赵法欣、邹薇:《普塞洛斯〈编年史〉中拜占廷帝王“形象”塑造的特点》,《史学理论与史学史学刊》2016 年下卷。

赵辉兵、姜启舟:《林·亨特与当代西方史学转向》,《史林》2017 年第 1 期。

周春生:《英国诗人历史学家西蒙兹的性格文化史研究——由〈米开朗基罗传〉〈惠特曼研究〉引出的历史思考》,《世界历史》2017 年第 1 期。

朱晓军：《从新政治史到文化史——让－弗朗索瓦·西里奈利的法国20世纪史研究》，《史学理论研究》2017年第03期。

朱孝远：《现代西方批判史学传统的现代转向》，《人民论坛·学术前沿》2017年第3期。

左玉河：《寻求意义：深度解释与社会文化史研究的深化》，《河北学刊》2017年第2期。

二　著作要目

班兹：《新史学与社会科学》，上海社会科学院出版社，2016。

陈功甫、卫聚贤、陆懋德、董允辉撰，王传编校《中国史学史未刊讲义四种》，上海古籍出版社，2016。

北京地方志学会：《方志年鉴论文集2016》，知识产权出版社，2017。

戴燕：《〈三国志〉讲义》，生活·读书·新知三联书店，2017。

邓辉：《王船山历史哲学研究》（增订版），上海人民出版社，2017。

董建波：《历史社会学研究方法》，华东师范大学出版社，2017。

范成大等：《吴船录》（外三种），浙江人民美术出版社，2016。

宫崎市定：《宫崎市定亚洲史论考》，张学锋、马云超译，上海古籍出版社，2017。

何兆武：《可能与现实：对历史学的若干反思》，北京大学出版社，2017。

雷蒙·阿隆：《“轻与重”文丛 历史意识的维度》，董子云译，华东师范大学出版社，2017。

理查德·拉赫曼：《历史社会学概论》，商务印书馆，2017。

李惠仪：《〈左传〉的书写与解读》，江苏人民出版社，2016。

李振中校注《徐铉集校注》，2016。

刘开军：《晚清史学批评研究》，上海古籍出版社，2017

刘全志：《先秦诸子文献的形成》，中华书局，2016

刘坦：《史记纪年考》，商务印书馆，2017。

刘雄伟：《历史的客观性研究》，中国社会科学出版社，2016。

刘振宇编著《中国史学发展》，山东科学技术出版社，2017。

彭刚：《后现代史学理论读本》，北京大学出版社，2016。

彭刚：《叙事的转向：当代西方史学理论的考察》，北京大学出版社，2017。

南希·帕特纳、萨拉·富特：《史学理论手册》，格致出版社，2017。

乔·古尔迪、大卫·阿米蒂奇：《历史学宣言》，孙岳译，格致出版社，2017。

宋月红编《历史虚无主义的破产》，当代中国出版社，2017。

汤志钧：《历史研究和史料整理》，上海社会科学院出版社，2017。

汪高鑫主编《〈史学史研究〉文选·中国古代史学卷》（上），华夏出版社，2017。

王建朗、黄克武主编《两岸新编中国近代史·晚清卷》，社会科学文献出版社，2016。

王晴佳、李隆国：《外国史学史》，北京大学出版社，2017。

王晴佳主编《断裂与转型：帝国之后的欧亚历史与史学》，上海古籍出版社，2017。

王应宪编校《现代大学史学系概览（1912－1949）》，上海古籍出版社，2016。

魏收：《魏书》（点校本二十四史修订本），中华书局，2017。

谢保成：《增订中国史学史（先秦至唐前期）》，商务印书馆，2016。

谢保成：《增订中国史学史（中唐至清中期）》（上），商务印书馆，2016。

谢保成：《增订中国史学史（中唐至清中期）》（下），商务印书馆，2016。

谢保成：《增订中国史学史（晚清至民国）》，商务印书馆，2016。

雅克·朗西埃：《历史之名：论知识的诗学》，华东师范大学出版社，2017。

向燕南主编《〈史学史研究〉文选·中国古代史学卷》（下），华夏出版社，2017。

尹雪华：《先秦两汉史传叙事研究》，学林出版社，2017。

张广智：《徜徉在史学与文学之间》，商务印书馆，2017。

张云飞：《历史认识的真实性问题研究》，中国社会科学出版社，2017。

《史学理论与史学史学刊》稿约

《史学理论与史学史学刊》为教育部普通高等学校人文社会科学重点研究基地北京师范大学史学理论与史学史研究中心主办的研究论集，是国内外史学理论与史学史工作者发表研究成果的阵地，欢迎中外专家、学者惠赐稿件。

1. 本刊设有历史理论与史学理论、中国古代史学、中国近现代史学、外国史学、中外史学比较、史学批评、图书评论等栏目。

2. 来稿一般应在1.5万字以内，重大选题可适当放宽至2万字。稿件使用A4型纸张打印，并请将稿件的电子版通过电子邮件发给我们。限于经费原因，恕不退稿，作者如果在3个月内未接到刊用通知，可自行处理稿件。

3. 本刊实行匿名评审，请作者不要在来稿上署名，另纸附上作者姓名、性别、出生年月、职称、工作单位、通信地址、邮政编码、联系电话、电子信箱等相关信息。来稿避免使用有可能透露作者个人信息的表述，诸如参见拙文、拙作等。

4. 来稿应遵守学术规范，尊重前人研究成果。禁止剽窃、抄袭与一稿两投行为，凡发现有此类行为者，5年内不受理该作者的任何稿件。

5. 来稿请寄：北京市新街口外大街19号北京师范大学史学理论与史学史研究中心《史学理论与史学史学刊》编辑部。

邮编：100875

电子信箱：history1101@163.com

《史学理论与史学史学刊》编辑部

《史学理论与史学史学刊》匿名审稿实施办法

为保证本论集用稿的学术质量，进一步提高刊物的学术层次，给广大读者奉献高水平的研究成果，我们实行稿件匿名评审制度。具体实施办法如下。

1. 来稿请勿在稿件中出现署名和与作者有关的背景材料，作者简介请另附在一张纸上，内容包括姓名、性别、出生年月、工作单位、职称、通信地址、邮政编码、联系电话、电子信箱等。来稿避免使用有可能透露作者个人信息的表述，诸如参见拙文、拙作等。

2. 来稿请直接寄往或送达编辑部，勿寄个人或托人转交，以免造成延误。

3. 本编辑部收到稿件后，由编辑人员登记，然后将原稿匿名送交有关专家审阅，就稿件的写作质量和学术水平做出评定，提出初审意见。

4. 编委会根据专家初审意见，对来稿学术质量进一步讨论，就稿件是否具有新观点和学术价值诸问题形成一致意见。

5. 责任编辑根据上述意见初步提出是否采用的建议，初步决定采用的稿件送交主编，最后由主编终审，决定是否刊登。

《史学理论与史学史学刊》编辑部

图书在版编目(CIP)数据

史学理论与史学史学刊. 2017年. 下卷 : 总第17卷 / 杨共乐主编. -- 北京 : 社会科学文献出版社, 2017.12
ISBN 978-7-5201-2088-3

Ⅰ.①史… Ⅱ.①杨… Ⅲ.①史学理论-文集②史学史-文集 Ⅳ.①K0-53

中国版本图书馆CIP数据核字(2017)第320458号

史学理论与史学史学刊 2017年下卷(总第17卷)

主　　编 / 杨共乐

出 版 人 / 谢寿光
项目统筹 / 宋月华　郭白歌
责任编辑 / 周志宽　郭白歌

出　　版 / 社会科学文献出版社·人文分社 (010) 59367215
地址:北京市北三环中路甲29号院华龙大厦　邮编:100029
网址:www.ssap.com.cn
发　　行 / 市场营销中心 (010) 59367081　59367018
印　　装 / 三河市东方印刷有限公司

规　　格 / 开　本:787mm×1092mm　1/16
印　张:25.25　字　数:425千字
版　　次 / 2017年12月第1版　2017年12月第1次印刷
书　　号 / ISBN 978-7-5201-2088-3
定　　价 / 89.00元